탐정학 시리즈 2

Introduction to Private Investigation

탐정학개론

강동욱 · 윤현종
한국탐정학회

박영사

제2판 머리말

2020년 2월 4일 「신용정보의 이용 및 보호에 관한 법률」의 개정에 의하여 2020년 8월 5일부터 신용정보회사 등이 아니면 '탐정'이라는 용어를 사용하게 되었고, 현행법을 위반하지 않는 한 탐정활동의 주요 업무 중에 하나라고 할 수 있는 '특정인의 소재 및 연락처를 알아내거나 금융거래 등 상거래관계 외의 사생활 등을 조사하는 일'도 가능하게 되었다. 이에 한국탐정협회와 한국탐정학회는 개정 신용정보법의 시행일인 8월 5일을 '탐정의 날'로 정하여 기념하고 있다. 이러한 변화에 수반하여 탐정업의 활성화에 대한 기대가 커지면서 다소 우려가 될 수준으로 탐정관련 민간자격증의 등록이 늘어나고 있고, 이에 병행하여 PIA(사설탐정사), K-탐정사, 탐정사 등 탐정관련 민간자격증을 취득하는 사람들도 대폭적으로 늘고 있다. 또한 '탐정'이라는 용어를 사용할 수 있게 되면서 과거와 달리 탐정임을 공개적으로 밝히고 영업활동을 하거나 정식으로 사업장 명칭에 '탐정'이라는 용어를 넣기도 하고, 더불어 탐정업을 창업하는 경우도 상당히 많아지고 있다. 이미 동국대학교에서는 국내외 최초로 탐정관련 전문학위과정으로서 2018년 법무대학원에 '탐정법무전공과정'(석사과정)을, 2020년 대학원 법학과 박사과정에 '탐정법전공'을 개설·운영함으로써 탐정업에 관한 학문적 접근을 통해 탐정의 질적 수준을 높이는 한편, 전문탐정을 교육·지도할 수 있는 탐정전문가를 배출해 오고 있다. 현재에는 탐정업에 대한 사회적 변화에 수반하여 일부 대학교들에서 선도적으로 학부과정에 탐정관련 학과 또는 탐정전공과정을 신설하거나 신설하려고 준비하고 있는 등, 전문적인 탐정의 양성을 위한 체제를 갖추려는 노력들이 진행되고 있다. 더구나 15대 국회부터 제안되어 온 탐정업의 법제화에 관한 움직임도 21대 국회에 들어 더욱 의미 있게 추진되고 있다. 특히, 사회가 불안해지고 경제적으로 어려움이 있게 되면 범죄나 부정행위가 늘어나고, 따라서 탐정의 필요성은 더욱 커지게 된다. 따라서 코로나 19

바이러스로 인해 사회 전반적으로 여러 가지 어려움이 있음을 고려할 때 하루속히 탐정업의 관리에 관한 법률의 제정을 통해 탐정업이 올바르게 정착함과 동시에 늘어나는 사회적 수요를 충족시킬 수 있도록 할 필요가 있다. 정부도 2020년 8월 신직업 활성화 방안의 하나로 공인탐정 제도를 도입하기로 하였다는 점에 주목할 필요가 있다.

이러한 관점에서 보면, 이 책은 한국탐정학회가 탐정학의 이론적·실무적 체계를 정립하기 위하여 추진해 온 탐정관련 서적 발간을 위한 탐정학 시리즈의 하나로서, 탐정업을 하고 있거나 하려고 하는 사람들의 필독서로서 탐정업에 관한 기초지식을 전달하고 이해하게 하는 기본서로서의 역할을 충실히 할 수 있을 것으로 판단된다. 특히, 이번 개정판에서는 신용정보법을 중심으로 하여 새롭게 바뀐 내용을 반영함과 동시에, 21대 국회의 탐정관련 법률안에 대한 내용을 추가하고, 부동산탐정에 대한 내용을 대폭 정리·보완하였으며, 오탈자와 자구수정을 하는 등, 발전적인 모습을 갖추었다. 앞으로도 정기적인 개정을 통해 탐정학에 관한 최고의 기본서로서 지위를 유지하도록 끊임없이 노력할 것을 약속드린다.

끝으로 어려운 여건 속에서도 개정판을 출간해 주신 박영사 안종만 회장님, 안상준 대표님, 김선민 이사님을 비롯한 편집부 직원 여러분께 심심한 사의를 표한다.

2021. 7.
목멱산 중턱에서
저자 드림

머리말

　『탐정학개론』은 한국탐정학회와 동국대학교 법무대학원의 협력에 의하여 탐정(법)학에 관한 교재를 발간하기로 한 후 제1호 도서인 『탐정과 법』(박영사, 2019)의 출판에 이어 제2호로 발간되는 책이다. 최근 우리 사회에서는 일자리 창출과 관련하여 신직업으로 탐정의 필요성에 대한 공감대가 사회적으로 확산되고 있으며, 이에 15대 국회부터 추진되고 있는 탐정제도의 법제화에도 한걸음 다가서고 있는 분위기이다. 탐정이 현대사회에서 국가에 의한 치안서비스에 대한 보완의 일환으로서, 또는 치안서비스의 공백을 메우기 위한 제도로서 선진 각국에서 이미 시행되고 있는 점을 고려해 보면 이러한 현상은 시기적으로 늦은 감이 있지만 다행스러운 일이라고 하지 않을 수 없다.

　이처럼 탐정제도의 법제화를 앞두고 있는 시점에서 탐정이 지닌 역할과 기능에 대한 정확한 이해가 필연적으로 요구되고 있다. 이 책의 참고문헌에서 볼 수 있는 것처럼 그동안 탐정과 관련된 제도 도입을 위한 연구를 비롯하여 탐정에 대한 많은 학술적 연구도 이루어져 왔고, 탐정학 입문서와 탐정실무에 관한 책들이 발간되어 온 것도 주지의 사실이다. 하지만 그동안 탐정이 법제화되지 않으면서 '탐정학'이라는 학문적 관점에서의 체계적인 연구가 미흡하였고, 이로 인해 탐정학에 관한 도서도 탐정 및 탐정활동에 관한 전반적인 내용을 공부할 수 있는 기초교재로서 활용하기에는 아쉬운 점이 없지 않았다. 이로 인해 일반인들이 탐정에 대하여 잘못 인식하는 경우도 적지 않았고, 탐정관련 활동을 하는 사람들도 탐정에 대한 지식의 오류 또는 부지로 탐정업무의 성격이나 내용을 정확히 인지하지 못한 상태에서 자신들의 활동에 대한 불법·부당 여부를 제대로 알 기회를 갖지 못한 채 업무를 수행하는 사례도 나타나고 있다. 이에 탐정제도의 법제화에 대비하여 탐정을 하고자 하는 사람뿐만 아니라 일반인도 탐정제도에 대한 기본적 이해를 갖게 하고, 탐정에 관한 학문적 기본 지식의 함양과 더불어 탐정활동 및 탐정업무에 대한 실무체계를 쌓을 수 있는 전문 개론서의 발간이 절대적으로 필요하게 되었다.

본서는 이러한 요구에 부응하기 위한 것으로 탐정제도 및 탐정활동과 탐정업무에 관한 전반적인 내용을 담아 다음과 같이 총3편으로 구성되어 있다. 제1편 탐정학 일반론에서는 탐정에 관한 역사와 이론 및 외국 법제 등 기초이론에 대하여 서술하고, 탐정제도에 관련한 실태와 관련 법제 및 도입 필요성 등에 대하여 학술적인 분석을 하였다. 제2편 탐정활동론에서는 탐정활동의 본질인 조사나 정보수집 및 관찰 등에 대하여 실무적으로 필요한 지식과 방법 등에 대하여 기술하였다. 제3편 탐정분야론에서는 탐정이 도입된 다른 나라의 사례를 참고로 하여 탐정업의 분야를 세분화하고, 각 분야에서 탐정의 역할과 기능 및 유의할 점에 대하여 기술하였다. 탐정(법)학이 아직 학문적 체계성을 제대로 갖지 못하였기 때문에 본서가 탐정학에 관한 기본서이자 전문서적으로서 부족한 감이 없지 않지만 앞으로 지속적인 연구를 통해 보완해 나아가고자 한다. 이 책에 대해 탐정(법)학 연구자들과 탐정실무자들의 많은 격려와 조언을 기대한다.

한편, 이 책은 탐정이 법제화되지 않은 상태임에도 불구하고 어려운 여건 속에서 이루어진 선행연구들을 바탕으로 하여 작성된 것임을 밝히며, 이 자리를 빌어서 모든 선행연구자분들께 심심한 감사의 말씀을 올린다. 다만, 이 책을 서술함에 있어서는 개론서의 특성과 지면사정으로 인해 부득이한 경우를 제외하고는 각 부분마다 각주를 표기하여 참고자료를 구체적으로 기재하지 못하고 '참고문헌'을 통해서만 적시한 점에 대해서는 선행연구자분들의 너그러운 양해를 부탁드리는 바이다.

끝으로 본서의 출판에 있어서 교정의 수고를 해 준 동국대학교 대학원 박사과정생인 선영화와 김민영에게 감사의 뜻을 전하며, 이 책을 출간하게 해 주신 박영사 안종만 회장님, 편집부 김선민 부장 그리고 편집부 여러분에게 큰 고마움을 전한다.

2019년 새해에
목멱산 자락 연구실에서 저자 드림

차 례

제2부

탐정활동론

제3부
탐정분야론

제1부

탐정학 일반론

탐정학 기초이론

제1절 탐정의 의의와 기능

1. 탐정의 의의

1) 탐정의 용어

'탐정(探偵)'이란 용어는 일본에서 'detective' 또는 'private investigator'를 한자로 번안한 것이다. 하지만 탐정에 관한 영문 명칭으로는 'inspector general,' 'the detective service,' 'private detective,' 'private eye' 등 여러 가지가 사용되고 있다. 우리나라에서는 일본의 영향을 받아 주로 '탐정'이라는 용어가 사용되고 있다. 하지만 구(舊)「신용정보의 이용 및 보호에 관한 법률」(이하 '신용정보법'이라 한다) 제40조 제5호에서 신용정보회사, 본인신용정보관리회사, 채권추심회사, 신용정보집중기관 및 신용정보제공·이용자(이하 '신용정보회사 등'이라 한다)가 아니면 '특정인의 소재 및 연락처(이하 '소재 등'이라 한다)를 알아내거나 금융거래 등 상거래관계 외의 사생활 등을 조사하는 일(다만, 채권추심회사가 그 업무를 하기 위하여 특정인의 소재 등을 알아내는 경우 또는 다른 법령에 따라 특정인의 소재 등을 알아내는 것이 허용되는 경우에는 그러하지 아니하다(제4호))을 업으로 하거나 '정보원, 탐정, 그 밖에 이와 비슷한 명칭을 사용하는 일'(제5호)을 하지 못하도록 규정하고 있었음에 따라 탐정관련 업무종사자들은 민간조사사, 사설정보관리사, 여론정보분석사 등의 용어를 사용하였었다. 그러다가 2020년 2월 4일 신용정보법(법률 제16957호, 시행 2020.8.5.)의 개정에 따라 신용정보회사 등이 아닌 자는 현행법에 위반되지 않는 한 '특정인의 소재 및 연락처를 알아내는 행위'를 하거나 '정보원, 탐정, 그 밖에 이와 비슷한 명칭을 사용하는 일'이 가능하게 되었다. 이에 따라 현재에는 '탐정'이라는 용어가 들어간 민간자격증이 발급되고 있으며(2021년 6월 기준 등록된 탐정관련 민간자격증은 69개에 이르고 있다), 탐정이라는 명칭을 사용하여 실제로 영업을 하고 있는 사람들도 급격하게 늘고 있는 실정이다.

한편, 2005년에 이상배의원이 발의한 '민간조사업법(안)'을 시작으로 몇몇 의원들이 탐정에 대하여 '민간조사원 또는 민간조사관'이라는 명칭을 제안하였고, 이에 따라 일부 탐정관련 업체 및 민간협회에서는 탐정이라는 용어에 갈음하여 '민간조사원' 혹은 'private investigator(P.I.)' 또는 'private investigation agency(P.I.A.)'라는 용어를 사용하고 있다.

그러나 「경비업법 시행령」 제7조의2 제1항에서는 특수경비업자가 할 수 있는 사업지원 서비스업 분야 중 해당 영업의 하나로 '경비, 경호 및 탐정업'을 규정하고 있고, 통계청의 「한국표준산업분류」 색인표에서도 '탐정 및 조사서비스업(코드: 75330)'을 하나의 산업으로 분류하고 있다. 이외에도 기획재정부의 서비스 통계조사지침서(탐지·감시업)나 국세청의 소득표준율 직업목록표(코드: 94017 심부름용역, 코드: 749200 탐정 및 조사서비스)에서도 탐정이라는 표현을 사용하고 있다. 따라서 민간조사(원)와 같은 생소한 용어보다는 국민들에게 보다 친숙하고 익숙한 '탐정'이라는 용어를 사용하는 것이 적합할 것이다. 따라서 본서에서는 '탐정'이라는 용어를 사용하기로 한다. 다만, 앞으로 탐정제도가 법제화되면서 탐정에 대하여 국가에서 자격을 인정하고 관리하게 되는 것으로 입법화된다면 탐정업의 공신력을 확장하는 차원에서 '공인탐정'으로 지칭할 수도 있을 것이다.

2) 탐정의 개념

탐정의 사전적 의미는 '드러나지 않은 사정을 몰래 살펴 알아냄 또는 그런 일을 하는 사람'을 의미한다. 후자의 경우 예전에는 탐정을 염탐꾼이라 하였으며, 전쟁 중에는 밀정(密偵)·간첩·스파이라고도 하였다. 오늘날 탐정은 사설탐정(私設探偵)을 의미하며, 의뢰자의 요청에 따라 사건, 사고, 정보 등을 조사하는 사람을 가리킨다. 여기서 조사(investigation)란 세밀하고 주의 깊은 조사를 통해 증거를 찾아내거나 혹은 어떤 것을 조사하기 위해 증거나 단서를 추적하고 추리하는 것을 의미한다. 따라서 탐정이 주로 수행하는 조사업무란 범죄의 존재와 특정한 행정상의 부정행위, 개인의 특성, 사실 여부나 확인 등을 탐지하기 위하여 프로그램화된 근거에 의해서 통상적으로 수행하는 신뢰할 수 있는 증명 혹은 특정 기능이나 활동에 대한 확인·검사라고 할 수 있다.

따라서 탐정이란 '사적 주체인 민간인이 기업이나 개인 등 타인의 의뢰를 받아 계약을 맺고 보수를 받으며, 위법하지 않은 범위 내에서 의뢰받은 사건에 대한 조사활동을 통해 사실관계 확인 및 관련정보 등을 수집·분석하여 그 결과를 제공하는 것을 직업으로 하는 활동 또는 그러한 직업을 수행하는 자'로 정의할 수 있다.

3) 탐정과 수사의 구별

탐정은 민간인이 타인의 의뢰를 받아 보수를 받고 조사활동을 통해 사실관계 확인 및 관련정보 등을 수집·분석하여 그 결과를 제공하는 것을 말한다. 이에 반해 수사는 형사사건에 대하여 공소의 제기·유지를 위해 범죄사실을 조사하고, 범인의 발견과 검거 및 증거의 발견·수집·보전을 목적으로 하는 수사기관의 활동을 말한다. 따라서 양자는 다음의 점에서 구분된다.

첫째, 탐정은 민간인으로서 의뢰인의 의뢰에 따라 업무를 시작하는 반면, 수사는 국가기관인 수사기관의 주관적 혐의에 따라 수사를 개시하게 된다. 둘째, 탐정은 의뢰인으로부터 요구를 받은 조사·정보수집활동 등 사실행위를 함에 불과하고 그 행위에 대해 어떠한 법적 효과도 부여되지 않는 반면, 수사는 수사기관의 활동으로 인한 법률행위로서 그에 따라 법에 규정된 법률효과를 발생시키게 된다. 셋째, 탐정은 그 대상에 있어서 민사사건이든 형사사건이든 제약을 받지 않는 반면, 수사는 형사사건을 전제로 하므로 민사사건에 대한 조사나 개입은 허용되지 않는다. 넷째, 탐정활동에 의해 얻은 정보나 자료는 특별한 사유가 없는 한 의뢰자에게만 사용권이 인정되는 반면, 수사기관이 수사에 의해 획득한 증거는 다른 국가기관은 물론, 일반 사인도 각종 소송 등에서 증거자료로 활용할 수 있다. 다섯째, 탐정은 그 업무를 수행하는 과정에서 어떠한 경우에도 강제처분권이 인정되지 않으므로 조사대상자가 이에 응하거나 협조할 의무가 없는 반면, 수사에 있어서는 법관이 발부한 영장이 있는 경우에는 예외적으로 피의자에 대한 체포·구속은 물론, 압수·수색·검증 등의 강제처분이 허용되며, 이에 불응할 경우에는 제재를 받게 된다. 여섯째, 탐정활동에 소요되는 비용은 탐정과 의뢰인 간의 계약에 따라 전적으로 의뢰인이 부담하게 되지만, 수사에 소요되는 비용은 원칙적으로 고소인이나 고발인이 아닌 국가가 부담한다. 일곱째, 탐정은 의뢰인의 권리보호나 피해구제 등 의뢰인의 사적 이익을 위해 활동하게 되는 반면, 수사는 수사기관이 질서유지 등의 국가적 목적달성을 위해 활동하는 것으로 반드시 고소인이나 고발인의 의사에 좌우되는 것은 아니다. 따라서 전자의 경우에는 의뢰인의 사적 이익의 보호나 권리구제를 위해 타인이나 공적 이익을 침해하는 경우도 발생할 여지가 있게 된다. 여덟째, 탐정은 의뢰인은 물론, 조사대상이나 조사내용 등에 대해 비밀을 유지하여야 하는 반면, 수사의 경우에는 공익을 위하여 필요한 경우에는 수사대상을 특정하고, 피의사실을 공개하는 것이 허용되기도 한다. 아홉째, 탐정은 통상 혼자서 은밀하게 활동하는 경우가 대부분인 반면, 수사는 다수의 수사관에 의해 협력체계를 구축하여 행하여지는 경우가 대부분이고, 납치나 테러, 마약범죄 등 일부 특수범죄를 제외하고는 수사 여부를 공개하는 것이 원칙이다. 열 번째, 탐정의 경우 정보수집자인 탐정과 정보이용자인 의뢰인이 구분되는 반면, 수사의 경우에는 수사기관이 정보수집자이면서 정보이용자라는 점 등에서 차이가 있다.

2. 탐정의 기원 및 변천

탐정의 역사는 인류의 탄생과 같이 시작되었다고 할 수 있다. 무엇을 찾는 행위를 직업으로 하지 않더라도 무엇인가를 찾는 행동은 보통 사람들의 일상생활에서도 얼마든지 찾아볼 수 있기 때문이다. 그러나 특정집단 내에 비밀이 생기는 동시에 그 정보를 알아내려 하는 사람이 생기듯, 나아가 국가 간에 전쟁이 시작되면 전쟁 상대국의 국정(國情), 전력(戰力), 전쟁계획 등을 몰래 알아내기 위하여 흔히 스파이(spy)라는 군사탐정이 활약하게 된다. 이와 같이 인류의 역사 속에서 비밀리에 정보를 수집하려는 수요에 응하기 위해 몰래 정보수집 역할을 담당하는 전문가로서 '탐정'이라는 직업이 발생하였다. 특히, 오늘날의 탐정제도는 6세기경 영국에서 태동한 것으로 상인들이 재산범죄가 발생한 경우에 도난당한 재산을 회수할 목적으로 사람을 고용한 것에 기원하고 있다고 한다.

1) 영국의 경찰조직

탐정으로서의 세계 최초의 조직은 1785년경 창설된 영국 보우가(Bow Street)의 소규모 치안조직인 '보우가 경찰(Bow Street Runner)'이다. 영국에서는 1500년대 이후 경제사정이 어려워지면서 범죄가 급증하자 국왕은 보안관의 무능과 부패를 개혁하기 위하여 치안판사제도를 도입하였다. 그런데 1748년 런던 보우가(Bow Street)의 치안판사로 임명된 헨리 필딩(Henry Fielding: 1707~1754)이 범죄예방을 위하여 "시민 스스로가 단결하여 대응하여야 한다"고 주장하면서 보우가의 치안유지를 위해 시민들 중 지원자를 모집하여 범죄예방조직을 만들고, 그들의 활동에 대하여 보수를 지급하였는데, 이것이 보우가 경찰이다. 이것은 오늘날의 '형사기동대'와 같은 특별팀이라 할 수 있으며, 정보수집·범죄해결·분실재산의 회수 등의 활동을 통해 사회질서의 확립에 크게 기여하였으며, 그 공로가 인정되어 1829년에 창설된 런던경찰국에 편입되었다.

이후 새롭게 수도경찰대(Metropolitan Police Service)가 창설되었는데, 처음에는 대중의 호응을 거의 받지 못했고, 1842년 처음으로 사복경찰관을 공무에 배치하자 군중은 스파이를 배치한다고 크게 항의를 받기도 하였다. 그러다가 1878년에 범죄수사부(Criminal Investigation Department: CID)가 설치되면서 런던경찰국은 점차 군중의 신뢰를 받기 시작하였다. 범죄수사부는 소수의 사복형사들로 이루어져 범죄에 관한 정보를 수집하였고, 그 뒤 지금과 같은 유능한 수사대로 발전하였다.

2) 프랑스의 비도크

최초의 사립탐정이라 할 수 있는 사람은 19세기 범죄자이자 탈옥수이며 스파이이기도 하였던, 후에 파리 범죄수사국의 책임자 지위에까지 오른 프랑스인 프랜시스 외젠 비도크(Francis Eugne Vidocq: 1775~1857)이다. 빵집 아들로 태어난 비도크는 군 생활을 마친 뒤 고향에 돌아와 상점을 차리고 평범한 삶을 꾸려나 갔다. 그러나 정식 제대명령을 못 받았다는 이유로 탈영병으로 간주되어 체포되었으며, 형무소에서 위조지폐범 2명이 자신들의 죄를 비도크에게 뒤집어 씌우자 그는 억울함을 이기지 못하고 10여 년간 탈옥을 계속 시도하였고, 경찰에 다시 체포되는 과정이 반복되었다. 이 시기에 비도크는 도둑이나 사기꾼의 버릇과 습성을 파악하였고, 경찰의 눈을 피하기 위해 변장술을 익혔다. 비도크가 마지막으로 잡혔을 때 경찰서장은 그에게 파리에 원정 온 절도범을 잡는 데 협조하면 풀어 주겠다는 타협안을 제시하였고, 비도크는 그 제안을 받아들여 절도범 일당을 일망타진하는데 기여하였다. 이후 비도크는 평범한 삶을 살기 위해 옷 가게를 열었으나 자신에게 누명을 씌운 전과자 두 명이 나타나 그가 탈옥수임을 폭로하겠다고 위협하자 오히려 경찰서장에게 형무소 안에서 스파이 노릇을 하겠다고 제의하였고, 1년 9개월간 옥살이를 자청했다. 이때 비도크가 빼낸 정보로 범죄자 체포건수는 급증하였고, 경찰은 비도크의 공로를 인정해 그를 경찰 전속 탐정으로 임명하였다.

한편, 프랑스 파리에 온갖 범죄자가 몰려들어 기존의 경찰만으로는 이들을 감당하기 어려워지게 되자 1817년 비도크는 파리시 경찰국장 앙글레스(Anglais) 밑에서 자신과 같이 개심한 전과자를 중심으로 범죄수사국(Sueretee)을 창설하여 초대 범죄수사과장이 되었다. 1820년 범죄수사국의 수사관은 300여 명에 이르렀고, 파리의 범죄율은 40%나 줄어들었다. 이후 비도크는 1827년 자신의 습성을 버리지 못하고 절도행위로 인해 파면되었으나 1834년 '사설정보사무소'를 차려 탐정활동을 하였다. 비도크가 체험한 기이한 범죄들을 기록한 「회상록」(1829)은 이후 위고, 발자크를 비롯한 에드거 앨런 포(Edgar Allan Poe), 코난 도일(Arthur Conan Doyle), 모리스 르블랑(Maurice Leblanc) 등 많은 추리작가들에게 영감의 원천을 제공했으며, 그는 지금의 프로파일링(Profiling) 기법에 해당하는 범인의 유형 및 범죄자의 특징 등을 정리하기도 하는 등 탐정의 기초를 공고히 하였다.

3) 미국의 핀커튼탐정사무소

미국 최초의 사립탐정사무소는 1850년 앨런 핀커튼(Allan Pinkerton: 1819~1884)이 시카고경찰서의 첫 탐정이 된 후 미드웨스턴(Midwestern)에서 창업한 핀커튼탐정사무소(Pinkerton National Detective Agency)이다.

핀커튼은 스코틀랜드 출신으로 23살 때 미국으로 건너가 시카고에서 물통과 술통을 만드는 직공이 되었다. 이때 그는 재료로 쓸 나무를 찾으러 산에 갔다가 우연히 위조지폐를 만드는 일당을 발견하여 이들을 검거하는데 기여하고, 이후 범죄수사에 흥미를 느껴 보안관이 되었다. 그때부터 그는 체신부의 특별보안관이 되어 열차강도나 갱들을 수없이 체포하였고, 1850년 독립해서 9명의 직원을 둔 사립탐정사무소를 열었다. 핀커튼은 1890년대 말 미국 서부지역을 휩쓸던 은행, 열차강도들을 추적하여 섬멸하는데 혁혁한 공을 세웠으며, 남북전쟁 당시에는 북군을 위한 육군 첩보부를 설립하였고, 후에 이 기관의 책임자가 되어 링컨 대통령 암살계획을 사전에 방지하였으며, 적의 정보까지 입수하는 놀라운 성과를 거두었다. 이 기관은 전쟁의 종반에 이르러서는 남군이 발행한 위조화폐 적발임무를 수행하였으며, 전후에는 첩보부(Secret Service)로 발전하여 연방정부의 정부기관이 되었다.

핀커튼이 활약할 당시 미국의 치안은 매우 열악한 상황이었으며, 서부와 남부지역의 신도시들은 그야말로 무법이 난무하는 황량한 서부(Wild West) 시대가 계속되고 있었다. 따라서 이러한 새로운 개척지에는 시민들이 스스로를 보호하기 위해 민간조직을 창설하게 되었는데, 핀커튼탐정사무소는 이러한 민간조직의 대표적 사례라고 볼 수 있다. 당시 미국의 주(州)경찰은 도망간 범법자를 체포하거나 수사하는데 사법권 관할이라는 한계에 놓였던 반면에, 핀커튼탐정사무소를 비롯한 일부 유명 탐정회사들은 주(州)경계를 넘어 전국에 걸쳐서 범법자를 추적할 수 있었으며, 범죄수사와 같은 공적 영역은 물론, 사적 영역에서도 실력을 인정받았다. 이 당시 핀커튼 에이전트(Pinkerton Agent)의 명성과 영향력은 미국 전역에서 신화같은 존재였다고 한다.

이때 핀커튼은 '24시간 잠들지 않는 사람의 눈,' 일명 'private eye'를 핀커튼탐정사무소의 상징으로 삼았으며, 이후 미국에서는 'private eye' 또는 'eye'가 탐정을 대표하는 대명사가 되었다. 이후 핀커튼탐정사무소는 1999년 2월 22일 스웨덴 스톡홀름에 본사를 둔 첩보회사(Securitas AB)와 합병되었다.

3. 탐정의 기능

현재 우리 사회에는 탐정업무를 한다고 볼 수 있는 사람들이 많이 있다. 탐정이라는 명칭을 사용하는 사람들을 포함하여, 흥신소, 심부름센터, 민간조사회사라고 불리는 업체 등에서 의뢰인의 요구에 따라 사건·사고 등을 조사하고 관련되는 각종 정보나 자료를 수집하는 활동이 대표적인 사례라고 할 수 있다. 또한 보험회사나 은행의 직원, 신용조사업자는 물론이고, 때로는 변호사들까지 그 활동내용을 살펴보면 의뢰인의 요구나 계약에 의하여 사건·사고의 실상을 파악하고, 관련 자료나 정보를 수집하는 점에서는 일부 탐정활동의 성격을 띠고 있다. 즉, 탐정업은 아직 법제화되지 않았을 뿐이지 이미 하나의 직업으로서 우리 사회에 정착되어 있을 뿐만 아니라 산업분야의 일정 영역으로 성장하고 있다. 그럼에도 불구하고 탐정이 제도권에서 관리되지 못하고 음성적으로 활동하고 있다는 것은 심각한 문제이다. 따라서 하루속히 탐정제도의 법제화를 통해 탐정업을 체계화하고 활성화시킬 필요가 있다. 탐정제도의 기능을 구체적으로 기술하면 다음과 같다.

1) 사적 영역에 있어서 피해자의 보호와 피해회복의 현실화

탐정제도가 법제화되지 않은 현시점에서 탐정관련 업무는 주로 심부름센터 등에서 음성적으로 이루어지는 경우가 많다. 이 경우 업무를 의뢰하는 사람들은 주로 채권의 회수와 불륜사건의 조사를 그 목적으로 하고 있다. 채권과 관련한 사건의 경우 채권자는 민사소송 등 법적인 절차에 의해 자신의 채권을 확보하기에는 비용의 과다, 절차의 복잡성, 시간소요의 장기성 등을 이유로 이러한 업체를 찾고 있는 것으로 보인다. 또한 불륜사건의 경우 「형법」상 간통죄가 폐지되었지만 이혼소송과 위자료 청구에 유리한 지위를 차지하기 위한 증거를 확보하기 위해 이러한 업소를 이용하고 있는 것으로 보인다. 이처럼 개인의 사적 영역에서의 피해자들의 경우에는 국가의 공적 기관의 도움을 받을 수 없는 한계가 있으므로 그 피해구제를 위하여 민간인이나 민간조직의 도움이 절실히 요구되는 경우가 적지 않다. 그러나 수요자 또는 의뢰인의 은밀한 수요와 사적 영역에서 행해지는 음성적이고 불법적인 조사행위가 맞물리면서 심부름센터 등에 의한 조사활동의 일부 사례에서 개인정보의 무차별적인 수집과 배포, 이로 인한 개인의 사생활 침해를 비롯하여 새로운 2차적 범죄의 발생 등 사회적 문제를 일으키고 있다. 따라서 탐정활동에 대한 합법과 불법이 불투명한 현행법체계 아래에서 조사활동을 직업으로 하고 있는 사람들은 물론, 향후 전문직업인으로서 민간조사활동을 희망하는 사람들이 법적 근거를 가진 제도화된 직업으로 탐정업을 할 수 있도록 하는 여건을 조성할 필요가 있다. 아울러 탐정의 엄격한 관리를 통해 잠재적 수요자들이 신뢰를 가지고 양질의 탐정서비스를 제공받을 수 있도록 탐정업의 정립과 그 운영을 위한 법·제도적 정비작업이 병행될 필요가 있다.

한편, 헌법상 기본권의 주체인 개인의 법익을 침해하고, 재산상의 손실을 가져오는 범죄가 발생한 경우에 이루어지는 수사기관의 활동은 범인을 발견·확보하고 증거를 수집·보전하는 활동에 집중된다. 이 같은 수사기관의 공행정작용은 범죄자에 대한 공소의 제기와 형벌권 행사에 중점을 두고 행해질 수밖에 없다는 본연적 특성을 가지고 있다. 이처럼 범죄자의 형사소추를 목적으로 하는 수사기관의 작용은 피해자의 조속한 피해회복이라는 측면과는 상호 추구하는 방향과 목적이 상이하다. 이러한 점에서 실제 수사기관의 수사결과가 피해자의 권익보호 또는 피해구제와 괴리가 있는 경우도 적지 않다. 이러한 이유로 개인의 권익보호와 권익확대를 위한 목적으로 도난 또는 분실된 물건의 소재확인, 의뢰인의 피해사실에 대한 조사, 기업의 지식재산권침해와 관련된 영역에서 신속하고 효과적인 재산권의 피해회복수단을 확보할 필요가 있게 된다. 따라서 이러한 목적을 달성하기 위하여 수요자 또는 의뢰인의 요구와 기대에 적절히 부응할 수 있는 전문성을 보유한 탐정의 역할수행이 요구된다.

2) 치안서비스의 확대

국민들의 가치관이 '양'보다 '질'을 중시하는 것으로 변화하고, 이러한 경향이 치안환경에도 영향을 미쳐 국민들로부터 고품질의 치안서비스에 대한 욕구가 커지고 있다. 하지만 국가의 공적 치안조직이 이러한 국민들의 기대에 부응하지 못함에 따라 국민들의 불만이 상대적으로 심화되고 있다. 따라서 탐정제도의 도입을 통하여 수익자부담이론에 따라 민영화, 민간위탁 등을 통해 국가와 민간의 협력에 의한 혼성치안을 구현함으로써 국민의 요구에 부응하는 다양한 치안서비스를 제공할 필요가 있다. 특히, 성인실종자의 경우에는 특별한 사정이 없는 한 경찰수사의 대상에서 제외되어 있으므로 그 가족들의 경우에는 사인인 탐정의 도움이 절실한 사정에 있다. 가출청소년이나 미아 찾기의 경우도 법규정에도 불구하고 사실상 수사기관의 적극적인 수사를 기대하기 어려운 것은 마찬가지이다.

이미 우리나라에서도 각종 영역에서 규제의 완화와 민영화, 민간위탁, 재정지출 감축 등을 통한 정부영역의 축소화 및 민간영역의 치안서비스 조직의 확대가 곳곳에 나타나고 있다. 민간경비분야 역시 우리나라만의 역사와 사회적 상황으로 인해 독특하게 발전한 부분도 있지만 일본, 미국을 비롯한 서방국가들의 장점을 도입하면서 계속 발전적인 변화를 추구하고 있다. 그러나 민간경비업무에 관해 규정하고 있는 「경비업법」에서는 시설경비업무, 호송경비업무, 신변보호업무, 기계경비업무, 특수경비업무 등 5종류의 업무로 한정하고 있다. 따라서 이것만으로는 경찰력의 한계, 첨단기술의 발달, 경제발전에 따른 자구의식 고취, 행정개혁과 민영화추세 등의 요인으로 다양하고도 새로운 치안서비스를 제공받기를 원하는 국민의 요구에 부응하기 어려운 상황에 있다. 또한 오늘날 경찰의 전통적 기능 중 법집행기능은 경찰에, 질서유지나 재산보호와 같은 기능은 민간조직에 점점 이양되어 가는 것이 세계적 추세이다. 따라서 우리나라에서도 탐정제도의 도입을 통해 탐정으로 하여금 합법적인 범위 내에서 지식과 정보를 수집 · 제공하게 함으로써 의뢰인의 재산과 권익을 실효적으로 보호할 수 있는 고객지향적 치안서비스를 제공할 필요가 있다.

3) 해외도피사범의 수사 및 검거의 한계 극복

오늘날 경찰은 업무영역이 늘어나면서, 그 역할과 기능이 더욱 확대되고 있으나 과중한 업무와 경찰인력의 부족, 경찰예산의 부족, 경찰에 대한 주민들의 이해부족, 열악한 근무조건 등으로 범죄에 대한 대처능력은 오히려 취약해지고 있다. 이에 국민의 안전과 권익 및 재산보호라는 치안서비스를 전적으로 경찰에만 맡기기에는 한계에 도달했다고 한다. 더구나 범죄자가 해외로 도피한 경우에는 경찰수사권의 부재로 인해 범죄자의 체포 등이 사실상 불가능하게 된다.

우리나라는 1964년에 인터폴(Interpol, International Criminal Police Organization: ICPO)에 가입하였지만 인터폴의 성격상 국제조약에 의한 것이 아닌 임의조직이기 때문에 범죄자에 대하여 인터폴이 강제수사권이나 체포권을 가지고 있지 않다. 또한 국내에서 죄를 범한 범죄자들이 외국으로 도피하였는데, 외국범죄인 추방제도가 없는 국가 등으로 도피한 경우에는 우리나라의 수사기관에서는 더 이상 수사조차 할 수가 없고 해당국 수사기관의 적극적인 공조수사를 기대하기도 어렵다. 이들이 우리나라와 '범죄인 인도조약'이 체결되어 있는 국가로 도피한 경우에도 다르지 않다. 이에 범죄피해자들은 다른 나라로 도망간 범죄자들에 대한 추적수사를 우리나라의 탐정유사 업체나 외국탐정회사의 국내 지사에 의뢰하고 있는 실정이다. 따라서 해외도피사범에 대한 수사가 절차의 복잡성과 비효율성, 국가 간의 공조수사의 한계 등으로 많은 어려움을 겪고 있는 현실에서 그 해결방안의 하나로 탐정제도를 활용함으로써 배타적인 속지주의적 수사권 독점으로 인한 국제형사공조의 한계를 극복할 필요가 있다.

4) 기업 또는 산업의 보호 및 기업활동의 지원

WTO(World Trade Organization) 출범 이후 세계 각국은 상호시장을 표방하면서 자국의 산업보호에 전력을 추구하고 있으며, 경쟁국의 산업기밀을 입수하기 위해 기업과 기업 간은 물론, 국가와 국가 간에도 산업스파이를 이용하여 상대방이 개발한 첨단기술을 입수하기 위한 정보전쟁을 하고 있다. 따라서 국내에 진출한 다국적기업들이 고용한 외국의 사설정보업체나 탐정 등의 활동에 의해 국내 기업의 핵심기술이 유출될 위험이 높아지고 있으며, 실제로 주요 기업들에서 산업기술유출사건이 종종 발생하고 있다. 하지만 이러한 활동에 대해 국가의 수사력에 전적으로 의지하는 것만으로는 수사 및 적발은 물론, 사전 예방에 한계가 있으므로 전문지식을 습득한 사설기관이나 사립탐정에 의한 역할 보완이 요구된다. 이처럼 탐정활동은 다국적기업에 대한 정보수집을 통해 국내 기업을 보호하고 국내 산업의 피해를 방지하거나 줄이는데 크게 기여하게 될 것이다.

이외에도 기업에서 직원의 채용 시에 응시자에 대한 기본조사가 요구되는 경우, 임직원의 불법·부당한 행동을 파악하고자 하는 경우, 거래하고 있는 다른 기업의 신용도나 자산규모 또는 기업능력을 파악하려는 경우, 기업 M&A나 기업소송 등에 있어서 필요한 정보를 획득하거나 관련자의 소재파악 등을 하고자 하는 경우, 기업의 경영전략을 세우는 데 필요한 정보를 수집하고자 하는 경우 등 기업활동 전반에 걸쳐 탐정의 도움이 요구되고 있다.

5) WTO가입에 따른 탐정업의 시장경쟁력의 강화

전술한 바와 같이 우리나라는 IMF 이후 해외자본의 유치로 기업 간의 M&A (Merger and Acquisitions) 형식의 거래가 이루어짐에 따라 국내의 첨단산업분야를 비롯한 모든 부문에서 발생하고 있는 국가 간의 치열한 정보전쟁에서 안전할 수 없음은 주지의 사실이다. 1996년 우리나라가 WTO(World Trade Organization)에 가입하면서 민간경비업과 함께 탐정업이 외국시장에 개방됨에 따라 외국의 거대 기업들이 국내에 진출하여 컨설팅 등의 업종으로 지점 설립과 함께 사실상 탐정영업을 하고 있으며, 이러한 탐정업체들은 자국과 자국기업의 이익을 지키기 위해서 우리나라에 대한 정보를 수집하는 등의 활동을 하고 있다. 심지어 이들 외국 탐정기업들의 국내 활동이 증가함에 따라 국내 탐정시장이 이들에게 잠식당하여 국부의 누출도 상당한 실정이다. 따라서 우리나라도 탐정제도를 도입하여 정보수집능력을 극대화함으로써 이에 맞대응할 필요가 있으며, 나아가 국내 탐정업의 활성화를 통해 활동영역을 외국으로 확대하게 되면 국가의 이익창출에도 크게 기여할 수 있을 것이다.

6) 전문영역의 조사업무 증대

현대사회에서 여러 전문영역에서 분쟁이 늘어나고 있으며, 이러한 분쟁에서 우위를 점하기 위해서는 관련 분야에 대한 정확한 정보수집과 전문지식이 요구되고 있다. 그러나 이들 전문분야에 있어서 수사기관 등 국가기관에 의한 정보수집은 형식적·실제적 한계가 있으며, 전문성 부족으로 인해 국가기관에 의한 실질적인 도움을 기대하기 어려운 경우도 발생할 수 있다. 따라서 복잡화·전문화되고 있는 현대사회에 있어서 무리하게 국가가 조사에 관한 권한을 독점하려고 할 것이 아니라 적어도 전문영역에 대해서는 전문성을 갖춘 민간전문가에게 그 권한을 과감하게 이양하는 것이 피해자의 권익보호와 피해구제에 있어서 보다 실효적일 것이다. 따라서 사회변화에 따라 더욱 전문화된 영역의 경우, 즉 전술한 기업 사례의 경우 외에도 부동산관련 분쟁, 의료분쟁이나 의료과실, 보험분쟁 또는 보험사기, 교통사고조사, 지식재산권침해 등에서는 관련 분야의 전문성을 갖춘 탐정의 역할을 확대할 필요가 있다.

7) 전문인력의 활용 및 일자리창출에 기여

경찰, 검찰 등 국가기관이나 각종 민간기관에서 조사 또는 정보업무에 오랜기간 동안 종사하면서 상당한 교육과 훈련을 거쳐 실무경험을 가진 전문인력들이 존재한다. 이들에게 탐정업의 제도화를 통해 그들이 그동안 쌓은 지식과 능력을 활용할 기회를 제공하는 것은 적은 비용으로 우수한 인적 자원을 활용하여 국가 치안 및 사건해결능력을 극대화하는 것으로서 개인은 물론, 국가적으로도 매우 유용할 것이다.

뿐만 아니라 탐정이 제도화될 경우 탐정산업의 활성화를 통해 경제적 부를 창출하게 됨과 동시에 탐정이 우리 사회에서 새로운 직업군으로 정착하게 됨으로써 신규 일자리(탐정과 그 보조자 및 관련산업 종사자 등) 창출에도 획기적으로 기여할 것으로 기대된다. 특히, 탐정업은 AI 등 인공지능에 의해 대체될 수 있는 직업이 아니므로 4차 산업혁명 시대를 맞이하여 오히려 발전가능성이 매우 크다는 점에서 국가적 지원이 확대될 것이 요청된다.

4. 탐정제도의 발전에 관한 이론

1) 경제환원론적 이론

경제환원론적 이론(經濟還元論的 理論, economic reduction theory)은 범죄의 증가에 따른 직접적 대응을 전제로 하여 그 원인을 결과에서부터 역으로 찾아가 종속적인 사회현상의 변화에 범죄증가의 원인이 있다는 이론이다. 경제발전의 침체에 의하여 실업률이 증가하면 범죄자가 많이 발생하고, 증가된 범죄를 처리하지 못하는 경찰력의 한계로 인해 민간경비시장이 발전하게 된다는 것이다. 즉, 경제침체에 따른 실업률 증가와 사회적 불안정이 범죄의 증가를 가져왔으며, 그 이유로 인하여 공권력만으로는 범죄예방이 힘들어지면서 범죄의 예방과 진압 및 억제를 위한 수단으로 민간자본으로 형성된 민간경비시장이 활성화된다고 한다. 이 이론은 민간경비시장의 성장을 경제 전반의 상태와 연결시키려는 시각으로, 미국의 경제침체기였던 1965~1972년 사이의 민간경비시장이 서비스업 전체 증가율보다 더 많이 증가한 경험적 관찰에 기초하고 있다.

국가가 경제침체기에 접어들게 되면 경제사범은 물론, 묻지마식 흉악범, 사이코패스범죄 등이 증가하여 심각한 사회혼란이 발생하게 되고, 이러한 범죄발생의 증가가 지속될 경우 국가 수사기관만으로는 범죄의 예방과 진압 및 억제에 한계가 있으므로 탐정제도가 필요하다고 한다.

2) 공동화이론

공동화이론(空洞化理論, vacuum theory)은 경찰에게 부여된 기능이나 역할인 범죄예방이나 통제와 같은 서비스를 제공할 수 있는 능력, 즉 인적 측면이나 물적 측면이 감소(또는 상대적 부족)됨으로써 생겨난 '공동화상태'를 민간경비가 보충해 준다는 이론이다. 즉, 공권력의 축소와는 반대로 범죄의 수와 양은 급속도로 늘어나고 있으며, 이에 따른 범죄예방의 공백이 점점 커지면서 그 모자란 부분은 민간경비가 대신할 수밖에 없다. 이 이론에서는 국가(공권력)와 민간경비의 상호 보완적 효과를 기대할 수 있으며, 역할분담적 활동을 통하여 최소한의 국가권력으로 효율성 극대화와 민간산업의 육성에 기여할 수 있다고 설명한다.

이 이론은 탐정의 역할에도 그대로 적용할 수 있다. 국가 수사기관의 한정된 활동, 수사인력의 부족, 범죄수법의 다양화·흉포화·지능화 등은 공경비의 한계를 여실히 드러내고 있으며, 국민의 권익보호 공식창구인 고소·고발 사건의 증대와 소추사건, 미제사건 등의 증가에도 불구하고 이를 제대로 처리하지 못하고 있는 치안공백을 보충하기 위해서 탐정제도가 필요하다고 한다.

3) 이익집단이론

이익집단이론(利益集團理論, interest group theory)은 민간경비를 하나의 외부

독립적인 행위자로 인식하며, 민간경비 자체가 이익을 추구할 수 있는 이익추구 집단으로의 활동에 따라 민간경비가 발전되었다는 이론이다. 공동화이론이 공경비와 민간경비를 상생관계 또는 보완관계로 본다면, 이 이론은 민간경비를 독립적인 행위자로 보고, 민간경비가 자체적으로 고유한 이해관계를 가질 수 있는 것으로 파악하는 데서 출발하고 있다.

이익집단이론은 민영화이론의 경제적 측면인 기업의 경쟁력 강화와 효율성 증가에 따라 소득재분배와 시너지효과를 잘 설명한다. 우리나라도 현재 탐정의 법제화를 앞두고 여러 탐정관련 협회, 학회, 연구원 등이 각기 다른 입장을 보이며, 이익집단의 이익을 위해 경쟁적으로 활동하고 있다. 그러나 탐정시장의 양적 성장은 초기단계에서 일어나는 현상이며, 궁극적으로는 이익집단으로서의 내부적 결속과 제도화 및 조직화의 결과로 인해 탐정이 그 세력과 입지를 강화하게 될 것으로 예측된다.

4) 수익자부담이론

수익자부담이론(受益者負擔理論, profit-oriented enterprise theory)은 경찰의 역할과 기능을 국가와 자본주의의 전반적인 체제 유지를 위한 공권력작용 차원으로 한정하고, 사회구성원 개개인이나 회사차원의 안전과 보호는 결국 해당 개인이나 회사가 담당하여야 한다는 인식에 기초를 두고 있는 이론이다. 이 이론은 개인이 자신의 건강을 보호받기 위해 상업적 의료보험에 가입하는 것과 같이 개인 스스로의 안전을 증진시키기 위해서는 스스로 민간경비 등에 대한 비용을 지불하여야 한다는 것이다.

이 이론에 따르면 자본주의 사회에서는 개인의 재산보호나 범죄에서 올 수 있는 신체적 피해로부터의 보호를 결국 개인적 비용에 의해 담보받을 수밖에 없다고 한다. 즉, 국가의 재정위기가 개인과 사회를 범죄피해로부터 적절히 구제하지 못하고, 이들에 의한 범죄예방요구를 충족시켜 주지 못하기 때문에 국민 스스로가 수익자부담원칙에 입각하여 자신의 안전을 탐정과 민간경비업체에 맡기게 됨으로써 탐정과 민간경비시장이 성장한다는 것이다. 다만, 탐정과 민간경비시장의 발전은 전반적인 국민소득의 증가, 탐정과 경비 개념에 대한 사회적 인식의 변화, 실제적인 범죄의 증가 등의 요건이 전제되어야 한다고 한다.

5) 민영화이론

민영화(privatization)의 사전적 의미는 국가 및 공공단체가 특정기업에 대해 갖는 법적 소유권을 주식매각 등의 방법을 통해 민간부문으로 이전하는 것을 말하며, 넓은 의미에 있어서는 외부계약, 민간의 사회간접자본시설 공급, 공공서비스사업에 대한 민간참여 허용 등을 모두 포함한다. 따라서 민영화를 정책적인 측면에서 살펴보면 '시장화' 또는 '규제철폐'라고 할 수 있는데, 민영화에 의한 소유권의 이전을 통해 규제 대신 시장메커니즘에 경제활동을 맡김으로써 생산효율과 배분효율을 증대시켜 경제 전체에 활력을 불어넣게 된다고 한다. 따라서 민영화이론(民營化理論, private management theory)은 국가작용에 있어서 정부의 역할을 줄이고 민간역할을 증대하여 국가 비용절약의 효과를 거두는 한편, 작은 정부를 수립하여 시민권 성장과 국민권리의 신장, 정치(권력)의 최소화를 주장하는 이론이다.

이 이론은 서비스의 내부공급에서 외부공급으로 전환이 이루어지고, 이 과정에서 경쟁개념을 도입하여 보다 효율적인 서비스를 제공하고자 하는 점에서 의의가 있다. 특히, 이 이론은 국가 중요시설의 경호 및 경비를 민간에게 위탁시키는 경우에 활용될 수 있으며, 탐정의 경우에도 마찬가지이다. 즉, 정보수집이라는 국가의 기능 중 일부를 민영화하여 탐정에 맡기면 의뢰인과의 계약을 통한 정보수집서비스의 효율성을 증대시킬 수 있다는 것이다. 민간기업의 자원과 기술을 활용하여 정부 내의 전문가 부족의 결점을 보완할 수 있을 뿐만 아니라 정보수집 및 조사영역의 새로운 일자리를 창조함으로써 민간의 고용을 증대시키고, 민간경제의 활성화를 도모할 수 있다고 한다.

제2절 탐정의 유형과 업무

1. 탐정의 유형

일반적으로 탐정관련 학계에서나 단체는 국가에서 인정하는 자격의 취득 여부, 그리고 전문적으로 취급하는 업무영역에 따라 탐정을 다음과 같이 구분하고 있다.

1) 공인자격의 취득 여부에 따른 구분

탐정제도가 발달한 미국에서는 공인탐정자격의 취득 여부에 따라 공인탐정과 일반탐정으로 구분하고 있으며, 탐정으로서의 권한과 업무범위에서도 양자 간에 차이를 두고 있다. 미국에서 공인탐정의 자격증은 면허(license)라고 하고, 일반탐정의 자격증은 취업을 할 수 있는 취업허가증(employee registration card, investigator permit)이라고 칭한다.

미국에서 공인탐정이란 정부에서 주관하는 탐정자격시험에 합격하고, 소정의 연수교육을 수료하여 국가가 인정하는 탐정자격을 취득한 후, 주무관청에 등록하는 절차를 거쳐 탐정업자로 활동할 수 있는 자를 말한다. 공인탐정은 국가에서 규정한 모든 사건에 대한 조사업무를 수행할 수 있고, 탐정회사를 설립할 수 있으며, 사건을 의뢰하는 기업이나 개인을 상대로 하여 상담서비스 등을 제공할 수 있다. 또한 업무수행과정에서 제한적이지만 정부기관의 기록을 열람할 수도 있고, 수사기관의 협조를 받을 수 있음은 물론, 군 수사기관과도 계약을 맺고 업무를 수행하고 있다.

이에 반해 일반탐정은 국가에서 요구하는 공인자격을 취득하지는 못했지만 탐정으로 활동할 수 있는 필요한 교육을 받고 탐정업자의 사무실에 고용되어 업무보조원으로 활동하는 자를 말한다. 즉, 일반탐정은 공인탐정이 운영하는 회사나 사무실에 소속하여 지시에 따라 일을 할 수 있을 뿐이며, 단독으로 계약을 할 수 없고, 탐정업무나 상담을 할 수 없는 등 업무범위와 권한에 있어서 공인탐정과 큰 차이가 있다.

2) 전문분야에 따른 구분

(1) 법률탐정

법률탐정(legal investigator)은 주로 소송사건을 전문으로 하며, 사실관계의 확인을 필요로 하는 변호사를 돕기 위해 재판 관련 증거나 자료를 수집하고, 피고(인)의 변호를 돕기 위해 경찰 등 사건에 관계된 자들과 면담을 하며, 증인을 확보하고, 증거를 수집하는 등 법률사무에 관련하여 전문적인 활동을 하는 탐정을 말한다.

미국에서 변호사는 탐정의 지원이나 조력을 받지 않고는 재판을 제대로 수행할 수 없으며, 변호사 사무실에 탐정을 몇 명씩 고용한다고 한다. 탐정은 법정에서 스스로 증인이 되기도 하며, 탐정을 인정하는 국가에서는 각종 소송에서 이들이 수집한 증거에 대하여 증거능력을 인정하기도 한다.

(2) 기업탐정

기업탐정(corporate investigator)은 기업체에 고용되거나 대기업 등에서 의뢰를 받아 회사 내·외부에서 발생한 문제에 대한 전문적인 조사활동으로, 비용지출 내역의 허위사실 등 범죄음모를 밝혀내거나 회사재산에 대한 횡령, 배임, 절도 등과 관련하여 이에 연루된 직원을 찾아내는 일 등을 하는 탐정을 말한다.

(3) 부동산탐정

부동산탐정(real estate investigator)은 부동산거래 관련 조사활동을 하는 탐정을 말한다. 종래 부동산거래사고는 타인의 부동산 소유권을 사취하거나 사취당하는 것을 의미하는 좁은 개념이었으나 최근에는 거래의 당사자가 당연히 누려야 할 권리자로서의 지위를 위협받는 일체의 상황을 총칭하는 것으로 의미되고 있다. 따라서 부동산탐정은 전문업무로서 매매, 임대차 등 부동산거래 시 진정한 소유권자조사, 기획부동산·불법무등록 중개업자에 의한 사고조사, 불법·허위·과장광고에 의한 피해조사, 변호사 의뢰에 의한 부동산 관련 소송사건의 증거자료수집, 개발대상 필지의 소유권자 소재 및 인적 사항 파악, 불법알박기투기자에 대한 조사, 건설자재 도난 및 손실원인의 조사, 불법유치권자의 조사, 채무면탈 도피채무자의 소재파악 및 재산조사 등 많은 영역이 있다.

(4) 재정탐정

재정탐정(financial investigator)은 전문적인 회계지식을 이용하여 회사의 재무상태나 횡령당한 자금의 소재파악, 변제판결이 내려졌음에도 불구하고 채무자가 재산을 타인 명의로 감추고 있을 때 이를 추적하여 은닉한 재산을 찾아내거나 불법·부당한 자금거래에 연루되어 있는 회사나 개인에 대하여 다양한 정보를 수집하는 등 주로 금전과 관련된 횡령, 사기 사건들을 전문으로 취급하는 탐정을 말한다. 이들은 기업이나 은행의 사고처리 담당자나 변호사와 함께 작업하는 경우가 많다.

(5) 보험탐정

보험탐정(insurance investigator)은 보험금을 노리고 저지르는 자해행위·보험사기 등과 관련된 조사를 전문적으로 취급하는 탐정을 말한다. 보험사기 등 보험범죄가 증가하는 현실을 고려하면 보험탐정분야는 향후 탐정제도가 도입될 경우 가장 많은 활동이 기대되는 업무분야 중의 하나이다.

(6) 경비탐정

경비탐정(store investigator)은 주로 대규모 판매시설인 백화점이나 대형마트 등에 소속되어 건물이나 시설 내에서 물건의 절도나 소매치기 등을 검거하고, 내부직원의 부정행위를 적발하며, 고객에 대한 근무태도, 서비스 등을 감시하는 일을 전문적으로 하는 탐정을 말한다.

(7) 사이버탐정

사이버탐정(cyber investigator)은 주로 온라인(on-line)상에서 행해지는 사기 등 범죄나 불법행위로 인한 범죄피해자들로부터 의뢰를 받아 계약을 맺고 불법행위의 감시, 위법행위자의 IP추적, 각종 자료수집 등의 업무를 사이버공간에서 수행하는 탐정을 말한다. 정보화시대, 인터넷시대가 발달하게 되면서 향후 탐정의 역할이 대폭 성장할 것으로 기대되는 분야이다.

(8) 기타

이외에도 업무내용에 따라 해외도피사범 소재파악 전문탐정, 뺑소니 차량추적 전문탐정, 고액의 수배범을 추적하여 찾아내는 소위 '헌터' 같은 현상수배범 소재파악 전문탐정 등 여러 분야의 전문탐정으로 구분할 수 있다.

2. 탐정의 업무

탐정제도가 발달된 선진외국의 경우 탐정의 수요와 업무범위는 매우 넓고 다양하다. 과거에는 사라진 물건이나 재산을 찾는 활동과 범죄자를 잡는 등의 제한적인 업무수행을 하였다. 그러나 오늘날에는 보험관련 사건사고, 부동산거래사고, 첨단기술과 관련한 산업스파이 문제, 각종 컨설팅, 직원의 경력조사, 기타 공권력이 쉽게 미치지 못하는 사건 등 다양한 영역에 대하여 탐정들이 전문분야에 따라 조사활동을 수행하고 있다.

미국의 경우 각 주마다 탐정업무의 영역이 다소 상이하지만, 민간영역(private sector)은 물론, 공공기관의 요청에 따라 공공영역(public sector)을 대신하여 업무를 수행하는 경우도 적지 않다. 즉, 탐정의 조사결과가 재판 시 법정에서 소송당사자인 원고나 피고의 이익을 위해서 제공되고, 탐정이 국가기관의 의뢰를 받거나 정부기관과의 계약이나 고용에 따라 공공영역을 대신해 증거를 수집할 수 있으며, 형사사건이나 행정사건 등에서도 조사활동이 허용된다. 이에 탐정의 업무범위를 가장 폭넓게 인정하고 있는 나라인 미국의 경우를 참조하여 탐정업무영역을 정리해 보면 다음과 같다.

분야	탐정의 조사업무
검사와 법집행기관	• 범죄수사 • 도주자의 체포 • 증인확보 • 증거보전 및 감시 등
변호사	• 소송준비 시의 사건조사 • 증인확보, 행방불명 상속인 소재파악 및 확인 • 은닉재산의 파악 및 확인, 필요서류의 준비 등
변리사	• 특허권침해조사. • 특허의 채택·사용·포기에 관한 사실확증 등
출판사	• 명예훼손·모욕에 대한 조사 • 불공정경쟁조사 • 저작권침해조사 등

분야	탐정의 조사업무
기업	• 부정비리조사 • 임직원 채용 시의 스크리닝업무 • 기밀누설, 누출 및 산업스파이조사 • 통신보안, 시설보안을 위한 도·감청장비의 탐지 • 기업정보 유출에 대한 증거수집 등
은행	• 부실채권 사전예방을 위한 개인 및 법인에 대한 조사 • 주요직책의 승진예정인 후보자나 직원에 대한 조사 등 • 고가의 귀중품 운송 시 보호 • 부정행위의 의혹이 있는 직원이나 기타 사항의 감시 • 보고된 재산의 사실확인 및 검증 • 소송 전후 채권확보를 위한 조사 등
보험회사	• 보험금 노린 교통사고 자해공갈범 및 가짜사고조서 작성에 의한 보험금 청구조사 • 유령환자 및 비정상적 장기입원환자의 보험금청구조사 • 절도, 손실, 화재 및 기타 사고 시의 보험금청구조사 • 생명, 사고, 의료과실, 배상 및 기타 사건의 조사 등
운송기관	• 정직성과 서비스에 대한 감시 및 조사 • 사고조사 등
화물운송창고	• 절도나 사건의 조사 등
소매점	• 매장감시 • 절도 또는 그 유사행위의 조사 • 신용위반 및 사기사건의 조사 등
공장 및 도매상	• 제조물이나 생산품의 책임소재사건의 조사 • 불공정 경쟁, 생산품의 평판을 훼손시키려는 고의적 시도 • 거래상 비밀의 누설 및 거래협정위반의 조사 등
호텔	• 절도 또는 기타 유사사건의 조사 • 정직성, 효율성, 낭비 및 규칙위반에 대한 각 부서의 업무의 감시 등
특성조사	• 평판이나 명성조사 • 거주지 주소확인 • 혼인상태, 평소습관 등의 조사 • 주거형태조사 • 수입, 재정 및 신용도의 조사 • 사회 및 사업적 관계의 조사 • 현재 및 과거의 고용이나 사업관계의 조사 • 경찰처분, 전과 기록 및 기타 의뢰인의 요구사항의 구체적인 조사 등

분야	탐정의 조사업무
감시	• 행동(동향)포착, 태도, 근무태도, 생활방식 및 기타 감시 • 개인적 상해사건의 청구자 행동에 관한 증거자료의 비디오 녹화업무 등
공장 및 물류저장소의 감시	• 주말, 공휴일, 야간시간의 재물절취현장과 약탈행위 및 탐지를 위한 가게나 건물의 감시 • 비인가자의 출입 및 부적절한 행동의 확인 등
비밀조사	• 부정, 낭비, 부주의, 비효율성, 고의적 태만, 안전규칙위반, 탐닉, 종업원차별, 저하된 윤리의식, 사보타지 및 기타 불법행위의 조사 등

* 출처: Charles P. Nemeth, JD, LIM, *Private Security and the Investigative Process* Second Edition, Butterworth-Heinmann(USA), 2000, pp.7-8 참조하여 재구성한 것임.

제 2 장

탐정과 **법**

탐정의 업무범위는 다른 법률들과 상당히 밀접한 관련성이 있다. 탐정의 업무범위를 좁히면 좁힐수록 입법과정에서 다른 법률들과 상충되는 문제점은 줄어들겠지만 업무범위를 너무 협소하게 하면 탐정제도의 도입취지를 무색하게 할 수 있다. 그러나 탐정의 업무범위를 어떻게 정하든 간에 탐정활동을 함에 있어서 헌법을 비롯하여 다른 여러 법률들에 저촉될 수 있으므로 탐정업무와 관련성이 있는 법률들에 대한 정확한 지식이 요구된다.

제1절 탐정 기초법

1. 헌법

헌법은 한 나라의 기본질서 및 국민의 권리와 의무에 대하여 국민 모두의 뜻을 모아 만든 국가 최고법이다. 따라서 헌법은 모든 법의 기본이념이자 근거법으로 기능한다. 헌법에서는 국가형태와 통치체제와 국민의 기본권 및 의무, 그리고 국가기관의 조직, 구성 및 작용에 관해 규정하고 있다.

헌법상 기본권 중 탐정제도의 도입·운용에 있어서 고려되어야 할 주요한 기본권으로는 인간의 존엄과 가치·행복추구권·불가침의 기본적 인권(제10조), 신체의 자유·피고인의 권리(제12조), 직업선택의 자유(제15조), 주거의 자유(제16조), 사생활의 비밀과 자유(제17조), 통신의 자유(제18조), 재산권의 보장과 제한(제23조), 무죄추정권·재판진술권(제27조), 자유와 권리의 존중과 필요적 제한(제37조) 등을 들 수 있다. 이 중 탐정업무를 수행함에 있어서 가장 중요한 것이 사생활의 비밀과 자유(제17조)이다. 이에 따르면 개인은 사생활이 상대방으로부터 침해되거나 사생활이 함부로 공개되지 아니할 소극적인 권리는 물론, 현대사회의 정보화된 자신에 대한 정보를 스스로 제한할 수 있는 적극적인 권리를 가진다. 예를 들면, 초상권은 사람의 얼굴이나 기타 사회통념상 신체적 특징에 관하여 사전승낙 없이 타인에 의하여 전시·게재되거나 영리적으로 이용당하지 않을 권리를 말한다. 따라서 사람은 누구나 자신의 얼굴 기타 사회통념상 특정인임을 식별할 수 있는 신체적 특징에 관하여 함부로 촬영 또는 그림 묘사되거나 공표되지 아니하며, 영리적으로 이용당하지 않을 권리를 가지며, 이러한 권리에 대한 침해는 공개된 장소에서 이뤄졌다는 이유만으로 정당화되지 아니한다. 그러므로 탐정업무를 수행하는 과정에서 타인의 초상권 등 개인의 사생활의 자유가 부당하게 침해되지 않도록 주의하여야 한다. 다만, 헌법 제37조 제2항에 따르면 '국가 안전보장, 질서유지 또는 공공복리를 위하여 필요한 경우'에는 자유와 권리를 본질적으로 침해하지 않는 한 법률로써 기본권을 제한할 수 있다. 따라서 탐정업무를 함에 있어서 어느 범위에서 어느 정도로 기본권침해를 허용할 것인가에 대하여는 입법을 통해 명확하게 규정할 것이 요구된다.

2. 민법

민법은 사법(私法)의 일반법으로서 형식적 의미의 「민법」을 포함하여 사인(私人) 간의 법률관계(재산관계와 가족관계)를 규율하는 법률을 총칭한다. 현행 「민법」은 총칙, 물권, 채권 및 친족·상속에 관한 내용으로 구성되어 있다.

민법은 인간 사회의 가장 기본적인 생활관계를 규율하는 법으로서 현행법 체계하에서 기본법으로서 기능하고 있다. 따라서 탐정이 사인 간의 재산관련 분쟁이나 이혼 등 친족 및 상속에 관한 다툼으로 인한 사건을 비롯하여 모든 사건에서 의뢰인의 요구에 효율적으로 대처하기 위해서는 민법에 대한 지식을 충분히 갖출 것이 요구된다.

3. 형법

형법은 형식적 의미의 「형법」을 포함하여 범죄와 그에 대한 처벌로서 형벌과 보안처분에 대하여 규율하는 법률을 총칭한다. 탐정업무 중에 의뢰된 사건에 대한 조사활동이나 정보수집활동에 있어서 고도로 정밀한 도청장치, 추적장비, 촬영장비 등을 이용하여 타인의 사생활을 침해하는 경우 「형법」상 비밀침해죄(제316조) 등의 위반으로 될 수 있다. 또한 탐정업무의 수행과정에서 불법적인 방법으로 수집한 증거는 위법수집증거로서 당해 사건의 재판절차에서 증거능력을 인정받기 어려울 수 있으며, 도청 등의 불법행위에 대해서는 형사처벌 외에 탐정자격의 취소나 정지 등의 강력한 행정적 제재조치가 가해질 수 있다. 따라서 「형법」상 범죄의 성립과 처벌에 대한 정확한 이해가 요구된다.

4. 민사소송법

민사소송법은 형식적 의미의 「민사소송법」을 포함하여 민사소송제도를 규율하는 법률을 총칭한다. 따라서 현행 「민사소송법」 외에 「민사집행법」, 「가사소송법」 등 민사소송제도를 규율하는 법률을 모두 포함한다. 민사절차란 통상 사법상 권리관계를 확정하는 판결절차와 판결에 의해 확정된 사법상 의무가 임의로 이행되지 않을 때 국가기관에 의해 강제적으로 이를 집행하는 강제집행절차로 나뉜다. 그리고 부수절차로서 증거보전절차, 가압류·가처분 절차 등이 있으며, 간편한 소송절차로서 제소전 화해절차, 독촉절차, 공시최고절차 등이 있다.

사인 간에 민사에 관하여 법적 다툼이 발생하였으나 당사자 간에 합의가 되지 않을 경우 대표적인 법적 분쟁해결방안은 민사소송에 의하는 것이다. 그러나 사법상의 권리관계를 대상으로 하는 민사소송은 사인의 권리보호와 사법질서의 유지를 목적으로 하는 것으로 실체적 진실 발견을 목적으로 하는 형사소송의 경우와 달리 형식적 진실주의에 바탕을 두기 때문에 당사자의 소송수행능력, 즉 당사자에 의한 증거의 조사와 수집은 소송의 승패를 결정하는 핵심적 요소가 된다. 따라서 탐정은 민사소송에 있어서 의뢰인의 요구에 따라 사실을 증명해줄 수 있는 객관적 사실을 발견·확인하고, 이를 뒷받침할 수 있는 증거를 수집하여 제시함으로써 의뢰인이 적정한 소송수행을 통해 효과적으로 권리구제를 받을 수 있도록 도움을 제공할 수 있다. 따라서 탐정이 효과적인 증거조사·수집을 위해서는 민사권리관계 및 이를 실현하는 법적 절차에 대한 정확한 지식이 필요하게 된다.

5. 형사소송법

형사소송법이란 형식적 의미의 「형사소송법」을 포함하여 실체법인 형법을 적용·실현하기 위한 형사절차에 관하여 규정하는 법률을 총칭한다. 여기서 형사절차란 통상적으로 수사절차 → 공판절차 → 형집행절차로 구분된다. 형사소송법은 소송의 실체에 관하여 객관적 진실을 발견해서 사안의 진상을 명백히 하는 실체적 진실주의를 그 목적으로 한다. 따라서 법원이 검사와 피고인, 즉 당사자에게만 소송수행을 맡기는 것이 아니라 실체적 진실발견을 위해 적극적으로 개입하게 된다. 하지만 민사소송과 마찬가지로 형사소송의 경우에도 증거재판주의에 의하므로 법원은 궁극적으로는 당사자가 제출한 증거를 기초로 하여 실체적 진실 여부를 판단하게 되므로 당사자의 증거수집과 제출은 형사소송에 있어서도 매우 중요하다. 특히, 피의자·피고인의 입장에서는 법률상 방어를 변호인에게 의뢰하게 되는 경우가 많지만 법률전문가인 변호사의 조사능력 한계로 인하여 사실확인이나 관련 증거자료의 수집에 있어서 충분한 조력을 받지 못하는 경우가 있을 수 있다. 따라서 탐정에 의하여 사실확인이나 관련 증거자료의 수집을 통해 변호인의 변호활동을 보조하게 된다면 변호인 조력을 받을 권리의 충분한 보장 등 피의자·피고인의 방어권 보장에 충실을 기할 수 있다. 또한 역으로 수사기관이 수사를 소홀히 하게 되면 증거수집이 미흡하여 법관에게 유죄의 심증을 갖게 할 정도의 증거가 제출되지 못하고, 이로 인해 사실관계가 충분히 규명되지 못하여 실체적 진실이 은폐되는 경우도 발생하게 된다. 경우에 따라서는 범죄로 인한 피해자의 고소나 제3자에 의한 고발이 있더라도 범죄사실을 제대로 입증하지 못하여 수사가 개시되지 못할 수도 있다. 이러한 경우에 탐정이 수사기관이 수사상 미처 발견하지 못한 증거를 수집·보완하여 제출할 경우 범죄사실의 입증 또는 수사의 개시를 가능하게 하여 형사소송의 실체적 진실발견에 유용한 역할을 할 수 있을 것이다. 또한 현행범인 체포 등 사인에게도 범죄자의 체포권한이 인정되거나 범죄증거의 수집이 허용되는 경우가 있으므로 탐정은 형사절차 전반에 대한 법지식의 습득이 필수적으로 요구된다.

제2절 탐정관련법률

1. 신용정보의 이용 및 보호에 관한 법률

「신용정보의 이용 및 보호에 관한 법률」은 신용정보업을 건전하게 육성하고 신용정보의 효율적 이용과 체계적 관리를 도모하며 신용정보의 오용·남용으로부터 사생활의 비밀 등을 적절히 보호함으로써 건전한 신용질서의 확립에 이바지함을 목적으로 한다(제1조). 동법은 1995년 1월 5일 제정(법률 제4866호, 시행 1995.7.6.)된 후, 수차례의 개정을 거쳐 현재에 이르고 있다.

동법에서는 총칙, 신용정보업의 허가 등, 신용정보의 수집·조사 및 처리, 신용정보의 유통·이용 및 관리, 신용정보업, 신용정보주체의 보호 등에 관하여 규정하고 있으며, 이를 위반한 경우에 대한 벌칙규정을 두고 있다.

2. 개인정보보호법

「개인정보보호법」은 개인정보의 처리 및 보호에 관한 사항을 정함으로써 개인의 자유와 권리를 보호하고, 나아가 개인의 존엄과 가치를 구현함을 목적으로 한다(제1조). 동법은 각종 컴퓨터 범죄와 개인의 사생활침해 등 정보화사회의 역기능을 방지하기 위해 1995년 1월 8일부터 시행됐던 법률인「공공기관의 개인정보보호에 관한 법」을 폐지하고 새로 제정된 법률로서, 2011년 3월 29일 제정(법률 제10465호, 시행 2011.9.30.)된 후, 수차례의 개정을 거쳐 현재에 이르고 있다.

동법에서는 총칙, 개인정보 보호정책의 수립 등, 개인정보의 처리, 개인정보의 안전한 관리, 정보주체의 권리보장, 개인정보 분쟁조정위원회, 개인정보 단체소송 등에 관하여 규정하고 있으며, 이를 위반한 경우에 대한 벌칙규정을 두고 있다. 따라서 탐정업무를 수행함에 있어서 개인정보를 부당하게 침해하는 일이 없도록 유의하여야 한다.

3. 통신비밀보호법

「통신비밀보호법」은 통신 및 대화의 비밀과 자유에 대한 제한은 그 대상을 한정하고 엄격한 법적 절차를 거치도록 함으로써 통신 비밀을 보호하고 통신의 자유를 신장함을 목적으로 한다(제1조). 동법은 1993년 12월 27일 제정(법률 제4650호, 시행 1994.6.28.)된 후, 수차례의 개정을 거쳐 현재에 이르고 있다.

동법에서는 원칙적으로 누구든지 이 법과 「형사소송법」 또는 「군사법원법」의 규정에 의하지 아니하고는 우편물의 검열·전기통신의 감청 또는 통신사실확인자료의 제공을 하거나 공개되지 아니한 타인 간의 대화를 녹음 또는 청취하지 못하도록 하고(제3조 제1항), 불법검열에 의하여 취득한 우편물이나 그 내용 및 불법감청에 의하여 지득 또는 채록된 전기통신의 내용은 재판 또는 징계절차에서 증거로 사용할 수 없도록 하고 있다(제4조). 따라서 탐정업무를 수행하면서 사실확인 및 증거수집활동에 있어서 부당하게 통신 및 대화의 비밀과 자유를 침해하는 일이 없도록 유의하여야 한다.

4. 공공기관의 정보공개에 관한 법률

「공공기관의 정보공개에 관한 법률」은 공공기관이 보유·관리하는 정보에 대한 국민의 공개 청구 및 공공기관의 공개 의무에 관하여 필요한 사항을 정함으로써 국민의 알권리를 보장하고 국정(國政)에 대한 국민의 참여와 국정 운영의 투명성을 확보함을 목적으로 한다(제1조). 동법은 1996년 12월 31일 제정(법률 제5242호, 시행 1998.1.1.) 후 수차례의 개정을 거쳐 현재에 이르고 있다.

동법에서는 총칙, 정보공개 청구권자와 공공기관의 의무, 정보공개의 절차, 불복 구제 절차, 정보공개위원회 등에 관하여 규정하고 있다. 민주국가에서 국정은 국민의 의사형성에 바탕을 두고 있는데, 국민의 바른 의사형성은 바른 정보가 선행되어야 하므로 정보공개는 국민의 국정참여와 국정운영의 투명성을 확보하기 위해 반드시 필요하다. 이에 정보공개는 헌법상 기본권인 국민의 '알권리'에 근거한 것으로 헌법 제21조에 따른 표현의 자유 속에 당연히 포함되는 것으로 이해되고 있다. 따라서 탐정활동을 수행함에 있어서 공공기관의 정보가 필요한 경우에는 법에 따른 절차에 따라 관련 정보를 수집하여야 한다.

5. 정보통신망 이용 촉진 및 정보보호 등에 관한 법률

「정보통신망 이용촉진 및 정보보호 등에 관한 법률」은 정보통신망의 이용을 촉진하고 정보통신서비스를 이용하는 자의 개인정보를 보호함과 아울러 정보통신망을 건전하고 안전하게 이용할 수 있는 환경을 조성하여 국민생활의 향상과 공공복리의 증진에 이바지함을 목적으로 한다(제1조). 동법은 1986년 5월 12일 제정된 「전산망보급확장과이용촉진에관한법률」(법률 제3848호, 시행 1987.1.1.)이 2001년 1월 16일 전면개정되면서 현재의 법률명(법률 제6360호, 시행 2001.7.1.)으로 변경된 후 수차례의 개정을 거쳐 현재에 이르고 있다.

동법에서는 총칙, 정보통신망의 이용촉진, 개인정보의 보호, 정보통신망에서의 이용자 보호 등, 정보통신망의 안정성 확보 등, 통신과금서비스, 국제협력 등에 관하여 규정하고 있으며, 이를 위반한 경우에 대한 벌칙규정을 두고 있다. 동법에서는 정보통신서비스 제공자는 이용자의 개인정보를 보호하고 건전하고 안전한 정보통신서비스를 제공하여 이용자의 권익보호와 정보이용능력의 향상에 이바지하여야 하며, 이용자는 건전한 정보사회가 정착되도록 노력하도록 하고 있다(제3조). 따라서 탐정은 정보통신서비스 제공자 등이 의뢰인의 개인정보를 부당하게 이용하는 것을 감시하여야 할 뿐만 아니라 이로 인해 손해가 발생한 경우 적절한 손해배상청구가 가능하도록 동법에 대한 이해를 바탕으로 하여 정보통신망에 대한 과학적 지식을 갖추어야 하고, 정보통신망의 관리 및 이용과 관련된 증거수집능력을 강화하여야 한다.

6. 위치정보 보호 및 이용 등에 관한 법률

「위치정보 보호 및 이용 등에 관한 법률」은 위치정보의 유출·오용 및 남용으로부터 사생활의 비밀 등을 보호하고 위치정보의 안전한 이용환경을 조성하여 위치정보의 이용을 활성화함으로써 국민생활의 향상과 공공복리의 증진에 이바지함을 목적으로 한다(제1조). 동법은 2005년 1월 27일 제정(법률 제7372호, 시행 2005.7.28.)된 후, 수차례의 개정을 거쳐 현재에 이르고 있다.

동법은 총칙, 위치정보사업의 허가, 위치정보의 보호, 긴급구조를 위한 개인위치정보 이용, 위치정보의 이용기반 조성 등에 관하여 규정하고 있으며, 이를 위반한 경우에 대한 벌칙규정을 두고 있다. 동법에서는 누구든지 개인위치정보주체의 동의를 받지 아니하고 해당 개인위치정보를 수집·이용 또는 제공하여서는 아니 된다고 규정하고, 다만 예외적으로 법에 따른 긴급구조기관의 긴급구조요청 또는 경보발송요청이 있는 경우, 경찰관서의 요청이 있는 경우 기타 다른 법률에 특별한 규정이 있는 경우에 예외를 인정하고 있다(제15조 제1항). 또한 동법에서는 누구든지 타인의 정보통신기기를 복제하거나 정보를 도용하는 등의 방법으로 개인위치정보사업자 및 위치기반서비스사업자를 속여 타인의 개인위치정보를 제공받아서는 아니 되도록 하는 한편(동조 제2항), 위치정보를 수집할 수 있는 장치가 부착된 물건을 판매하거나 대여·양도하는 자는 위치정보 수집장치가 부착된 사실을 구매하거나 대여·양도받는 자에게 알려주도록 하고 있다(동조 제3항). 따라서 탐정업무를 수행함에 있어서는 조사대상자의 위치를 파악하거나 위치정보를 수집하는 경우에 동법에 저촉되지 않도록 유의하여야 한다.

7. 실종아동 등의 보호 및 지원에 관한 법률

「실종아동 등의 보호 및 지원에 관한 법률」은 실종아동 등의 발생을 예방하고 조속한 발견과 복귀를 도모하며 복귀 후의 사회 적응을 지원함으로써 실종아동 등과 가정의 복지증진에 이바지함을 목적으로 한다(제1조). 동법은 2005년 5월 31일 제정(법률 제7560호, 시행 2005.12.1.)된 후, 수차례의 개정을 거쳐 현재에 이르고 있다.

동법은 매년 평균 3,000여 명의 실종아동과 장애실종자가 발생하고 있으며, 실종아동 등의 귀가가 장기화되는 경우 가정의 해체 등 심각한 문제가 발생하고 있으므로, 아동 등의 실종으로 인한 본인 및 그 가족의 신체적·정신적·경제적 고통을 제거하고, 가정해체에 따른 사회적·국가적 손실을 방지하기 위하여 실종아동 등의 예방, 복귀 및 복귀 후 지원 등을 위하여 국가 차원에서 체계적이고 효율적인 실종아동 관련 시스템을 마련하고자 한 것이었다. 하지만 흉악범죄 등의 수사에 따른 경찰력의 인적·물적 한계로 인해 경찰이 실종아동의 수색 등에 전념하지 못하는 경우가 다반사이므로 탐정의 역할이 크게 기대되는 분야이다. 따라서 탐정이 경찰 등의 협조를 받아 실종아동 등의 수색을 효과적으로 수행할 수 있는 방법을 모색할 필요가 있다.

8. 부정경쟁방지 및 영업비밀보호에 관한 법률

「부정경쟁방지 및 영업비밀보호에 관한 법률」은 국내에 널리 알려진 타인의 상표·상호(商號) 등을 부정하게 사용하는 등의 부정경쟁행위와 타인의 영업비밀을 침해하는 행위를 방지하여 건전한 거래질서를 유지함을 목적으로 한다(제1조). 동법은 1961년 12월 30일 제정된 「부정경쟁방지법」(법률 제911호, 시행 1962.1.1.)이 1998년 12월 31일 일부개정(법률 제5621호, 시행 1999.1.1.)되면서 현재의 법률명으로 변경된 후, 수차례의 개정을 거쳐 현재에 이르고 있다.

동법에서는 총칙, 부정경쟁행위의 금지, 영업비밀의 보호 등에 관하여 규정하고 있으며, 이를 위반한 경우에 대한 벌칙규정을 두고 있다. 동법은 첨단기술 유출에 따른 국내 기업의 재산권 피해를 막기 위한 것으로, 일명 '산업스파이' 범죄를 예방하고 처벌하기 위한 법임과 동시에 상호나 상표를 보호하기 위한 법이다. 따라서 동법에서는 부정경쟁행위 등으로 인해 자신의 영업상의 이익이 침해되거나 침해될 우려가 있는 자는 부정경쟁행위 등을 하거나 하려는 자에 대하여 법원에 그 행위의 금지 또는 예방을 청구할 수 있으며(제4조), 고의 또는 과실에 의한 부정경쟁행위 등으로 타인의 영업상 이익을 침해하여 손해를 입힌 자는 그 손해를 배상할 책임을 지도록 하고 있다(제5조). 따라서 탐정의 경우 의뢰인의 요구에 의해 개인이나 법인에 의한 부정경쟁 등의 행위를 사전에 금지시키거나 예방하는 조치를 강구하는 것은 물론, 부정경쟁행위 등으로 인해 의뢰인이 영업상 이익을 침해당하여 손해를 입은 경우에 그 사실확인과 증거수집 및 손해 입증에 있어서 상당한 역할을 할 수 있을 것으로 기대된다.

9. 공익신고자보호법

「공익신고자보호법」은 공익을 침해하는 행위를 신고한 사람 등을 보호하고 지원함으로써 국민생활의 안정과 투명하고 깨끗한 사회풍토의 확립에 이바지함을 목적으로 한다(제1조). 동법은 2011년 3월 29일 제정(법률 제10472호, 시행 2011.9.30.)된 후, 수차례의 개정을 거쳐 현재에 이르고 있다.

동법에서는 총칙, 공익신고, 공익신고자 등의 보호, 보상금 및 구조금 등에 관하여 규정하고 있으며, 이를 위반한 경우에 대한 벌칙규정을 두고 있다. 동법에서는 누구든지 공익침해행위가 발생하였거나 발생할 우려가 있다고 인정하는 경우에는 공익신고를 할 수 있도록 하고(제6조), 공직자는 그 직무를 하면서 공익침해행위를 알게 된 때에는 이를 조사기관, 수사기관 또는 위원회에 신고하도록 하고 있다(제7조). 동법은 공익신고자나 내부고발자를 보호하기 위한 법률이지만 탐정업무 중에 공익침해행위를 알게 된 경우 신고 등을 통해 직접 포상금을 받거나 의뢰인으로 하여금 보상금 또는 구조금을 받을 수 있는 조치를 강구할 수 있다는 점에서 탐정으로서 동법에 대한 정확한 이해가 필요하다.

10. 변호사법

「변호사법」은 정부기관의 준법 여부를 민간의 입장에서 감시 또는 보좌하는 변호사제도를 확립하려는 것으로 1949년 11월 7일 제정(법률 제63호, 시행 1949.11.7.)된 후, 수차례의 개정을 거쳐 현재에 이르고 있다.

동법에서는 변호사의 사명과 직무, 자격, 등록과 개업, 권리와 의무, 법무법인, 유한 법무법인, 법무조합, 지방변호사회, 대한변호사협회, 법조윤리협의기구, 징계 및 업무정지 등에 관하여 규정하고 있으며, 이를 위반한 경우에 대한 벌칙규정을 두고 있다. 동법 제109조 제1호에 따르면 변호사가 아니면서 금품·향응 또는 그 밖의 이익을 받거나 받을 것을 약속하고 또는 제3자에게 이를 공여하게 하거나 공여하게 할 것을 약속하고, 다음 각 사건, 즉 (ⅰ) 소송사건, 비송사건, 가사조정 또는 심판사건, (ⅱ) 행정심판 또는 심사의 청구나 이의신청, 그 밖에 행정기관에 대한 불복신청 사건, (ⅲ) 수사기관에서 취급 중인 수사 사건, (ⅳ) 법령에 따라 설치된 조사기관에서 취급 중인 조사사건, (ⅴ) 그 밖에 일반의 법률사건에 관하여 감정·대리·중재·화해·청탁·법률상담 또는 법률관계 문서 작성, 그 밖의 법률사무를 취급하거나 이러한 행위를 알선한 자에 대해서는 7년 이하의 징역 또는 5천만원 이하의 벌금에 처하도록 하고 있다(이 경우 벌금과 징역은 병과(倂科)할 수 있다). 따라서 변호사가 아닌 사람이 대가를 받고 법률사무를 하는 것은 위법이다.

그러나 탐정이 의뢰인의 요구에 따라 사실확인이나 자료수집 등의 활동을 하는 것이 반드시 법률사무에 해당하는 것은 아니므로 탐정업무를 수행함에 있어서는 자신의 업무가 법률사무에 해당되는지 여부에 대하여 사전에 신중히 검토할 것이 요구된다.

제 3 장

외국의 **탐정제도**

OECD(Organisation for Economic Co-operation and Development) 회원국 중 우리나라를 제외하고는 모두 탐정제도를 도입하여 운영하고 있다. 다만, 탐정제도의 도입배경과 발전과정, 그리고 제도운영 현황은 각국의 치안상태 및 국민의 안전에 대한 시각차에 따라 상이한 형태를 보이고 있다. 대표적인 영미법계 국가라고 할 수 있는 미국과 영국은 전통적으로 국가 구성원의 자치권 또는 지방분권의 이념을 기반으로 하는 자치경찰제도(self-governing police system)가 발전되어 있다. 반면, 독일과 같은 대륙법계 국가에서는 국가가 강제력독점(Gewaltmonopol)을 기반으로 하는 강력한 경찰권을 보유하고 있다. 따라서 양 법계는 질서유지를 위한 국가의 역할과 기능에서 중요한 차이점을 보이고 있다. 즉, 영미국가의 형사재판제도는 시민의 권리가 사법관료에 의해 수동적으로 지켜지는 것이 아니라, 재판을 받는 국민이 국가소추기관을 상대방으로 하여 자신의 정당한 이익을 법정에서 직접 주장하는 당사자주의적 소송구조를 취하고 있다. 이러한 당사자주의 소송구조하에서는 당사자에게 소송의 주도권이 인정되고, 사실확정 문제가 유·무죄를 가리는 핵심적인 사안으로 되기 때문에 당사자에게 소송에 필요한 사실과 정보 등의 증거자료를 찾아주는 탐정의 사회적 공인은 사회의 안정적 발전과 함께 그들의 법률문화에 부응하는 자연스러운 현상이다. 따라서 영미법계 국가인 미국과 영국에서의 탐정산업은 다른 국가와 대비하여 볼 때 주도적인 위치에서 대규모의 자본유치와 전문성을 보유하고 있으며, 탐정의 활동영역과 범위 또한 광역적 형태로 확대되는 경향에 있고, 탐정산업도 꾸준한 성장을 거듭하고 있다.

한편, 탐정자격 부여에 있어서도 각국은 서로 다른 형태를 띠고 있다. 미국 대부분의 주와 프랑스, 스페인, 캐나다, 벨기에, 호주, 싱가포르 등 상당수의 국가들이 엄격한 자격시험과 고도의 훈련을 거쳐 면허나 자격을 부여하는 공인탐정제도를 채택하고 있다. 반면, 영국과 일본의 경우에는 국가자격증이 아닌 민간자격증으로도 누구나 탐정영업을 할 수 있도록 국가가 특별한 규제를 하지 않고 있으며, 다만 탐정제도로 인해 사회적 폐해가 심각해지자 최근 탐정관련법을 제정하여 관리하고 있다. 주요국가의 탐정제도를 살펴보면 다음과 같다.

제1절 미 국

1. 탐정제도의 운용현황

미국은 개인의 자유를 최대한 보장하고, 이를 실현하기 위한 자경주의(自警主義, vigilantism)를 기반으로 하는 자치경찰제도가 매우 발달되어 있고, 치안을 담당하는 경찰의 공경비 영역을 민간차원으로 대폭 이양함으로써 민간에 의해 수행되는 탐정 및 민간경비제도가 매우 활성화되어 있으며, 따라서 탐정제도가 가장 잘 발달되어 있는 국가이다. 특히, 미국은 소송에 있어서 소송당사자에게 소송의 주도적 지위를 인정하는 당사자주의 소송구조와 배심제를 주요원리로 하고 있다. 이에 따라 탐정은 법률영역에서 소송절차에 필수불가결한 증거의 조사와 수집 등의 업무를 수행함으로써 변호사의 법적 판단과 소송수행에 있어서 조력자 또는 동반자로서의 역할을 하고 있다.

미국은 연방정부와 50개의 주 정부 및 수천 개의 카운티, 수만 개의 시(市)가 동등한 횡적 관계를 유지하고 있는 연합정부체제로서 각 주 정부마다 자체 법률시스템과 제도를 갖고 있으며, 연방·주·카운티·시 정부가 권한과 업무를 각각 분리하여 충돌 없이 서로 조화를 이루고 있다. 따라서 미국은 법집행기관 뿐만 아니라 탐정제도 역시 각 주마다 탐정의 업무범위, 자격요건, 면허 및 시험제도, 벌칙규정 등 탐정의 효율적 규제와 활성화를 위한 각종 형태의 규제방식이 혼용되고 있다.

오늘날 미국의 탐정회사는 대규모 자본유치와 전문성 보유로 탐정산업이 급성장하고 있으며, 이들이 수행하는 탐정업무가 대외적으로도 전문적인 직역으로서의 가치를 인정받고 있다. 현재 미국에서 활동하는 탐정은 60,000명을 상회하는 것으로 알려지고 있으며, 민간에서의 탐정업무의 수요가 지속적으로 확대되고 있는 추세이다. 이하에서는 탐정관련 법규정을 두고 있는 주(State)들의 일부 공통적인 사항과 특성에 대해서 기술한다.

2. 탐정의 업무범위

미국의 탐정은 일반적으로 공인탐정과 일반탐정으로 이원화되어 운영되고 있으며, 공인탐정의 경우에는 수사 또는 조사 관련의 경력을 필수적으로 요구하고 있다. 공인탐정이 면허국에서 실시하는 면허시험에 합격하여 업무를 수행할 수 있는 자격을 부여받는 것과 달리 일반탐정은 탐정회사에 소속되어 회사가 지시하는 직무에만 종사할 수 있도록 하고 있다.

미국에서 탐정은 자유업이지만, 탐정도 공공의 복지에 봉사하고, 이에 적합하여야 한다는 최소한의 공적 의무가 주어져 있다. 따라서 탐정이 할 수 있는 업무범위를 명문의 규정으로 정해 놓고 있는데, 펜실베이니아(Pennsylvania), 뉴저지(New Jersey), 캘리포니아(California), 플로리다(Florida)를 비롯한 대부분의 주에서 유사하다. 그 공통업무를 요약·정리하면 다음과 같다.

> (i) 미국 연방 또는 주 그리고 미국에 속한 영토에 대한 위협이 되는 범죄나 불법행위에 대한 조사
> (ii) 특정인 또는 특정집단의 신원확인, 습관, 생활양식, 동기, 소재파악, 친자확인, 교제, 거래, 평판, 성격 등의 조사
> (iii) 증인이나 그 밖의 사람의 신뢰성에 대한 조사

（ⅳ）실종자 또는 재산의 소유자 및 부동산의 상속인 등의 소재파악

（ⅴ）분실 또는 도난당한 재산을 회복하기 위한 조사

（ⅵ）화재, 명예훼손, 비방, 손해, 사고, 신체장애, 부동산이나 동산에 대한 침해의 원인 등의 조사

（ⅶ）형사재판, 민사재판 시 조사위원회, 판정위원회, 중재위원회 등에서 사용될 증거자료의 사전 확보

（ⅷ）종업원, 관리인, 계약자, 하도급자들의 행위, 정직, 효율, 충성 또는 활동에 관한 사실조사

한편, 미국은 각 주마다 서로 다른 법규와 제도를 유지하기 때문에 주 경계를 넘어서 탐정업무를 수행하여야 할 경우에는 일반적인 주 경찰과 마찬가지로 관할의 문제가 발생하게 된다. 이러한 문제를 해결하기 위하여 대부분의 주는 다른 주와 조약을 맺고 있다. 예를 들면, 2003년 4월 16일 플로리다 주정부는 다른 몇몇 주와 상호조약을 맺어 탐정들이 다른 주에서 탐정면허를 다시 발급받지 않고도 자신의 주 경계를 넘어 업무를 원활히 수행할 수 있도록 하고 있다. 이러한 상호조약은 불필요한 관료주의적 간섭기능을 제거할 수 있어서 탐정산업의 발전은 물론, 공공의 이익에도 부합되고, 탐정의 수사비용까지 감소시키는 역할을 하고 있다.

〈참고〉 플로리다 주의 탐정 상호조약(Private Investigator Reciprocity)

（ⅰ）탐정이 다른 주에서 조사활동을 하려는 사건조사는 자신의 주에서 의뢰받아 시작되어야 한다.

（ⅱ）탐정은 다른 주에서 조사할 동안 한 사건당 30일을 초과할 수 없다.

（ⅲ）탐정은 다른 주에서 조사활동을 하는 동안 사업체의 신청, 설립 및 거주지 정착은 금지된다.

（ⅳ）이 상호조약은 체결한 주에서만 효력이 있다.

　＊상호조약을 체결한 주: 캘리포니아(California), 조지아(Georgia), 루이지애나(Louisiana), 노스캐롤라이나(North Carolina), 오클라호마(Oklahoma), 테네시(Tennessee), 버지니아(Virginia) 등

3. 탐정의 자격

미국의 일부 주에서는 탐정업을 면허제가 아니라 자유업 형태로 할 수 있도록 하거나 간소한 절차를 걸쳐 사업자등록 후 탐정업을 할 수 있도록 최소한의 요건만을 정하고 있는 경우가 있다. 그러나 대부분의 주에서는 면허시험에 합격하고, 면허국에서 발급하는 탐정면허를 보유하고 업무를 수행할 수 있도록 정하고 있다. 특히, 공인탐정의 경우에는 주마다 상이하지만 탐정사무소를 통해 3년(6,000시간) 이상을 면허국에 등록한 후 탐정업무를 수행한 경력을 가지고 있거나, 또는 경찰 등 수사기관에서 3년 이상의 수사업무경력을 가진 자에 한해 면허시험에 응시할 수 있도록 자격사항을 엄격하게 설정하고 있다.

미국에서 탐정회사의 정식명칭은 'Private Detective Agency'이며, 단어 그대로 일반인이 고용할 수 있는 사설조사기관이다. 미국은 각 주정부마다 약간의 차이는 있으나 회사에 탐정면허를 부여하는 것이 아니고 회사의 운영자에게 면허를 부여한다. 따라서 탐정회사는 영업허가만 가질 뿐 활동을 하는 모든 탐정들은 탐정자격을 보유하여야 하며, 면허가 있는 공인탐정에게 소속된 조사원도 주 당국에 등록하여야 한다. 예를 들면, 개인회사의 경우 소유주가, 파트너십의 경우는 파트너 모두가, 법인일 경우는 회사의 운영권을 가진 사장·부사장 등 임원 중 최소 1명이 공인탐정면허를 보유하고 있어야 한다. 면허가 없는 사람은 회사의 운영에 참여만 할 뿐 탐정행위는 할 수 없다. 이때 공인탐정이 되려면 일정기간 수사나 조사관련 계통의 경력을 쌓은 후 전문면허국이 실시하는 면허시험에 합격하여야 하며, 영업을 하기 위해서는 주 정부가 요구하는 일정액의 책임보험에 가입하여야 한다.

한편, 일반탐정은 면허를 가진 공인탐정회사에 속해 회사의 지시에 의해서만 일을 할 수 있으며, 단독으로 일을 하거나 계약 혹은 상담을 할 수 없다. 일반탐정의 자격은 면허(license)라고 하지 않으며 취업을 할 수 있는 취업허가증(Employee Registration Card, Investigator Permit)의 형태로 부여된다. 일리노이 주의 경우에는 전문면허국에서 허가를 받은 교육기관인 탐정학교에서 일정기간(보통 2주~3월) 교육을 마친 후 시험 및 신원조회를 거쳐 취업허가증을 받게 된다. 이외에 워싱턴의 경우처럼 공인탐정과 일반탐정의 구분 없이 공인탐정면허시험에 합격하여야만 탐정업무를 할 수 있는 곳이 있고, 신원조회만을 거쳐 면허국에 등록하고 교육은 회사에서 책임지도록 하는 주도 있다. 미국에서 탐정이 되기 위한 최소한의 공통요건을 정리하면 다음과 같다.

(i) 미국시민이어야 한다. 다만, 이러한 요건이 없는 주에서는 외국인도 자격을 취득할 수 있다.
(ii) 대부분의 주에서는 전과가 없을 것을 요구하고 있다.
(iii) 좋은 품성을 갖고 있어야 한다.
(iv) 나이 제한은 대부분 까다롭지 않지만 제한을 두고 있는 곳도 있다.
(v) 탐정자격을 획득하기 위해서는 시험 및 연수과정을 거쳐야 하는 곳이 상당 수 있다.
(vi) 대부분의 주에서 탐정과 관련된 경력을 요구하고 있다.
(vii) 관련법규나 규제가 주 차원에서 전혀 없는 곳도 있으며, 카운티(County)나 시(City) 단위의 지방자치단체별로 규제를 하고 있는 경우가 많다.

이외에 면허시험에 응시하기 위한 요건으로서 일부 주에서는 음주운전을 중범죄로 판단하여 응시자격을 부여하지 않고 있으며, 수사기관 등에서 불명예 퇴직을 하거나 징계받은 경력이 있는 자에 대하여 시험응시에 일정한 제한을 두는 주도 있다. 하지만 미국의 경우 탐정의 자격요건으로서 탐정업무를 수행한 경력 또는 경찰 등의 수사기관에서 일정기간의 수사업무경력을 보유할 것을 요구하므로 유사직무경력을 보유하지 아니하는 일반인이 공인탐정면허를 취득하여 독립적인 조사업무를 수행한다는 것은 현실적으로 어렵게 되어 있다.

제2절 영 국

1. 탐정제도의 운용현황

영국은 유럽에서 자치경찰제도가 가장 먼저 도입된 국가로서 구성원의 자위방범(自衛防犯) 사상이 뿌리 깊게 정립되어 있으며, 국가경찰력의 한계를 보조하는 민간경비제도가 매우 발전되어 있다. 초기에는 탐정업을 규율하기 위한 법적 근거가 없었으므로 경비업을 비롯하여 탐정업을 제한 없이 할 수 있었다. 이에 따라 영국에서는 경찰 등 수사기관에서 수사업무경력이 있는 자가 주로 조사업무를 수행하였으며, 반면 경력을 보유하지 않는 자는 관련 교육기관에서 교육을 이수하고 국가직업인증(National Vocational Qualification: NVQ)을 취득하여 조사업무를 별다른 제한 없이 할 수 있었다. 하지만 경비업을 비롯한 탐정업에 대한 법적 규율의 공백으로 범죄경력을 가진 자 또는 교육과 훈련을 이수하지 아니한 자 등과 같은 업무의 배제를 요하는 결격사유자의 관련 산업에의 진입을 적절히 통제하지 못하는 문제점이 제기되었고, 이들이 제공하는 경비업무 및 조사업무의 질이 갈수록 저하되는 부정적인 결과를 초래하게 되었다.

이에 대한 대책방안으로 2001년 경비업을 비롯하여 탐정업 전반을 규율하는 것을 목적으로 「민간보안산업법(Private Security Industry Act 2001: PSIA)」이 제정되면서 현재 탐정업은 경비업과 함께 동법에서 규율되고 있다. 이것은 경비업을 주업으로 하는 다양한 개인과 회사들이 공공과 관련된 범죄행위를 일으키는 것을 규제하기 위한 것이 주요 배경이었다. 이 법은 단계적으로 시행되도록 되어 있으며, 탐정관련 규정은 2006년 1월부터 시행되도록 되어 있었다(자격 관련 내용은 후술). 이후 영국(England and Wales)의 민간경비산업을 규제하기 위해 독립적인 관리·감독기관인 보안산업위원회(The Security Industry Authority: SIA)가 설립되었으며, 이 위원회는 내무성과의 긴밀한 업무관련성을 유지하면서 면허발급업무와 아울러 경비업 전반에 대한 관리·감독업무를 수행하고 있다. 이외에도 보안산업위원회는 그 목적달성을 위한 역할수행 시 법령 및 본 법령의 부속법의 개정을 국무장관에게 제안할 수 있으며, 경비업 서비스 및 경비활동을 포함하는 다른 서비스에 관계된 조사에 착수하거나 혹은 재정 및 기타 수단의 준비나 보조를 지시할 수 있다.

영국의 탐정업도 다른 산업과 마찬가지로 업종의 전문화와 분업화가 이루어지고 있는데, 영국에서 탐정의 능력을 갖춘 사람들이 선택할 수 있는 또 다른 직업은 소위 상업정보회사(Commerical Intelligence Agency: CIA)에서 일을 하는 것이다. 상업정보회사들은 기본적으로는 탐정과 비슷한 일을 하지만 국내 및 해외 도피범이나 도피자산 추적, 비즈니스 정보수집, 잠입근무 등의 경제관련 업무를 전문적으로 처리하고 있다.

2. 탐정의 업무범위

영국에서 탐정은 "개인이 특정 개인 및 특정 개인의 활동 및 소재파악에 대한 정보를 획득할 목적으로 감시, 질문, 또는 조사에 관련된 업무를 하는 사람"으로 정의되고 있다. 또한 2001년 「민간보안산업법」에서는 탐정의 업무내용을 특정 개인 및 특정 활동, 특정 개인의 소재파악, 멸실되거나 훼손된 재산과 관련된 상황파악에 관한 정보를 얻기 위한 감시, 질문 또는 조사업무(부칙 제2조)로 한정하고 있다. 따라서 미국의 탐정에 비해 상대적으로 업무범위와 영역을 좁게 설정하고 있다.

그러나 실제적으로 영국에서 탐정이 행하는 주요 업무는 미국의 경우와 유사하다고 한다. 즉, 보험회사 또는 사무변호사(solicitor)를 주요 고객으로 하는 민·형사상 재판에 필요한 증거의 조사와 수집, 그리고 보험과 관련된 사실관계 조사 및 보험사기와 관련된 조사를 수행하는 것 등이다. 보험회사가 고객일 경우에는 교통사고조사, 산업재해조사 등을 하면서 보험금의 부정취득에 대한 조사를 하거나 그 증거를 수집하는 등 주로 보험사기를 방지하기 위한 조사가 많다. 기업을 대상으로 하는 경우는 합병이나 인수 등의 제휴예정기업들의 신용조사나 직원고용 시에 지원자의 배경조사를 주로 한다. 또한 사무변호사의 의뢰를 받는 경우는 변호사가 담당하는 민사·형사재판의 변호자료가 되는 증거나 정보수집을 하는 일이 주 업무가 되며, 피고(피고인)를 변호할 수 있는 증인 및 목격자를 찾아내거나 피고(피고인)에게 법률문서전달 등을 하기도 한다. 이외에도 개인고객들이 의뢰하는 업무는 매우 다양한데, 유산상속을 위한 유족·친족의 탐색이나 도망간 사람의 수색, 친부모를 찾거나 배우자의 부정사실 등의 조사업무가 주로 많다.

3. 탐정의 자격

영국은 애초 경비업을 비롯한 탐정업을 자유업의 형태, 즉 면허 또는 자격의 유무와 관계없이 자유롭게 수행할 수 있도록 허용하는 소극적인 태도를 유지하여 왔다. 2001년 제정된 「민간보안산업법」에서도 탐정자격에 관한 규정은 두지 않고 있었다. 따라서 영국에서 탐정업은 전직 경찰 및 군인 출신들이 대다수를 차지하고 있다. 다만, 이러한 경력을 보유하지 아니하는 자가 탐정업을 하고자 하는 경우에는 일반적으로 수사 등의 전문기법을 교육하는 민간교육기관에서 일정기간 교육을 이수하여야만 국가직업인증(NVQ)을 취득할 수 있도록 하고 있었다.

하지만 영국에서도 2005년부터 탐정자격증제도 도입에 대한 논의가 시작되었으며, 2006년부터는 국가직업인증 Level 3(복잡하고 다양한 범위의 일을 수행할 수 있으며, 타인을 지도할 수 있는 능력) 이상을 취득하여야만 탐정업무를 수행할 수 있도록 자격요건을 강화하였다. 또한 그 수준을 높이기 위하여 제도적으로 면허의 유효기간을 3년마다 갱신하도록 하도록 하였다. 2006년 법 시행 이후에는 무면허탐정에게 조사의뢰를 하는 자체도 위법으로 간주하며, 면허를 취득한 탐정들의 리스트를 공개하고 있다.

한편, 2008년 5월 내무부 경비업팀은 '탐정과 재판 전 조사원에 대한 민간 경비업법 이행을 위한 규제'를 발표하여 자격검정을 통한 자격증제도를 시행할 것을 경비업협회에 제안하였다. 이후 경비업협회는 탐정과 재판 전 조사원 자격증을 각각 별도로 발급하기 시작하였다. 이후 영국은 2014년부터 탐정면허제(공인탐정제)를 도입하고, 보안산업위원회, 경비업협회 등 관련 기관 및 단체, 업계의 의견을 수렴하면서 제도의 완성도를 높여가고 있다.

제3절 일 본

1. 탐정제도의 운용현황

유럽이나 미국 등의 서구에서 근대산업으로서의 탐정업이 성립된 것은 산업혁명 이후인 반면, 일본에서는 메이지유신(明治維新) 이후라고 할 수 있다. 일본은 메이지유신 후 산업이 급속히 발전하여 주식회사의 설립이나 증권거래소의 증권거래가 활발해지고, 기업의 신용이 산업발전의 중요한 문제가 됨에 따라 메이지 20년대~30년대(1887년~1897년대) 사이에 흥신소 등이 설립되기 시작하다가 제2차 세계대전 후에는 전쟁 후의 경제부흥과 함께 '탐정업(探偵業)'이라는 명칭으로 급성장하였다.

일본은 2007년 이전까지는 탐정제도에 대해 국가가 특별히 규제를 하지 않았고, 관할 관청에 서비스업으로 신고만 하면 영업을 할 수 있는 등 단순한 행정법상 규제대상에 불과했기 때문에 탐정활동을 하는 일이 어렵지 않았다. 따라서 다른 직업을 가지고 있으면서 퇴근시간 이후나 주말 등을 이용해 부업으로 탐정업을 하는 사람도 매우 많았다. 즉, 생활 속의 다양한 의뢰와 탐정수요의 증가는 물론, 주말이나 야간이 아니면 할 수 없는 조사업무나 여성이 아니면 할 수 없는 일도 많기 때문에 젊은 여성, 주부, 대학생, 회사원, 장년층 등 다양한 계층의 사람들이 부업으로 탐정활동을 하고 있었다. 또한 국가에서 오랫동안 관리를 제대로 하지 않아서 탐정사, 흥신소, 조사회사 등의 다양한 명칭사용과 함께 전화번호부에서도 같은 탐정업체가 여러 개의 상호로 영업하는 등 업종의 난립으로 탐정업체의 숫자는 전국에 5,000여 곳 이상으로 추정되지만 정확한 숫자를 파악하기 힘든 상황이었다.

이와 같이 탐정업계의 무질서가 점점 심해지자 탐정업계 스스로의 자정운동과 탐정업계를 일체화하려는 움직임이 활발해지면서 당시 4개의 관련단체가 통합된 것이 모태가 되어 1988년 정부의 인가를 받은 '일본조사업협회'가 설립되었다. 이에 경찰청에서도 일반사단법인 '일본조사업협회'를 통하여 업계의 자율적인 지도, 감독을 하였다. 하지만 일본조사업협회의 회원은 일본 전체 탐정업자의 일부에 지나지 않고, 탐정업의 개업에 따른 신고나 가맹의무가 강제성을 띤 것도 아니어서 업계 자체의 힘만으로는 여전히 탐정의 관리 및 통제에 한계가 있었다.

이처럼 탐정업에 대한 국가차원의 규제 및 관리 등의 미비로 인해 그 폐해와 부작용이 점점 심각해지면서 탐정업 규제를 위한 입법화가 오랫동안 추진되었고, 마침내 2006년 6월 8일 「탐정업의 업무 적정화에 관한 법률(探偵業の業務の適正化に関する法律)」(법률 제60호, 이하 '일본 탐정업법'이라 한다)이 의회를 통과하여 공포됨으로써 탐정업에 대한 국가의 관리·규제가 가능하게 되었다. 이에 따라 탐정업의 소관행정청인 공안위원회가 탐정업을 위한 신고서 접수, 탐정업자에 대한 자료제출요구, 지시 등과 같은 탐정업의 규율을 위한 관리·감독업무를 관할하게 됨으로써 음성적·불법적으로 행해지던 흥신소 등의 조사활동을 규제할 수 있는 법적 장치가 마련되었다. 이처럼 일본 탐정업법의 제정은 실제 탐정업의 양성과 발전을 위한 것이 아니라 민간영역에서 음성적·불법적으로 행해지는 조사행위를 규제하기 위한 목적이었으며, 당시 「개인정보의 보호에 관한 법률(個人情報の保護に關する法律)」 등 개인의 정보보호 강화를 위한 입법이 이루어지면서 탐정업에 대한 규제의 필요성이 요청되었던 것도 탐정업법의 제정에 영향을 미쳤다.

2. 탐정의 업무범위

일본 탐정업법에 따르면 탐정업무란 타인의 의뢰를 받아서 특정인의 소재 또는 행동에 대한 정보로 당해 의뢰에 관련된 것을 수집하는 것을 목적으로 하여 면접에 의한 탐문, 미행, 잠복 기타 이들에 유사한 방법에 의해 현장실지조사를 하고, 그 조사결과를 당해 의뢰자에게 보고하는 것을 말한다(제2조 제1항). 따라서 탐정업은 탐정업무를 행하는 영업을 말한다. 다만, 오로지 방송기관, 신문사, 통신사 기타 다른 보도기관(보도를 업으로 하는 개인을 포함한다)의 의뢰를 받아 그 보도에 이용하기 위한 목적으로 행하는 것은 제외된다(제2조 제2항). 따라서 일본에서 탐정업무는 매우 다양하며, 사회적 발전과 더불어 법률탐정, 경제탐정, 부동산탐정, 기업탐정, 보험탐정, 의료탐정, 경비탐정 등의 전문분야로 세분화되어 있다. 하지만 일본에서 탐정업무는 주로 개인의 소행조사, 불륜조사 등의 행동조사와 기업들로부터의 조사의뢰가 대부분이며, 개인 및 소규모회사와 대규모 회사에 따라 다소 차이가 있다. 즉, 대규모 탐정회사들은 신용, 채무·채권관계, 재판증거조사, 신원확인 등의 일을 주로 한다. 반면, 영세한 소규모 사무실을 운영하는 탐정들은 배우자의 부정, 자녀감시, 미아찾기, 행방불명자찾기 등의 일을 주로 한다. 이처럼 일본 탐정업계의 업무는 매우 다양한데, 이를 세부적으로 살펴보면 다음과 같다.

조사유형	조사내용

행동조사	• 미행·잠복 등에 의한 조사대상자의 행동이나 행선지의 파악
	  - 불륜조사: 배우자, 애인의 이성관계 등에 관한 문제의 조사와 증거의 확보 및 특정인물의 행동이나 행선지, 교우관계 등의 파악 등
	  - 소행조사: 외근 영업사원들의 외부활동을 추적·확인하여 객관적인 평가, 기업의 위기관리에 관한 종업원의 비밀누설이나 금품 등의 수수 여부, 근무시간 외의 취업유무 확인, 횡령 등의 조기발견과 증거취득, 산업폐기물 등을 불법투기하는 차량이나 인물, 회사의 적발 등

사람찾기 및 소재파악	• 가출인·실종자·첫사랑·옛친구·은인·원거리(遠距離) 특정인 등의 소재파악, 특정인의 근무처확인 등
신용조사	• 개인신용조사: 특정인의 자산이나 부채 등의 조사 등 • 기업신용조사: 거래처의 신용도, 현재 재무상태, 부채회수의 리스크 등
기타조사	• 인연, 적성조사: 교제상대, 애인, 결혼상대자에 대해 우려 사항 및 신상조사, 채용예정자 또는 인사이동 등의 직업에 관한 조사 등 • 사생활보호조사: 도청, 몰래카메라 등의 발견 및 조사, 수상한 인물, 스토커에 대한 제 문제해결, 방범컨설팅, 컴퓨터나 네트워크의 시큐리티문제의 해결 등 • 재판자료의 수집 • 각종 감정: 디엔에이(DNA), 지문, 필적, 인장 등의 감정 • 거래대상 부동산의 진정한 소유권자 여부의 확인 등

한편, 일본 탐정업법에서는 탐정업자 및 탐정업자의 업무에 종사하는 자(이하 '탐정업자 등'이라고 한다)는 탐정업무를 함에 있어서는 이 법률에 의해 다른 법령에서 금지 또는 제한되어 있는 행위는 할 수 없다는 것에 유의함과 동시에 사람의 생활의 평온을 해하는 등 개인의 권리이익을 침해하지 않도록 하여야 한다(제6조)고 규정하고 있다.

3. 탐정의 자격

일본에서는 종래 탐정업에 대한 규제가 없어 자유업으로 인정되어 일반 서비스업처럼 영업을 시작할 수 있었고, 개업에 따른 신고나 가맹의무가 없었다. 이 때문에 탐정업체의 난립으로 사회적 혼란이 일어나자, 2006년 6월 8일 탐정업법을 제정하여 신고제로 전환하여 탐정을 하려고 하는 자가 내각부령이 정하는 것에 의해 영업소마다 당해 영업소의 소재지를 관할하는 도도부현(都道府県) 공안위원회에 소정의 사항을 기재한 신청서와 첨부서류를 제출하면 할 수 있도록 하고 있다. 신청서에는 상호, 명칭 또는 성명 및 주소, 영업소의 명칭 및 소재지와 당해 영업소가 주된 영업소인 경우에는 그 뜻, 이외에 당해 영업소에 있어서 광고 또는 선전을 하는 경우에 사용하는 명칭이 있는 때에는 당해 명칭, 법인에 있어서는 그 임원의 성명 및 주소 등을 기재하여야 한다(제4조 제1항).

한편, 탐정의 자격요건은 허가제가 아니라 법률에 근거한 결격사유(제3조)에 해당되지 않는 이상 누구라도 탐정업을 할 수 있도록 하는 신고제를 채택하고 있다. 탐정업법에서 규정하고 있는 탐정의 결격사유는 다음과 같다.

(i) 성년피후견인(成年被後見人), 피보좌인(被保佐人) 또는 파산자로서 복권되지 아니한 자

(ii) 금고 이상의 형에 처해지거나 이 법률규정에 위반하여 벌금형에 처해지고, 그 집행을 종료하거나 또는 집행을 받지 아니하기로 된 날부터 기산하여 5년을 경과하지 아니한 자

(iii) 최근 5년간 본 법률 제15조의 규정에 의한 처분에 위반한 자

(iv) 「폭력단원에 의한 부당한 행위의 방지 등에 관한 법률」(1991년, 법률 제77호) 제2조 제6호에 규정한 폭력단원 또는 폭력단원이 아니게 된 날부터 5년을 경과하지 아니한 자

(v) 영업에 관하여 성년자와 동일한 능력을 갖지 않은 미성년자로서 그 법정대리인이 전 각 호 또는 다음 호의 어느 것인가에 해당하는 것

(vi) 법인으로서 그 임원 중에 제1호부터 제4호까지의 어느 것인가에 해당하는 자가 있는 것

제4절 독 일

1. 탐정제도의 운용현황

독일의 경우 영미와는 달리 탐정제도가 생성된 것은 1세기 정도에 지나지

않는다. 바이마르공화국 시절 공권력이 약하여 사적 영역이나 사기업에 대한 범죄행위에 대해 강력하게 대응하지 못했고, 따라서 전직 수사관들이 탐정으로 활동하면서 돈을 받고 범죄를 조사하는 등 시민이나 사기업의 보호역할을 수행하는 사례가 증가하였다. 이처럼 독일의 탐정제도 역시 사회변화와 다양한 범죄행위에 대해 공권력이 적절히 대응하지 못하면서 발달하기 시작하였던 것이다.

1860년 '살로몬'이라는 중개인이 스테틴시에 상인들의 이익보호를 위한 탐정회사를 창업한 것이 시초라고 한다. 이후 드레스덴, 베를린 등 대도시에도 탐정사무소가 개설되었다. 현재 독일에 가장 유서 깊고 세계적인 지점망을 갖춘 탐정회사인 '쉬멜펭(Schimmelpheng)'도 이 시기인 1872년에 설립되었다. 이후 이러한 활동을 하는 탐정들이 모여 조합을 형성하였으며, 1920년 5월12일에는 탐정이 관청에서 보관하는 필요한 정보를 열람할 수 있도록 하는 법을 제정하기에 이르렀다. 1946년 9월 23일에는 탐정업무를 수행하기 위해서는 사업인가를 받도록 의무화하는 법률이 시행되었고, 1950년 6월 11일에 전국적 규모로 탐정업을 통할하는 협회가 사단법인으로 생겨났으며, 1952년 8월 8일 연방경제장관에 의해 정식 직업단체로 등록되었다. 그 후 독일 탐정제도는 유럽 각국의 경제나 정치적인 성장과 더불어 세계적인 경제교류가 증가하게 되면서 다른 나라의 탐정업의 발전에도 많은 영향을 끼쳤다. 연방독일탐정연합회(Bundesverband Deutscher Detektive: BDD)는 오스트리아 협회인 ODV, 스위스협회인 FSPD 등과 더불어 1963년 12월 7일 국제민간조사연맹위원회(IKD)를 설립하였고, 1966년에는 세계탐정협회(World Association of Detective: WAD)를 설립하여 세계 각국을 무대로 활동하고 있다.

연방독일탐정연합회(BDD)에서는 영업국에 등록된 탐정업체 수 1,200여 개, 아마추어 탐정회사 500여 개, 소규모 보안회사 500여 개, 탐정업 등록하지 않고 유사업무를 수행하며 일부 탐정관련업을 하는 사무소 1,800여 개 등 현재 독일에서 탐정업에 종사하는 자는 4,000여 명 정도로 추산하고 있다. 그러나 독일에서는 영업소를 운영하지 않은 개인사업자 경우에는 영업국에 등록을 하지 않아도 되므로 이들까지 합산하면 상당히 많은 수의 탐정업자들이 활동하고 있는 것으로 추정된다.

2. 탐정의 업무범위

독일에서 탐정의 주요 업무는 노동 또는 비즈니스 관련, 그리고 시민법 관련, 혼인과 가족 관련 업무 등으로 구분하고 있다. 대규모 탐정회사의 경우에는 위와 같은 광범위한 업무를 수행하고 있는 반면, 소규모 탐정회사에서는 특정분야를 특화하여 업무를 수행하고 있다. 특히, 독일에서의 탐정업은 1970년대까지 혼인 관계와 관련된 조사가 대부분을 차지하고 있었으나, 배우자의 혼인관계 중의 부정행위가 이혼사유에서 제외되는 개정법이 1977년에 도입됨으로써 혼인과 관련된 조사업무가 급격히 감소하자 많은 탐정이 이 시기에 탐정업을 폐업하였다. 연방독일탐정연합회(BDD)에 따르면 탐정회사의 70%정도가 기업과 계약을 체결하고 있으며, 이들 기업은 대부분 의뢰기업의 자산보호를 위하여 불법취업 등 회사 구성원에 의해 이루어지는 불법행위방지를 주요 업무로 하고 있다. 탐정회사 중 하나인 '사슴탐정사무소(Agentur Detective Hirsch)'를 예로 들면 다음과 같다.

조사유형	조사내용
노동법관련 조사	병질환의 악용, 고용자의 무인가 겸업, 경쟁회사 사원의 고용, 불법근로, 경비나 금전출납의 속임, 유망한 사원 및 개인의 관찰서비스, 채용 시 범죄경력이나 종전회사에서의 평판확인, 도난 등
비즈니스관련 조사	파산사기, 업무기밀유출, 컴퓨터의 조작 및 사기, 저작권침해, 특허권침해, 보험사기 등
시민법관련 조사	채무자의 금융사정조사, 특정인의 평판조사, 도난 및 중상, 인근분쟁, 증언자 수색 등으로 필적의 비교, 성문분석, 생물학적 분석, 독극물분석

3. 탐정의 자격

독일에서는 탐정업에 대한 면허제도 등의 규제는 시행되고 있지 않으며, 탐정업은 직업훈련체계에도 포함되어 있지 않다. 다만, 1998년 6월 16일 개정된 「영업법(Gewerbeordnung)」 제38조에서 감독되어야 할 업종의 하나로 탐정업이 규정되어 있을 뿐이다. 따라서 탐정업을 하고자 하는 자는 영업에 관한 일반조항인

「영업법」제14조에 따라 영업등록만 하면 된다. 이 같은 영업등록은 우리나라의 사업자등록과 유사한 것으로서 탐정업만을 특정한 것이 아니라 영업을 하고자 하는 모든 사업자에게 공통적으로 적용되는 등록절차의 성격을 가지는 것이다. 이에 따라 탐정업을 하고자 하는 자는 지방의 감독청에 영업등록을 하게 되는데, 영업등록 신고 시 지방감독청은 등록을 신청한 탐정에 대해 「연방중앙등록법(Bunsdeszentralregistergesetzes)」에 의해 유죄판결을 받은 범죄경력이 없음을 조사하여 결격사유가 없음을 확인하도록 되어 있다. 이에 따라 지방감독청은 탐정업자에 대한 신뢰성을 조사한 결과 신뢰성이 결여되었을 때는 해당 영업의 전부 또는 일부를 금지할 수 있다.

독일의 탐정업은 「영업법」제34조 제1항 제1단의 규정에 따라 허가제로 규율되는 경비업(Bewachungsgewerbe)과는 달리 탐정업에 대해서는 허가와 면허제도 등의 규제는 이루어지지 않고 있다. 이에 따라 독일에서 탐정업은 비교적 수월하게 허용되고 있다. 다만, 「영업법」제38조 제1항 제2호에 따르면 탐정업은 감독을 필요로 하는 업종으로서 재산현황과 개인적인 사항에 관한 정보제공으로 그 의미만을 선언적으로 밝히고 있을 뿐이다. 따라서 연방독일탐정연합회(BDD) 등의 단체에 가입한 탐정의 경우에는 조사업무의 습득을 위한 자체적인 교육훈련을 받고 있으며, 회원의 대부분은 경찰관, 군인 등의 경력을 가진 자로 구성되어 있다. 즉, 독일의 탐정을 대상으로 하는 국가차원의 공식적인 직업교육훈련은 없으며, 연방독일민간조사연합회 또는 민간차원에서의 자율적인 교육훈련이 이루어지고 있을 뿐이다.

이처럼 독일에서 탐정업은 면허 및 자격제도 등과 같은 법적 규율 없이 민간차원에 전적으로 위임되어 수행되고 있다. 하지만 이로 인해 발생하는 부작용, 즉 전문능력과 자격을 갖추지 못한 자의 조사행위로 인한 개인정보유출 및 사생활침해, 조사서비스 질의 저하로 인한 고객과의 마찰, 탐정업의 이미지 하락 등의 문제가 계속적으로 지적되고 있다.

제5절 프랑스

1. 탐정제도의 운용현황

프랑스에서의 탐정업은 1832년 파리의 경찰첩보부원이던 비도크(Eugene
Francois Vidocq)가 '사설정보사무소'를 개설하며 시작되었다고 볼 수 있다. 프랑
스에서 탐정업에 대한 최초 법규는 1942년 9월 28일 제정된 법률 제891호(Loi
No. 891 du 28 September 1942)이다. 동법은 1980년 12월 23일 제정된 법률 제
80-1085호(Loi No. 80-1058 du 23 Decembre 1980)에 의해 수정되었으며, 이 법률
에 근거한 법규명령인 1981년 12월 8일 제81-1086호(Decret No. 81-1086 du 8
Decembre 1981)에 의해 탐정업에 관한 신고제도가 처음 도입되었다. 동법에 의
하면 탐정업을 하고자 하는 자는 지방행정관청(Prefecture-도청, 군청에 해당)에
신고를 하여야 하고, 신고 시 회사의 주소, 고용한 탐정의 명부 등을 제출하여
야 하며, 관청에서는 신고완료증을 발행한다.

이후 탐정업은 1983년 7월 12일 제정된 「안전 확보를 위한 사적 조사활동
에 관한 법률(Loi No. 83-629 du 12 juillet 1983)」(이하 '안전확보법'이라 한다)에 의
해 규율되다가, 2003년 3월 18일 「국내 치안에 관한 법률(Loi No. 2003-239 de
18 mars pour la sécurite intérieure)」이 제정됨에 따라 개정되었다. 안전확보법은
2001년 9·11 테러발생으로 인한 보안의 중요성에 대한 세계적인 의식 고조와
EU 각국의 탐정업법 제정 동향에 영향을 받은 것으로 종래의 신고제 대신 탐정
업의 허가제, 탐정자격제 등을 규정하였다. 동법은 제1장에서 경비업, 제2장에
탐정업에 관한 규정을 각각 두었는데, 이에 따르면 탐정업을 하기 위해서는 탐
정자격을 취득한 것을 전제로 하여 사무소마다 개별허가를 받아야 한다. 즉, 개
인사업자의 경우에는 사업자등록을 행한 지방장관에게, 법인의 경우에는 사무소
가 소재한 지방장관으로부터 각각 허가를 받아야 한다. 다만, 파리의 경우에는
지방장관이 아닌 경시총감으로부터 허가를 받도록 되어 있다. 사업허가신청 시
에는 개인사업자는 주소, 사업자등록번호 등을 제출하고 법인의 경우에는 호칭,
본사 소재지, 사무소의 소재지, 설립자, 감독자, 지배인 또는 관리자, 피고용자

의 성명, 자본금의 비율 등을 기재하여 제출한다. 또한 신청 시에 제출한 정보에 변경이 생긴 경우에는 지방장관에게 1개월 이내에 신고하도록 하고 있다. 프랑스에서는 탐정업이 허가제가 되면서 무허가 탐정의 활동과 악질 탐정의 활동이 줄어들고, 탐정에 대한 사회적 이미지가 점차 개선되었다고 한다. 하지만 이 법률은 2012년 3월 12일 국내안전법 일부개정법률 부칙(Ordonnancen° 2012－351 du 12 mars 2012 relative á la partie législativedu code de la sécurité intérieure)에 의해 폐지되었으며, 2015년 「국내치안법(Code de la sécurité intéerieure)」 이 제정되면서 탐정을 포함한 국내 치안관련 규정들이 통합되었다.

프랑스의 경우 탐정에 관한 정확한 통계는 현재까지는 없으며, 탐정의 수와 사업자 수도 명확하게 구별되지는 않고 있다. 다만, 프랑스를 대표하는 협회인 탐정전국조합(Syndicat National des Agents de Recherches Privées: SNARP)에 의하면 현재 탐정 수는 3,000명 정도로 파악하고 있다. 그러나 탐정에 대한 교육훈련기관인 탐정교육기관(l'Institut de Formation des Agents ·de Recherches: IFAR)에 의하면 탐정업자는 매년 증가추세를 보이고 있다. 다만, 탐정업자는 대개 규모가 작은 개인사업의 형태로 이루어지고 있으며, 이들 소규모 탐정업자는 고객의 요구에 따라 신속하게 대응할 수 있도록 필요한 전문지식이나 기능을 가진 외부단체(탐정회사)와 협력체계를 구축하고 있다. 반면, 대규모 탐정회사는 보다 높은 전문성을 보유한 보험조사 또는 재무조사 등의 분야를 특화함으로써 경쟁력을 확보하고 있다. 대표적으로 카비네 마르탱(Cabinet Martin)사는 조사 전반에, 푸이(Pouey)사는 채무자의 소재발견, 알파(Alfa)사는 보험범죄조사에 특화하여 업무를 담당하고 있다. 이들 기업형 회사들도 다른 업자와 협력하여 조사를 행하는 경우가 많은데, 자사의 거점이 없는 지역에 조사의뢰가 들어오면 다른 탐정업자를 고용하거나 의뢰를 하며, 이러한 협력은 국내에 머무르지 않고 EU 전 지역, 북미, 아시아 등의 탐정과 연계하여 광역적이고 공조적인 형태의 조사업무를 활발히 진행하고 있다.

한편, 프랑스에서는 경찰이 가지고 있는 데이터베이스에 대한 탐정의 접근이 차단되어 있으므로 자동차 소유자에 대한 정보를 확인하려면 전직경찰관이 비공식적인 방법을 사용하기도 한다. 따라서 업계에서는 자동차등록정보 등 일부에 대해서는 탐정에 의한 정보열람이 인정되도록 요구하고 있지만 현재까지는 거부되고 있다. 이에 탐정업계에서는 자정노력을 통해 악질적인 업자를 배제하고 높은 직업윤리를 유지하여 탐정업에 대한 긍정적인 인식이 확산될 수 있도록 노력하고 있다.

2. 탐정의 업무범위

안전확보법 제20조에서는 탐정의 업무(Des activités des agences de recherches privées, 조사업이나 컨설턴트 포함)를 신분 또는 목적이 확실하지 않는 경우를 포함하여 제3자의 이익을 보호할 목적으로 정보를 수집하여 당해 의뢰인에게 제공하는 사적 조사활동이라 규정하고 있다. 그러나 전술한 것처럼 프랑스에서 탐정은 대부분 퇴직경찰관 또는 군인 출신이 전체의 약 30~50%를 차지하며, 개인보다는 기업, 특히 보험회사 등을 주요 고객으로 하여 보험사기 및 재무조사 등의 업무를 수행하고 있고, 개인의 의뢰에 의한 조사수요는 급감하는 추세이다. 그 이유는 의뢰를 위한 비용부담과 아울러 간통죄가 폐지되고, 이혼절차가 간소화됨으로써 고액의 위자료를 받을 수 있는 예외적인 경우를 제외하고는 탐정에게 업무를 의뢰하는 경우가 급격히 감소하였기 때문이다. 최근 프랑스에서는 기업의 사내범죄에 관한 조사의뢰가 증가하고 있는데, 사내범죄를 조사할 때는 의뢰기업 내의 신뢰할 수 있는 사원의 협력을 얻어 은밀하게 행하여지는 경우도 있다고 한다. 프랑스에서의 탐정업무를 요약·정리하면 다음과 같다.

조사대상	조사내용
기업	(i) 사내절도, 정보유출 등 사내범죄에 관한 조사 (ii) 신용조사(개인의 지불능력 조사) (iii) 인사·채용과 관련한 임원 등의 중요보직자 또는 채용후보자의 신변조사 (iv) 채무자의 소재파악 (v) 보험사기관련조사(보험회사를 고객으로 하는 경우) 등
개인	(i) 이혼에 따른 정보수집 (ii) 양육비를 지불하지 않는 상대방의 수색 (iii) 결혼 전의 신원조사 등

한편, 탐정업무는 사실상 탐정사무소에서 의뢰인과 대면하여 의뢰에 관한 상담으로부터 시작되는데, 이때 의뢰인에 대한 신뢰성과 조사업무의 실행가능성이나 방향 등을 검토하게 되며, 아울러 위법성이 있거나 도덕윤리에 부합되지 않는 의뢰의 경우에는 의뢰를 받지 않는 것이 일반적이다.

3. 탐정의 자격

프랑스는 과거 탐정업을 신고제로 운용하였기 때문에 탐정사업자는 본사 소재지 관할 지방행정기관에 본사의 주소, 고용원(탐정)의 성명 등을 제출하는 개업신고만 하면 되었고, 신고사항의 변경이 있을 경우에는 2개월 이내에 지방행정기관에 통지하면 되는 것이었다. 이는 프랑스인이면 누구나 신고만 하면 탐정업을 할 수 있다는 것을 의미하였다. 그러나 2003년 안전확보법이 개정되면서 탐정업이 허가제로 변경되고, 탐정의 자격제도가 도입되었다. 따라서 탐정업을 운영하고자 하는 개인사업자나 법인사업자는 개인탐정의 인가를 먼저 취득하여야 한다. 탐정의 인가요건은 다음과 같다.

(ⅰ) 프랑스, 유럽연합(EU) 가맹국 또는 유럽경제권에 관한 합의국의 국적 보유자
(ⅱ) 중범죄 및 경범죄의 전과경력이 없을 것
(ⅲ) 현재 국외추방명령 또는 입국금지처분의 대상자가 아닐 것
(ⅳ) 불명예스럽거나, 파렴치하거나, 공서양속에 반하는 행위 등으로 경찰당국 관리 중인 개인정보파일에 등록된 자가 아닐 것
(ⅴ) 현재 경비업무를 수행하고 있지 않을 것 등

탐정의 자격요건은 탐정사무소의 소장과 일반직원 모두에게 해당되는 조건이며, 일반직원은 외국인이어도 관계없지만 탐정사무소 소장의 경우는 반드시 프랑스인이어야 한다. 탐정의 자격요건을 갖추지 못한 자가 탐정활동을 할 경우에는 400~5,000프랑의 벌금이나 탐정면허의 취소 또는 탐정사무소의 영업활동 정지 등의 처벌을 받게 된다.

탐정은 탐정보조원을 고용할 수 있는데, 탐정보조원에 대해서는 안전확보법

제23조에 규정되어 있다. 즉, 탐정보조원은 개인으로서의 자격을 취득할 필요는 없지만 직업상의 적성(l'aptitude professionnelle)은 인정을 받아야 한다. 또한 탐정보조원은 지방장관(파리의 경우 경시총감)에게 신고하여야 하며, 탐정인가와 비교하면 국적이나 파산에 관한 실격요건은 부과되어 있지 않다. 탐정보조원의 자격요건은 다음과 같다.

(ⅰ) 고용에 앞서 지방장관(파리는 경시총감)에게 신고할 것
(ⅱ) 중죄 또는 경죄의 전과기록이 없을 것
(ⅲ) 국외퇴거명령 또는 입국금치처분의 대상자가 아닐 것
(ⅳ) 명령(Decret No. 81-1086 du 8 Decembre 1981)에 의한 직업상 자격을 가질 것
(ⅴ) 불명예스럽거나, 파렴치하거나, 공서양속에 반한 행위 또는 사람의 신체, 재산, 공공의 질서 또는 국가공안에 타격을 주는 유형의 범죄를 행하여 경찰 당국이 운영한 개인정보파일에 등록되어 있는 경력이 없을 것 등

프랑스에서 탐정활동은 전술한 개인으로서 인가보유자를 전제로 하고 있으며, 사무소의 개설은 별도로 개별허가(l'autorisation)를 취득하지 아니하면 탐정업을 할 수 없도록 정하고 있다. 허가의 경우 개인사업자는 개인사업자가 등록된 지방자치단체의 장 그리고 법인의 경우에는 사무소가 소재하는 지방자치단체의 장의 허가를 받도록 정하고 있다. 신청서류에는 개인사업자는 주소, 개인사업자 등록번호를 기재하고, 법인은 명칭, 본사소재지, 각 영업소별 소재지, 설립자, 감독자, 지배인 또는 기타 고용원의 성명, 자본금 비율, 다른 회사에 의한 자본 참가 등에 대하여도 기재하여야 한다. 또한 신청 시에 기재한 정보가 변경된 경우에는 1개월 이내에 이를 신고하여야 한다. 그러나 탐정회사에 고용되는 탐정들은 개인 인가를 취득할 필요는 없지만 직업상의 적성이 인정되어야 하며, 탐정회사에 고용되기 전에 지방행정기관에 신고하여야 한다.

이처럼 프랑스에서는 안전확보법이 시행되기 전까지는 아무런 법적 규제 없이 자유롭게 탐정업을 할 수 있었던 문제점을 개선함으로써 현재는 탐정업이 전문성을 보유한 직업으로 널리 인정받고 있다. 특히, 프랑스에서는 강력한 경찰권을 보유하는 대륙법계 국가라는 특성에도 불구하고 유럽 전역에 공통적으

로 적용될 수 있는 탐정자격의 상호인증과 국제적인 업무협력을 위한 필요성을 제기하는 수준으로 탐정업이 도약하고 있다는 점에서 우리에게 주는 시사점이 매우 크다.

제6절 호 주

1. 탐정제도의 운용현황

호주는 6개 주(State)와 2개 특별지역(Territory)으로 이루어진 연방국가로 각 주마다 총독, 수상, 내각, 의회를 갖추고 있다. 또한 자격제도가 매우 발달한 나라이기 때문에 체계적인 공인탐정제도를 운영하고 있다. 호주는 연방국가이므로 주마다 탐정제도가 조금씩 다르지만 대부분의 주에서 입법부와 관련하여 경찰업무집행의 형태로 관리하고, 탐정면허를 인가하고 있으며, 탐정은 주로 영국의 영향을 많이 받아 법률자문법인, 보험회사 등에 전문인력이 투입되고 있다.

2. 탐정의 업무범위

호주의 탐정들은 대개 자신이 면허를 취득한 곳으로 활동범위가 제한되지만, 일정 세금을 내면 다른 지역에서도 탐정업을 할 수 있다. 호주는 다른 국가와는 다르게 탐정이 사법권을 행사하여 조사를 할 수 있고, 법원이 허가한 영장의 집행도 가능하다. 또한 진행 중인 사건조사에서 몰래카메라를 사용하는 것도 가능하지만 도청행위는 엄격히 금지된다. 호주의 대표적인 몇 개 주의 법령에서 규정하는 민간조사원의 업무를 요약·정리하면 다음과 같다.

주 명	업무내용
퀸슬랜드 주 (Queensland State)	• 돈을 받고 다른 사람의 개인정보를 수집하거나 제공하는 업무
사우스 오스트레일리아 주 (South Australia State)	• 채권회수 또는 빚 독촉 • 상품의 회수 또는 소재확인 • 지방세의 회수를 목적으로 동산을 압류하는 업무 • 판결의 집행이나 법원의 명령으로 법적 절차를 집행하는 업무 • 개인의 성향이나 행동 또는 개인의 사업이나 직업 등의 개인정보를 수집 하거나 제공하는 업무 • 행방불명자의 소재확인 • 소송을 목적으로 증거를 수집하는 업무
노슨 테리토리 (Northern Territory)	• 대금 입금이 안 된 상품이나 동산의 회수 또는 그 소재확인 • 채무회수 또는 독촉 • 판결의 집행이나 법원의 명령으로 법적 절차를 집행하는 업무 • 소송을 목적으로 증거를 수집하는 업무 • 다른 사람을 대신하여 행방불명자를 찾는 업무 • 다른 사람의 성향이나 행동 또는 사업이나 직업에 관한 정보를 수집하거 나 제공하는 업무
웨스턴 오스트레일리아 주 (Western Australia State)	• 채권회수, 영장송달, 상품회수 • 의뢰인을 대신하여 제3자를 찾거나 제3자에 대한 개인사업이나 개인적 문제의 조사
타스메니아 주 (Tasmania State)	• 선취특권을 조건으로 동산을 회수하거나 소재확인 • 빚 회수 또는 빚의 상환을 요구하는 업무 • 판결의 집행이나 법원의 명령으로 법적 절차를 집행하는 업무 • 압류의 징수 • 다른 사람의 성격이나 행동 또는 사업이나 직업에 관한 정보를 수집하거 나 제공하는 업무 • 소송을 목적으로 증거를 수집하는 업무 • 행방불명자의 소재확인

3. 탐정의 자격

호주는 각 주마다 탐정제도의 운영방식이 약간씩 다르다. 그러나 각 주는 1995년부터 연방정부의 호주자격구조자문위원회(Australian Qualification Framework Advisory Board: AQFAB)에서 제시한 국가자격제도운영의 기본지침(소위 AQTF)을 크게 벗어나지 않고 있어 비교적 체계적으로 운영되고 있다는 평가를 받고 있다. 즉, 호주 시큐리티는 경비(guarding), 출입접근시큐리티(access security), 탐정서비스(investigative services), 시큐리티사업관리(security business management)로 분류된다. 또한 시큐리티제공자는 군중관리자(crowd controller), 시큐리티경비원(security officer), 탐정(private investigator), 시큐리티회사(security firm)로 구분된다. 이 중에서 군중관리자, 탐정, 시큐리티경비원, 시큐리티회사는 면허가 필요하다.

공인탐정자격을 취득하기 위해서는 범죄경력사실이 없는 자로서, 공인탐정자격증 소지자가 운영하는 주에서 인정한 사설교육기관에서 6개월에서 2년 간에 걸친 소정의 교육을 받은 후 국가에서 주관하는 공인면허시험에 응시하여 합격하여야 한다. 또한 탐정면허를 받기 위해서는 교육기관의 교육과정수료경력 및 공인시험성적과 응시자와 1년 이상 친분이 있는 3인 이상의 보증인이 필요하며, 공인탐정이 업무 중에 위법·범법행위를 하였을 경우 보증인에게 이에 대한 책임을 묻게 한다. 호주탐정제도의 가장 큰 특징은 경력이 아닌 교육이수를 전제로 하고 있는 점과 면허업무를 소비자보호차원에서 공정거래국이 맡고 있는 점이다.

호주에서는 주마다 약간씩의 차이는 있으나 대부분의 주(State)에서 탐정자격이 4단계(Certificate Level I ~ IV)로 운영되고 있는데, 그 자격취득 요건은 다음과 같다.

(ⅰ) 범죄경력이 없는 자이어야 한다.

(ⅱ) 국가로부터 인정된 교육훈련기관에서 6개월에서 2년 간에 걸친 소정의 교육과정을 성공적으로 이수하여야 한다.

(ⅲ) 정부에서 주관하는 소정의 시험에 합격하여야 한다.

따라서 호주에서는 탐정이 되기 위해서는 선 교육 후 자격시험 응시의 순서를 거치게 된다. 호주의 탐정교육과정은 크게 탐정이론과 실무, 인터뷰(면접)로 이루어지는데, 교육과목과 난이도에 따라 4단계 등급으로 나누어 최종 4단계의 교육과정을 통과하여야 국가공인 자격시험에 응시할 수 있는 자격이 주어진다. 등록된 훈련조직의 교육훈련시간은 각 주마다 약간의 차이는 있지만 웨스턴 오스트레일리아(Western Australia) 주의 경우에는 실무자급의 탐정 1~2급은 142시간, 감독자급 탐정인 3~4급은 302~642시간을 이수하도록 되어 있다. 탐정 2급의 교육훈련교과목은 정보수집 방법 및 선택(16시간), 보고서 작성 및 편집(20시간), 법정증거준비(16시간), 법정증거 제출요령(20시간), 직업적 건강과 안전유지(10시간), 수사에 의한 증거수집실무(30시간), 인터뷰방법과 신문(30시간) 등 7개과목이며, 4주 동안 총 142시간을 이수하여야 한다. 수업방식은 매우 엄격하게 진행되며, 매주 배운 교과목에 대해 시험을 실시하고, 4주간의 교육이 종료되면 종합시험을 거쳐 합격자에 한하여 교육수료증을 발급한다. 이때 시험응시자는 국가면허 신청 전에 자신이 정식교육을 받았다는 것을 입증하기 위해 자신이 교육받는 모습이 담긴 사진과 영상자료 등을 첨부하여 제출하여야 한다. 이러한 절차를 무사히 통과하게 되면 시험 종료 후 약 6주 후에 정식면허를 받게 된다. 정식면허를 받은 공인탐정은 정부에 약 260호주 달러의 세금을 내고 활동하게 된다.

제 4 장

탐정관련업에 관한 **법령과 실태**

제1절 탐정관련 법령의 변천과정

우리나라에서 흥신업 규제를 위한 최초의 법률은 1911년 7월 일제강점기에 제정된 「신용고지업단속규칙(信用告知業取締規則)」이다. 그러다가 1948년 정부 수립 후 1961년 9월 동 규칙을 폐지하면서 흥신업의 규제를 목적으로 「흥신업단속법」이 제정되었다. 이후 「흥신업단속법」의 폐지와 더불어 1978년 1월 「신용조사업법」이 제정되었으며, 이후 동법이 폐지되고 1995년 1월 「신용정보의 이용 및 보호에 관한 법률」이 제정되어 현재에 이르고 있다.

1. 신용고지업단속규칙

흥신업 규제를 위한 최초의 법적 근거는 1910년 경술국치(庚戌國恥) 이후 일제강점기 헌병경찰제 아래에서 1911년(明治44年) 7월 6일 제정된 「신용고지업단속규칙」(조선총독부령 제82호, 1911~1961년)이다. 동 규칙은 본문 13개조와 부칙 2

개항으로 구성되었으며, 신용고지업의 허가와 신용고지업자의 의무 등을 그 주요 내용으로 하였다. 동 규칙에서는 신용고지업(信用告知業)을 "타인의 상거래·자산 기타 신용에 관한 사항을 의뢰자에게 고지하는 업"으로 정의규정에서 기술하고 있을 뿐 신용고지업자의 구체적인 업무범위와 자격사항, 그리고 결격사유 등은 규정하고 있지 않았었다. 다만, 동 규칙에서는 신용고지업자의 금지행위로서 (ⅰ) 의뢰자에 대한 허위 고지, (ⅱ) 업무상 지득한 사항을 고의로 의뢰자 이외에 누설, (ⅲ) 정당한 보수 외 금품의 수령과 청구, (ⅳ) 고지의 의뢰 강청(强請)을 규정하였었다.

그러나 「신용고지업단속규칙」은 신용고지업자의 업무범위를 정의규정에서 간략히 기술하였음에 그치고, 신용고지업자의 자격사항 및 결격사유 등에 대하여 구체적인 규정을 두고 있지 않았으며, 소관행정청에 의한 신용고지업의 규제가 형식적으로 이루어졌다는 점 등에서 한계가 있었다.

2. 흥신업단속법

「신용고지업단속규칙」의 폐지와 아울러 1961년 9월 23일 공포와 동시에 시행된 것이 바로 「흥신업단속법」(법률 제728호, 1961~1978년)이다. 동법은 1945년 8월 15일 일제강점기를 벗어나는 역사적 변혁과정을 거친 후, 1960년대 일본에서 전래된 흥신소에 의해 자행되는 불법행위로 인한 사회적 폐해를 개선하기 위하여 제정되었다. 동법은 흥신업의 업무범위, 영업자의 자격, 업무상 의무, 기타 업무지도 감독상 필요한 사항을 규정하여 국민신용의 건전한 발전에 기여하는 것을 목적으로 하였다.

동법에서는 흥신업을 "타인의 상거래, 자산, 금융 기타 경제상의 신용에 관한 사항을 조사하여 의뢰자에게 알려주는 업"을 말한다고 정의하였다. 이것은 전술한 「신용고지업단속규칙」에서 정하고 있던 신용고지업의 정의규정과 매우 유사하고, 흥신업의 업무범위를 정의규정에서 언급하고 있을 뿐 구체적인 업무범위는 설정하지 아니하고 있었다는 점에 여전히 한계가 있다. 또한 신용고지업은 '개인'에 의해서도 허용되었었지만 동법에 의한 흥신업의 영업행위는 '법인'만이 할 수 있도록 흥신업자의 자격을 제한하였다. 그리고 동법에서는 흥신업의 허가관청과 관리·감독 주체를 이원화하여, 흥신업의 허가, 영업의 정지 또는 취소는 '도지사 또는 서울특별시장'의 소관사항으로 하였었던 반면, 흥신업의 종업원에 대한 해면명령권(解免命令權) 및 장부·서류의 검열 등과 같은 관리·감독권한은 '관할경찰서장'에게 부여하였었다.

한편, 동법에서는 흥신업자가 의뢰 없이 타인의 경제상의 신용을 조사하거나 허위의 고지를 하는 등의 행위를 할 수 없도록 금지하였다. 그리고 흥신업에 종사하는 자가 타인에게 대하여 업무상의 조사를 하고자 할 때에는 그 신분을 의무적으로 명시하도록 하여 상대방의 오해와 착오를 방지하도록 하고, 위와 같은 사항을 위반한 때에는 처벌하도록 벌칙규정을 두었었다. 아울러 흥신업자의 대표자 또는 사용인 기타 종업원이 법인의 업무에 관하여 동법 또는 동법에 의한 명령에 위반한 행위를 한 때에는 그 행위자를 처벌하는 동시에 그 법인에 대하여도 처벌할 수 있도록 하는 양벌규정을 두었었다.

3. 신용조사업법

「흥신업단속법」의 폐지로 1977년 12월 31일 「신용조사업법」(법률 제3039호, 1978~1995년)이 제정되었다. 동법은 신용조사업의 업무범위, 영업자의 자격과 그 시설기준, 업무상의 의무, 기타 업무지도·감독에 필요한 사항을 규정하여 신용조사업의 건전한 발전을 도모하는 것을 목적으로 하였다. 동법에서는 신용조사업을 "타인의 상거래·자산·금융 기타 경제상의 신용에 관한 사항을 조사하여 의뢰자에게 알려주는 업"으로 정의하였으며, 동법에서도 신용조사업의 업무범위를 정의규정에서 언급하고 있을 뿐 구체적인 업무범위는 설정하지 않고 있었다는 점에서 「신용고지업단속규칙」 및 「흥신업단속법」과 유사하다. 또한 신용조사업의 행위는 「흥신업단속법」의 규정과 동일하게 '법인'만이 할 수 있도록 신용조사업자의 자격을 제한하였다. 애초 신용조사업의 허가나 그 취소 또는 영업의 정지 권한을 영업소를 관할하는 '서울특별시장·부산시장 또는 도지사'가 가지고 있었으나 2차 개정에서 영업소를 관할하는 '지방경찰청장'으로 변경하였다. 또한 신용조사업의 관리·감독수단으로 경찰서장은 신용조사업을 하는 법인의 임원이나 조사원이 이 법 기타 그 업무에 관한 법령에 위반된다고 인정할 때에는 그의 해면(解免)을 명할 수 있는 해면명령권을 보유하였고, 2차 개정에서는 장부·서류의 검열권한을 '도지사 또는 경찰서장'이 행하도록 정하고 있던 것을 '지방경찰청장 또는 경찰서장'이 소관하는 것으로 하였다.

특히, 동법에서는 '신용조사업자의 금지사항'을 구체적으로 열거하였는데, 내용은 다음과 같다. 다만, 동법에서도 「흥신업단속법」에서 규정하고 있던 흥신업자의 금지사항과 동일하게 '조사원이 정보원·탐정 기타 이에 유사한 명칭을 사용하는 행위'를 금하고, 이를 위반할 시에는 처벌하도록 하는 규정을 두고 있었던 점에 주목할 필요가 있다.

(i) 의뢰를 받지 아니하고 타인의 신용을 조사하는 일
(ii) 고의로 허위의 사실을 의뢰자에게 알리는 일
(iii) 업무상 지득한 사실을 의뢰자 이외의 자에게 누설하거나 다른 목적에 사용하는 일
(iv) 조사의 의뢰를 강요하는 일
(v) 조사대상자에게 조사자료의 제공과 답변을 강요하는 일
(vi) 명목의 여하를 불문하고 제8조의 규정에 의한 조사수수료나 실비보다 많은 금품을 요구하거나 받는 일
(vii) 조사관계의 서류·장부 등의 보관을 소홀히 하여 그 내용이 제3자에게 알려지거나 와전되게 하는 일
(viii) 조사원이 정보원·탐정 기타 이에 유사한 명칭을 사용하는 일
(ix) 국가안보에 관계있는 사항이나 군사기밀에 속하는 사항을 조사하는 일
(x) 특정인의 소재를 탐지하거나 경제상의 신용관계 이외의 사생활 등을 조사하는 일

한편, 동법에서는 법인대표자의 결격사유와 겸업금지의무의 부과와 아울러 신용조사업무에 종사하는 조사원은 대통령령으로 정하는 자격을 갖추도록 하여 조사원에 의한 조사활동의 적정성을 보장하고, 조사원이 타인에 대하여 업무상의 조사를 하고자 할 때에는 미리 그 신분을 명시하도록 하는 의무를 부과하였다. 이외에도 신용조사업을 하는 법인의 대표자나 대리인·사용인 기타 종업원이 법인의 업무에 관하여 제17조 및 제18조의 위반행위를 한 때에는 그 행위자

를 벌하는 외에 그 법인에 대하여도 각 해당조의 벌금 또는 과료에 처할 수 있도록 양벌규정을 두었다.

4. 신용정보의 이용 및 보호에 관한 법률

「신용조사업법」의 폐지로 1995년 1월 5일 「신용정보의 이용 및 보호에 관한 법률」(법률 제4866호, 시행 1995.7.6.)이 제정된 후 수차례의 개정을 거쳐 현재에 이르고 있다. 동법은 신용정보업을 건전하게 육성하고 신용정보의 효율적 이용과 체계적 관리를 도모하며 신용정보의 오용·남용으로부터 사생활의 비밀 등을 적절히 보호함으로써 건전한 신용질서의 확립에 이바지함을 목적으로 제정되었다(제1조).

동법에서는 신용정보(信用情報)란 금융거래 등 상거래에 있어서 거래 상대방의 신용을 판단할 때 필요한 정보로서 (ⅰ) 특정 신용정보주체를 식별할 수 있는 정보, (ⅱ) 신용정보주체의 거래내용을 판단할 수 있는 정보, (ⅲ) 신용정보주체의 신용도를 판단할 수 있는 정보, (ⅳ) 신용정보주체의 신용거래능력을 판단할 수 있는 정보, (ⅴ) 그 밖에 (ⅰ)부터 (ⅳ)까지와 유사한 정보로서 대통령령으로 정하는 정보로 정의하고 있다(제2조 제1호). 또한 신용조사업무를 "타인의 의뢰를 받아 신용정보를 조사하고, 그 신용정보를 그 의뢰인에게 제공하는 행위를 말한다"(제2조 제9호)고 정의하고, 그 종류 및 업무를 (ⅰ) 신용조회업(신용조회업무 및 그에 딸린 업무), (ⅱ) 신용조사업(신용조사업무 및 그에 딸린 업무), (ⅲ) 채권추심업(채권추심업무 및 그에 딸린 업무)으로 구분하고 있으며, 각 호의 딸린 업무는 대통령령으로 정하도록 하고 있다(제4조 제1항). 따라서 동법에 의해 신용정보회사가 행하는 신용조사업무는 그 대상이 '신용정보'에 한정된다는 점에서 탐정이 행하는 다양한 유형의 조사업무와는 구분된다.

한편, 동법에서는 '신용정보회사 등의 금지사항'을 열거하고, 이를 위반할 시에는 3년 이하의 징역 또는 3천만원 이하의 벌금에 처하도록 규정하고 있다(제50조 제3항 제3호, 제3의2호). 금지사항은 다음과 같다(제40조 제1항).

> (ⅳ) 특정인의 소재 및 연락처(이하 "소재등"이라 한다)를 알아내는 행위. 다만,
> 채권추심회사가 그 업무를 하기 위하여 특정인의 소재등을 알아내는 경우
> 또는 다른 법령에 따라 특정인의 소재등을 알아내는 것이 허용되는 경우에
> 는 그러하지 아니하다.
> (ⅴ) 정보원, 탐정, 그 밖에 이와 비슷한 명칭을 사용하는 일

그러나 2020년 신용정보업법 개정에 따라 현행법하에서는 신용정보회사 등
에 해당하지 아니하는 자는 누구라도 '탐정'이라는 명칭을 사용할 수 있을 뿐만
아니라 「개인정보보호법」, 「통신비밀보호법」 등의 현행법을 위반하지 않는 한
'특정인의 소재 및 연락처를 알아내거나 금융거래 등 상거래관계 외의 사생활
등을 조사하는 일'을 하는 것이 가능하게 되었다.

제2절 탐정관련업의 변천과정과 실태

1. 탐정관련업의 변천과정

우리나라의 탐정은 신용정보조사사업의 발전과 밀접한 관련이 있다. 역사적으
로 보면 일제강점기(1911년경)에 제정된 「신용고지업단속규칙」(조선총독부 규칙 제
82호)에 의해 '신용고지업'이 있었고, 이것이 1961년 9월 「흥신업단속법」에 의해
기존에 허가받은 신용고지업의 명칭은 '흥신업'으로 변경되게 되었다. 이때부터
우리나라에서는 '흥신소'라는 용어가 본격적으로 사용되었다. 흥신소는 주로 경
제적인 신용문제에 대하여 타인의 상거래·자산·금융 기타 경제상의 신용에 관
한 사항을 조사하여 의뢰인에게 알려주는 것을 업으로 하였다. 하지만 언제부터
인가 흥신소가 차츰 변질되면서 협박과 폭력 등을 사용하거나 개인의 사생활을
부당하게 침해하는 등 불법행위로 인해 심각한 피해가 발생하였고, 각종 사회문
제를 야기하는 사례가 늘어나게 되었으며, 그 결과 흥신소라는 명칭은 우리나라
에서 매우 부정적으로 인식되게 되었다.

그러다가 1970년대 이후에 들어서는 흥신업자 외에도 일반인들이 조사업무에 참여하기 시작했는데, 이때 생겨난 것이 '심부름센터'이다. 초기의 심부름센터는 문서수발이나 물건의 전달 같은 심부름을 대행하였지만, 이 역시 흥신소와 마찬가지로 차츰 변질되면서 각종 불법행위를 일삼는 주체로 전락하여, 결국 심부름센터는 오늘날 흥신소의 다른 이름으로 인식되게 되었다.

그 결과, 1977년 「흥신업단속법」이 폐지되고, 「신용조사업법」(법률 제3039호)이 제정되었다. 동법은 「흥신업단속법」과 큰 차이가 없었으나 신용조사업의 법인대표가 다른 업무에 종사하지 못하도록 하는 겸업금지의 의무가 추가되었고, 타인의 의뢰를 받아 특정인의 소재를 탐지하거나 경제상의 신용관계 이외의 사생활을 조사하는 경우에는 처벌할 수 있도록 하였다. 이는 신용조사업의 사업범위를 보다 구체화하고 전문화하는 한편, 기존의 흥신업이 가지는 폐해를 줄이고자 하는 노력으로 이해할 수 있다. 이후 동법은 1995년 「신용정보의 이용 및 보호에 관한 법률」로 그 명칭이 바뀌어 현재에 이르고 있다. 신용조사업이 탐정과 밀접한 연관성을 갖는 이유는 「흥신업단속법」에서부터 신용정보법에 이르기까지 2020년 신용정보법의 개정 이전까지는 신용정보회사 등이 아닌 자에 대해서도 '탐정'이라는 명칭의 사용을 금지하고 있었기 때문이다.

하지만 '탐정'이라는 명칭의 사용금지에 대하여는 그 근거가 명확하지 않아 탐정과 관련된 연구들에서 많은 비판이 제기되고 있었다. 추정하건대, 애초 '탐정'이라는 용어의 사용금지는 '탐정'이 국가 공무원을 지칭하는 용어로 오인될 수 있는 가능성이 있기 때문이 아닌가라고 짐작된다. 기록에 따르면 일본의 간사이(關西)지방의 경찰들이 조직 내의 용어로 형사들을 탐정이라고 부르기도 하였다고 하는데, 이러한 일본 상황이 일제강점기 우리나라의 「신용고지업단속규칙」에 반영되어 일반인이 국가의 수사기관에서 사용하는 명칭인 탐정이라는 용어를 사용하지 못하도록 하였고, 이것이 「흥신업단속법」과 「신용조사업법」, 신용정보법에 까지 그대로 유지된 것으로 추측된다. 하지만 우리나라에서는 지금까지 국가기관에 종사하는 공무원이 탐정이라는 명칭을 사용한 적이 없었고, 일반 국민의 보편적인 인식 또한 탐정을 국가공무원으로 생각하지는 않고 있으므로 이것이 탐정이라는 명칭의 사용을 금지하는 근거가 될 수는 없었다. 오히려 전술한 것처럼 종래 신용정보법에서 신용정보회사 등뿐만 아니라 신용정보회사 등이 아닌 자도 탐정이라는 명칭을 사용하는 것을 금지한 것은 일부 불법영업을 일삼는 심부름센터나 흥신소 등이 자신들을 탐정으로 칭하는 것을 염두에 두어 탐정의 의미가 변질되는 것을 막고자 하는 의도로 해석된다. 하지만 이로 인해 우리나라에서는 탐정업을 하는 사람이든 아니든 구분 없이 누구라도 탐정이라는 명칭을 사용할 수 없게 하는 불합리한 결과를 초래하였었다.

그러나 전술한 것처럼 우리나라가 1996년 OECD 회원국이 된 뒤, 미국 등 외국의 거대 탐정회사들이 탐정사무소란 명칭만 사용하지 않을 뿐 우리나라에 지사를 설립하여 경비업무와 함께 컨설팅이란 명칭으로 성업 중이다. 실례로 한국에서 성업 중인 한 미국계 탐정사무소는 언론 등에 연간 200여 건을 수임했다고 공공연히 밝히고 있다. 이들은 한국인은 사생활조사가 탐정업무의 전부로 오해하고 있으나 탐정업무 중에 개인의 사생활조사가 차지하는 비율은 극히 일부이며, 또한 법적인 시비의 소지가 있는 부분을 제외하고도 우리나라의 탐정시장은 매우 넓다고 한다. 이러한 점에서 보면 2020년 개정 신용정보법에서 종전의 제40조 제1항의 후문을 삭제함으로써 신용정보회사 등에 해당하지 않은 자는 누구라도 탐정이라는 명칭을 사용할 수 있도록 한 것은 매우 바람직한 일이라고 할 것이다.

우리나라에서는 현재 신용정보법에 근거하여 상거래로 인한 채권회수 목적이라는 제한은 있으나 신용정보회사 등에게 채무자의 자산·신용 및 소재조사를할 수 있는 권한을 부여함으로써 합법적으로 타인을 조사할 수 있는 업무를 일부 허가하고 있다(제40조 제1항 제4호). 하지만 신용정보업에 진출하고자 하는 경우에는 상당한 출자금과 엄격한 요건을 충족할 것으로 요구하고 있기 때문에(제6조) 일반인으로서는 신용정보업체를 설립하기가 매우 힘든 실정이다. 반면, 탐정업은 현행법상 '기타 서비스업'으로 분류되어 있어서 세무서에 사업자등록만 내고 간단한 절차만 거치면 운영할 수 있기 때문에 현재 많은 업소가 다양한 명칭으로 설립·운영되고 있다.

2. 탐정관련업의 운영실태

우리나라는 탐정업의 변천과정에서 보듯이 오래전부터 일본의 영향을 받아

홍신소라는 이름으로 타인의 뒷조사나 채권회수 등의 비합법적인 일을 하던 형태의 업종이 사회 내에서 자연적으로 발생하였다. 그러나 1961년 「홍신업단속법」이 제정·시행되면서 홍신소가 법에서 규정한 범위 이외의 업무를 하는 경우에는 불법행위로 간주되어 처벌대상이 되자, 1970년대부터 변칙적으로 생겨나기 시작한 것이 심부름센터라는 업종이다.

심부름센터는 관공서의 민원서류를 대신 취급하는 등 타인의 심부름을 하는 대가로 금전을 받고 영업을 하는 것이었지만, 전술한 것처럼 일부 심부름센터에서 개인의 뒷조사나 휴대폰 도청 같은 불법행위를 함으로써 다수의 피해사례가 발생하는 등 사회적으로 문제를 일으키고 있으며, 따라서 이러한 유형의 업체에 대해 부정적인 인식이 확산되었다. 하지만 법과 제도의 미비로 인하여 국가가 이들에 대한 효율적인 단속과 관리를 하지 못했다. 심지어 심부름센터나 홍신소 등의 업체가 휴대전화를 불법 도청을 한 후 불륜이나 채권추심을 하면서 거액의 돈을 받거나, 청부폭행이나 살인 등 온갖 강력범죄를 범하더라도 실제 영업하는 데 있어서 별다른 제재를 받지 않고 있는 실정이다. 최근에는 인터넷 발달로 인해 인터넷상 홍신소업을 하는 경우가 많은데, 불법홍신소 등 유해사이트 신고는 수천 건으로 해마다 급증하고 있지만 현행법상 이용중지와 내용삭제 등의 명령을 내릴 수 있을 뿐, 형사입건되는 경우는 거의 없기 때문에 범죄는 있지만 처벌은 할 수 없는 무법적인 상황이 초래되고 있다.

현재 심부름센터는 3,000여 개에 이르는 것으로 추정되지만 세무서에 등록된 업체의 경우도 심부름업종이 따로 분류되어 있지 않아 등록업체에 대한 파악이 곤란하며, 무등록업체마저 난립하여 국가로서도 심부름업체에 대한 정확한 현황 파악이 어려운 실정이다. 실제로 인터넷사이트는 물론이고, 각 지역의 전화번호 안내(114)를 통하여 타인의 소행이나 경력, 재산상태 등에 관한 각종 정보를 수집해 주거나 민원대행 서비스, 사람 찾기를 하는 홍신소나 심부름센터 등의 업종을 손쉽게 찾아볼 수 있다. 이러한 현실에서 우리나라 탐정업계는 90년대 말부터 현재에 이르기까지 홍신소, 심부름센터, 민간조사, 외국계 컨설팅 회사 등의 다양한 이름으로 운영되고 있다. 이처럼 사회적으로 불법적인 문제를 일으키는 집단, 국내에서 활동하는 외국계 탐정회사들, 민간단체에서 민간자격을 취득하여 '민간조사사,' '정보분석사' 등으로 홍보하면서 활동하는 집단 등 다양한 부류의 집단이 혼재한 가운데 국민들에게 혼란만 가중시키고 있는 실정이다. 현재 탐정관련업의 형태를 살펴보면 다음과 같다.

(ⅰ) 정상적인 영업을 하고 있는 심부름센터 및 흥신소
(ⅱ) 국내에서 활동하는 외국 탐정회사
(ⅲ) 영업적으로 홍보 및 광고를 하진 않지만 의뢰가 있을 때만 활동하는 프리랜서 스타일의 조사원
(ⅳ) 민간조사원(P.I. 또는 P.I.A.) 또는 이와 유사한 민간자격을 취득하여 활동하는 조사업체
(ⅴ) 조사 또는 수사 관련업무에 종사하였던 사람이 그 특기를 살려 운영하는 조사업체
(ⅵ) 명칭에 관계없이 직업적인 책임감이나 자부심은 결여되어 있고, 단순히 금전적 이익을 얻기 위해 불법행위를 자행하는 각종 조사업체

하지만 산업사회의 발전과 더불어 검찰, 경찰 등 국가 치안기관의 업무가 증가함에 따라 치안서비스의 질이 낮아지고, 국가기관에 대한 국민의 신뢰가 저하되면서 심부름센터, 흥신소 등을 이용하려는 수요는 여전히 존재하고 있다. 법적으로 탐정영업이 금지된 상황에서 자신의 채권이나 증거확보 등의 권익보호를 위하여 소송이나 수사기관을 통한 합법적인 절차에 의존하려면 절차의 복잡성, 소요시간의 장기화 등으로 매우 어려움을 겪을 것을 우려하기 때문이다. 이러한 점에서 신용정보법의 개정에 따라 탐정이 탐정명칭의 사용과 더불어 특정인의 소재 및 연락처의 파악 등 조사업무를 할 수 있게 된 것은 다행이라고 할 수 있을 것이다. 한국직업능력연구원 자료에 따르면 현재 탐정관련 민간자격증은 2021년 6월 기준으로 총 69개(탐정 46개, 민간조사 20개, 민간정보 3개)이며, 자격증취득자 수는 2009년부터 2020년까지 8개 종류에 6,000여 명에 이르고 있다고 한다(2020년 경찰청 자료에 따르면 12개 업체에서 14개의 민간자격증을 발급하고 있다고 한다). 또한 탐정업으로 창업한 자도 전국적으로 2,000여 명이 넘는다고 한다. 따라서 흥신소나 심부름센터 등을 통해 인터넷 공간을 비롯한 사회의 각 영역에서 행해지는 온갖 불법적인 일을 막고, 나아가서 범죄예방과 시민의 다양한 치안서비스 수요 및 기대를 충족시키기 위해서는 탐정제도의 법제화와 이에

따른 관리체제의 구축이 시급히 요구된다.

제3절 탐정과 유사직역의 관계

탐정의 업무범위나 영업활동은 신용조사사업, 경비업, 손해사정사업, 변호사업, 행정사업 및 법무사업 등 기존의 여러 직역에서 담당하는 업무와 중복되는 부분이 있을 수 있으므로 탐정업이 이러한 직업군의 영업범위를 침범할 수 있다는 문제가 제기되고 있다. 이것은 이들 개인사업자들의 영업이익과 직결되는 사안으로 탐정업의 정착에 있어서 큰 갈등을 초래할 수 있다. 이에 따라 전술한 것처럼 최근 국회에 발의된 탐정업 법안은 이전에 발의된 법률안보다 탐정업의 업무범위를 상당히 축소하여 제시하고 있는 것으로 보인다. 이처럼 탐정의 업무범위를 축소하게 되면 상대적으로 기존의 다른 직역들과 업무의 중첩가능성은 줄일 수 있기 때문에 입법과정에서 논란의 여지는 줄일 수 있지만, 반대로 탐정의 업무범위를 지나치게 축소할 경우 탐정제도의 실효성이 떨어져 오히려 도입취지가 무색해지고, 여전히 불법행위가 줄지 않을 수 있다. 따라서 탐정업의 업무범위를 정함에 있어서는 다른 법령이나 기존 직역과의 업무중복이나 충돌 여부 등을 고려하되, 탐정이 실효적으로 업무를 수행할 수 있는 부분을 충분히 반영하여 입법하고, 업무가 충돌되는 경우에 대비하여 업무수행의 우선순위나 상호 협력 및 조정에 대하여 법문에서 명확하게 규정할 것이 요청된다.

1. 신용정보업과의 관계

신용정보법은 우리나라에서 유일하게 민간인이 타인에 관한 조사업무를 수행할 수 있는 법적 근거를 마련하고 있다. 동법에서 신용정보라는 개념은 상거래상의 상대방에 대한 거래내용, 신용도나 신용거래능력 등에 대한 정보를 뜻한다. 따라서 탐정업무와 신용정보회사 등의 업무와 중복 또는 충돌의 문제가 발생할 수 있다. 그러나 신용정보회사의 업무인 상행위로 인한 채권을 추심하기 위한 재산조사업무가 탐정업무와 관련성이 없는 것은 아니지만 탐정법의 입법

시에 탐정업무의 조정에 의하여 충분히 해결가능하다. 설령, 탐정이 상행위에서 발생한 채권확보를 위해 필요한 재산조사행위를 하는 경우에도 어디까지나 재산조사행위에 그칠 뿐 변제를 받기 위한 활동 및 변제금을 대신 수령하는 등의 일을 하는 것은 아니다. 따라서 외견상은 탐정이나 신용정보회사가 모두 재산과 관련된 조사활동으로 인해 업무중첩의 여지가 있을 수 있으나 그 활동의 대상이나 내용은 사실상 서로 다르므로 오히려 상호 협력이 가능할 수 있다.

특히, 신용정보법에서는 신용정보회사 등이 금융위원회의 허가를 받아 신용정보업을 하면서 보유하는 신용정보는 금융거래 등 상거래에 있어서 거래상대방에 대한 식별·신용도·신용거래능력 등의 판단을 위하여 필요로 하는 정보로서 대통령령이 정하는 정보를 의미한다고 정의하여 대상을 명확히 규정하고 있으며(제2조 제1호), 그 업무내용에 있어서도 (i) 신용정보업, (ii) 본인신용정보관리업, (iii) 채권추심업으로 세분화하고 있다(제4조 제1항). 따라서 신용정보법에 따르면 신용조사업무와 탐정조사업무의 범위와 내용은 쉽게 구분될 수 있을 것이다. 다만, 양자 모두 '조사행위'라는 사실행위를 통하여 업무를 수행한다는 점에서 유사성이 있으므로 전술한 것처럼 탐정법의 입법 시에 탐정의 업무영역과 범위를 명확하게 규정함으로써 신용정보회사 등에 의해 행해지는 신용조사업과 탐정업을 차별화할 필요가 있다.

2. 경비업과의 관계

「경비업법 시행령」 제7조의2에 따른 〈별표 1의2〉에 의하면 특수경비업자가 할 수 있는 경비관련업 중 '사업지원 서비스업'의 하나로 경호, 경비 외에 '탐정업'을 명시하여 경비업과 관련된 별도의 사업으로 인정하고 있으므로 탐정업은 현행 법령상 특수경비업자가 할 수 있는 경비관련업의 일종으로도 허용된다. 그러나 「경비업법」에서도 탐정의 구체적 업무나 절차 등에 대해서는 아무런 기술을 하고 있지 않다. 그러나 탐정업이 발전한 미국, 영국 등 일부 선진국의 경우에는 민간경비와 탐정업은 비용을 지불하여 개인의 안전을 확보하고 피해를 회복하기 위해 영위되는 사적 활동들이라는 이유로 동일한 법률로 규율하고 있다. 뿐만 아니라 실제의 영업행위에 있어서도 유니폼을 입고 제공하는 민간경비서비스와 사복을 입고 제공하는 탐정서비스를 종합적으로 제공하는 산업인 만큼 우리나라에서도 탐정법과 경비업은 상호 보완적인 관계로 사회에 기여하며 발전할 수 있을 것이다.

한편, 「한국표준산업분류」(Korean Standard Industrial Classification: KSIC)에서도 탐정에 관하여 (ⅰ) 대분류항목에서 '사업시설관리 및 사업지원서비스업'에 포함시키고, (ⅱ) 세분류항목(산업분류코드: 75330)에서는 '탐정 및 조사서비스업'은 개인 및 사업체에 관련된 각종 정보를 조사하는 산업활동을 말하는 것으로 정의하고 있다. 하지만 「한국표준산업분류」는 산업관련 통계자료의 정확성과 비교성의 확보를 위한 목적으로 작성된 것으로서 사업체가 주로 수행하는 산업활동을 그 유사성에 따라 체계적으로 유형화 또는 분류한 것에 지나지 않는다. 따라서 이에 의하여 현행법상 탐정업이나 사인에 의한 조사행위가 허용되는 것으로 해석하는 것은 무리가 있으므로 탐정업에 관한 입법이 요구된다.

3. 손해사정업과의 관계

탐정의 조사업무와 「보험업법」 제188조에서 정하고 있는 손해사정사 또는 손해사정업자의 손해사정 등의 업무는 중복 또는 충돌되는 것처럼 보일 수 있다. 「보험업법」에 따르면 "손해보험상품(보증보험계약은 제외한다)을 판매하는 보험회사 또는 제3보험상품을 판매하는 보험회사는 손해사정사를 고용하여 보험사고에 따른 손해액 및 보험금의 사정에 관한 업무를 담당하게 하거나 손해사정사 또는 손해사정을 업으로 하는 자를 선임하여 그 업무를 위탁하도록 하고 있다. 다만, 보험사고가 외국에서 발생하거나 보험계약자 등이 금융위원회가 정하는 기준에 따라 손해사정사를 따로 선임한 경우에는 그러하지 아니하다"고 규정하고 있다(제185조 및 시행령 제96조의2). 위와 같은 손해사정 등의 업무를 수행하기 위해서는 법에서 요구하는 일정한 자격을 보유할 것을 필요조건으로 정하고 있다. 즉, 「보험업법」에서는 손해사정사(損害査定士)가 되려는 자는 금융감독원장이 실시하는 시험에 합격하고, 일정 기간의 실무수습을 마친 후 금융위원회에 등록하여야 하며(제186조 제1항), 손해사정을 업으로 하려는 자는 금융위원회에 등록하도록 하고, 등록을 하지 아니하고 손해사정업을 한 자는 처벌(3년 이하의 징역 또는 3천만원 이하의 벌금)하는 벌칙규정을 두고 있다(제187조 제1항, 제202조 제6호). 따라서 현행법 하에서 탐정은 「보험업법」상 손해사정사의 자격을 취득하고 등록하지 않는 한 '손해사정사 등의 업무'를 할 수 없다.

하지만 「보험업법」상 '손해사정사 등의 업무'는 (ⅰ) 손해 발생 사실의 확인, (ⅱ) 보험약관 및 관계 법규 적용의 적정성 판단, (ⅲ) 손해액 및 보험금의 사정, (ⅳ) (ⅰ)부터 (ⅲ)까지의 업무와 관련된 서류의 작성·제출의 대행, (ⅴ) (ⅰ)부터 (ⅲ)까지의 업무수행과 관련된 보험회사에 대한 의견의 진술이다. 따라서 (ⅰ)의 경우를 제외하고는 사실상 탐정업무와 중복 또는 충돌이 발생할 가능성은 거의 없다. 다만 (ⅰ)의 경우도 손해사정사는 탐정과의 협업을 통하여 손해사정업무 효율성을 제고할 수 있으므로 상호 보완적인 관계로 발전할 수 있을 것이다.

한편, 손해보험사는 「보험업법」 제185조에 따라 손해사정사를 고용하여 보험사고에 따른 손해액 및 보험금의 사정에 관한 업무를 담당하게 하거나 손해사정사 또는 손해사정을 업으로 하는 자를 선임하여 그 업무를 위탁하여야 하는 것으로 의무화하고 있으나, 생명보험사는 이러한 제한이 없다. 따라서 현행법 해석상 생명보험사의 경우에는 탐정에게 의뢰하여 관련 업무를 수행하도록 위탁할 수 있다는 점에서 탐정과 협력은 업무수행에 있어서 매우 유용한 수단이 될 것이다.

4. 변호사업과의 관계

탐정이 다루어야 할 업무가 주로 법률관계에 대한 조사나 법률분쟁이 있는 경우 그 증거자료의 수집 등과 관련되기 때문에 탐정업무의 수행이 「변호사법」에 저촉될 소지가 크다. 「변호사법」은 「법률사무취급단속법」(1961.10.17. 제정, 법률 제751호)을 모태로 하고 있으며, 변호사 아닌 자의 변호활동 등으로 인한 피해를 방지하고 법질서를 바로잡기 위하여 입법화되었다. 「법률사무취급단속법」은 입법 당시부터 변호사가 아닌 자의 활동에 대해 금지대상 사건 및 행위를 비교적 구체적으로 열거하였으며, 이것이 「변호사법」에도 그대로 규정되었다. 이후 1973년 1월 25일 개정(법률 제2452호)에서 금지대상 사건에 '가사소송' 및 '심판사건'이 추가되었고, 1982년 12월 31일 개정(법률 제3594호)에서는 그 위반에 대한 법정형이 상향조정 되었으며, 1993년 3월 10일 개정(법률 제4544호)에서는 금지대상 사건에 '기타 일반의 법률사건'이, 금지대상 행위에 '법률상담 또는 법률관계 문서작성 기타 법률사무' 등이 추가되어 현재에 이르고 있다.

　　탐정업무와 관련하여 가장 문제되는 것이 「변호사법」 제34조와 제109조이다. 그 내용은 다음과 같다.

---

* **변호사법 제34조(변호사가 아닌 자와의 동업 금지 등)** ① 누구든지 법률사건이나 법률사무의 수임에 관하여 다음 각 호의 행위를 하여서는 아니 된다.

　1. 사전에 금품·향응 또는 그 밖의 이익을 받거나 받기로 약속하고 당사자 또는 그 밖의 관계인을 특정한 변호사나 그 사무직원에게 소개·알선 또는 유인하는 행위

　2. 당사자 또는 그 밖의 관계인을 특정한 변호사나 그 사무직원에게 소개·알선 또는 유인한 후 그 대가로 금품·향응 또는 그 밖의 이익을 받거나 요구하는 행위

② 변호사나 그 사무직원은 법률사건이나 법률사무의 수임에 관하여 소개·알선 또는 유인의 대가로 금품·향응 또는 그 밖의 이익을 제공하거나 제공하기로 약속하여서는 아니 된다.

③ 변호사나 그 사무직원은 제109조 제1호, 제111조 또는 제112조 제1호에 규정된 자로부터 법률사건이나 법률사무의 수임을 알선받거나 이러한 자에게 자기의 명의를 이용하게 하여서는 아니 된다.

④ 변호사가 아닌 자는 변호사를 고용하여 법률사무소를 개설·운영하여서는 아니 된다.

⑤ 변호사가 아닌 자는 변호사가 아니면 할 수 없는 업무를 통하여 보수나 그 밖의 이익을 분배받아서는 아니 된다.

* **변호사법 제109조(벌칙)** 다음 각 호의 어느 하나에 해당하는 자는 7년 이하의 징역 또는 5천만원 이하의 벌금에 처한다. 이 경우 벌금과 징역은 병과(倂科)할 수 있다.

　1. 변호사가 아니면서 금품·향응 또는 그 밖의 이익을 받거나 받을 것을 약속하고 또는 제3자에게 이를 공여하게 하거나 공여하게 할 것을 약속하고 다음 각 목의 사건에 관하여 감정·대리·중재·화해·청탁·법률상담 또는 법률 관계 문서 작성, 그 밖의 법률사무를 취급하거나 이러한 행위를 알선한 자

가. 소송 사건, 비송 사건, 가사 조정 또는 심판 사건
나. 행정심판 또는 심사의 청구나 이의신청, 그 밖에 행정기관에 대한 불복신청 사건
다. 수사기관에서 취급 중인 수사 사건
라. 법령에 따라 설치된 조사기관에서 취급 중인 조사 사건
마. 그 밖에 일반의 법률사건
2. 제33조 또는 제34조(제57조, 제58조의16 또는 제58조의30에 따라 준용되는 경우를 포함한다)를 위반한 자

이처럼 「변호사법」에 따르면 변호사의 업무범위가 매우 포괄적이고 광범위하여 탐정의 주된 업무영역으로 기대되는 사법(司法)영역에서의 조사활동과 증거수집활동은 물론, 소송과 법률에 관한 보조사무를 취급하는 경우 「변호사법」 제109조에 저촉될 여지가 크다. 따라서 탐정법의 제정에 있어서는 탐정고유의 업무를 명확하게 규정함과 동시에 법률사건에 대한 사실조사나 증거수집 등 변호사의 업무에 도움을 줄 수 있는 활동을 할 수 있다는 점을 명시함으로써 변호사법위반의 문제가 발생하지 않도록 사전에 차단할 것이 요청된다. 다만, 탐정의 업무는 타인이 의뢰한 사건·사고 등에 대하여 의뢰사실에 대한 조사와 자료수집을 거쳐 의뢰인에게 보고하는 것에 그치고, 이에 대하여 법적인 판단이나 조언·상담을 하는 것은 아니므로 「변호사법」상 법률사무에 해당하지 않는다고 함이 타당하다. 따라서 현행 제도하에서도 탐정과 변호사 간에 상호 협력체계를 구축하고, 탐정이 수집한 증거자료를 이용하여 변호사가 업무를 수행하게 된다면 의뢰인에게 보다 양질의 법률서비스를 제공할 수 있다는 점을 유념할 필요가 있다.

5. 행정사업 및 법무사업과의 관계

우리나라의 행정사(行政士) 자격제도는 1961년 9월 23일 「행정서사법」(법률 제727호)의 제정으로 시행되었다. 이후 1995년 1월 5일 「행정사법」(법률 제4874호, 1995.2.5. 시행)으로 제명이 변경된 후 수차례의 개정을 거쳐 현재까지 이르고 있다. 「행정사법」에서는 행정사는 다른 사람의 위임을 받아 행정기관에 제출하는 서류의 작성, 권리·의무나 사실증명에 관한 서류의 작성, 행정기관의 업무에

관련된 서류의 번역 등의 업무를 수행하고, 그 업무의 내용과 범위는 대통령령으로 정하도록 규정하고 있다(제2조). 행정사의 업무 중에서 탐정의 조사업무와 중복 또는 충돌이 문제될 수 있는 것은 '법령에 따라 위탁받은 사무의 사실조사 및 확인'(제2조 제7호)이다. 여기서 '법령에 따라 위탁받은 사무의 사실조사 및 확인'이란 '법령에 따라 위탁받은 사무의 사실을 조사하거나 확인하고 그 결과를 서면으로 작성하여 위탁한 사람에게 제출하는 일'(시행령 제2조 제7호)을 말하고, '법령'은 「행정사법」이 아니라 기타 개별법령을 의미하며, '위탁받은 사무'는 동법의 규정에 따라 위탁은 사무가 아닌 기타 개별법령에서 정하고 있는 규정에 따라 위탁받은 사무를 의미한다. 예를 들면, 채권·채무관계 등 정당한 이해관계가 있는 자(주민등록법 제29조 제2항 제6호 및 동법 시행령 제47조 제4항)가 타인의 주민등록표의 열람 또는 등초본의 교부를 신청하기 위해 작성하는 '채권·채무 관계자의 주민등록표 초본의 열람 또는 교부신청서'(별지 제11호서식)에 첨부하는 '이해관계사실확인서'가 대표적이다(동법 시행규칙 제13조 제1항). 따라서 행정사의 업무로서 '법령에 따라 위탁받은 사무의 사실조사 및 확인'업무는 '증명서(서면)의 작성과 제출'이라는 업무에 초점을 두고 있는 것으로, '기타 법령에 따라 위탁받은 증명서(서면) 작성을 위한 사실조사와 확인'을 말하는 것에 지나지 않으므로 탐정의 조사업무와는 본질적으로 그 내용을 달리한다. 따라서 탐정업과 행정사업이 직접적으로 충돌하는 경우는 없을 것이며, 오히려 탐정과 행정사가 상호 협조하게 되면 서로가 업무의 효율성을 높일 수 있고, 따라서 의뢰인에게도 매우 이익이 될 것이다.

한편, 이 점은 의뢰인의 법률사무를 대행하는 법무사업(법무사법 제2조 참조)과의 관계에서도 마찬가지이다. 탐정업과 법무사업이 충돌하는 것이 아니라 업무적으로 상호 보완관계에 있는 것은 변호사업이나 행정사업과 다르지 않기 때문이다. 즉, 탐정이 사실확인과 정보수집 등 조사활동을 통해 의뢰인에게 유리한 각종 증거수집을 하게 된다면, 이를 근거로 법무사가 효과적인 법률대행사무 및 상담을 수행할 수 있을 것이므로 각종 법률관계 및 소송절차에서 의뢰인의 권익을 실현하는 한편, 부당한 책임부담을 면하게 하는데 기여할 수 있기 때문에 법무사업에도 실제적인 도움을 줄 수 있을 것이다.

탐정제도의 **법제화를 위한 노력**

제1절 탐정제도의 필요성

　　국민의 정보조사 수요증대와 불법 심부름센터 등의 폐해에 대한 해결방안으로 공인탐정제도의 도입 필요성을 학계와 매스컴 등이 계속 제기하고 있는 가운데, 탐정제도의 법제화가 추진되고 있다. 국가가 시행하는 제도란 국가적인 강제로 실현되는 규범인 법제정에 의하여 규범이나 가치체계를 바탕으로 형성되는 복합적인 사회규범의 체계라고 말할 수 있다. 그러나 하나의 제도는 마치 고무풍선 같아서 한 곳을 누르면 또 다른 많은 곳이 압력을 받게 되는 것과 같이, 어느 제도나 그것을 준비 및 시행하는 단계에서 사회질서유지, 인권보장, 복지향상 등의 순기능과 인권탄압, 사회적 갈등심화, 현실을 반영하지 못하는 입법과정 등의 역기능이 모두 제기될 수 있다. 또한 그 제도의 취지가 아무리 좋아도 제도의 부작용까지 막을 수는 없기 때문에 야기될 수 있는 부작용에 대해서는 신중하게 대비할 필요가 있다. 따라서 제도시행에 따른 긍정적 요인과 부정적 요인을 분석한 후에 순기능이 역기능보다 크다면 역기능은 최소화하고 순기능은 최대화할 수 있는 활용방안을 제시하는 것이 정책입안자 및 국가의 바람직한 태도일 것이다. 한편, 헌법재판소도 '특정인의 소재·연락처 및 사생활 등을 조사하는 일' 이외의 탐정업무를 일체 부인하거나 입법에 의한 탐정제도의 법제화까지 부인한 것은 아니다(2016헌마479).

헌재결 신용정보업법 제40조 후단 제4호 본문(이하 '사생활 등 조사업금지조항'이라 한다) 및 제5호(이하 '탐정 등 명칭사용 금지조항'이라 한다)의 위헌 여부(헌법재판소 2018.06.28. 선고 2016헌마473

가. 사생활 등 조사업 금지조항은 특정인의 소재·연락처 및 사생활 등 조사의 과정에서 자행되는 불법행위를 막고 개인정보 등의 오용·남용으로부터 개인의 사생활의 비밀과 평온을 보호하기 위하여 마련되었다. 현재 국내에서 타인의 의뢰를 받아 사건, 사고에 대한 사실관계를 조사하고 누구나 접근 가능한 정보를 수집하여 그 조사결과 등을 제공하는 업체들이 자유업의 형태로 운영되고 있으나, 정확한 실태 파악은 어려운 실정이다. 최근에는 일부 업체들이 몰래카메라 또는 차량위치추적기 등을 사용하여 불법적으로 사생활 정보를 수집·제공하다가 수사기관에 단속되어 사회문제로 대두되기도 하였다. 이러한 국내 현실을 고려할 때, 특정인의 소재·연락처 및 사생활 등의 조사업을 금지하는 것 외에 달리 위 조항의 입법목적을 동일한 정도로 실현할 수 있는 방법을 찾기 어렵다.

청구인은 탐정업의 업무영역에 속하지만 위 조항에 의해 금지되지 않는 업무를 수행하는 것이 불가능하지 않다. 예를 들어, 청구인은 현재에도 도난·분실 등으로 소재를 알 수 없는 물건 등을 찾아주는 일을 직업으로 삼을 수 있고, 개별 법률이 정한 요건을 갖추어 신용조사업, 경비업, 손해사정사 등 법이 특별히 허용하는 범위에서 탐정업 유사직역에 종사할 수 있다. 따라서 위 조항은 과잉금지원칙을 위반하여 직업선택의 자유를 침해하지 아니한다.

나. 탐정 등 명칭사용 금지조항은 탐정 유사 명칭을 수단으로 이용하여 개인정보 등을 취득함으로써 발생하는 사생활의 비밀침해를 예방하고, 개별 법률에 따라 허용되는 개인정보 조사업무에 대한 신용질서를 확립하고자 마련되었다. 우리나라에서는 '특정인의 소재 및 연락처를 알아내거나 사생활 등을 조사하는 일을 업으로 하는 행위'가 금지되어 있다. 그럼에도 불구하고 탐정 유사 명칭의 사용을 허용하게 되면, 일반인들은 그 명칭 사용자가 위와 같이 금지된 행위를 적법하게 할 수 있는 권한을 보유한 사람 내지 국내법상 그러한 행위를 할 수 있는 자격요건을 갖춘 사람이라고 오인하여 특정인의 사생활 등에 관한 개인정보의 조사를 의뢰하거나 개인정보를 제공함으로써 개인의 사생활의 비

밀이 침해될 우려가 크다. 외국에서 인정되는 이른바 탐정업 분야 중 일부 조사관련 업무가 이미 우리나라에도 개별 법률을 통하여 신용조사업, 경비업, 손해사정사 등 다른 명칭으로 도입되어 있으므로, 탐정 유사 명칭의 사용을 제한 없이 허용하게 되면 탐정업 유사직종 사이의 업무 범위에 혼란을 일으켜 개별 법률에 의해 허용되는 정보조사업무에 대한 신용질서를 저해할 우려도 있다.

우리 입법자는 사생활 등 조사업의 금지만으로는 탐정 등 명칭사용의 금지를 부가한 경우와 동일한 정도로 위와 같은 부작용 발생을 억제하여 입법목적을 달성할 수 있다고 보기 어렵다고 판단하여 위 조항을 별도로 마련한 것이고, 그러한 입법자의 판단이 명백히 잘못되었다고 볼 수는 없다. 탐정 등 명칭 사용 금지조항에 의해 청구인이 입는 불이익은 탐정업 유사직역에 종사하면서 탐정 명칭을 사용하지 못하는 것인데, 이 경우 신용정보업자와 같이 다른 명칭을 사용하는 것이 오히려 청구인이 수행하는 업무를 더 잘 드러내면서 불필요한 혼란을 줄여주므로 탐정 등 명칭사용 금지조항이 달성하는 공익이 그로 인해 청구인이 입게 되는 불이익에 비해 작지 아니하다. 따라서 위 조항은 과잉금지원칙을 위반하여 직업수행의 자유를 침해하지 아니한다.

1. 탐정에 대한 사회적 수요에의 부응

1) 개인의 경우

심부름센터 등에 업무를 의뢰하는 사람은 주로 채권회수와 불륜사건의 조사를 그 목적으로 하고 있다. 채권과 관련한 사건의 경우 채권자는 합법적인 절차에 의해 자신의 채권확보를 하기에는 채무자의 재산상태 파악의 어려움, 절차의 복잡성, 소요시간의 장기성 등을 이유로 이러한 업체를 찾고 있다. 불륜사건의 경우 이혼소송과 위자료청구에 필요한 증거를 확보하기 위해 이들 업소를 이용하고 있다. 이렇게 심부름센터 등을 통해 문제를 해결하려고 하는 사람들은 현재 우리나라의 법과 사법제도를 통해서는 자신들의 문제를 해결할 수 없다고 판단하는 경우가 많아서 민간조사전문가인 탐정의 도움을 받고자 한다는 것이다. 따라서 탐정제도가 이러한 일반시민의 수요를 충족시킬 수 있는 제도로서 기능한다고 한다.

그러나 일부 흥신소와 심부름센터에서는 채권회수를 위해 채무자에게 폭력과 협박 등을 행하고 있으며, 채무자의 재산을 추적하기 위해 채무자의 개인정보를 불법적으로 수집하여 문제가 되기도 한다. 또한 불륜사건의 경우에 더욱 확실한 증거수집을 위해 도청, 몰래카메라 설치, 통화내역 조회 등 불법적인 방법이 사용되기도 하여 역시 문제가 되고 있다. 따라서 탐정제도를 도입하게 되면 이와 같은 불법행위를 정당화하게 되고, 이들에게 면죄부를 주는 결과가 될 우려가 있다는 비판이 있다.

하지만 탐정제도가 음성화되어 있어서 탐정관련업에 대한 관리·감독이 어렵기 때문에 불법행위가 심각해지는 면도 적지 않다. 따라서 탐정제도를 법제화함으로써 탐정업의 관리·감독이 가능하게 되면 오히려 불법행위를 최소화할 수 있을 것이므로 조사대상자에 대한 사생활이나 이익침해, 의뢰인의 피해 등의 부작용도 대폭 줄일 수 있을 것이다.

2) 기업의 경우

기업의 경우에 탐정은 기업경영에 여러 가지 측면에서 도움이 될 수 있다는 것이다. 첫째, 직원모집 시 사전조사를 통해 회사에 적합하지 않은 응시자가 입사하는 것을 예방할 수 있다. 둘째, 내부직원의 부당·불법한 행동을 사전에 막거나 사후에 적발할 수 있다. 셋째, 회사 내의 각종 비밀정보가 외부로 유출되는 것을 막을 수 있다. 넷째, 거래하고 있는 상대기업의 신용도나 재정상태 등 기업의 건전성을 파악할 수 있다. 다섯째, 기업 간 분쟁이 발생한 경우 상대기업의 자산을 추적하거나 평가할 수 있으며, 이외에 많은 법적 문제를 해결하는 데 필요한 정보나 증거를 수집할 수 있다. 여섯째, 시장조사 등을 통해 기업의 경영전략을 수립·운영하는 데 도움이 된다. 일곱째, 기업의 M&A 등에 대비하여 국내외 기업에 대한 정보를 수집할 수 있다는 것 등이다.

그러나 이에 대해서는 다음의 비판이 있다. 첫째, 직원선발 시 기본적인 조사는 각 기업의 인사부서에서 수행하고 있고, 경력직 직원을 선발하는 경우에는 헤드헌팅 업체 등에서 평판조사서비스를 제공하고 있다. 둘째, 기업에서 개인을 감시한다면 기업 내부적으로는 보안활동과 감사기능 차원에서 그 활동의 정당성을 얻을 수 있겠으나 기업 외부적으로는 개인의 사생활과 관련된 문제에서 자유로울 수 없기 때문에 탐정을 이용하는 것이 중대한 사생활침해가 될 수 있다. 셋째, 각종 전자감시장치로 인한 내부기밀의 유출을 방지할 수 있다는 주장도 있으나 이미 도청장치 등의 발견과 제거에 관한 서비스(Technical Surveillance Countermeasure Service: TSCM Service)를 제공하는 허가 받은 민간경비업체들이 상당수 존재한다. 넷째, 일반적으로 기업의 신용도는 해당 기업의 재무제표를 중심으로 평가되는데, 이러한 업무는 대부분 회계법인과 경영컨설팅 업체 등에서 관련 서비스를 제공하고 있다. 또한 기업의 신용정보 또는 재산상태에 대한 조사는 신용정보업자들에 의해 이미 수행되고 있다. 다섯째, 우리나라에서는 신용조회업, 신용조사업, 신용평가업, 채권추심업의 업무가 신용정보업자에 의해 수행되고 있으므로 기업자산의 추적업무는 신용정보업자의 업무에 해당한다. 또한 기업의 자산평가도 감정평가사를 비롯하여 해당 분야의 평가전문가들이 이 업무를 담당하고 있다. 여섯째, 탐정의 조사(investigation)업무와 경영전략을 위한 조사(survey 또는 research)업무는 구별됨에도 불구하고 탐정활동이 기업경영전략 수립에 도움이 된다는 것은 부적절하다. 일곱째, 기업 M&A에 관한 탐정자격이 국내에서만 유효하게 될 경우 외국기업에 대한 조사가 불가능할 뿐만 아니라 탐정이 기업 M&A에 대한 전문성을 갖추고 있는지도 의문이다.

하지만 기업내부에서 발생하고 있는 불법·부당행위의 경우 기업내부자 간의 담합으로 인해 발견하기 어려운 경우도 많고, 신용조사업이나 회계법인 등 전문기관에 의한 기업조사도 공개적으로, 형식적인 자료에 근거하여 행하여지므로 불법행위를 적발하는 데 한계가 있다. 따라서 기업회계분야나 내부비리 또는 기밀누출 등의 조사를 위한 전문탐정의 활동의 통해 비밀리에 조사나 정보수집이 가능하게 되며, 이들이 조사한 자료나 수집한 증거는 기업업무나 소송 등에 있어서 중요한 자료로 활용될 수 있을 것이다. 또한 외국 탐정(회사)과의 업무제휴를 통해 외국기업에 대한 조사도 얼마든지 가능할 것이므로 외국기업과의 거래 또는 M&A 등에 있어서도 유용한 정보를 제공할 수 있을 것이다.

3) 국가 등의 경우

국가나 지방자치단체 또는 공공기관 등에 있어서도 수사기관이 아닌 탐정을 이용하여 직원의 불법행위나 내부비리 문제 등을 해결하려고 시도하거나 정책을 시행함에 있어서 여론을 수집하는 것도 가능하다. 전자의 경우 내부 감사기관을 이용하거나 수사기관에 의해 행하여지게 되면 조사 또는 수사대상이나 그 내용이 공개되어 불법행위 적발이 어려울 경우에 주로 행하여질 것이다. 후자의 경우는 정부기관에 의한 조사가 시민의 진정한 의사를 파악하기 어렵다고 판단되는 경우에 주로 활용될 수 있을 것이라고 한다.

이에 대하여는 국가나 지방자치단체 또는 공공기관에서 탐정을 고용하여 문제를 해결하려고 하는 것은 적절하지 않다는 비판이 있다. 즉, 공식기관의 조사활동을 사인에게 의뢰하여 해결하려는 시도가 우리나라 국민의 일반인식을 기준으로 볼 때 과연 적절한 것으로 받아들여질 수 있는지 의문시되며, 탐정의 활동과정에서 문제가 발생할 경우 누가 책임을 부담할 것인지 논란이 될 수밖에 없고, 결국 아무도 책임을 지지 않는 책임회피로 될 수 있다고 한다.

하지만 국가나 지방자치단체 또는 공공기관에서 정책의 수립이나 불법·부당한 행위를 방지하기 위하여 전문성과 비밀성을 가진 탐정을 활용하게 되면 내부 구성원의 동요를 막고, 신속하고 조용하게 처리할 수 있는 등 문제해결을 용이하게 할 수 있을 것이므로 반드시 부적절하다고 할 수는 없을 것이다.

2. 민간인의 참여에 의한 치안서비스의 확대

탐정제도를 민간경비의 한 영역으로 이해하면서 탐정제도의 도입 필요성을 민간경비의 발전배경에 따라 설명하기도 한다. 국민의 가치관이 '양'보다 '질'을 중시하는 가치관으로 변화하고 이러한 경향이 치안환경에도 영향을 미쳐 고품질의 치안서비스에 대한 욕구가 커지고 있지만 이 기대에 국가치안조직이 부응하지 못하여 국민의 불만이 상대적으로 심화되고 있다. 그리고 이러한 문제에 대한 혁신과 개혁의 방법으로 수익자부담이론에 따라 민영화, 민간위탁 등을 통해 혼성치안을 구현함으로써 국민의 요구에 부응하는 다양한 치안서비스를 공급할 수 있다고 본다. 따라서 탐정제도를 민간영역의 치안서비스 범위로 확대하여 국민의 치안서비스 수요에 대응하려는 것이라고 한다.

이에 대해서는 다음의 비판이 있다. 첫째, 최근 몇 년 사이에 우리나라의 민간경비사업은 양적으로는 큰 성장을 이루었으나 질적으로는 충분히 성숙하지 못하여 부실한 민간경비서비스와 업체의 난립, 운영과정에서 국가치안기관과의 마찰 등 각종 부작용이 또 다른 문제를 야기하는 실정이며, 이로 인해 애초의 고품질의 치안서비스의 제공이라는 취지가 무색하게 되는 결과를 초래하고 있다고 한다. 따라서 이러한 상황에도 불구하고 민간경비영역을 확장하여 탐정제도를 도입하자는 주장은 혼성치안의 부작용과 문제점을 무시한 채 국가치안조직의 양적 한계라는 측면만을 부각시켜 탐정제도를 정당화하려 한다는 것이다. 둘째, 탐정제도를 민간경비와 관련하여 설명하는 것은 적절하지 않다고 한다. 미국의 경우 민간경비가 경찰과 역사를 같이하며 발전해오는 과정에서 그 업무 활동의 내용과 영역이 자연스럽게 정착되고 발전되어 왔다. 또한 탐정의 활동 역시 국가경찰의 수사활동과 대응되며 민간경비영역에서부터 발전해 왔다. 하지만 우리나라의 경우 탐정활동은 민간경비영역이 아닌 흥신소와 심부름센터, 신용정보업 등과 관련된 것이라는 사회적 인식이 깊기 때문에 탐정에게 기대하는 업무내용과 범위가 미국의 탐정업무와는 매우 상이할 수밖에 없다. 따라서 탐정 업무를 민간경비와 관련하여 설명하려는 주장은 우리나라의 탐정제도와 관련한 역사적 배경과 현실상황을 무시한 채 미국의 사례를 우리나라에 적용하여 탐정 제도의 정당성을 설명하려 한다는 것이다.

그러나 사회가 발달해 오면서 국가가 치안수요를 모두 감당하기에는 어려움이 있으므로 일부 민간에게 이양하는 것은 자연스러운 현상이며, 경비업의 도입에 따라 국가의 치안부담이나 그 비용이 현격하게 줄어든 것은 사실이다. 또한 경비업의 도입을 통해 개인도 스스로를 방어할 수 있는 체제를 갖춤으로써 훨씬 안전한 사회가 구축되고 있는 것은 부인할 수 없다. 현재 경비업으로 인해 발생하는 문제점들은 민간경비제도 자체의 문제가 아니라 민간경비업을 도입한 역사가 얼마 되지 않은 상태에서 그 정착하는 과정에서 발생하는 부수적인 문제에 불과하고, 앞으로 법과 제도의 보완 및 적정한 운영과 관리를 통해 얼마든지 해결할 수 있는 문제이므로 이것이 탐정업의 도입을 막는 근거가 될 수는 없다고 할 것이다.

3. 국가 수사기관에 의한 치안한계의 극복

국가 수사기관의 역할 한계로 인해 탐정의 필요성이 주장되기도 한다. 민간경비에 관한 이론 중 하나인 사회공동화이론에 따르면 경찰의 업무와 요구되는 기능은 크게 증가하고 있지만 경찰인력의 부족, 경찰예산의 부족, 경찰에 대한 주민들의 이해부족, 열악한 근무조건 등으로 범죄에 대한 대처 능력은 매우 부족하여 이제는 국민의 안전과 권익 및 재산보호라는 치안서비스를 전적으로 경찰에만 맡기기에는 한계에 도달했다고 한다. 또한 이러한 경찰력의 한계가 피해자에게 수사기관에 대한 기대감을 상실하게 한다는 것이다. 따라서 이러한 한계에 대한 대안으로 탐정제도 도입을 통해 국가 수사기관의 한계를 보완하여야 한다는 것이다.

우리나라에서 사기사건의 경우는 입건사유의 90%이상이 피해자의 고소에 의해 이루어지고 있으며, 실제 고소된 사건의 85%정도가 경찰수사과정에서 형사사건이 아닌 단순채무불이행 등을 이유로 불기소 처리되고 있는 실정이다. 기소된 경우라 하더라도 불구속상태로 재판을 받는 경우가 전체의 80%정도나 되는데, 이러한 사기죄와 같은 재산범죄로 고소된 대부분의 피고소인들은 수사기관의 소환에 불응하여 출두조차 하지 않기 때문에 결국 사건은 기소중지가 되어 비공식적으로 종결되거나 수배상태에 놓이게 된다. 한편, 재산범죄의 피해자들은 수사기관에서 범죄자를 신속하게 검거하여 형사처벌함과 동시에 자신의 피해를 회복시켜 줄 것을 바라지만, 재산범죄의 고소사건 중 75%정도가 검찰이 아닌 경찰에 고소장이 직접 제출되기 때문에 일선 경찰서의 경우는 고소사건 조사요원 1인당 담당하는 재산범죄의 수가 상당한 수준에 이르고 있어서 수사기관이 도피 중인 범죄자의 추적이나 체포에만 매달린다는 것은 사실상 불가능하다. 또한 뒤늦게 이들을 검거한다고 해도 이미 불법적으로 취득한 재산을 빼돌리거나 소비해 피해자들의 피해를 회복시킬 방법은 사실상 없다고 볼 수 있다. 그러므로 탐정에게 재산범죄자의 소재파악이나 도피재산의 조사를 의뢰하여 재산범죄의 피해자를 구제하는 데 활용할 수 있다는 것이다.

이에 대해서는 다음의 비판이 있다. 첫째, 국민들이 위에서 언급된 재산범죄의 피해를 입게 되는 경우나 전술한 것처럼 가해자가 해외로 도피하는 경우 자신의 피해회복을 위해 탐정을 고용하여 문제를 해결하게 되면 의뢰인이 추가적인 비용을 부담하여야 한다. 따라서 피해자가 탐정을 고용할 경제적 능력이 없다면 범죄의 피해에서 구제받을 수 없는 결과로 되어, 경제적 능력에 따라 범죄로부터 소외되는 국민이 발생하게 된다고 한다. 둘째, 경찰의 업무는 공공의 안녕과 질서유지라는 소극적 목적성을 가지고 있으므로 원칙적으로 범죄와 관련된 사건만을 그 업무의 대상으로 하고 있고, 사인 간의 다툼인 민사사건에는 개입하지 않으므로 고소사건 등에 대하여 불기소처분이 내려지거나 수사기관에서 종결된 사건의 대부분은 본래 경찰의 업무와는 무관한 민사사건으로 판단한 것으로 보아야 한다. 그런데 이러한 사실을 왜곡하여 경찰이 범죄를 통제하는 한계에 도달했다라고 평가하는 것은 사안의 본질을 이해하지 못하고, 드러난 현상만을 근거로 섣부른 주장을 펼치는 것이거나 탐정제도의 필요성을 주장하기 위해 사실을 왜곡한 것이라고 한다.

하지만 재산피해사건이 형사처벌 대상이 아닌 경우에는 민사사건에 불과하므로 수사기관의 도움을 받을 수 없고, 따라서 피해자가 구제를 받기 위해서는 가해자의 소재와 재산상태에 대한 조사를 통해 민사소송을 제기하는 수밖에 없다. 하지만 이 경우에 정보가 부재하고 전문성이 없는 피해자로서는 증거수집은 물론, 가해자의 소재탐문이나 재산상태조사가 불가능한 경우가 대부분일 것이므로 탐정의 도움은 매우 유용한 권리구제수단이 될 수 있다. 또한 탐정이 제도화된다면 그 비용도 현재와 달리 적정한 수준으로 책정될 것이므로 경제적 부담도 매우 줄어 들어 우려하는 경제적 불평등에 따른 권리구제의 차별 소지는 현격하게 줄어들 것이다. 오히려 피해자가 적은 경제적 부담만으로도 권리구제를 받는 것이 가능하게 된다는 점에서 피해자보호에 훨씬 유리하게 작용할 것이다.

4. 탐정유사업에 의한 불법·부당행위의 감소

일부 흥신소와 심부름센터에 의한 불법행위, 즉 청부살인, 협박, 개인정보의 유출, 도청 등으로 인해 사회적 문제가 되고 있는 상황을 검토해 보았을 때 국민의 인권 등 기본권을 보호하여야 할 필요성이 크기 때문에 탐정제도를 도입하여 그간 음성화되었던 탐정업무를 양성화함으로써 이 업체들의 불법행위를 규제하여야 한다는 것이다.

이에 대하여는 탐정제도의 도입으로 인해서 흥신소나 심부름센터의 불법행위가 얼마나 규제될지 의심스럽다는 비판이 있다. 탐정업무는 기존 업체들의 불법행위와 무관한 것이므로 탐정제도가 도입된다고 하여도 위와 같은 불법행위에 대한 수요가 존재하는 한 흥신소와 심부름센터 그리고 이들에 의한 불법행위는 여전히 존재할 것이라고 한다.

하지만 탐정제도가 활성화됨에 따라 의뢰인이 탐정이라고 하는 적법한 수단과 저렴한 비용에 의해 자신의 문제를 해결할 수 있다고 한다면 현재의 흥신소나 심부름업체의 이용을 대폭 줄일 것이고, 따라서 이들에 의한 불법행위도 크게 줄어들 수밖에 없을 것이다. 또한 흥신소나 심부름업체 종사자들의 경우 사실확인이나 조사업무의 전문성에 있어서도 전문교육과 지식을 가진 탐정에 비해 많이 부족할 것이므로 경쟁력도 떨어져 이들 업체의 수도 대폭 감소하게 될 것이다.

5. 탐정시장의 개방에 대응한 경쟁력의 강화

우리나라는 IMF 이후 해외자본의 유치로 기업 간의 M&A 형식의 거래가 이루어짐에 따라 국내의 첨단산업분야를 비롯한 모든 부문의 국제적인 치열한 정보전쟁에서 안전할 수 없게 되었다. 더구나 전술한 것처럼 1996년 우리나라가 OECD회원국으로 가입하면서 민간경비업과 함께 탐정업이 외국시장에 개방되어 외국의 거대기업들이 진출하여 컨설팅 등의 업종으로 지점의 설립과 함께 탐정영업을 하고 있으며, 이러한 탐정업체들은 자국과 자국기업의 이익을 지키기 위해서 우리나라나 우리나라 기업에 대한 정보를 수집하는 등의 활동을 하고 있다. 이미 다국적기업이 고용한 사설정보업체나 탐정업체 등에 의해 우리나라 기업에 대한 조사 및 탐색활동이 늘어나고 있다. 하지만 우리나라는 탐정업이 법제화되어 있지 않고 제도적으로 정착되어 있지 않기 때문에 외국 탐정기업과의 경쟁에서 밀려나고 있는 실정이다.

이에 대하여는 우리나라에 진출했다는 외국계 거대 탐정회사들을 살펴보면 대부분이 탐정회사가 아닌 보안컨설팅(security consulting)회사로 이들은 기업보안에 관한 전반적인 서비스와 조언을 담당하는 회사에 지나지 않는다는 비판이 있다. 이들 회사의 업무내용인 시큐리티(security), 즉 보안의 개념은 종합보안(total security)을 표방하고 있어서 우리나라의 민간경비와는 달리 매우 광범위한 서비스를 제공하고 있으며, 이 회사들이 보안이슈(security issue)에 관한 조사 (investigation) 또는 감사(audit) 서비스를 제공한다는 이유로 인해 탐정회사로 탈 바꿈되어 소개되어 있는 것에 불과하다고 한다. 따라서 외국의 보안회사를 탐정 제도와 관련시키려는 것은 보안컨설팅 회사들의 업무에 대한 이해부족에 기인한 것이라고 한다.

하지만 OECD회원국 중 우리나라를 제외하고 모두 탐정제도를 인정하고, 탐정관련 법률을 두고 있는 상황에서 있는 상황에서 우리나라만 탐정제도를 반 대하는 것은 어떠한 경우에도 정당화될 수 없으며, WTO체제 하에서 외국 탐정 기업의 국내에서의 활동을 막을 어떠한 법적·제도적 장치도 둘 수 없다는 점에 서 하루속히 탐정제도의 법제화를 통해 국제경쟁력을 가질 수 있도록 탐정산업 을 정착·발전시킬 필요가 있다. 이것은 4차 산업혁명 시대에 새로운 일자리창 출에도 유익하며, 후술하는 것처럼 글로벌시대에 국내 산업의 보호에도 크게 기 여할 수 있을 것이다.

6. 기업의 영업비밀 보호와 보안에의 기여

WTO체제가 출범한 이후 세계 각국은 상호시장을 표방하면서 자국의 산업 보호에 전력을 추구하고 있으며, 경쟁국의 산업기밀을 입수하기 위해 기업과 기업 간은 물론, 국가와 국가 간에도 산업스파이를 이용하여 상대방이 개발한 첨단기술을 입수하기 위해 혈안이 되어 정보전쟁에 매달리고 있다. 하지만 국 내기업의 핵심기술 유출방지에 대해 국가 수사기관의 노력에만 전적으로 의존 하는 것은 현실적으로 한계가 있으므로 전문지식을 습득한 탐정에 의해 기업 스스로 기업비밀을 유지하고 보호할 수 있도록 제도적 장치를 마련하여야 한 다는 것이다.

이에 대해서는 다음의 비판이 있다. 첫째, 산업스파이와 관련된 대부분의 사건이 기업의 내부자에 의해 행하여진다는 것은 이미 널리 알려진 사실이고, 그에 대한 해결방안 역시 내부인력과 관련된 보안을 중심으로 제시되고 있는데 도 이를 외국계 탐정회사 등과 관련 지어 설명하는 것은 외국계 탐정회사를 불 법행위의 주체로 왜곡시키는 것이라고 한다. 둘째, 오늘날 기업의 핵심기술 보호와 관련된 활동은 예방적 보안활동을 중심으로 이루어지고 있고, 이와 관련된 사고조사 역시 기업 내부의 보안전문가들에 의해 이루어지고 있다고 한다. 셋째, 위의 주장은 탐정을 보안관리자와 동일한 역할로 설명하고 있는데, 이는 탐정의 필요성을 강조하기 위해 보안관리자의 역할을 빌어 탐정의 역할을 왜곡한 것에 불과하다고 한다.

하지만 탐정은 보안관리자와 달리 직접적으로 기업 내부의 비밀을 지키는 역할과 기능을 수행하는 것이 아니라 내부조사를 통해 비밀누출위험이 감지된 경우에 이에 대한 조사를 통해 밝혀냄으로써 비밀누출방지에 기여할 수 있는 것이다. 뿐만 아니라 이미 기업의 비밀이 누출된 경우에도 이를 수사기관에 알려 대외에 공표함으로써 기업의 이미지나 평가에 부정적인 영향을 초래하는 것보다는 탐정의 도움을 받아 내부적인 조사를 통해 해결하게 된다면 2차, 3차 피해를 줄일 수 있다는 점에서 탐정은 기업의 보호와 보안유지는 물론, 우리나라 산업의 발전을 위해서도 매우 유익하게 기능할 수 있을 것이다.

제2절 탐정제도의 법제화를 위한 입법활동

탐정업의 법제화를 통해 국가가 해결하지 못하거나 개입을 할 수 없는 개인의 문제에 대하여 민간의 역할 확대를 통해 그 공백을 메꿀 필요성이 있음은 여러 연구에서 주장되었다. 이에 여러 차례에 걸쳐 탐정업의 허용에 관한 입법안이 국회에 제출된 바 있지만 여전히 진척되지 못하고 있는 실정이다. 최근 우리 사회에서 실업자의 수가 증가함에 따라 일자리창출이 국가적 과제로 대두되면서 일자리창출의 일환으로 탐정업의 허용에 관한 논의가 새롭게 부각되고 있다. 탐정업은 그 성질상 사람에 의해 행하여질 수밖에 없기 때문에 4차 산업혁명시대의 도래에 따라 사람의 일자리감소가 예상되는 상황하에서 미래시대를 대비한 매우 실질적인 일자리창출 방법이 될 수 있을 것이기 때문이다.

이처럼 다양한 이유에 의하여 탐정업의 제도화에 관한 입법의 현실적 필요성이 인정됨에도 국회가 탐정업의 법제화에 소극적인 것은 그동안 흥신소나 심부름센터 등 탐정유사업을 통해 나타난 부정적 모습, 즉 개인의 사생활침해, 국가공권력의 불법적 대체 및 이로 인한 파생적 문제점에 등에 대한 우려 때문으로 생각된다. 그러나 탐정유사업의 문제점으로 지적되는 것들은 탐정업무를 하는 과정에서 부수적으로 수반될 수 있는 부작용에 불과할 뿐, 탐정업무 자체가 본질적으로 공공에 해를 끼친다는 것을 전제로 하는 것은 아니므로 탐정업을 반대하는 절대적인 논거가 될 수는 없다. 다른 한편에서는 탐정업의 관리주체를 누구로 할 것인가에 대한 문제는 물론, 변호사협회 등 관련 전문직군에 의한 경계적 시각도 탐정법의 입법지연 이유가 되고 있는 것으로 생각된다. 특히, 최근 검찰과 경찰 개혁의 일환으로 수사권에 관한 논쟁까지 맞물리면서 사법경찰권과 관련성이 있는 탐정업 자체에 대한 정부차원에서의 논의마저 후퇴한 듯하다. 그러나 탐정업의 관리주체 문제는 정부기관의 권한다툼 차원이 아니라 국민의 입장에서 어떻게 하는 것이 탐정업의 활성화에 가장 효율적인가라는 관점에서 논의를 전개해 나아간다면 적절한 방안이 마련될 수 있을 것이며, 관련 직군과의 업무충돌문제도 열린 시각에서 접근한다면 상호 협력방식으로 해결책을 모색할 수 있을 것이다. 이미 우리나라를 제외하고는 OECD 모든 회원국에서 탐정업을 허용하고 있고, 외국 탐정기업들이 사실상 우리나라에서 영업활동을 하고 있는 것으로 파악되고 있다. 따라서 탐정업의 법제화에 있어서도 탐정업 자체의 현실적 필요성과 그 이익 여부에 따라 논의를 진행할 필요가 있으며, 나아가 탐정업을 효율적으로 관리·운영하는 방안의 마련에 노력을 기울일 것이 요청된다.

　　탐정제도의 법제화를 위한 국회에서의 입법논의는 아직도 현재진행형 상태라고 할 수 있다. 이를 위한 국회에서의 첫 논의는 1999년 하순봉의원의 '공인탐정에 관한 법률안'으로 각계 의견을 수렴하여 초안이 만들어지는 과정을 거쳤으나 국회에 발의되지는 못하였다. 이후 제17대 국회를 시작으로 제20대 국회에 이르기까지 모두 의원입법의 방식으로 11차례에 걸쳐 법안이 발의되었지만 탐정제도의 법제화를 위한 사회적 합의부족으로 제안자의 자진철회 또는 당해 국회의 임기만료로 자동폐기되는 절차가 반복되고 있다. 21대 국회에서도 2개의 탐정관련 법안이 제출되어 있다.

1. 제15대~16대 국회

탐정제도의 법제화를 위한 국회에서의 입법추진활동은 1999년 제15대 국회 당시 한나라당 하순봉의원(제15대~제16대)의 '공인탐정에 관한 법률안'이 최초이다. 동 법안은 비록 초안은 완성되었으나 당시의 정치적·사회적 여건으로 말미암아 2004년 5월 제16대 국회 임기만료 시까지 법안이 발의되지 못하였다. 동 법안은 공인탐정제도의 확립과 국민의 법률생활 편익을 도모하고 국민의 권리보호에 이바지하는 것을 목적으로 하였고, 민간조사업무를 행하는 자를 '공인탐정'이라는 명칭으로 기술함과 동시에 민간조사업의 관리·감독을 위한 소관행정청을 '경찰청장'으로 하였다.

동 법안에서는 공인탐정의 업무범위를 (i) 범죄조사 및 위법·부당행위의 조사, (ii) 분실 또는 도난당한 재산의 소재확인, (iii) 화재·사고·손실·명예훼손의 원인과 책임의 조사, (iv) 사람의 사망·상해 및 물건의 손상에 대한 원인과 책임의 조사, (v) 법정 등에서 사용될 증거의 확보, (vi) 개인에 관한 정보 중 사생활을 침해하지 아니하는 범위 내에서 대통령령이 정하는 사항의 조사업무 등으로 규정하고 있다. 이러한 점에서 동 법안은 제17대 국회부터 발의되는 제출법안에 비해 상대적으로 탐정의 업무범위를 매우 광범위하게 정하고 있었다는 점을 알 수 있다.

이처럼 하순봉의원의 '공인탐정에 관한 법률안'은 당시의 정치적 상황 등으로 발의조차 되지 못하였으나, 탐정제도 법제화의 현실적 필요성을 공론화하였을 뿐만 아니라 향후 국회 입법추진활동에 이론적 기초를 제공함으로써 이어지는 제17대 국회에서 가칭 '민간조사업법'의 제정을 위한 촉진제의 역할을 하게 되었다.

2. 제17대 국회

1) 이상배의원안

2005년 9월 8일 제17대 국회에서는 한나라당 이상배의원이 민간조사제도의 법제화를 위한 '민간조사업법안'(의안번호: 172591)을 대표발의하였으나 논의가 진척되지 못하고 국회 임기만료로 자동폐기되었다. 동 법안은 다른 사람의 의뢰를 받아 정보를 조사·수집하는 탐정업에 대한 필요한 규제를 정하는 등 탐정제도의 확립을 통하여 민간조사의 적정성을 도모하고, 국민의 권리보호에 이바지함을 목적으로 하였으며, 탐정업의 관리·감독을 위한 소관행정청을 '경찰청장'으로 하였다.

동 법안에서는 탐정의 업무범위를 (ⅰ) 범죄 및 위법행위와 관련된 조사, (ⅱ) 분실 또는 도난당한 재산의 소재확인, (ⅲ) 화재·사고·손실·명예훼손의 원인과 책임의 조사, (ⅳ) 사람의 사망·상해 및 물건의 손상에 대한 원인과 책임의 조사, (ⅴ) 소재가 불명한 친족의 소재파악 등과 관련된 조사, (ⅵ) 법원 등에서 사용될 증거의 확보, (ⅶ) 개인에 관한 정보 중 사생활을 침해하지 아니하는 범위 내에서 대통령령이 정하는 사항의 조사 등으로 하였으며, 이것은 그동안 국회에서 발의되었던 법안 가운데 탐정의 업무범위를 가장 광범위하게 한 것이었다.

동 법안에서 주목할 점은 민간조사원의 업무범위 가운데 '범죄 및 위법행위와 관련된 조사' 업무를 최우선적으로 규정하고 있었다는 점이다. 그러나 이에 대하여 국가공권력의 행사, 특히 수사기관의 수사 및 조사활동과 충돌할 수 있다는 점에서 많은 문제점과 비판이 제기되었었다.

2) 최재천의원안

2006년 3월 14일 열린우리당 최재천의원이 대표발의한 '민간조사업법안'(의안번호: 174047)은 2006년 3월 31일 제안자가 자진 철회하는 과정을 거쳐, 2006년 4월 5일 동 법안을 재발의(의안번호: 174188) 하였으나 국회 임기만료로 자동폐기되었다. 동 법안은 다른 사람의 의뢰를 받아 정보를 조사, 수집하는 탐정제도를 확립하여 국민의 권리보호에 이바지함을 목적으로 하였으며, 탐정업의 관리·감독을 위한 소관행정청을 '법무부장관'으로 하였다.

동 법안에서는 탐정의 업무범위를 (ⅰ) 사이버범죄, 보험범죄, 지적재산권 침해, 기업회계부정 등 각종 범죄 및 위법행위의 조사, (ⅱ) 사람의 사망·상해, 교통사고, 물건의 멸실·훼손 등 각종 사고의 원인 및 책임의 조사, (ⅲ) 분실·도난·도피자산의 추적 및 소재확인, (ⅳ) 행방불명자, 상속인, 소유불명재산의 소유자, 국내외 도피사범 등 특정인에 대한 소재탐지, (ⅴ) 법원 등에서 사용될 증거자료의 확보, (ⅵ) 그 밖에 대통령령이 정하는 사항의 조사 등으로 하였다.

동 법안에서도 '사이버범죄, 보험범죄, 지적재산권침해, 기업회계부정 등 각종 범죄 및 위법행위의 조사' 업무를 탐정의 업무범위 가운데 가장 우선적으로 규정하고 있어서 이상배의원안과 동일한 태도를 취한 것이라고 할 수 있다. 다만, 동 법안에서는 '사이버범죄, 보험범죄, 지적재산권침해, 기업회계부정조사' 를 '각종 범죄 및 위법행위의 조사'업무의 예시형태로 규정하고 있다는 점에서 차이가 있다. 하지만 이로 인해 동 법안에 대하여 이상배의원안에서 문제점으로 지적되었던 것과 같은 내용이 공론화되었으며, 따라서 후속되는 입법안부터는 탐정의 업무범위에서 '범죄관련 조사업무'는 삭제되었다.

3. 제18대 국회

1) 이인기의원안

2008년 9월 24일 한나라당 이인기의원이 대표발의한 '경비업법일부개정법률안'(의안번호: 1801001)은 여러 차례 입법공청회를 개최하는 등 탐정제도의 법제화에 대한 논의가 활발하게 진행되는 모습을 보였으나 이 역시 별다른 진척을 보이지 못하고 국회 임기만료로 자동폐기되었다. 동 법안에서는 탐정업무를 행하는 자를 '민간조사관'이라는 명칭으로 기술하였으며, 탐정업의 관리감독을 위한 소관행정청을 '경찰청장'으로 하였다. 그러나 '민간조사관'이라는 용어는 탐정업무를 행하는 자를 공무수행자, 특히 수사직렬공무원으로 혼동할 우려가 있고, 조사활동의 오·남용과 같은 일탈행위를 조장할 가능성이 있다는 점에서 문제점이 제기되었다.

동 법안에서 특별히 주목할 점은 탐정업을 개인의 안전확보와 피해를 회복하기 위한 사적 활동으로서 이를 경비업의 유사직역으로 인식하였다는 점이다. 이러한 관점에서 탐정업의 규율을 위한 가칭 '탐정업법'의 제정방식이 아닌 당시 「경비업법」에 탐정업을 부가하여 통합 규율하는 방식으로 입법을 추진하였다. 이러한 입법방식에 대하여 대한변호사협회는 탐정업무를 「경비업법」의 일부내용으로 추가하는 것은 「경비업법」의 일반적인 내용과 부합하지 않으므로 법체계의 정합성에 반하는 입법형식이라는 점, 양자를 하나의 업종으로 규율하여야 할 합리적인 필요성이 존재하지 아니한다는 점, 그리고 경비업무 종사자와 달리 탐정업무를 담당하는 주체를 자격시험에 의하여 선발하도록 하는 방식은 「경비업법」 체계의 통일성을 저해한다는 관점에서 강하게 비판하였다.

동 법안에서는 탐정의 업무범위를 (i) 의뢰에 의해 미아·가출인·실종자에 대한 소재파악, (ii) 소재가 불명한 물건의 소재파악, (iii) 의뢰인의 피해확인 및 그 원인에 관한 사실조사 등으로 함에 따라 제17대 국회 제출법안에 비해 탐정의 업무범위를 상당히 축소하였다. 이는 기존 법안에서 탐정업무에 포함시킨 '범죄관련 조사업무'의 삭제와 아울러 개인의 사생활침해, 다른 법률에서 정하는 유사직역과의 업무중복 및 충돌과 같은 여러 가지 사정을 감안한 것으로 보여진다.

2) 성윤환의원안

2009년 2월 5일 한나라당 성윤환의원은 '민간조사업법안'(의안번호: 1803727)을 대표발의하였으나 2009년 2월 17일 자진철회하였다. 동 법안은 음성화되어 있는 탐정을 법률을 통해 양성화하고, 엄격한 자격기준에 의한 탐정시험의 합격자 중 법무부에 등록한 사람이나 법인만이 이러한 업무를 수행할 수 있도록 함으로써 향후 인권침해와 범죄행위 등 심부름센터의 불법행위를 근본적으로 차단함은 물론, 탐정제도 확립을 통해 탐정활동의 적정성을 도모하고 국민의 권리보호에 이바지하려는 것을 목적으로 하였다. 동 법안에서는 탐정업의 관리·감독을 위한 소관행정청을 '법무부장관'으로 하였다.

동 법안에서는 탐정의 업무범위를 (i) 소재가 불명한 사람 또는 도난·분실된 재산의 소재확인, (ii) 변호사가 수임한 사건으로 변호사로부터 의뢰받은 자료의 수집으로 한정함으로써 기존 발의된 법안에 비해 상대적으로 업무범위를 매우 좁게 하였다.

3) 이한성의원안

2009년 3월 30일 한나라당 이한성의원은 '민간조사업법안'(의안번호: 1804313)을 대표발의하였으나 2009년 4월 6일 자진철회하였다. 동 법안은 탐정제도를 확립하여 탐정업 종사자들의 활동을 감시하고 업무수행의 적법성을 담보함으로써 국민의 권리보호에 이바지함을 목적으로 하였으며, 탐정업의 관리·감독을 위한 소관행정청을 '법무부장관'으로 하였다.

동 법안에서는 탐정의 업무범위를 (ⅰ) 미아, 가출인, 실종자, 소재불명인 불법행위자에 대한 소재파악과 관련된 조사, (ⅱ) 도난, 분실, 도피자산의 추적 및 소재확인과 관련된 조사, (ⅲ) 변호사가 수임한 사건과 관련하여 해당 변호사로부터 의뢰받은 자료의 수집 등으로 하였다.

4) 강성천의원안

2009년 4월 10일 한나라당 강성천의원이 대표발의한 '민간조사업법안'(의안번호: 1804521) 역시 별다른 진척을 보이지 못하고 국회 임기만료로 자동폐기되었다. 동 법안은 탐정제도를 확립하여 탐정업 종사자들의 활동을 감시하고 업무수행의 적법성을 담보함으로써 국민의 권리보호에 이바지함을 목적으로 하였으며, 탐정업의 관리·감독을 위한 소관행정청을 '법무부장관'으로 정하고 있다.

동 법안에서는 탐정의 업무범위를 (ⅰ) 미아, 가출인, 실종자, 소재불명인 불법행위자에 대한 소재파악과 관련된 조사, (ⅱ) 도난, 분실, 도피자산의 추적 및 소재확인과 관련된 조사, (ⅲ) 변호사가 수임한 사건과 관련하여 해당 변호사로부터 의뢰받은 자료의 수집 등으로 하였다.

4. 제19대 국회

1) 윤재옥의원안

2012년 11월 2일 새누리당 윤재옥의원이 대표발의한 '경비업법전부개정법률안'(의안번호: 1902389)은 국회에서 논의를 거듭하다가 국회 임기만료로 자동폐기되었다. 동 법안은 민간조사업의 규율을 위한 '민간조사업법'의 별도 제정방식이 아닌 「경비업법」에 의해 규율되고 있는 경비업과 함께 탐정업을 결합하여 통합 규율하려는 입법방식을 취하고 있다는 점에서 제18대 국회의 이인기의원안과 유사하다. 즉, 동 법안은 「경비업법」의 제명을 「민간보안산업에 관한 법률」로 변경하고, 민간보안산업을 경비업(제2장)과 민간조사업(제3장)으로 구분하여 규정하였다. 동 법안은 이인기의원안과 마찬가지로 탐정업의 주체를 '법인'으로 제한하였고, 민간조사업의 관리·감독을 위한 소관행정청을 '경찰청장'으로 하였다.

동 법안에서는 탐정의 업무범위를 (ⅰ) 가족의 의뢰에 대하여 실종아동 등(「실종아동 등의 보호 및 지원에 관한 법률」 제2조 제2호에 따른 실종아동 등을 말한다)·가출인·실종자에 대한 소재파악과 관련된 조사, (ⅱ) 도난, 분실, 소재가 불명한 물건의 소재확인과 관련된 조사, (ⅲ) 의뢰인의 피해확인 및 그 원인에 관한 사실조사 등으로 하였다.

2) 송영근의원안

2013년 3월 19일 새누리당 송영근의원이 대표발의한 '민간조사업에관한법률안'(의안번호: 1904137)은 법제사법위원회에서 심사 중에 국회 임기만료로 자동 폐기되었다. 동 법안은 탐정제도를 확립하여 국민의 권리보호에 이바지하고, 탐정업 종사자들에 대한 적정한 관리·감독을 통해 탐정업의 건전한 발전을 도모함을 목적으로 하였으며, 탐정업의 관리·감독을 위한 소관행정청을 '법무부장관'으로 하였다.

동 법안에서는 탐정의 업무범위를 (ⅰ) 미아, 가출인, 실종자, 소재불명인 불법행위자에 대한 소재파악과 관련된 조사, (ⅱ) 도난, 분실, 도피자산의 추적 및 소재확인과 관련된 조사, (ⅲ) 의뢰인의 피해사실에 대한 조사, (ⅳ) 변호사가 수임한 사건과 관련하여 해당 변호사로부터 의뢰받은 자료의 수집 등으로 하였다.

5. 제20대 국회

1) 윤재옥의원안

2016년 9월 8일 새누리당 윤재옥의원이 대표발의한 '공인탐정법안'(의안번호: 2002216)은 국회 임기만료로 자동폐기되었다. 동법안은 우리나라도 탐정업을 금지할 것이 아니라 세계 주요 국가들과 같이 적정한 관리를 통해 국민들이 탐정업 서비스를 믿고 이용하면서도 부작용은 방지할 수 있는 제도의 시행이 필요하다고 주장하면서, 탐정업무 수행과정에서 발생할 수 있는 사생활침해 등 부작용을 방지하기 위해서 적절한 관리제도를 마련하는 것이 필요하므로 탐정에 대한 국가자격제도, 탐정업에 관한 관리·감독 및 불법행위에 대한 처벌규정 등을 마련함으로써 국민의 권리보호에 이바지하고 탐정업의 건전한 발전을 도모하려는 것에 입법목적을 두었다. 동법안에서는 공인탐정제도의 도입을 전제로 하면서 공인탐정과 일반탐정을 구분하고, 탐정의 업무범위를 (ⅰ) 가족의 의뢰에 대하여 실종아동 등(「실종아동 등의 보호 및 지원에 관한 법률」 제2조 제2호에 따른 실종아동 등을 말한다)·가출인·실종자에 대한 소재파악과 관련된 조사, (ⅱ) 도난, 분실, 소재가 불명한 물건의 소재확인과 관련된 조사, (ⅲ) 의뢰인의 피해확인 및 그 원인에 관한 사실조사(안 제3조) 등으로 하였다. 그리고 탐정업은 개인뿐만 아니라 법인에게도 허용하였으며, 공인탐정의 관리·감독을 위한 소관행정청을 '경찰청장'으로 하였다.

2) 이완영의원안

2017년 7월 13일 자유한국당 이완영의원이 발의한 '공인탐정 및 공인탐정업에 관한 법률안'(의안번호: 2007974)은 국회 '미래일자리특별위원회'가 의결한 과제 중 하나로 선정된 '공인탐정 및 공인탐정업에 관한 법률' 제정 촉구를 근거로 하여 제출되었으나 국회 임기만료로 자동폐기되었다. 동법안은 미국, 영국, 일본 등 많은 선진국가와 마찬가지로 공인탐정업에 관한 법적 기반을 마련하여 관리하고 있는 상황임을 감안하여 우리나라의 경우에도 공인탐정 및 공인탐정업에 관한 법적 기반을 마련함으로써 공인탐정업을 양성화·제도화하여 공인탐정업의 건전한 발전을 도모하고 국민의 권익을 보호하려는 것에 입법목적을 두었다. 동법안에서는 공인탐정제도의 도입을 전제로 하여, ""공인탐정업무"란 다른 사람의 의뢰를 받아 사람의 생사나 그 소재, 재산상 이익의 소재 또는 권리·의무의 기초가 되는 사실관계 등에 대하여 관련 정보를 수집하고 사실을 조사하여 의뢰인에게 제공하는 업무를 말한다"(안제2조 제1호)라고 정의규정을 두었을 뿐 탐정업무를 구체적으로 제한하지는 않았다. 그리고 탐정업은 개인뿐만 아니라 법인에게도 허용하였으며, 공인탐정의 관리·감독을 위한 소관행정청을 '경찰청장'으로 하였다.

6. 제21대 국회

제21대 국회에서 2021년 7월 현재 제출된 탐정관련 법률안으로는 2020년 11월 10일 이명수의원이 대표발의한 '탐정업 관리에 관한 법률안'(의안번호: 2105157)과 2020년 11월 26일 윤재옥의원이 대표발의한 '탐정업의 관리에 관한 법률안'(의안번호: 2105766)이 있다.

1) 이명수의원안

(1) 제안이유

이명수의원안의 제안이유는 다음과 같다. 즉, "국가의 수사력은 시간적·물리적으로 한정되어 있어 실종된 가족의 소재탐지하거나 지적재산권 피해자가 신속히 범인과 피해상황을 파악하여 손해배상 소송을 준비하려는 경우 등에는 경찰이나 검찰에 신고 또는 고소하여도 만족한 결과를 기대하기 어려운 경우가 많다. 이런 경우 속칭 '심부름센터'에 의뢰해 문제해결을 시도하여 각종 불법행위가 자행되거나 자력구제를 도모하다가 또 다른 범죄를 저지르게 되는 경우가 빈번하다. 현실적으로는 소재불명인 미아나 실종자에 대한 조사, 분실하거나 도난당한 재산의 회수 외에 변호사의 의뢰를 받은 민·형사사건의 소송준비자료 수집과 조사 등의 분야에 대한 필요성이 증대되고 있다. 이러한 현실적 수요로 인해 현재 국내에서 활동하는 탐정사(민간조사사)는 8,000여 명이며, 탐정관련 20여

개의 민간단체가 난립하고, 그 단체에서 30여 개 종류의 각종 탐정관련 자격증을 발급하고 있는 것으로 추정된다. 특히, 2020년 2월 4일 신용정보업법의 개정으로 검증되지 않은 탐정사무소가 개소되고 있고, 관련 단체가 우후죽순 난립하여 탐정관련 자격증을 대량 남발할 우려가 있다. 또한 일정한 자격기준이 없이 기존 심부름센터나 흥신소 종사자도 탐정으로 활동할 수가 있어 무분별한 사생활침해가 심화될 우려가 제기되고 있다. 이에 위와 같은 국민의 수요를 충족시키면서 난립해 있는 탐정(민간조사사), 심부름센터의 불법 조사행위를 근절할 수 있도록 탐정업에 대한 법적근거를 마련함으로써 탐정업의 활성화를 도모하며, 탐정업자들의 활동을 지도·관리·감독하고, 탐정사의 권한 오남용에 의한 불법행위시 가중처벌을 통해 업무의 적법성을 담보하여 국민의 권리보호에 이바지하려는 것이다"라고 하였다.

(2) 주요 내용

이명수의원안은 제8장 총 47개조로 구성되어 있으며, 주요 내용은 다음과 같다.

> (ⅰ) 이 법률은 탐정업에 대하여 필요한 사항을 규정하고 적정한 지도·관리·감독을 통해 업무수행의 적법성을 담보함으로써 국민의 권리보호에 이바지함을 목적으로 한다(안 제1조).
>
> (ⅱ) 탐정업무란 탐정사가 기업이나 개인 등 타인의 의뢰를 받아 계약을 맺고 보수를 받으며, 위법하지 않은 범위 내에서 의뢰받은 사건에 대한 조사활동을 통하여 사실관계 확인 및 관련 정보 등을 수집·분석하여 그 결과를 의뢰인에게 제공하는 업무를 말한다(안 제2조 제1호).
>
> (ⅲ) 탐정사가 되려는 사람은 경찰청장이 등록심사·결정하여 등록한 민간자격관리기관에서 실시하는 탐정사 자격시험에 합격하여야 한다(안 제6조 제1항).
>
> (ⅳ) 탐정사가 탐정업을 하려면 경찰청장에게 등록하여야 하고, 탐정법인을 설립하려면 경찰청장의 인가를 받아야 하며, 탐정사와 탐정법인은 탐정사협회에 가입하여야 한다(안 제10조, 제13조 및 제38조).
>
> (ⅴ) 탐정업자의 권리·의무로서 의뢰건조사부의 작성·보관, 계약서의 작성 및 교부, 수집·조사의 제한, 손해배상책임, 비밀누설 금지 등에 관한 사항을 규정한다(안 제24조부터 제36조까지).

(ⅵ) 탐정업자가 업무를 수행함에 있어서 고의 또는 과실로 의뢰인 또는 제3자에게 손해를 끼쳤을 때에는 그 손해를 배상할 책임이 있고, 이를 보장하기 위하여 공제사업에의 가입 또는 보험 가입 등 필요한 조치를 하여야 한다(안 제33조).

(ⅶ) 탐정업자의 자질 향상, 품위 유지 및 윤리경영을 위하여 탐정사협회를 둔다(안 제37조).

(ⅷ) 경찰청장은 탐정업자 및 탐정사협회를 지도·관리·감독하도록 하고, 탐정사의 자격 취소 및 정지, 탐정업자의 등록이나 설립인가의 취소 및 영업정지 처분 등을 할 수 있도록 한다(안 제40조부터 제42조까지).

2) 윤재옥의원안

(1) 제안이유

윤재옥의원안의 제안이유는 다음과 같다. 즉, "탐정업이란 다양한 민간조사업 영역 중에서 실종자·가출인 등 사람 찾기, 각종 피해회복을 위한 자료수집 등과 같이 국민들의 다양한 권익보호를 위하여 다른 사람의 의뢰를 받아 관련자료 및 정보 수집을 대행하는 서비스업이다. 이러한 탐정업은 OECD가입 37개국 중 우리나라를 제외한 모든 국가에서 허용되고 있으며, 각국의 실정에 맞게 자격인증·교육·영업등록 등 다양한 관리제도를 통해 국민의 권익보호에 필요한 탐정업의 장점은 활성화하면서 부작용 등 단점은 최소화하고 있다. 따라서 우리나라도 탐정업을 금지할 것이 아니라 세계 주요 국가들과 같이 적정한 관리를 통해 국민들이 탐정업 서비스를 믿고 이용하면서도 부작용은 방지할 수 있는 제도시행이 필요하다. 다만, 탐정업무의 수행과정에서 발생할 수 있는 사생활침해 등 부작용을 방지하기 위해서 적절한 관리제도를 마련하는 것이 필요하다. 이에 탐정에 대한 국가자격제도, 탐정업에 관한 관리·감독 및 불법행위에 대한 처벌규정 등을 마련함으로써 국민의 권리보호에 이바지하고 탐정업의 건전한 발전을 도모하려는 것이다"라고 하였다.

(2) 주요 내용

윤재옥의원안은 제8장 총 48개조로 구성되어 있으며, 주요 내용은 다음과 같다.

(i) 이 법은 탐정업에 관한 적정한 관리·감독을 통해 국민들에게 양질의 사실 조사 서비스를 제공하여 국민의 권익 보호에 이바지하고, 탐정업의 건전한 발전을 도모함을 목적으로 한다(안 제1조).

(ii) "탐정"이란 사람의 생사나 그 소재, 도난 자산 등 물건의 소재, 또는 권리·의무의 기초가 되는 관련 정보와 사실관계의 존부 등을 확인할 정당한 이해관계가 있는 사람이 관련 사실 조사를 의뢰한 경우에 이에 대해 정보를 수집하고 사실을 조사하여 의뢰인에게 제공하는 것을 말한다(안 제2조 제1호).

(iii) "공인탐정업자"란 탐정업을 할 목적으로 제11조에 따라 등록된 공인탐정과 제28조에 따라 인가를 받은 공인탐정법인을 말함(안 제2조 제4호).

(iv) 공인탐정의 결격사유, 자격시험, 1차시험 면제 대상자 및 자격제도 운영위원회를 규정한다(안 제5조부터 제8조까지).

(v) 공인탐정 자격증의 양도·대여를 금지하고 공인탐정이 아닌 사람은 공인탐정, 탐정 또는 이와 유사한 명칭을 사용하지 못하도록 한다(안 제9조 및 제10조).

(vi) 탐정업을 하려는 자는 경찰청장에게 등록하여야 하고, 개·폐업 또는 휴업할 때에는 신고하도록 한다(안 제11조).

(vii) 공인탐정의 권리·의무로서 부당한 비용 청구 금지, 사건부 작성·보관, 계약내용 서면 교부, 수집·조사의 제한, 등록증 대여 금지, 사무원 채용, 손해배상책임, 비밀의 준수 및 교육의 의무 등을 규정한다(안 제13조부터 제26조까지).

(viii) 공인탐정은 3명 이상으로 구성하여 탐정법인을 설립할 수 있도록 하고, 설립절차 및 업무집행방법 등을 규정한다(안 제27조부터 제38조까지).

(ix) 경찰청장은 공인탐정을 지도·감독할 수 있으며, 자격취소 및 등록취소 등과 경찰청장의 권한의 위임 및 위탁에 관한 사항을 규정한다(안 제41조부터 제45조까지).

3) 양 법률안의 비교검토

양 법률안은 법률명을 '탐정업의 관리에 관한 법률'로 하고 있으며, 탐정업의 주무관청을 경찰청으로 하고 있는 점, 개인 탐정 외에 탐정법인의 설립을 인정하고 있는 점, 탐정자격취득에 일정한 자격제한을 두고, 탐정에 대한 권리·의무 등에 대해 규정하는 등, 탐정제도의 운영과 관련된 대부분의 점에서는 거의 유사하다.

그러나 이명수의원안에서는 기존의 탐정자격증을 인정하는 전제에서 탐정사 자격 취득과 관련하여 민간자격관리기관에 위임하고 있는 것(안 제6조)과 달리 윤재옥의원안에서는 기존의 민간자격증을 인정하지 않고, 경찰청에 의해 시행·관리되는 공인탐정제도의 도입을 전제로 하고 있다는 점에서 큰 차이가 있다. 또한 탐정의 업무영역과 관련해서도 이명수의원안에서는 ""탐정업무"란 탐정사가 기업이나 개인 등 타인의 의뢰를 받아 계약을 맺고 보수를 받으며, 위법하지 않은 범위 내에서 의뢰받은 사건에 대한 조사활동을 통하여 사실관계 확인 및 관련정보 등을 수집·분석하여 그 결과를 의뢰인에게 제공하는 업무를 말한다"(안 제2조 제1호)고 규정하고 있을 뿐 탐정업무를 구체적으로 나열하고 있지 않다. 반면, 윤재옥의원안에서는 탐정업무를 "1. 미아, 가출인, 실종자, 도피한 불법행위자 등 소재 불명인에 대한 소재 파악과 관련된 사실조사, 2. 도난, 분실, 은닉자산의 추적 및 소재 확인과 관련된 사실조사, 3. 의뢰인의 권리보호 및 피해사실과 관련된 사실조사"(안 제3조)로 구체화하고 있다. 그리고 이명수의원안에서는 '탐정사협회'의 설립을 두도록 하고, 탐정을 하고자 하는 경우에는 협회가입을 의무화하고 있는 반면(안 제37조, 제38조), 윤재옥의원안에서는 '공인탐정협회'를 설립할 수 있도록 하는 것에 불과하고, 따라서 탐정의 가입 여부에 관한 규정을 두고 있지 않은 점(안 제39조)에서 양자는 구분된다.

그러나 후술하는 바와 같이 탐정업의 주무관청을 경찰청으로 하게 되면 전직 경찰관들이 탐정업에 종사하게 될 경우 상호 유착관계의 형성 등에 대한 우려가 적지 않고, 탐정업무의 유형을 보면 경찰업무와 직접적인 관련성이 없는 부분이 상당한 비중을 차지하고 있는 등, 사실상 경찰업무와의 관련성도 크지 않으며, 수사권을 가진 경찰의 업무부담의 가중 등을 고려하면 신중한 검토가 요구된다. 또한 업무영역에 있어서도 탐정업무의 다양성을 고려할 때 시대상황의 변화에 따라 새롭게 등장하는 업무형태에 신속하고 합리적으로 대처할 수 있도록 원칙적으로 업무영역에 제한을 두지 않고 모든 업무영역에서 조사 및 정보수집활동을 허용하되 그 예시적 규정을 둠으로써 탐정업이 활성화될 수 있도록 할 필요가 있다. 그리고 탐정의 경우에도 변호사의 경우의 같이 불법·부당한 행위를 규제하고 자체 정화기능을 할 수 있도록 탐정협회를 두고, 탐정활동을 하고자 하는 사람은 탐정협회에의 가입을 의무화하는 한편, 실질적으로 회원을 관리하고 규제할 수 있는 권한을 부여하는 방향으로 입법을 하는 것도 검토할 필요가 있다.

❙ 국회의원 발의 탐정법안 정리·비교 ❙

번호	회기	제안자	업무범위	기타
1	제16대	하순봉 (한나라) 1999년 최초안 발의안함	* 법안명 : 공인탐정법 * 호칭 : 공인탐정 * 업무범위 1. 다른 사람의 의뢰에 의하여 보수를 받고 범죄수사 2. 개인에 관한 사항의 조사 3. 분실 또는 도난당한 재산의 소재확인 4. 화재, 사고, 손실 등의 원인과 책임의 조사 5. 사람의 사망·상해, 물건의 손실에 대한 원인과 책임의 조사 6. 법정 등에서 사용될 증거 등을 확보하여 의뢰인에게 제공 * 감독관청 : 경찰청	* 응시자격 - 검찰, 경찰, 정보계통 5년 이상 - 업무보조 5년 이상 - 대학관련강의경력 5년 이상 - 기타 대통령령 * 시험 - 매년 1회, 1·2(시험)·3차(실기, 면접)
2	제17대	이상배 (한나라) 2005년 의안번호: 172591 임기만료 폐기	* 법안명 : 민간조사업법안 * 호칭 : 민간조사원 * 업무범위 1. 범죄 및 위법행위와 관련된 조사 2. 분실 또는 도난당한 재산의 소재확인 3. 화재, 사고, 손실, 명예훼손의 원인과 책임의 조사 4. 사람의 사망·상해 및 물건의 손상에 대한 원인과 책임의 조사 5. 소재가 불명한 친족의 소재파악 등과 관련된 조사 6. 법원 등에서 사용될 증거의 확보 7. 개인에 관한 정보 중 사생활을 침해하지 아니하는 범위 내에서 대통령령이 정하는 사항의 조사	* 응시자격 - 법무부, 검찰, 경찰, 해양경찰, 대통령 경호실, 국정원, 군인, 특사경 등 수사계통 5년 이상 - 국과수 5년 이상 - 업무보조 5년 이상 - 관련학과 석사 이상·연구경력 5년 이상 - 기타 대통령령 * 시험 - 매년1회, 1·2·3차

번호	회기	제안자	업무범위	기타
3		최재천 (열린 우리) 2006년 의안번호: 174188 임기만료 폐기	* 감독관청 : 경찰청	
			* 법안명 : 민간조사업법안 * 호칭 : 민간조사원	* 응시자격 - 만 20세 이상 누구나 * 1차 면제 - 검찰, 경찰, 대통령 경 호실, 국정원, 특사경 등 정보·수사계통 7 년 이상 - 업무보조 7년 이상 - 관련학과 석사 이상 강의경력 7년 이상 - 기타 대통령령 * 시험 - 매년1회, 1·2(필기 및 실무)·3차(연수)
			* 업무범위 1. 사이버범죄, 보험범죄, 지적재산권침 해, 기업회계부정 등 각종 범죄 및 위법행위의 조사 2. 사람의 사망·상해, 화재, 교통사고, 물건의 멸실·훼손 등 각종 사고의 원인 및 책임의 조사 3. 분실·도난·도피자산의 추적 및 소 재확인 4. 행방불명자, 상속인, 소유불명재산의 소유자, 국내의 도피사범 등 특정인 에 대한 소재탐지 5. 법원 등에서 사용될 증거자료의 확보 6. 그 밖의 대통령령이 정하는 사항의 조사	
			* 감독관청 : 법무부	
4	제18대	이인기 (한나라) 2008년 의안번호: 1801001 임기만료 폐기	* 경비업법일부개정법률안 * 호칭 : 민간조사관	* 시험과목, 시험방법, 일 부면제 등은 대통령령 으로 정함 * 시험 - 매년 1회
			* 업무범위 1. 의뢰에 의해 미아·가출인·실종자에 대한 소재파악 2. 소재가 불명한 물건의 소재파악 3. 의뢰인의 피해확인 및 그 원인에 관 한 사실조사	
			* 감독관청 : 경찰청	
5		성윤환 (한나라) 2009년 의안번호: 1803727 철회	* 법안명 : 민간조사업법 * 호칭 : 민간조사원	
			* 업무범위 1. 소재불명인 사람 또는 도난·분실된 재산의 소재확인 2. 변호사가 수임한 사건으로 변호사로 부터 의뢰받은 자료의 수집	
			* 감독관청 : 법무부	

번호	회기	제안자	업무범위	기타
6		이한성 (한나라) 2009년 의안번호: 1804313 철회	* 법안명 : 민간조사업법 * 호칭 : 민간조사원 * 업무범위 1. 미아, 가출인, 실종자, 소재 불명인 불법행위자에 대한 소재파악과 관련된 조사 2. 도난·분실·도피자산의 추적 및 소재확인과 관련된 조사 3. 변호사가 수임한 사건과 관련하여 해당 변호사로부터 의뢰받은 자료의 수집 * 감독관청 : 법무부	* 응시자격 - 만 20세 이상 누구나 * 1차 면제 - 검찰, 경찰, 국정원, 군인 및 특사경 등 정보·수사계통 10년 이상 - 전호의 공무원, 군인 중 5급 이상, 소령이 상자는 5년 이상 * 시험 - 매년 1회, 1·2·3차
7		강성천 (한나라) 2009년 의안번호: 1804521 임기만료 폐기	* 법안명 : 민간조사업법안 * 호칭 : 민간조사원 * 업무범위 1. 미아, 가출인, 실종자, 소재 불명인 불법행위자에 대한 소재파악과 관련된 조사 2. 도난·분실·도피자산의 추적 및 소재확인과 관련된 조사 3. 변호사가 수임한 사건과 관련하여 해당 변호사로부터 의뢰받은 자료의 수집 * 감독관청 : 법무부	* 응시자격 - 만 20세 이상 누구나 * 1차 면제 - 검찰, 경찰, 국정원, 군인, 특사경 등 정보·수사계통 10년 이상 - 위 공무원, 군인 중 5급 이상, 소령 이상 5년 이상 * 시험 - 매년 1회, 1·2(시험)·3차(면접)
8	제19대	윤재옥 (새누리) 2012년 의안번호: 1902389 임기만료 폐기	* 법안명 : 경비업법전부개정안 * 호칭 ; 민간조사원 * 업무범위 1. 가족의 의뢰에 의해 실종아동 등 가출인·실종자에 대한 소재파악과 관련된 조사 2. 도난, 분실, 소재가 불명한 물건의 소재확인과 관련된 조사 3. 의뢰인의 피해확인 및 그 원인에 관한 사실조사 * 감독관청 : 경찰청	* 응시자격, 면제: 대통령령에 위임
9		송영근 (새누리)	* 법안명 : 민간조사업에 관한 법률안 * 호칭 : 민간조사원	* 응시자격 - 만 20세 이상 누구나

번호	회기	제안자	업무범위	기타
		2013년 의안번호: 1904137 임기만료 폐기	* 업무범위 1. 미아, 가출인, 실종자, 소재 불명인 불법행위자에 대한 소재파악과 관련된 조사 2. 도난·분실·도피자산의 추적 및 소재확인과 관련된 조사 3. 의뢰인의 피해사실에 대한 조사 4. 변호사가 수임한 사건과 관련하여 해당 변호사로부터 의뢰받은 자료의 수집 * 감독관청 : 법무부	* 1차 면제 - 검찰, 마약수사, 경찰, 국정원 등 정보·수사계통 10년 이상 - 특사경 중 10년 이상 - 5급 이상 검찰, 마약수사, 국정원공무원, 경정 이상 경찰, 군인 중 5급 이상, 대위 이상 군인 5년 이상
10		윤재옥 (새누리) 2015년 의안번호: 1917732 임기만료 폐기	* 법안명 : 민간조사업의 관리에 관한 법률 * 호칭 : 민간조사원 * 업무범위 1. 사람의 생사나 그 소재 2. 재산산 이익의 소재 또는 권리·의무의 기초가 되는 관련 정보와 사실관계의 존부 3. 위 사항에 대한 정보수집, 사실조사하여 의뢰인에게 제공 * 감독관청 : 경찰청	
11	제20대	윤재옥 (새누리) 2016년 의안번호: 2002216 임기만료 폐기	* 법안명 : 공인탐정법안 * 호칭 : 공인탐정 * 업무범위 1. 미아, 가출인, 실종자, 소재불명인, 불법행위자에 대한 소재파악과 관련된 사실조사 2. 도난, 분실, 도피자산의 추적 및 소재확인과 관련된 사실조사 3. 의뢰인의 권리보호 및 피해사실과 관련된 사실조사 * 금지사항: 다른 법령에서 금지 또는 제한되어 있는 행위, 타인의 생활의 평온을 해하는 등 개인의 권리이익을 침해하는 일 * 다른 법률과의 관계: 다른 법률에 특	* 응시자격 - 만 20세 이상 누구나 * 1차 면제 - 검찰, 경찰, 국정원, 군 등 정보·수사계통 10년 이상 - 특사경 10년 이상 * 시험 - 매년1회,1차(필기)·2차(인성·적성병행)

번호	회기	제안자	업무범위	기타
			별한 규정이 있는 경우를 제외하고는 이 법에서 정하는 바에 따름	
			* 감독관청: 경찰청	
12		이완영 (자유한국) 2017년 의안번호: 2007974 임기만료 폐기	* 법안명 : 공인탐정 및 공인탐정업에 관한 법률안 * 호칭 : 공인탐정 * 업무범위 1. 타인의 의뢰를 받아 사람의 생사나 그 소재 2. 타인의 의뢰를 받아 재산상 이익의 소재 또는 권리·의무의 기초가 되는 사실관계 3. 위 사항에 대한 정보를 수집하고 사실을 조사하여 의뢰인에게 제공 * 기본원칙: 탐정업무를 할 때에는 적법하고 정당하게 하여야 하며, 다른 사람의 권리와 이익을 침해하는 일이 없어야 함 * 다른 법률과의 관계: 다른 법률에 특별한 규정이 있는 경우를 제외하고는 이 법에서 정하는 바에 따름 * 감독관청: 경찰청	* 응시자격, 시험시기, 시험과목, 시험방법, 일부면제, 연수교육 등은 대통령령으로 정함. * 시험 - 매년 1회, 1·2차
13	제21대	이명수 (국민의 힘) 2020년 의안번호: 2105157	* 법안명 : 탐정업 관리에 관한 법률. * 호칭 : 탐정사 * 업무범위 1. 기업이나 개인 등의 의뢰를 받아 계약을 맺고 보수를 받으며, 위법하지 않은 범위 내에서 의뢰받은 사건에 대한 조사활동을 통하여 사실관계 확인 및 관련정보 등을 수집·분석하여 그 결과를 의뢰인에게 제공	* 응시자격,시험시기,시험과목,시험방법,일부면제, 자격증교부 등 대통령령으로 * 탐정사자격제도심의위원회 - 소속 : 경찰청 - 심의 : 과목, 문제, 선발인원, 일부면제, 기타사항 - 구성과 운영 : 대통령령 * 자격시험 - 탐정사가 되려는 사람은 경찰청장이 등록심

제5장 탐정제도의 도입을 위한 노력 _____ 107

번호	회기	제안자	업무범위	기타
			* 감독관청: 경찰청	사·결정하여 등록한 민간자격관리기관에서 실시하는 탐정사자격시험에 합격하여야 함.
14		윤재옥 (국민의 힘) 2020년 의안번호: 2105766	* 법안명 : 탐정업의 관리에 관한 법률 * 호칭 ; 공인탐정 * 업무범위 1. 미아, 가출인, 실종자, 도피한 불법행위자 등 소재불명인에 대한 소재파악과 관련된 사실조사 2. 도난, 분실, 은닉자산의 추적 및 소재확인과 관련된 사실조사 3. 의뢰인의 권리보호 및 피해사실과 관련된 사실조사 * 감독관청: 경찰청	* 응시자격 - 만 20세 이상 누구나 * 1차 면제 - 경찰공무원, 검찰청.국가정보원.군수사기관 직원 중 수사.정보 등 유사업무 종사 경력이 10년 이상인 자 - 특사경으로서 수사업무 종사자경력 10년 이상인 자 * 시험 - 매년 1회, 1·2차 * 공인탐정자격제도 운영위원회 - 소속 : 경찰청 - 업무 : 자격에 관한 기본정책과 제도, 자격시험 운영 및 관리 등

제3절 탐정제도의 입법방향

사회가 다양하고 복잡화되고 현실에서 국가기관에 의해 개인에 대한 피해방지와 구제가 제대로 이루어지지 않고 있는 영역에 대하여 개인인 의뢰인의 요구에 따라 탐정의 전문적인 조사능력을 활용하여 대처하는 것은 필요하다. 또한 민주사회에 있어서 권력의 분화라는 관점에서 보면 국가가 탐정업을 허용함으로써 치안서비스의 일부 영역을 민간에게 이양하는 것은 시대적 흐름에도 맞는 것이다. 더구나 입법에 의하여 탐정이 그 업무를 수행함에 있어서 다른 직역과의 협력 또는 동반자의 관계를 구축할 수만 있다면 향후 잠재적 수요자인 일반 시민의 권익실현과 신속한 피해구제를 효과적으로 실현할 수 있는 매우 긍정적인 효과를 기대할 수 있을 것이다. 다른 한편에서는 탐정제도가 실질적으로 국민의 안전과 재산 및 권익보호를 위한 제도로 정착하도록 현 실정에 맞는 관련 법규 제정을 통해 무자격자에 의한 탐정활동 및 위법한 행위에 대한 실질적인 국가통제를 신속하게 실현하여야 한다. 따라서 탐정제도의 법제화에 있어서 주요 내용을 중심으로 바람직한 입법방향을 제시해 보고자 한다.

1. 탐정의 자격

탐정의 자격에 대하여는 미국형 허가제(공인탐정제)로 할 것인가, 아니면 일본형 자유업제로 할 것인가에 대하여 논의가 있다. 미국공인탐정제(허가제)는 탐정이 전문영역으로서 인정을 받는 장점이 있으나 일반인들이 접근하기 어려운 측면이 있다. 반면, 일본형의 자유업제는 누구나 쉽게 진입할 수 있다는 장점이 있으나 수준 미달자들이 난립하여 활동함으로써 시장을 어지럽히고 혼탁하게 하는 단점이 나타나고 있다.

탐정업무 중에는 특별한 전문지식이나 경험을 요구하지 않는 단순업무도 있으므로 모든 탐정에게 특별한 자격이나 전문지식을 요구하는 것은 적절하지 않다. 따라서 탐정제도의 현실적 필요성과 일자리창출의 목적을 고려할 때 누구나 소정의 결격사유가 없으면 탐정을 할 수 있도록 자유업제로 하는 것을 고려해볼 필요가 있다. 다만, 탐정유사업에 의한 불법행위를 억제하고 탐정업이 올바른 직업으로서 정착할 수 있도록 하기 위하여는 일정한 자격증제도를 도입하여 운영하는 것이 바람직할 것이다. 따라서 우리나라는 허가제와 자유업제의 장점을 살리고 단점을 제거하는 절충형의 도입을 고려해 볼 필요가 있다. 예를 들면, 일정한 결격사유가 없는 자는 누구나 응시할 수 있도록 하되, 탐정협회에서 실시하는 소정의 자격시험에 합격을 하고 일정한 교육과정 이수와 심사절차를 거쳐 등록한 자에 한하여 탐정업을 할 수 있도록 하는 일명 '등록제'를 고려해 볼 만하다. 다만, 시험은 탐정관련 기본적인 내용을 습득하면 누구든지 합격할 수 있도록 함으로써 탐정업에의 진입을 차단하는 것이 되지 않도록 하여야 할 것이다.

한편, 외국인에게 우리나라의 탐정자격을 부여할 것인가에 대하여는 상호주의에 의거하여 외국인에 대하여 탐정업을 허용하는 국가의 국민에 한하여 우리나라에서 실시하는 소정의 시험합격과 교육이수 등 탐정 등록자격을 갖춘 경우에 한하여 허가하되, 국익에 관련된 업무나 첨단산업분야에 대한 업무 등 특정업무에는 종사할 수 없도록 배제하여야 할 것이다. 나아가 우리나라 국민은 물론, 외국인이 외국에서 취득한 탐정자격을 국내에서 인정하여 업무를 할 수 있도록 할 것인가 여부도 상호주의에 입각하여 조치하면 될 것이다.

2. 탐정의 업무

탐정의 업무범위는 각국의 정치적·역사적·사회적 배경 및 합법적으로 인정한 범위에 따라 조금씩 다르겠지만 불법으로 인정하거나 금지한 영역 외에는 거의 모든 영역의 조사를 할 수 있는 것이 사실이다. 따라서 오늘날 확대·발전되고 있는 탐정의 업무영역을 고려할 때 외국의 입법사례를 참고로 하여 외국에서 행하여지고 있는 업무형태를 모두 포함시킬 필요가 있다. 이것은 외국탐정업체와의 경쟁에 있어서 불이익을 당하지 않도록 하기 위해서도 필요하다. 하지만 탐정의 업무범위는 현행법상 변호사나 신용정보회사 등 다른 직역과 중복되거나 충돌할 여지가 많은 것은 전술한 바와 같다. 따라서 탐정의 업무범위를 정함에 있어서는 탐정업무의 특성상 발생할 수 있는 사생활침해 및 불법행위의 남용 방지는 물론, 유사직업과 업무범위 충돌을 최소화하고, 조화를 꾀하는 방향으로 입법될 것이 요구된다.

다른 한편에서는 국가공권력의 한계로 인하여 사실상 조사가 어려운 분야나 전문적 지식이 요구되는 분야를 포함시키되, 탐정업무 유형의 다양성을 고려하여 「경비업법」의 경우와 마찬가지로 그 특성에 따라 구분된 업무영역별로 전문분야를 특화하여 운영할 수 있도록 하거나, 각 업무영역에 따라 그 업무범위를 나열하여 명확하게 하는 방법으로 규정하는 것도 고려해 볼 수 있을 것이다. 다만, 입법방식으로는 탐정업의 발전과 그 특성을 고려하여 탐정의 업무영역에 관하여 원칙적으로 제한을 두지 말고 모든 조사 및 정보수집에 관한 업무를 허용하는 것으로 하되, 국익침해나 범죄 등 불법·부당한 내용과 관련된 업무 등 일정한 업무영역을 배제하거나 불법적인 조사 또는 정보수집의 방법을 제한하는 형태로 함으로써 탐정의 활용영역을 가능한 한 확대하는 것을 적극적으로 고려해 볼 필요가 있다. 탐정의 업무범위로서 고려될 수 있는 영역을 제시하면 다음과 같다.

(i) 사이버범죄, 부동산범죄, 지식재산권침해, 기업회계부정 등 각종 범죄·불법 행위·각종 사고의 침해원인과 책임규명을 위한 조사
(ii) 수사·재판·행정심판·중재·화해 등의 법정소송에 사용될 증거조사 및 증인·관계인의 소재 및 사실의 확인조사
(iii) 회사, 법인, 협회 등의 단체 혹은 직원 개인에 관한 신분, 습관, 행동, 활동, 소재, 교우관계, 교제, 거래, 평판 및 신뢰성 등에 관한 조사
(iv) 미아, 실종자, 가출인, 행방불명자, 국내외 도피사범 등 특정인의 소재확인 조사
(v) 분실·도난·도피자산의 추적 및 소재확인과 회수, 소유관계가 불분명한 재산에 대한 소유자, 상속인 및 이해관계인 등에 대한 조사
(vi) 부동산이나 동산에 대한 화재, 사고, 손해, 손상, 손실 및 내부범죄 등에 대한 직·간접적 원인과 책임의 조사
(vii) 기타 개인 및 특정집단에 관한 정보 중 불법 및 위법행위가 아니거나 사생활을 침해하지 않는 범위 내에서 대통령령이 정하는 사항에 대한 조사

한편, 탐정업무가 다른 직역의 업무와 중복 또는 충돌이 발생하는 경우에 대비하여 탐정법의 제정 시에 '이 법에서 정한 사항이 다른 법률과 충돌하는 경우에는 동법을 우선 적용한다'는 명시적 규정을 둠으로써 탐정업의 법제화로 인한 법적용상 혼란을 방지함과 동시에 탐정업이 활성화될 수 있도록 할 필요가 있다.

3. 탐정의 결격사유

대부분의 직업과 국가자격증을 부여함에 있어서는 그 대상자에 대한 기본적인

결격사유를 규정하고 있다. 일부 심부름센터나 흥신소 등에서 사생활침해뿐만 아니라 폭행과 협박 등 불법행위가 행하여짐에 따라 심각한 사회문제를 야기하고 있다는 것은 전술한 바와 같다. 따라서 이러한 사정을 고려할 때 탐정뿐만 아니라 탐정회사나 개인탐정사무소에 종사하는 탐정보조원이 되고자 하는 자에 대한 소정의 결격사유를 규정하여 애초부터 탐정활동을 하지 못하도록 배제시킴으로써 탐정업이 불법적으로 행하여지지 않도록 사전 대비할 필요가 있다. 전술한 탐정입법안을 기초로 하여 탐정의 결격사유를 제시하면 다음과 같다.

(i) 미성년자(19세 미만인 자)
(ii) 피성년후견인 또는 피한정후견인
(iii) 파산선고를 받고 복권되지 아니한 자
(iv) 금고 이상의 실형의 선고를 받고 그 집행이 종료(집행이 종료된 것으로 보는 경우를 포함한다)되거나 집행이 면제된 날부터 5년이 경과되지 아니한 자
(v) 금고 이상의 형의 집행유예를 선고받고 그 유예기간이 만료된 날부터 2년이 경과되지 아니한 자
(vi) 금고 이상의 형의 선고유예를 받고 그 유예 기간 중에 있는 자
(vii) 법원의 판결 또는 다른 법률에 따라 자격이 상실되거나 정지된 사람
(viii) 공무원으로서 징계처분에 의하여 파면 또는 해임된 후 5년이 경과되지 아니한 자
(ix) 탐정업법이 규정한 소정의 사유로 탐정자격이 취소되거나 해산된 탐정법인의 임원이었던 자로 5년이 경과되지 아니한 자
(x) 기타 대통령령으로 정하는 법률을 위반한 경력이 있는 자
 * '대통령령으로 정하는 법률'에는 「개인정보 보호법」, 「신용정보의 이용 및 보호에 관한 법률」, 「통신비밀보호법」, 「정보통신망 이용촉진 및 정보보호 등에 관한 법률」 위반의 경우 외에 「형법」이나 특별법 등에서 규정하는 사생활보호나 비밀준수의무의 위반사범 등을 포함시킬 필요가 있다.

---

4. 탐정의 자격시험

탐정의 자격시험에 있어서 응시자격은 제한할 필요가 없으며, 탐정분야에 관심이 있거나 충분히 조사능력이 있는 사람이라면 누구에게나 응시자격을 부

여하여야 한다. 따라서 전술한 일부 법률안에서 특수한 신분에 있던 사람들에 한해서만 응시자격을 부여하는 것은 헌법 제11조의 평등권 및 제15조의 직업선택의 자유를 침해하는 것으로 적절하지 않다. 다만, 탐정업의 특수성을 고려하여 일정한 직역에 종사하였던 자에 대하여 일부 시험면제를 부여하는 것은 전문성을 가지 사람을 탐정업으로 유도하기 위해서 필요하다고 생각된다. 이때 어떤 직역에 종사하였던 자에 대하여 일부 시험면제의 특혜를 제공할 것인가는 입법정책의 문제라고 할 것이지만 탐정의 주된 업무가 사실조사와 정보수집이므로 이러한 업무를 수행하는 직역에 종사하는 자들로 한정하면 될 것이다. 따라서 일부 시험면제 대상을 검찰·경찰공무원으로만 한정할 것은 아니고, 유사직종인 국가정보원, 특별사법경찰관리로서 수사 및 정보분야 등에서 일정기간(예, 10년 이상) 종사한 자 및 금융기관이나 신용정보회사 등에서 일정기간(예, 15년 이상) 신용조사 및 채권추심업무를 한 자 등도 포함하여야 할 것이다. 또한 탐정업무가 반드시 범죄혐의를 전제로 한 것은 아니며, 기업신용조사 등 오늘날 탐정업무의 대부분은 사실상 수사활동과 직접적인 관련성이 없다. 따라서 일부 시험면제 대상을 확대하여 일반 사인라고 하더라도 보험조사관이나 교통사고조사관 또는 포렌식종사자 등 사실상 법적 문제와 관련된 사항에 관한 조사나 정보관련 업무에 일정기간(예, 15년 이상) 이상 종사한 자도 포함시킬 필요가 있다. 이외에 현재 민간조사자격증을 소지하고 일정기간(예, 10년 이상) 사실상 탐정활동을 하고 있는 자에 대해서도 1차 시험면제 등을 통해 제도화된 탐정의 틀 안으로 유입시킬 필요가 있다.

한편, 탐정의 질을 높이기 위하여 탐정업에 관련된 소정의 과목을 이수하고, 탐정관련 박사학위를 취득하거나 학·석사학위를 취득한 후 일정기간(예, 학사학위 소지자는 3년, 석사학위 소지자는 1년) 탐정관련 실무에 종사한 자와 국가에 의해 공인된 4년제 대학교의 탐정학과나 탐정전공과정 및 탐정관련 전문교육기관에 소속되어 일정기간(예, 5년 이상) 교육자로서 탐정관련 과목을 강의한 자에 대해서도 일부 시험면제를 인정함으로써 이들의 탐정업 진입을 확대할 필요가 있다.

탐정자격시험은 이론중심의 1차 시험과 실무중심의 2차 시험으로 구분하여 실시하되, 시험실시의 시기, 시험과목, 합격점수와 선발인원 및 시험면제 범위

(예, 1차 시험면제 또는 1차 시험면제＋2차 시험 일부과목 면제 등)에 대해서는 전문가들의 신중한 검토를 거쳐 정하여야 할 것이다. 다만, 탐정업의 조기 정착과 확장을 위하여 이 시험은 탐정자격의 부여를 엄격히 통제하기 위한 것이어서는 아니 될 것이므로 시험과목 및 평가수준 등에 있어서는 탐정에 필요한 기본소양과 전문지식 및 실무를 평가하는 데 그치는 것으로 계획되어야 할 것이다.

5. 탐정업의 관리·감독기관

탐정업무는 조사대상자 등의 사생활 및 법익의 침해, 계약자인 의뢰인과의 서비스분쟁, 수사·사법기관과의 업무 중첩에 따른 공무방해의 가능성 등 여러 가지 부작용이 우려되는 만큼 탐정업이 제대로 정착되기 전까지는 탐정영업을 함에 있어서 필요한 행정사무, 즉 탐정업의 등록, 영업장부 작성·비치, 영업 관리·감독, 폐업 등에 대하여 국가가 직접 관리·감독할 필요가 있다. 이때 탐정의 주무관청을 어디로 할 것인가가 문제된다.

종래 대부분의 입법안에서는 경찰청을 주무관청으로 하고 있는 데 반해, 일부 안에서는 경찰과의 유착가능성을 염두에 두고 법무부를 주무관청으로 제안하고 있다. 그러나 경찰의 치안업무 특성상 범죄사건과 관련한 수사업무를 보조·보완하는 탐정이 아닌 경우에는 탐정업과의 유사성을 인정하기 어렵다. 또한 탐정업이 미아나 실종자 찾기에서부터 부동산거래조사, 기업조사나 기업활동 보조, 의료사고·교통사고·보험사고 등 각종 사고조사 등 그 업무영역의 다양성을 고려할 때 경찰수사와 탐정업의 사실조사 부분은 관련성이 없는 경우가 대부분이다. 더구나 경찰업무는 주로 단속과 관련된 것으로 일반 행정사무인 인·허가 업무에 친화적이지도 않으며, 수사권조정에 따른 경찰권의 비대화를 우려하여 지방자치경찰제를 도입하여 경찰권을 분화하려는 노력과도 맞지 않는다. 특히 탐정업의 상당부분이 경찰업무 과부하나 치안업무와의 비관련성으로 인해 국가에 의해 국민이 충분히 보호받고 있지 못하다는 이유로 치안수요의 일부를 민간인인 탐정에게 이양할 필요가 있다는 측면에서 탐정업을 법제화하려는 것이므로 그 등록·관리업무를 경찰에게 맡기는 것은 논리모순이라고 하지 않을 수 없다. 특히, 경찰청을 주무관청으로 할 경우 경찰과 탐정의 유착 우려를 불식하기 어려울 뿐만 아니라 수사기관이 수사에 있어서 적용되는 각종 사법적 억제를 회피하기 위하여 탐정을 수사활동의 보조자로 악용할 우려도 적지 않다.

마찬가지로 법무부를 주무관청으로 하는 견해 또한 탐정업무와 수사업무와 밀접한 관련성이 있다는 전제 하에 이전의 형사절차에서 수사지휘권이 검사에게 있다는 점을 이유로 한 것으로 판단되지만, 이것은 전술한 것처럼 범죄수사 영역을 제외하고는 탐정업무와 수사업무의 관련성은 미약하고, 검사의 수사지휘권을 없애고 경찰에게 수사종결권을 부여하고 있는 현행법의 태도와도 일치하지 않는다. 특히, 법무부는 일선 행정부서를 갖고 있지 않으므로 법무부를 주무관청으로 하더라도 결국 검찰청에 위임 또는 위탁하여 그 관리·감독권을 행사할 수밖에 없을 것이고, 이 경우 검찰청의 업무 과잉을 초래할 뿐만 아니라 탐정업에 대한 전문성과 인력부족 및 시설미비로 인해 충분한 관리·감독이 어렵게 될 수밖에 없다. 이외에 국가정보원 등을 주무관청으로 하여야 한다는 주장 또한 마찬가지이다.

이에 영국의 '보안산업위원회(Security Industry Authority)'처럼 행정부처와 독립한 제3의 기관을 별도로 설립하여 관리·감독하자고 하는 견해가 있다. 이 경우 독립기관은 탐정업에 대한 전문성을 갖추게 될 것이므로 탐정업의 활성화는 물론, 효율적인 관리·감독이 가능하다는 것을 이유로 한다. 그러나 특정직업을 위하여 국가적 조직으로 새로운 기관을 설립하는 것은 비합리적이고, 비용면이나 인력확보 측면에서 어려움이 있기 때문에 전국적인 조직망을 갖추어 대처하기에도 미비하며, 결국에는 다른 행정부처의 도움이나 협력 없이는 사실상 그 업무수행이 어렵다는 점에서 실효적인 관리·감독을 기대하기도 어려울 것이다.

따라서 탐정업이 우리나라에서 새로운 직업군으로서 조기에 정착하도록 지원하기 위해서는 관할부처를 행정안전부로 하되, 소속부서에서 관할하게 하든가, 아니면 내부적으로 가칭 '탐정관리·감독위원회'를 구성하거나 관련부서를 신설하여 정책결정이나 운영방침 등에 대해서 총괄하게 하고, 통상적인 등록·관리 및 감독은 각 지방자치단체에 위임하는 형태로 입법하는 것이 가장 바람직할 것이다(탐정 관리·감독권을 경찰에 부여하는 경우에도 자치경찰제의 시행에 따라 지방자치경찰에게 이양할 수밖에 없을 것이다). 물론, 이러한 경우에도 탐정이 불법행위를 한 경우에는 지방자치단체의 신고나 고소·고발 등에 의해 당연히 경찰 또는 검찰에 의해 처벌하는 것으로 될 것이며, 이때 경찰 또는 검찰로 하여금 그 처분내용을 지방자치단체에 통보하는 것으로 법제화하여 형사처벌의 효과로서 영업정지나 등록취소를 하게 제도화하면 충분하다 할 것이다.

6. 전문인력의 확보 및 교육

탐정제도의 시행에 있어서 중요한 요소 중의 하나가 의뢰인에게 적정한 탐정서비스를 제공할 수 있는 자격과 능력을 갖춘 탐정의 확보이다. 우리나라는 그동안 탐정이 법적으로 제도화되어 있지 않았었기 때문에 경찰·검찰·군 등의 국가기관에서 종사하면서 얻은 지식과 경험 등이 충분히 활용되지 못하고 있고, 일부의 사람들은 불법업체로 유입되고 있는 실정이므로 개인적, 사회적, 국가적으로도 매우 큰 손실이다. 따라서 조사관련 지식과 경험을 갖춘 전문인력을 탐정업에 적극 유입·양성하기 위한 노력이 요구된다.

1) 우수교원의 확보 및 전문 교육기관의 정립

선진외국의 경우 탐정자격의 취득을 위해서는 탐정교육기관에서 일정한 교육과정을 수료할 것을 전제조건으로 하고 있다. 이는 탐정업무가 국민의 생명과 재산 및 권익보호 등과 직결되는 공공성을 지니고 있기 때문에 엄격한 관리가 요구되고, 특히 탐정업무가 비전문적인 심부름 같은 단순한 업무 외에 경제·기업범죄, 의료분쟁, 부동산분쟁 등 고도의 전문성을 요하는 영역으로 확대되고 있기 때문이다. 따라서 전문성을 갖춘 우수한 탐정을 양성하기 위해서는 탐정의 양성을 위한 교수요원의 확보가 전제되어야 한다. 즉, 탐정제도의 법제화에 수반하여 초기부터 대학교수 및 박사급 우수교원을 확보하여 이들에게 우수교재를 개발하게 하고, 교육프로그램을 구축·운영하게 하여야 한다. 특히, 탐정교육 전문가 양성을 위하여 국립과학수사연구소, 경찰수사연구소, 국립방재교육원 등의 공공기관과 대한손해보험협회, 한국정보보호진흥원, 금융감독원, 민간사이버보안업체 등과의 협력을 강화할 것이 요구된다.

한편, 우리나라에는 탐정과 탐정보조원을 전문적으로 교육·훈련시킬 수 있는 전문교육시설이 없으며, 단지 일부 민간단체에 의해서 비정기적으로 민간자격증을 가진 민간조사사 등이 배출되고 있는 실정이다. 일찍부터 탐정제도가 발달해 온 미국, 영국, 호주 등의 영미법계 국가는 물론, 일본의 경우에도 일본 조사업협회 산하 전문교육기관이 지정되어 탐정인력의 전문교육을 담당하고 있다. 그러나 우리나라의 경우 현 상황에서 탐정교육기관을 당장 신설하는 것에 어려움이 있을 것이므로 지역별 탐정협회를 구성하여 소정의 시설과 인력을 확보하여 교육기관을 운영하게 하거나 전국에 소재하는 대학 중 지역별로 거점교육기관을 지정하여 탐정교육을 위탁하면 될 것이다. 현재 우리나라에서 탐정관련 정규적인 대학 이상의 교육과정으로는 최초로 동국대학교 법무대학원에서 2018년 3월부터 '탐정법무전공과정'(석사과정)을 개설·운영하고 있으며, 동국대학교에서는 2019년 3월부터 일반대학원 법학과 박사과정에 '탐정법전공'을 개설(2020년 3월부터 시행)하여 탐정(법)전문가를 양성하고 있다. 한편, 현재 많은 대학교에서 학부과정에 탐정학과 또는 탐정전공과정을 개설하였거나 신설을 추진하고 있다.

2) 교육과목과 시간편성의 적정화 및 재교육의 강화

탐정교육훈련의 목적은 탐정업무 수행 시에 자신의 안전은 물론, 고객의 안전과 서비스의 질적 만족을 확보할 수 있는 수준에 도달할 수 있도록 조사능력과 기술을 향상시키는 데 있다고 볼 수 있다. 이외에도 교육훈련은 탐정자격시험에 응시할 수 있는 균등한 자격의 부여, 직무만족을 위한 경력, 지식의 이론적 뒷받침과 응용기술의 기초를 제공하는 데 도움이 되어야 한다. 따라서 탐정에 대한 기본교육과 재교육은 탐정에게 탐정업의 기본에 충실하도록 할 뿐만 아니라 사후 발생할 수 있는 불법행위를 사전에 방지할 수 있고, 새로운 탐정기법이나 탐정관련 법률의 제·개정 등 급변하는 환경에 적응할 수 있는 데 도움이 될 수 있도록 전문적인 지식과 능력 및 기초소양의 함양은 물론, 업무서비스의 질적 향상에 도움이 되는 내용으로 구성하여야 할 것이다.

한편, 세부적인 교육훈련의 과목과 시간을 정함에 있어서는 교육대상자 및 탐정이 수행하여야 할 기능과 역할에 대한 검토·분석이 우선되어야 한다. 또한 교육과목은 탐정의 기능과 역할을 고려하여 의뢰인의 의뢰를 받아 위법조사, 부동산사고조사, 교통사고조사, 보험사기조사, 법정증거조사, 실종자찾기, 배경 및 결혼조사 등 경찰 등의 수사기관의 보조자적 역할에서부터 고도의 전문성을 요하는 영역까지 매우 광범위할 것으로 예상된다. 다만, 고도의 전문성을 요하는 영역에 대해서는 관계기관의 협조를 받아 특별교육의 형식으로 진행하되, 탐정교육기관에서는 일반적·공통적으로 탐정이 갖추어야 할 기초적인 직무능력에 관한 기본교육과 특수실무교육을 중심으로 한 심화교육을 구분하여 진행할 필요가 있다.

7. 탐정의 징계·벌칙

탐정제도의 성공적인 시행, 탐정서비스의 질적 향상 및 탐정활동으로 인한 부작용을 최소화하고 불법을 방지하기 위해서는 일정한 법적 규제가 필요하다. 따라서 탐정과 탐정업 종사자 및 탐정업체의 책임과 의무에 대해 법률에서 명시하고, 불이행 시에는 징계·벌칙 등의 제제를 가하여야 한다. 이것은 탐정업의 서비스제공과 업무활동에 있어서의 한계에 대한 근거로서 탐정업에 대한 합리적 사회통제가 가능하도록 하는 것이며, 궁극적으로는 국민을 보호하기 위한 것이다. 탐정업무의 징계·벌칙의 세부내용과 범위에 대해서는 추후 연구·검토되어야 할 것이며, 징계내용 및 벌칙위반에 따라 처벌의 경중을 명확히 구분하여 실효성 있는 제도가 되도록 하여야 한다.

한편, 탐정업무는 민간영역을 활용한 치안서비스제도라는 점에서 사회 전체에 미치는 많은 긍정적인 기능도 있지만, 의뢰인과의 분쟁이 발생할 소지가 적지 않다. 따라서 탐정업무과정에서 발생하는 의뢰인과의 분쟁에 있어서 객관적이고 공정한 해결을 위하여 국가기관의 개입이 불가피하다. 물론, 국가기관이 아니더라도 탐정협회 등의 민간단체기관을 통하여 조정할 수도 있지만 민간단체의 성격상 동종의 탐정회원에 대한 우호적 자세로 공정한 해결이 되지 못할 수도 있고, 분쟁발생 시 국가가 직접 개입하지 못한다면 의뢰인과 탐정업자 간의 은밀한 불법행위 및 거래를 방치하는 것으로 되어 탐정제도를 양성화하는 본연의 취지에 반하게 된다. 따라서 이러한 분쟁발생 시에 1차적으로는 탐정협회 등을 통해 해결하는 기회를 주되, 당사자가 이에 불복하는 경우에는 국가기관에 의한 합의·조정 등의 도움을 받을 수 있는 장치를 마련하는 것도 탐정관련 분쟁해결에 있어서 소송이나 고소·고발 등 복잡하고 시간과 비용이 많이 소요되는 공적 절차를 피할 수 있다는 점에서 중요하다.

제 6 장

탐정과 **인권 및 직업윤리**

제1절 탐정과 인권

1. 인권일반론

인권은 통상적으로 '사람이 개인 또는 나라의 구성원으로서 마땅히 누리고 행사하는 기본적인 자유와 권리'로 정의되고 있다. 인권에 관한 관념과 제도는 근대시민혁명을 계기로 하여 정립되었으며, 인간과 시민을 권리의 주체인 인격으로 인정하여 모든 인간의 이름으로 인권을 선언하고 제도화한 것은 근대시민사회에서 이룩된 위대한 진보라고 할 수 있다.

근대 이전의 봉건적 구(舊)체제 안에서는 자본주의가 발달함에 따라 구 지배계급에 대립하는 시민계급이 대두하였다. 이 시민계급 중 상층시민은 일찍이 어용상인·특허상인으로서 전제군주와 야합하여 봉건세력인 귀족을 견제하면서 사회적·경제적 발전의 토대를 마련하였다. 그 후에 산업의 발전으로 시민계급은 독자적인 정치적 발언권과 경제적 권익의 보장을 요구하기에 이르렀다. 구체제가 사회발전의 장애로 되면서 위기증상을 띠게 됨에 따라 시민계급이 농노 및 도시하층계급과 연

대하여 구체제를 무너뜨리고 정치적 주도권을 장악하기에 이른 것이 시민혁명이다. 그 전형적인 사건이 1789년의 프랑스혁명이며, 이 혁명의 이념과 목표를 천명한 것이 「인간과 시민의 권리선언(Déclaration des droits de l'homme et du citoyen, Original Declaration of the Rights of Man and of the Citizen)」이다. 이 시민혁명의 사상은 한마디로 근세 자연법사상으로 대변된다. 즉, 자연법이라고 하면 실정법(實定法)이 있기 이전에, 그리고 실정법의 존재와 관계없이 존재하는 바른질서의 법을 말하는데, 중세의 봉건적 자연법사상은 신의 이름으로 봉건적 신분질서를 정당화하고 있었기 때문에 시민계급의 이해를 대변하는 자연법은 이성(理性)의 이름으로 바른 질서를 제시하였다. 그 대표적인 자연법론자가 영국의 명예혁명(1688)을 옹호한 로크(John Locke)이다. 로크는 실정법이 제정되기 이전 상태, 다시 말해서 국가(정부)가 있기 이전의 자연상태에서도 자연법이 있었으며, 그 자연법에 근거한 자연권의 내용은 생명·자유 및 재산의 권리라고 하였다. 그러한 천부인권(天賦人權)을 더욱 잘 보장하기 위하여 인민 사이에 동의를 얻어 정부를 세우며, 따라서 정부가 그러한 설립취지에 따른 구실을 제대로 수행하지 못하면 정부를 폐지하고 새로운 정부를 세울 수 있다고 하는 저항권(抵抗權)의 사상을 분명히 하였다. 한편, 1776년의 미국의 독립선언이나 1789년의 프랑스 인권선언 제2조에서는 이를 명시적으로 규정하였다. 이처럼 자연법사상을 계승한 체제에서 인권의 성질은 다음과 같다. (i) 인권은 모든 사람이 누려야 하는 권리라는 점에서 보편성을 지니고 있고, (ii) 인권은 사람으로 태어난 사람은 원래부터 가지고 있는 권리라고 하는 점에서 고유성을 지니고 있으며, (iii) 인권은 사람이 일시적으로 누리는 권리가 아니라 항구적으로 누리는 권리라는 점에서 항구성이 있고, (iv) 인권은 정부권력 등 외부의 침해를 당하지 아니한다는 뜻에서 불가침성이 있다. 이처럼 인권은 사람을 존중하는 정신을 바탕으로 개개인의 주체적 권리를 제도화한 것이다. 사람을 존중하는 사상은 비단 근세에 있는 것만은 아니지만, 권력에 대한 관계를 상호적 거래관계인 계약이라고 하는 대결관계로까지 제도화한 것은 근대적 인권에서 비롯된다.

　그런데 인권은 어느 시대, 어느 사회에서 사람으로서나 나라의 구성원으로서나 누리고 행사하여야 할 자유와 권리를 말하는 것이기 때문에 시대와 사회가 변동하여 새로운 문제가 제기될 때에 그 내용이 추가되고 변하기도 한다. 근대

시민국가의 기본과제는 정치권력의 자의적 침해로부터의 자유에 있다. 그런데 현대 자본주의사회에 이르면서 정치권력에 의한 인권침해 이외에 사회계급·세력 간의 갈등과 거기서 일어나는 인권침해가 심각한 문제로 제기된다. 이에 수정자본주의를 취하는 국가의 헌법에서는 사회권을 추가하고 있다. 제1차 세계대전 후의 「바이마르헌법(the Weimar Constitution)」이 그 예이다. 제2차 세계대전 후에는 각국의 헌법에서 이를 더욱 강화하였지만 자본주의사회와 체제를 달리하는 공산주의·사회주의국가와 제3세계에서는 인권이 각기 다른 모습을 띠고 전개되었다. 이에 인권의 국제적 보장의 필요성이 대두되면서 「국제인권규약(International Covenant on Civil and Political Rights)」이 선언되었다. 1970년대에 들어서면서 자본주의국가의 헌법에서는 정보화·산업화에 따른 문제에 대응하여 프라이버시의 권리, 정보공개청구권(알 권리) 및 환경권 등이 추가되었다. 뿐만 아니라 최근에는 기술문명의 발달과 정보화 및 지구적 시장화의 추세에 따라 인권문제는 개인의 사생활과 자기결정권의 문제, 정보접근권, 노동자의 기본적 생존권과 노동3권 및 기업에 대한 관계에서 공정한 처우를 확보할 문제, 외국인 노동자의 입국과 그들의 인권문제, 아동의 인권과 청소년의 정상적 교육·학습의 권리보장, 고령화에 따른 노인의 인권문제, 생명권과 장기이식 문제, 성소수자의 문제 등 새로운 영역이 추가되고 있다.

그러나 인권이 헌법에 성문화되었다고 하여 인권보장이 충족되는 것을 뜻하는 것은 아니었다. 그것은 인권보장의 법률적 조건이 마련되었다는 것이고, 인권이 실제로 보장되려면 통치과정에서 법집행을 통해서 인권보장이 실천되어야 한다. 여기에는 국민의 인권의식과 이를 실현하려는 의지와 여러 가지 정치적·경제적 조건이 갖추어져야 한다. 우리나라에서도 제헌헌법 이후 지금까지 9차에 이르는 개헌을 거치면서 국민의 기본권에 관한 내용에 있어서도 많은 변화가 있었다. 현행 헌법에서는 기본권에 관하여 인간으로서의 존엄과 가치의 존중 및 행복추구권, 그리고 평등권을 기초로 하여 (i) 신체의 자유에 관하여 적법절차의 보장, 영장제도의 보장, 변호인의 조력을 받을 권리, 체포·구속적부심청구권, 자백강요금지 등의 규정과 소급처벌금지와 일사부재리의 원칙 등을 규정하고, (ii) 정신적 자유에 관하여 양심의 자유, 종교의 자유, 언론출판·집회결사의 자유, 학문과 예술의 자유를 보장하고 있으며, (iii) 사회·경제적 자유로 거주 이전의 자유, 직업선택의 자유, 주거의 불가침보장, 사생활의 비밀과 자유, 재산권의 보장 등을 규정하고 있다. 또한 사회권(생활권)으로서는 교육을 받을 권리, 근로의 권리와 근로기준의 법정, 노동3권의 보장, 사회보장을 받을 권리, 환경권, 혼인과 가족 및 모성 등의 보호를 받을 권리 등을 보장하고 있다. 그리고 (ⅳ) 청구권적 기본권으로서 청원권, 재판을 받을 권리, 형사보상청구권, 국가배상청구권, 범죄피해자급부청구권 등을 보장하고 있으며, (ⅴ) 참정권(정치권)으로서는 선거권과 공무담임권을 보장하고 있다.

2. 탐정과 인권

현대사회의 인권의식은 매우 높아졌고, 인권을 침해할 수 있는 장치·수법은 발달하였으며, 충돌하는 이익단체, 기타 사회단체들이 난립하여 그 이해관계가 첨예하게 대립되고 있기 때문에 인권침해에 대한 저항의식은 매우 강하다. 특히, 일제강점기와 군사독재시기를 겪은 우리나라의 경우에는 더욱 그러하다. 이제껏 많은 노력과 시도에도 불구하고 탐정법이 제정되지 못하는 중요한 이유 중의 하나가 그동안 국가에 의해 행하여진 일반 사인에 대한 과도한 인권침해 현상으로 인한 트라우마로 생각된다. 이러한 점을 감안하면 탐정업의 법제화에 있어서도 탐정업무를 함에 있어서 개인의 인권침해를 최소화하는 장치를 마련할 것이 요청된다.

1) 사생활의 보호

우리 사회에서 탐정제도를 부정적으로 인식하는 가장 중요한 논거 중에 하나는 개인의 프라이버시침해에 대한 우려이다. 헌법 제17조에서는 "모든 국민은 사생활의 비밀과 자유를 침해받지 아니한다"고 규정함으로써 사생활보호를 기본권으로 보장하고 있다. 이에 따라 「형법」(명예훼손죄(제307조 이하), 비밀침해죄(제316조), 업무상 비밀누설죄(제317조) 등), 「민법」(제751조의 명예훼손에 따른 손해배상)은 물론, 특별법으로서 「개인정보보호법」, 「통신비밀보호법」, 「전기통신사업법」, 「전파법」, 「정보통신망 이용촉진 및 정보보호에 관한 법률」 등에서 개인의 프라이버시보호를 그 내용으로 하고 있으며, 이외에도 개별 법령에서 개인의 사생활보호에 관한 규정을 두고 있다.

정보화사회에 접어들면서 대량의 정보가 당사자도 모르는 사이에 수집되고 관리되는 현상에 대해서 기존의 법과 제도로 대처하기에 힘든 면도 있다. 현재도 대부분의 흥신소나 심부름센터, 경비회사 등에 의해 불법적으로 타인의 프라이버시를 침해하는 일이 벌어지고 있다. 비록 피해자의 의뢰를 받았다고 하더라도 탐정 등이 범죄현장에서 증거를 수집하기 위해 상대방의 동의 없이 감시, 도청 등을 한다면 이러한 행위는 특별히 위법성조각사유에 해당되지 않는 이상 「통신비밀보호법」 위반의 불법행위로 되어 형사처벌이 될 수 있다. 이 점은 탐정제도가 도입된다고 하더라도 마찬가지일 것이다. 따라서 탐정이 불법적인 방법으로 수집한 증거는 형사사건뿐만 아니라 민사사건 등에서도 그 증거능력을 인정하지 않는 것으로 명문화하는 한편, 탐정이 불법적인 도청·녹음에 개입할 경우 「통신비밀보호법」에 따른 형사처벌과는 별도로 탐정자격을 박탈하거나 일정기간 탐정자격을 정지하는 징계규정을 마련할 필요가 있다. 또한 탐정업무로서 미행·잠복을 허용한다고 하더라도 미행·잠복 도중에 주거 내부와 같은 사적인 영역을 침범하는 행위를 금지하고, 오로지 공개된 장소에서만 제한적으로 허용하되, 이를 위반할 경우에 대한 제재규정을 마련하여야 한다. 그리고 공개된 장소에서의 미행·잠복이라고 하더라도 상대방이 알아채고 중단을 요구할 경우에는 즉시 미행·잠복을 중지하게 할 필요가 있다.

2) 주거의 자유의 보장

헌법 제16조에서는 "모든 국민은 주거의 자유를 침해받지 아니한다. 주거에 대한 압수나 수색을 할 때에는 검사의 신청에 의하여 법관이 발부한 영장을 제시하여야 한다"고 규정함으로써 주거의 자유를 기본권으로 보장하고 있다. 이에 따라 「형법」에서는 주거침입죄(제319조 이하) 등에 관한 규정을 두는 등 개인의 주거의 자유를 보장하고 있다.

주거는 단순히 주택만을 의미하는 것이 아니라 사람이 기와침식에 사용되는 장소이면 종류에 관계없이 별장, 선박, 항공기, 토굴 등도 모두 포함되며, 일시적으로 점유하는 건조물 내의 구획된 장소나 축조물도 주거에 해당한다. 관리하는 건조물, 선박이나 항공기 또는 점유하는 방실도 주거와 같이 보호하고 있다. 또한 다가

구용 단독주택이나 다세대주택, 연립주택, 아파트 등 공동주택 안에서 공용으로 사용하는 계단과 복도도 각 세대의 전용 부분에 필수적으로 부속하는 부분으로서 그 거주자들에 의해 일상생활에서 감시·관리가 예정되어 있고 사실상의 주거의 평온을 보호할 필요성이 있는 부분도 특별한 사정이 없는 한 주거침입죄의 객체인 주거에 해당한다(2001도1092). 이와 같이 「형법」에서는 주거침입죄의 대상범위를 넓게 인정하고 있으므로 탐정활동 시에 함부로 타인의 주거나 관리하는 건조물 등에 출입해서는 아니 된다.

만일 탐정이 타인의 주거·관리하는 건조물, 선박이나 항공기 또는 점유하는 방실 등 사적 영역을 출입하고자 할 경우에는 반드시 사전에 대상자의 명시적 또는 묵시적 동의를 얻어야 한다. 특히, 대법원은 복수의 주거권자가 있을 경우 한 사람의 승낙이 다른 거주자의 의사에 반할 경우에도 주거침입죄의 성립을 인정하고 있다(83도685 등). 즉, 배우자의 동의를 얻고 주거에 출입한 경우에도 당사자의 추정적 의사에 반한다는 이유로 주거침입으로 인정하고 있는 만큼 조사대상자의 사적 영역에 출입할 경우에는 그 가족구성원이나 회사 동료 등 주변인의 동의만으로는 부족하고 주거에 거주하는 모든 사람의 명시적 또는 묵시적 동의를 얻어야 형사처벌로부터 면책된다. 따라서 탐정이 각종 조사나 증거·정보수집 업무를 수행하는 과정에서 동의 없이 대상자의 사적 영역에 출입하지 않도록 규제함으로써 사생활침해의 문제가 발생하는 것을 사전에 차단하여야 한다. 뿐만 아니라 탐정법의 입법에 있어서도 탐정이 타인의 주거 등에 무단 침입한 경우에는 형사처벌 되는 것은 별도로 하고, 그 위반행위의 경중에 따라 자격박탈이나 자격정지 등의 징계를 부과하는 방안을 강구할 필요가 있다.

3) 개인정보의 자기결정권의 보장

헌법 제18조에서는 "모든 국민은 통신의 비밀을 침해받지 아니한다"고 규정함으로써 통신의 자유를 기본권으로 보장하고 있다. 이에 따라 「통신비밀보호법」에서 통신의 자유 보장을 구체화하고 있다. 그러나 탐정이 업무를 수행하는 과정에서 의뢰인의 요구에 따르다 보면 조사대상자를 비롯한 주변인의 개인정보를 취득하는 것이 불가피하게 요구되는 경우가 있을 수 있다. 이때 탐정이 수집하는 개인정보는 의뢰인을 통해서 취득되는 것도 있고, 조사업무를 수행하면서 다양한 경로를 통해서 취득되는 것도 있다. 문제는 이와 같이 적법하게 취득한 개인정보라 하더라도 탐정이 애초에 의도한 대로 의뢰인에게 제공된 이후에 본래의 목적과 다른 용도로 활용되거나 그 정보를 폐기하지 않고 보관하고 있다가 제3자에게 유출될 가능성도 있다.

따라서 탐정이 업무를 수행함에 있어서 정보를 수집하는 경우 통신의 자유 등을 침해하지 않아야 하며, 업무와 직접 관련이 없는 개인정보를 수집하지 않도록 하여야 한다. 또한 탐정이 의뢰받은 사항에 대한 조사를 통해 수집한 정보·증거물 등은 의뢰인에게 전달한 후 일정기간 이내에 해당 의뢰사항과 관련된 모든 정보를 의무적으로 폐기하도록 강제함으로써 의뢰인 또는 대상자의 개인정보가 목적 외에 부당하게 사용되거나 외부로 누출되는 것을 막아야 한다. 따라서 탐정 주무관청으로 하여금 탐정의 개인정보의 관리실태에 대하여 주기적으로 검사하게 하는 한편, 법률규정을 위반한 경우에는 형사처벌 또는 자격박탈이나 정지 등 제재를 부과하는 절차를 마련하여야 한다. 또한 소관부처와 협회차원에서 자료 폐기의무의 준수 여부를 수시로 점검할 수 있는 제도적 장치도 강구하여야 한다.

4) 형사절차에 있어서 피의자·피고인의 방어권 보장

공판중심주의는 형사소송의 대원칙이지만 그동안 제대로 실현되지 못했던 것으로 평가되고 있다. 그 원인을 역사적으로 거슬러 올라가 보면 일제하의 예심제도에서 뿌리를 찾을 수 있다. 당시에는 예심판사가 공판이 열리기 전에 비공개로 피고사건에 대한 심리를 했고, 이를 조서로 기재하여 제출하면 공판정에서 공판판사가 조서를 기초로 재판을 했었기 때문에 법정의 심리는 사실상 예심판사의 조서를 확인하는 형식적인 절차에 불과하였다. 그러다가 예심제도는 1948년에 폐지됐고, 헌법과 1954년 제정된 「형사소송법」에서는 재판의 공개와 법정에서의 구두변론 및 증거조사를 원칙으로 규정하여 공판중심주의를 천명하였다. 헌법 제27조 제3항 후단에서는 "형사피고인은 상당한 이유가 없는 한 지체없이 공개재판을 받을 권리를 가진다"고 규정하여 공개재판을 받을 권리를 기본권으로 규정하고, 제109조 전단에서는 원칙적으로 "재판의 심리와 판결은 공개한다"고 확인하고 있다. 이에 따라 「형사소송법」에서는 공판중심주를 강화하는 한편,

공소장일본주의, 직접심리주의, 구두변론주의(제275조의3), 집중심리주의(제267조의2) 등을 원칙으로 하고 있다. 특히, 2007년 개정 「형사소송법」(법률 제8730호)에서는 공판중심주의를 강화하고, 검사의 공소장이나 조서보다 공판정에 제출되는 증거를 중심으로 재판을 진행하게 함으로써 형사소송절차에서 증거의 중요성이 더욱 커지게 되었다. 따라서 법원의 심리절차에서 피고인의 방어능력은 공판에 대비한 증거조사와 수집, 즉 증거의 확보에 더욱 의존하게 되었다.

이러한 사정을 고려할 때 형사사건의 피의자·피고인이 자신에게 유리한 증거를 조사·수집하기 위하여 전문성을 보유한 탐정의 도움을 받게 된다면 충분한 사실조사와 증거수집을 통해 피의자·피고인이나 변호인의 방어능력이 강화될 것이므로 형사절차에서 유리한 지위를 확보하는 데 도움이 될 것이다. 물론, 현재에도 변호사가 자신이 수임한 사건의 변론활동을 위하여 사실확인 및 증거수집을 하고 있지만 법률지식에 비해 증거수집·확보에 대한 전문성이 부족하여 피의자·피고인에게 의존하는 경우가 적지 않지만 피의자·피고인이 직접증거를 찾아 나서기에는 생업과 전문성 결여로 어려움을 겪을 수밖에 없다. 이러한 현실에서 탐정이 의뢰인의 의뢰를 받아 피의자·피고인의 무죄를 입증하기 위해 적극적으로 증거를 탐색하고 확보하는 것이 가능하게 된다면 형사절차의 목적인 실체적 진실발견에 유리하고, 수사기관과 피의자 또는 피고인 간에 대등한 관계(무기대등의 원칙)를 유지함으로써 피의자·피고인의 인권강화에도 도움이 될 수 있을 것이다. 이러한 사정은 피해자를 위한 사실조사와 증거수집의 경우는 물론, 민사소송 등 다른 소송절차에서의 당사자의 경우에도 마찬가지이다. 다만, 이 경우에도 전술한 것처럼 탐정의 역할은 사실조사와 증거수집이므로, 이를 벗어나서 법률사무를 수행하는 경우에는 「변호사법」 위반이 될 수 있다는 점에 유의하여야 한다.

제2절 탐정과 직업윤리

1. 직업윤리의 의의

직업윤리란 어떤 직업을 수행하는 사람들에게 요구되는 행동규범을 의미한다. 직업인이 자기가 선택하여 근무하는 직장에서 열심히 일하고 애정을 가지는 것은 당연하다. 즉, 열과 성을 다하여 충실히 자기 일을 완수해 낼 때 직업인으로서 삶의 보람을 느낄 수 있다. 그것이 직업인으로서의 기본자세이며, 직업의 세계에서 지켜야 할 기본적인 도리는 인간의 도리와도 통한다. 현대와 같이 노동이 분화하고 새로운 직업이 생겨나며, 수많은 조직이 구성되는 사회에서 살고 있는 우리는 사회 전체에서 요구하는 보편적 윤리 이외에 집단과 조직에서 요구하는 특수윤리에 의해서도 행위관계를 통제받게 되었다. 더구나 필연적으로 어느 집단에든 소속되어야만 하는 현대인은 그 대부분의 행위관계가 집단의 목표와 과업의 성취를 추구하기 때문에 보편적인 윤리보다 특수윤리에 의해 지배받을 가능성이 더욱 높아졌다. 이와 같이 현대인의 행위관계를 크게 지배하는 특수윤리 가운데 어떤 직업에 종사하고 있을 때에 그 직업에서 특별히 요구되는 기본적인 도리와 질서를 직업윤리라고 한다.

2. 직업윤리의 종류

1) 일반직업윤리

대부분의 직업세계에는 인간이 직업을 가지고 살아가면서 직업인으로서 지켜야 할 기본적인 원칙과 기준 도리인 인과관계의 윤리와 질서가 있다. 왜냐하면면 직업의 세계에는 사회라는 공동체의 질서를 도모함으로써 공동체의 유지와 발전을 위해서는 요구되는 기본적인 원칙과 기준이 있어야 하기 때문이다. 교사가 학생을 가르칠 때에 성실하게 가르쳐야 하고, 공장의 노동자가 물건을 만들어 낼 때에 정직하게 만들어 내며, 의사가 치료를 할 때에 책임감 있게 하는 것은 직종은 다르지만 일반적으로 통용되는 직업윤리이자 삶의 자세이다. 그러므로 직업윤리의 발전적 기준은 직업활동에서 사회통념상의 가치와 기준을 지킬 것이라는 사회적으로 기대되는 마음가짐이며, 직업인으로서 정직과 성실, 신의, 책임, 의무 등 직업활동상 요구되는 정신이나 기풍이 공통적으로 지켜야 하는 기본윤리이다.

통상적으로 직업인에게 요구되는 직업윤리로는 각자 자기가 맡은 일에 투철한 사명감과 책임감을 가지고 일을 충실히 수행하여야 하며, 도덕적이어야 한다는 것을 들 수 있다. 즉, 직업윤리의 근본원리는 우리 모두가 제각기 자기의 능력에 따라 맡은 바 직분을 성실하게 수행하는 것이다. 그러므로 우리는 모든 직업이 사회발전에 이바지하고 있다는 측면에서 직업의 의의와 가치를 부여하여야 할 것이며, 모든 사람은 소명의식과 사명감 및 자부심을 가지고 자기 직업에 임할 것이 요구된다. 다만, 직업윤리는 개인이 사회와 직업을 보는 관점이 다르기 때문에 변화할 수 있다.

2) 특수직업윤리

직업생활을 하는 일반인이 지켜야 할 윤리는 보통생활의 태도와도 밀접한 관련이 있다고 앞에서 지적한 바 있다. 그런데 정보사회로 진행되어 가고 있는 현대 사회에서는 새롭게 등장하는 직업이 매우 많다. 특히, 전문직종의 증가와 분화가 매우 두드러진다. 이러한 전문직종에는 그에 따른 새로운 직업윤리가 요청된다. 따라서 특수 직업윤리란 특정한 직업에 따른 직무를 수행할 때에 특별히 요구되는 행동기준을 말한다. 전문직종인 의사, 약사, 간호사, 변호사, 회계사, 세무사, 노무사, 각종 기술사, 항해사, 교사, 학자, 저널리스트, 탐정 등의 직업에서 요구되는 윤리가 이에 해당한다. 이러한 전문직종에 종사하는 사람에게는 사회적 기대감이 크고, 높은 도덕적 자질이 요구되는 등 특별한 규범을 준수할 것이 요구되며, 이러한 특수 직업윤리로 인해 그 직종 종사자 개인의 행위가 제약될 수 있다. 만약, 공동체사회 제약 속에서 한 직업인이 개인의사에 따라 마음대로 행동한다면 공동체로서의 직업윤리는 의미가 없어지게 될 것이다. 따라서 전문적인 지식이나 기술을 요하는 전문직의 경우 고도의 지적 기술을 적용하여 기능을 수행하기 때문에 장기간의 공식적 교육 등 고도의 지적 훈련을 필요로 하며, 사회적으로 인정되는 일정한 자격이 요구된다. 또한 업무수행에서 광범위한 자율권을 행사하며, 사회적 책임을 이행하기 위하여 직업단체 스스로 정한 직업윤리와 행동강령에 의해 자율적으로 규제를 받는 특성을 지니고 있다.

3. 탐정의 직업윤리

1) 탐정의 일반적 직업윤리

탐정은 기본적으로 의뢰인의 요구에 따라 필요한 정보를 수집·제공하면서 사적인 비밀을 지켜주어야만 하는 직업이지만 업무현장에서 내·외부로부터의 부정, 유혹에 직면하게 되기 때문에 다른 직업보다 더 많은 사명감과 책임감, 도덕성 등의 윤리의식이 요구된다. 이러한 탐정의 윤리행동과 관련하여 외국의 사례를 보면 관련법률 규정에 의한 제재에 의해 강제되는 경우와 탐정관련 협회 차원에서 자체적인 윤리강령에 의한 자율적 준수가 요구되는 경우가 있는데, 탐정의 윤리강령은 국가마다 조금씩 차이가 있지만 관련법규를 준수하여야 한다는 점 외에 다음과 같은 공통점을 내포하고 있다.

첫째, 사건의 수임에 있어서 불법적이거나 비윤리적인 사건, 혹은 고객의 이익과 상반되는 사건을 수임하지 못하도록 규정하고 있다. 탐정의 조사업무는 사실 매우 다양하고 광범위하기 때문에 의뢰인으로부터 사건의뢰계약 전 충분하고도 명확한 상담을 통해 의뢰업무가 어떤 것인지 명확하게 확인하여야 하며, 그 임무수행에 있어서 불법적인 요소나 비윤리적 요소가 있다면 사건수임을 거절하여야 한다. 둘째, 업무수행과정에서 취득한 정보에 대한 비밀준수의무이다. 기본적으로 고객과 탐정은 서로에 대한 신뢰를 바탕으로 계약관계가 유지되기 때문에 고객은 탐정으로부터 자신이 원하는 정보를 얻을 수 있음과 동시에 정보의 비밀이 준수되기를 요구하고 있다. 셋째, 업무와 의뢰수수료에 대하여 계약전에 이를 명확히 하여 추후 시비가 발생하지 않도록 사전 대비하도록 하고 있다. 넷째, 윤리규정위반자에 대한 통보의무를 부과하고 있다.

탐정의 사회적 인식과 자질향상을 위해 비록 동료라 할지라도 규정이나 법규 또는 윤리를 위반한 회원에 대해서는 협회 혹은 감독기관에 통보하는 것을 의무로 하는 등, 직업적으로 매우 높은 윤리의식과 그 실천이 요구되고 있다. 따라서 탐정제도가 법제화되는 경우에는 법률에서 탐정의 직업윤리와 관련하여 탐정이 준수하여야 할 의무와 책임을 구체적으로 명기하고, 그 위반에 대한 처벌규정을 둠으로써 탐정윤리가 제도적으로 정착되도록 할 필요가 있다. 뿐만 아니라 신설되는 탐정협회에서는 자체적으로 탐정윤리강령을 제정하고, 자율적인 관리·감독을 철저히 함으로써 탐정업이 정당한 직업으로 정착·발전할 수 있도록 하여야 할 것이다. 현재 우리나라에서도 탐정민간자격교육기관이나 탐정관련 협회 차원에서 자체적으로 탐정윤리강령을 채택하고 있는 경우가 있다. 대표적인 예로 한국특수교육재단/한국탐정협회에서는 다음과 같이 사설탐정사(Private Investigation Administrator: PIA)의 신조 및 윤리강령을 제정·시행하고 있다.

〈참고〉 한국특수교육재단/한국탐정협회의 사설탐정사(PIA)의 신조 및 윤리강령

◆ PIA신조 ◆

하나. PIA는 정보를 생명으로 비밀을 보장한다.
   둘. PIA는 법을 준수하여 국가와 사회에 봉사한다.
   셋. PIA는 정직을 원칙으로 책임을 완수한다.

◆ PIA윤리강령 ◆

1. PIA는 국가와 국민의 생명과 재산을 보호한다.
2. PIA는 희생정신과 봉사하는 마음으로 모든 일에 임한다.
3. PIA는 법과 질서를 지키며 조사요원으로 타의 모범이 된다.
4. PIA는 사실을 조사하여 진실을 밝히고 사건내용을 조작하지 않는다
5. PIA는 모든 정보를 소중히 여기며 절대로 누설하지 않는다.
6. PIA는 공·사를 분명히 하여 어떠한 금품에도 유혹되지 않는다.
7. PIA는 조직의 명예와 누를 끼치는 행위는 하지 않는다.
8. PIA는 자기 발전을 위해 노력하며 자부심과 긍지를 가지고 최선을 다한다.

〈참고〉 「변호사법」에서는 변호사가 준수하여야 할 의무에 대하여 규정(제24조~제38조)하고, 그 위반자에 대한 벌칙규정(제109조~제117조)을 두고 있다. 이와 별도로 대한변호사협회는 1962년 6월 30일 「변호사윤리장전」을 제정하여 선포한 이래 수차례의 개정과 2007년 7월 4일 전문개정을 하여 시행하고 있다. 그 전문에서는 "1. 변호사는 기본적 인권의 옹호와 사회정의의 실현을 사명으로 한다. 2. 변호사는 성실·공정하게 직무를 수행하며 명예와 품위를 보전한다. 3. 변호사는 법의 생활화운동에 헌신함으로써 국가와 사회에 봉사한다. 4. 변호사는 용기와 예지와 창의를 바탕으로 법률문화향상에 공헌한다. 5. 변호사는 민주적 기본질서의 확립에 힘쓰며 부정과 불의를 배격한다. 6. 변호사는 우애와 신의를 존중

하며, 상부상조·협동정신을 발휘한다. 7. 변호사는 국제법조간의 친선을 도모함으로써 세계평화에 기여한다"고 규정하고, 변호사의 사명(제1조)와 기본윤리(제2조)를 명시한 다음, 외국의 변호사윤리의 준수(제3조) 및 변호사가 준수하여야 할 개별윤리, 즉 직무에 관한 윤리(제4조~제15조), 의뢰에 대한 윤리(제16조~제25조), 법원 등에 대한 윤리(제26조~제28조), 보수 등에 관한 윤리(제29조~제38조)에 대하여 각각 규정하고 있다.

〈변호사의 사명〉

① 변호사는 정의와 자유를 사랑하며, 진리를 추구하고, 민주적 기본질서의 확립에 정진하여야 한다.
② 변호사는 인권사상에 투철하고 양심과 용기로써 그 사명완수에 진력해야 한다.
③ 변호사는 법령과 제도의 민주적 개선에 노력하여야 한다.

〈변호사의 기본윤리〉

① 변호사는 권세에 아첨하지 아니하고 재물을 탐하지 아니하며 항상 공명정대하여야 한다.
② 변호사는 명예를 존중하고 신의를 지키며 인격을 도야하고 지식의 연마에 힘써야 한다.
③ 변호사는 직무의 내외를 부문하고 품위를 해하거나 공공복리에 반하는 행위를 하여서는 아니 된다.
④ 변호사는 직무의 성과에 구애되어 진실규명을 소홀히 하여서는 아니 된다.
⑤ 변호사는 특별한 사정이 없으면 법관, 검찰관 기타의 공무원과 금전거래를 하거나 주석이나 오락을 같이 하는 등 오해의 소지가 있는 사적인 접촉을 하여서는 아니 된다.
⑥ 변호사는 사생활에 있어서도 호화와 사치를 피하고 검소한 생활로 타의 모범이 되어야 한다.

2) 외국의 탐정 윤리강령

탐정윤리에 관한 외국의 일부 사례를 구체적으로 살펴보면 다음과 같다. 이것은 향후 우리나라에서 탐정제도가 법제화될 때 탐정의 윤리강령을 제정함에 있어서 참고가 될 것이다.

(1) 미국

미국 각 주의 탐정협회에서는 윤리강령을 제정하여 운영하고 있는데, 뉴욕주 탐정협회(Associated Licensed Detectives of New York State)의 윤리강령(Code of Ethics)을 보면 다음과 같다.

(i) 효율적이고 신뢰성 있는 서비스의 제공으로 공공의 존경과 신뢰를 증진한다.
(ii) 높은 수준의 도덕적·윤리적 업무수행규범을 준수한다.
(iii) 법조계, 산업, 상업 및 공공의 이익을 위해 성실하게 근무한다.
(iv) 적합하고 인가된 인원으로 모범적인 서비스를 제공하기 위해 최선을 다한다.
(v) 선입견이 없는 열린 시각으로 업무를 하며, 조사한 사실만을 보고한다.
(vi) 부적합하고 비윤리적인 업무청탁을 하지 않는다.
(vii) 필요한 때에는 법집행담당관 및 권한을 가진 국가기관을 지원한다.
(viii) 우호적인 관계를 도모하기 위해 동료 및 클라이언트와 협력하면서 업무를 한다.

(2) 호주

호주에서는 각 주의 탐정협회를 통하여 도덕과 합법성에 근거하여 전문직으로서의 위상을 높이고, 국민에게 신뢰와 인정을 받기 위한 노력의 일환으로 윤리강령을 제정·운영하고 있다. 그 예로 빅토리아(Victoria) 주 탐정협회의 윤리강령을 보면 다음과 같다.

(i) 모든 전문임무를 오스트레일리아의 법에 따라 윤리와 전문성의 최고기준을 고수하는 방식으로 수행한다.
(ii) 윤리와 전문성 및 고객서비스의 최고기준을 장려한다.
(iii) 요구된 신분증과 법이 요구하는 인가를 가진 사설탐정의 자격범위 내에서만 활동한다.
(iv) 긍지와 존경을 나타내는 업무기준을 장려, 보호 및 유지하고 탐정산업의 건전한 대외적 지위 증진에 노력한다.
(v) 우리의 서비스와 정보에서 고객의 사생활과 비밀을 보호한다.

(vi) 모든 고객, 피고용인과 사업에 관련된 정보는 불법적 접근, 누설 및 악화에 대하여 보호된다는 점을 확신시켜야 한다.

(vii) 나의 직업과 직접적으로 관련되어 있고 그 직업에 종사하기 위해 직접적으로 요구되는 고객정보만을 받아들이고 검토한다.

(viii) 모든 피고용인과 기타의 자들은 이 윤리강령을 고수하여 조사활동을 보조하며, 책임을 받아들여야 하며 그렇지 않을 경우 그에 상응하는 고소조치를 취한다.

(ix) 항상 정직, 공평, 성실에 기초한 행동을 하며, 모든 조사업무의 수행 및 종결 시 최고의 고객서비스를 기준으로 한다.

(3) 일본

일본에서는 등록된 민간조사협회에서 자체적으로 윤리강령을 제정·운용하고 있다. 일본의 대표적인 민간조사업협회인 일반사단법인 일본조사업협회의 윤리강령을 보면 다음과 같다.

(i) 직책자각(職責自覺): 가맹원은 업무의 사회적 사명을 자각해서 직무를 성실·공정하게 행함과 동시에 국민생활에 기여하도록 항상 주의하여야 한다.

(ii) 신의성실(信義誠實): 가맹원은 조사를 성실하게 하고, 정확을 기하며, 요금은 적정하게 하여 업자로서의 신의를 중요시 하여야만 한다.

(iii) 법령준수(法令遵守): 가맹원은 업무의 수행에 있어서 항상 법령을 준수함과 동시에 사회상식을 일탈하지 않도록 하여야만 한다.

(iv) 인권존중(人權尊重): 가맹원은 항상 인권의 존중·옹호에 배려하고, 타인의 명예권익을 훼손하거나 부락차별조사를 하거나 해서는 아니 된다.

(v) 비밀보지(秘密保持): 가맹원은 업무상 지득한 사람의 비밀을 함부로 타인에게 누설하거나 발표해서는 아니 된다.

(vi) 자기연찬(自己研鑽): 가맹원은 항상 인격을 연마하고, 업무의 지식·기능의 향상에 노력하여야만 한다.

(vii) 융화협조(融化協調): 가맹원은 상호 융화·협조를 꾀하고, 단결해서 업계의 발전에 노력하여야만 한다.

한편, 일본조사업협회에서는 탐정활동과 관련하여 다음과 같이 자주규제원칙을 정하고 있다.

(i) 기본적인 인권에 관한 조사는 절대로 사건으로 수임하지 않는다.
(ii) 소위 이혼(別かれさせ屋)에 준한 사안은 절대로 하지 않는다.
(iii) 전화번호만으로 가입권자의 가설주소·성명의 부정수법에 의한 정보입수는 절대로 하지 않는다.
(iv) 소위 범죄경력 등에 대하여 풍문 이외의 부정수법에 의한 정보입수는 절대로 하지 않는다.
(v) 차입사실에 대하여 금융기관 등에서의 부정수법에 의한 정보입수는 절대로 하지 않는다.
(vi) 조사결과에 대하여 과대 또는 허위의 보고는 절대로 하지 않는다.
(vii) 기타 부적정한 광고게재나 비합법으로 생각되는 영업활동 및 조사수법은 절대로 하지 않는다.

제2부

탐정활동론

제 1 장

탐정의 **조사방법론**

제1절 감시기법

1. 감시의 의의

감시(監視, surveillance)의 사전적 의미는 '단속하기 위하여 주의깊게 살핌,' '경계하며 지켜본다' 등이다. 따라서 탐정에서 감시란 탐정이 조사대상자나 감시대상 및 특정 장소를 계속하여 지켜보는 행위, 다시 말해서 탐정이 개인들의 활동이나 신원에 관한 정보를 얻기 위해 공개적 혹은 비공개적으로 어떤 사람, 차량, 장소 그리고 물품에 대해 지속적으로 보는 행위를 말한다.

2. 감시의 목적

감시는 의뢰인과의 계약에 의해 일반적인 정보를 수집하거나, 의심스럽거나 위법한 행위를 찾아내거나 방지하기 위한 것, 또는 그러한 행위 및 인물의 증거를 확보하는 등의 이유로 수행되는 것으로서 주로 다음의 목적을 위해 행하여진다.

(i) 범죄나 인가받지 않은 활동에 대한 증거의 확보
(ii) 감시대상의 활동에 대한 상세한 정보의 확인
(iii) 다른 출처로부터 얻은 단서와 정보의 확인
(iv) 사람 및 개인의 소재파악
(v) 정보원, 목격자, 정보제공자가 제시한 정보의 신빙성 입증
(vi) 추후에 있을 신문(訊問)에서 사용될 정보의 확보
(vii) 감시대상과 관련한 사람들의 소재파악
(ix) 수사절차나 소송 등, 법정에서 사용될 증거의 확보
(x) 숨겨진 자산 또는 은닉 물품 등의 발견 등

3. 감시의 자세와 요건

감시에 있어서는 다음과 같은 자세와 요건을 갖추어야 한다.

(i) 자신감이 있어야 함
(ii) 예기치 못한 상황에 빨리 대처하고 행동할 수 있는 능력이 있어야 함
(iii) 인내심이 있어야 함
(iv) 언제나 자연스럽게 행동하고 주제넘게 나서지 않아야 함
(v) 다양한 배경에 대해 적응하고 그 배경과 하나가 될 수 있도록 하여야 함
(vi) 시력, 청력, 기억력이 좋아야 함
(vii) 신체적으로 민첩하고 건강하여야 함
(viii) 길을 잘 찾고 운전이 능숙하여야 함
(ix) 통찰력이 뛰어나야 함
(x) 카메라, 비디오 등 첨단 기계 장비를 사용하는 데 능숙하여야 함 등

4. 감시의 계획과 준비

감시업무를 시작함에 있어서는 상세한 계획과 준비가 선행되어야 한다. 감시는 요행으로 성공하지 못하며, 철저한 사전 계획과 준비를 통해서만이 최상의 결과를 만들어 낼 수 있다.

한편, 대상자에 대하여는 다음의 정보를 사전에 확보해 두어야 한다.

(i) 이름·별명·가명
(ii) 집 주소 그리고 조사대상과 관련된 주소
(iii) 전화번호
(iv) 신체적 특징
(v) 대상자의 사진이나 비디오
(vi) 교통수단 및 차량에 관한 정보
(vii) 가족 신상과 집안에 관한 정보
(viii) 직업상태
(ix) 습관이나 취미 및 하루 일과 등에 관한 정보 등

---

5. 감시보고서의 작성

1) 감시보고서의 의의

감시한 후에는 항상 감시보고서를 작성하여야 한다. 감시보고서란 조사대상
자에 대한 감시일정을 포함하여 감시활동의 과정 및 결과를 기록으로 작성한 보
고서를 말한다. 사실확인 조사에 있어서 모든 증거는 객관성을 입증할 수 있어
야 신뢰성을 보장받는데, 일반적으로 진술 등은 합리적인 객관성을 인정받기 어
렵지만 유형의 증거물이 있는 경우에는 객관성과 증명력이 높게 인정된다. 감시
보고서 작성 시에 그 당시 상황에 대한 녹음이나 사진촬영 등의 자료를 첨부하
게 되면 보고서의 완성도와 신뢰도를 높일 수 있다.

2) 감시보고서의 중요성

감시활동의 임무를 수행한 탐정이 작성한 감시보고서는 의뢰인에게 제출될
최종서면으로서 의뢰인에게 의뢰업무의 수행과정과 결과에 대한 신뢰도를 높일
수 있는 매우 중요한 자료이다. 뿐만 아니라 감시보고서에 기재된 감시현장에서
의 기록은 추후 사실조사나 정보수집 등 탐정업무의 본질적인 작업을 수행하는
데도 유용하게 이용될 수 있으며, 그 객관성이 담보될 경우 수사절차나 각종 소

송자료에서 유용한 증거자료로도 활용될 수 있다.

3) 감시보고서의 작성요령

감시보고서에는 매일 감시활동의 과정과 결과를 요약·정리하여 기록하여야 한다. 일일감시보고서는 감시한 일시, 감시방법과 형식, 감시활동의 개요, 감시기법, 감시활동의 시작 및 과정에 대한 기록을 가능한 한 구체적으로 기재하여야 한다. 감시보고서의 작성 시에 있어서의 유의사항을 요약·정리하면 다음과 같다.

(i) 기록은 정확하고 세밀하며 완전하여야 한다.

(ii) 탐정의 이름, 작성일시, 시간, 제목 등 미세한 부분까지 기록하여야 한다.

(iii) 대상자의 인상착의·옷차림, 차량의 종류·색상 등 모든 사항을 기록하여야 한다.

(iv) 기록은 매일매일 감시활동의 시작부터 종료까지, 일정한 시간 단위 및 특이한 상황에 대하여 세밀하게 기록하여야 한다.

(v) 보고서에는 임무수행 중 취득한 사진 및 자료 등을 첨부하여야 하며, 적절한 형식과 서류파일을 만들어야 한다.

(vi) 녹음 및 사진촬영 자료를 첨부하는 경우에는 다음의 사항에 유의하여야 한다.
  − 사진의 경우에는 피사체가 너무 멀거나 촬영된 각도가 맞지 않아 동일인인지 여부가 확인하기 어려우면 아니 된다. 녹음의 경우에도 소리가 너무 작거나 음질불량 및 주위의 소음 등으로 인해 판별하기 어려우면 아니 된다.
  − 증거보전이 이루어진 장소와 일자가 표시되도록 하기 위하여 사진에는 날짜가 자동적으로 입력되도록 하며, 해당 장소를 알 수 있도록 주변의 풍경을 담도록 한다. 녹음의 경우에는 자신의 음성으로 날짜와 장소를 입력하고 내용을 녹음하도록 한다.

제2절 잠복기법

1. 잠복의 의의

잠복이란 탐정이 고정된 장소나 잠복근무지역에 고정되어 감시대상자를 감시하는 기법으로서, 고정감시의 한 형태이다. 잠복은 장시간 아무런 결과 없이 기다리거나 지켜보는 동안 상당한 인내력을 요구한다. 따라서 잠복감시는 장기적이고 지루한 과정이 되는 경우가 많아서 극도의 피로로 이어질 수 있으므로 통찰력과 인내력, 그리고 체력이 중요한 역할을 한다. 미행기법과 더불어 탐정기법의 기초가 되는 조사기법이라고 할 수 있다.

잠복은 조사과정에서 대부분 후술하는 미행과 동시에 행해지고 있다. 예를 들면, 대상자가 자택이나 어떤 장소에 있으면 잠복이고, 그 대상자가 밖으로 나가면 미행이 되는 것으로 잠복과 미행이 반복해서 행하여지는 것이 일반적이다. 잠복과 미행은 아무리 기계가 첨단화되어도 인간이 아니면 할 수 없는 영역으로 탐정업무에 있어서 가장 기초적인 업무라고 할 수 있다. 다만, 잠복과 미행을 제대로 하기 위해서는 사전에 의뢰인으로부터 조사할 인물, 즉 대상자의 사진 등을 받아서 인상착의를 인지하여야 하되, 대상자가 외모에 변화를 줄 수 있으므로 사진에만 의존하지 말고 걷는 자세나 보행 시의 습관 등의 특징에 대해서도 미리 파악해 두어야 한다.

잠복은 영화에서나 경찰의 수사처럼 여러 명이 하는 것으로 일반적으로 알고 있지만, 대개는 혼자서 한다. 탐정업에 있어서는 수사기관의 경우와 달리 한 사람을 조사하기 위해 여러 명의 인원을 확보하고, 자동차나 자전거 등 이동수단을 여러 개 준비하는 것은 비용도 많이 들어갈 뿐만 아니라 사실상 어렵기 때문이다.

2. 잠복의 유형

1) 내부잠복

내부잠복이란 대상자의 자택 근처의 개인집이나 회사, 주위를 살필 수 있는 곳(일정한 공간)에서 주변 사람들의 양해를 얻어 잠복을 하는 방법이다. 이때 주변사람들에게 탐정 본연의 신분을 밝혀서는 아니 된다. 따라서 몇 가지 가공의 스토리를 만들어 두었다가 상황에 맞게 사용하여 탐정이라는 것을 눈치채지 않도록 조심하면서 부지 안이나 건물 사이로 들어가서 감시대상을 감시하여야 한다. 이때 소유자의 허락을 얻는 과정에서 거짓말을 하여 부당하게 허락을 받거나 대상자의 주거지 등에 허락을 받지 않고 들어가게 되면 「형법」상 주거침입죄가 성립하므로 주의하여야 한다.

내부잠복은 실내뿐만 아니라 주택의 마당 끝, 아파트의 비상계단, 울타리 밑 등에서 할 수 있다. 다만, 내부잠복만으로는 불완전하므로 외부잠복과 병행하는 것이 좋다. 내부잠복의 유형에 따른 유의사항을 요약·정리하면 다음과 같다.

┃ 대형건물잠복 시의 유의사항 ┃

(i) 대형건물의 경우 여러 명이 수행하여야 한다.
(ii) 출입구, 엘리베이터, 계단은 반드시 감시하여야 한다.
(iii) 대상자가 은밀히 이동하는 것을 감안하여 뒷문이나 인접한 역까지의 도로에도 인원을 배치한다.
(iv) 차량을 이용하는 경우에는 대상자의 차량이 있는 주차공간에 인접하여 미행차량과 탐정을 배치한다.

┃ 커피숍(음식점) 등에서 잠복 시의 유의사항 ┃

(i) 출입구가 여러 개인 곳이 많으므로 미리 체크를 해 둔다.
(ii) 대상자가 안으로 들어갔어도 내부가 혼잡하거나 약속한 사람이 나와 있지 않을 경우에는 바로 나오는 경우가 있으므로 유의하여야 한다.
(iii) 커피숍 내에서의 탐정의 좌석은 출입구 등 실내 전체의 모습이 잘 보이는 위치나 대상자의 대화가 잘 들리는 상대방의 뒷좌석 등 목적에 따라 위치한다.
(iv) 대상자를 직접 바라보지 말고 유리컵이나 안경 등 유리제품(휴대폰 액정 등)을 거울 대신 사용하여 감시하면 노출될 가능성이 낮아진다.
(v) 여성탐정의 경우 손거울 등으로 가볍게 화장을 고치는 척하며 대상자를 감시할 수 있다.
(vi) 음료비용이나 식대는 선지불하여 대상자가 이동할 경우 즉각 대처할 수 있도록 준비하는 것이 바람직하다.

▌차량잠복 시의 유의사항 ▌

(ⅰ) 주택가에서 차량을 이용한 잠복감시는 지역사람들에게 의심을 받을 수 있음을 유의하여야 한다. 신중하지 못한 노상 주차는 동네 주민들에 의하여 신고될 가능성이 높기 때문이다.

(ⅱ) 차량을 이용하여야 할 경우에는 2명으로 팀을 이루어 실시하는 것이 바람직하다. 이때 한 명은 외부에서, 한 명은 차 안에서 수행한다.

(ⅲ) 주차하여 잠복하는 경우에는 차종과 색깔에 주의하여야 하며, 매일 교체하여야 한다. 밝은 색상, 소음이 큰 배기장치 등 눈에 띄는 장치가 장착된 차량은 피하여야 한다.

(ⅳ) 차량 안에서의 잠복은 어디까지나 최후의 수단으로 하는 것이 좋으며, 차 안에 탐정의 신원을 나타낼 수 있는 것은 일체 남겨두지 않아야 한다.

(ⅴ) 대상자에게만 의심받지 않는다고 해서 괜찮다고 생각해서는 절대 아니 된다. 특히, 아마추어나 서투른 탐정은 대상자에게만 신경을 집중하는 실수를 하는데, 사실 가장 먼저 의식하여야 할 것은 그 주변으로부터 의심받지 않는 것이다. 고급주택지나 정부요인의 저택 주변에는 자체 경비원이나 혹은 경찰이 항상 감시할 수도 있다. 이와 같은 장소에서의 잠복은 아무리 고도로 숙련된 탐정이라도 매우 조심하여야 한다.

2) 외부잠복

외부잠복이란 말 그대로 옥외 잠복을 말하며, 대개 주변의 양해를 구할 필요가 없이 잠복을 할 수 있는 곳에서 행하여진다. 외부잠복은 '어디서 어떻게 잠복할까'가 매우 중요하다. 예를 들면, 도로 가운데에서의 '교통량 조사'이다. 거리의 혼잡함 속에 뒤섞여 누구도 의심을 하지 않지만 실은 탐정일 수도 있는 것이다. 또한 잠복 시에는 여러 가지 변장을 하는 경우가 있는데, 이때에는 탐정 자신이 만든 가공의 스토리에 일치하는 소도구도 확실히 활용하여야 한다. 예를 들면, 설문조사 직원으로 가장했을 땐 그 모습에 맞는 바인더를 소지한다면 정말 진짜처럼 보일 것이다. 때로는 거리 모퉁이의 화가나 손금 보는 사람 또는 관상가처럼 변장하는 사례도 있다.

외부잠복 시에는 긴급을 요하는 시간적 여유가 없는 경우를 제외하고는 반드시 사전에 현장답사를 실시하여야 한다. 외부잠복의 장소로 적절한 곳은 다음과 같다.

(i) 대상자에게 노출되지 않으며, 출입상황과 행동을 감시할 수 있는 장소
(ii) 대상자가 통과하여야만 하는 장소(골목, 역, 길목 등)
(iii) 즉시 추적이 편리한 장소
(iv) 감시가 용이하며, 보고와 연락이 용이한 장소

그러나 대상자의 집에서 역까지가 아주 가깝거나 혹은 다니는 길이 하나밖에 없는 경우에는 멀리서 잠복하며 살피는 경우도 있는데, 이런 경우는 시야가 확 트인 장소가 유효하다. 이런 때는 조금 떨어진 장소에서 가끔 망원경으로 대상을 확인할 수도 있다. 외부잠복 시에 있어서의 유의사항을 요약·정리하면 다음과 같다.

(i) 낮에는 시야가 밝고 확실하기 때문에 잠복 관찰하기가 쉬운 반면, 탐정 자신도 주변 사람들에게 쉽게 보일 수 있어 의심받을 확률도 높다. 그러므로 시야가 넓은 장소에서 먼 거리 대상을 잠복조사할 때에는 특히 주의하여야 한다.
(ii) 낮 시간에 잠복할 경우의 기본원칙은 태양을 등지고 있어야 한다. 즉, 역광 상태에 자신의 몸을 두며, 흐린 날에도 같은 요령으로 한다. 될 수 있으면 자신의 얼굴을 주변에서 보기 힘든 위치에 두고, 반대로 주변의 사물이 눈이 부셔 볼 수 없는 상황은 스스로 피하여야 한다.
(iii) 밤에는 낮에 비해 조사대상자 가까이서 잠복하는 것이 가장 좋다. 이때에도 낮의 태양 빛과 같은 이치로 자동차의 헤드라이트 등을 뒤로 하는 것이 바람직하다. 또한 어둠 속에서의 담배는 특히 금물이다.

이외에도 야간잠복 시에는 어둠을 이용하여 은밀하게 감시할 수 있는 반면, 어둠으로 인해 감시에 어려운 점도 있으므로 대상자의 감시가 용이한 위치를 선택하는 것이 중요하다. 야간잠복 시에 있어서의 유의사항을 요약·정리하면 다음과 같다.

(ⅰ) 눈에 띄기 쉬운 밝은 복장은 착용하지 않으며, 소리가 나지 않는 간편한 신발을 착용하는 것이 좋다.

(ⅱ) 환경이 나쁜 장소라도 가리지 않고 잠복장소로 이용할 수 있어야 한다.

(ⅲ) 가로등과 같은 불빛을 등지고 감시를 실시한다.

(ⅳ) 흡연과 잡담 등을 통하여 감시장소가 노출되지 않도록 주의하여야 하며, 주위의 사람들에게 오해를 받지 않도록 주의한다.

제3절 미행기법

1. 미행의 의의

미행이란 국어사전적 의미로는 '몰래 뒤를 따라다님'이고, 법적인 면에서 미행이란 '혐의자의 뒤를 밟아 그 행동을 감시하는 것'을 의미한다. 따라서 탐정에서 말하는 미행이란 유동감시의 유형으로 탐정이 의뢰를 받은 적법한 행위에 관한 것들로서 증거자료 및 조사자료의 수집 또는 조사대상자의 소재지, 기타 여러 가지 조사에서 필요한 내용을 확보하기 위하여 대상자를 추적, 감시하는 기법을 의미한다.

2. 미행의 유형

미행의 형태는 대상자의 성질, 미행의 구체적인 목적, 미행임무를 수행하는 탐정의 수, 이동로의 상황(도로의 교통량) 등에 따라 다르다. 미행의 유형을 도표화하면 다음과 같다.

구분기준	유 형	내 용
대상자의 행동수단	도보미행	대상자가 도보로 이동하는 경우에 실시하는 미행
	차량미행	대상자가 차량을 이용하여 이동하는 경우의 미행
미행선의 수	단선미행	탐정과 대상자가 하나의 선으로 연결되어 이루어지는 미행
	복선미행	대상자를 중심으로 여러 방향에 의한 여러 선으로 이루어지는 미행
미행담당 탐정 수	단독미행	한 명의 탐정에 의한 미행
	공동미행	두 명 이상의 탐정에 의해 실시되는 미행

1) 도보미행

도보미행은 한 명이 하는 것은 너무 위험하기 때문에 최소한 두 명 이상이 필요하다. 좋은 도보미행의 표준은 오직 지속적인 연습과 경험에 의해서 얻어진다. 미행에는 크게 나누어 '단선미행'과 '복선미행'이 있다. '단선'이란 탐정 한 사람과 조사대상자가 선으로 연결되어 있는 상태를 의미한다. '복선'은 두 사람 이상이 두 선 이상으로 미행하는 것이다. 두 사람이 협력하여 단선미행 하는 공동미행과는 구별하여야 한다. 그러나 여러 명이 복선으로 미행하는 경우에도 최종적으로는 한 사람만 남는 상황이 생기는 경우가 많으므로 항상 1인에 의한 단선미행이란 것을 유념하여야 한다.

(1) 도보미행의 유형

도보미행은 1인에 의한 미행, 2인 1조에 의한 미행, 3인 이상에 의한 미행으로 나눌 수 있다.

첫째, 1인에 의한 미행은 한 사람에 의한 도보미행으로, 통행이 복잡한 곳에서는 대상자를 놓치지 않기 위해 비교적 가까운 거리에서 뒤따라가야 하며, 반대로 통행이 한산한 곳에서는 먼 거리를 두고 뒤따라가야 한다. 따라서 보행자가 적은 경우에는 탐정이 목표인 대상자를 발견하기가 쉽지만, 탐정이 역으로 대상자의 눈에 띄기 쉽다.

둘째, 2인 1조에 의한 미행은 2인이 한 팀이 되어 미행하는 것으로 1인에 의한 미행보다 훨씬 융통성이 있다. 보통 첫 번째 감시자는 대상자를 가까운 거리에 두고 미행하고, 두 번째 감시자는 대상자와 먼 거리를 두고 미행한다. 두 번째 감시자는 같은 길을 따라 미행할 수도 있고, 또는 반대편 길을 따라 미행할 수도 있다. 이때 주기적으로 두 사람의 감시자가 미행위치를 교대하여 바꿈으로써 대상자에게 의심을 받는 일이 없도록 한다.

셋째, 3인 이상에 의한 미행은 3인 이상의 다수의 탐정에 의한 미행을 말하며, 이 방법은 가장 정교하고 세밀한 기술로 미행하기 때문에 대상자가 감시자들을 탐지하는 것이 가장 어렵다. 일반적으로 첫 번째 감시자는 목표의 돌발적인 행동에 대비하기 위해 목표의 뒤의 가까운 거리에서 미행한다. 두 번째 감시자는 동일한 길에서 첫 번째 감시자를 볼 수 있는 일정한 거리를 두고 뒤따라간다. 세 번째 감시자는 반대편 길에서 대상자와 나란히 걷거나 조금 뒤처져서 미행한다. 대상자가 걸어갈 수 있는 길이 여러 길이 아니고 비교적 통로가 제한된 지역에서는 한 사람의 감시자가 대상자가 눈치채지 않도록 주의를 기울여 대상자 앞에서 걸어갈 수도 있다. 감시자의 위치는 빈번하게 바뀌는데, 특히 교차로에서 많이 바뀐다. 이 경우 대상자 뒤에 바짝 뒤따라가던 감시자는 길 반대편으로 걸어가고, 다른 감시자가 대상자 뒤를 따라간다. 세 사람의 감시자 중에서 한 사람이라도 대상자의 의심을 받게 되면 다른 감시자로 교대한다.

(2) 도보미행 시의 유의사항

도보미행 시에 있어서의 유의사항을 요약·정리하면 다음과 같다.

(i) 미행의 실패는 탐정으로서 자격미달임을 명심하고 평소에 꾸준한 훈련을 하여야 한다.

(ii) 미행의 기본방향은 뒤, 뒷방향이 곤란할 때는 좌, 우라는 것에 유의하여야 한다.

(iii) 사진에만 의존하지 말고 대상자의 행동과 태도, 버릇 등의 특성까지 알아두어야 한다. 대상자의 머리모양, 얼굴, 복장(신발 포함), 보행 시의 습관 등을 사진은 물론, 사전에 실물확인으로 파악해 두어야 한다. 실물이나 복장 등은 바뀔 수 있지만 보행 시의 움직임은 쉽게 바뀌지 않기 때문에 멀리서도 판별하기 쉽다.

(iv) 대상자의 직선상의 뒤에서 미행하지 말고 비스듬한 뒤쪽에서 미행하는 것이 유리하다.

(ⅴ) 대상자에 따라서는 건물(자택, 사무실 등)에서 나올 때나 길모퉁이를 돌 때에 반드시 뒤를 돌아보거나 확인하는 경우도 있으므로 특히 유의하여야 한다 (특히, 의뢰인이 직접 미행하거나 다른 조사회사에 의뢰하였다가 실패한 경우).

(ⅵ) 대상자가 행동을 시작하면 바로 서두르지 말고 약간의 여유를 가지고 미행 으로 옮기는 것이 바람직하다.

(ⅶ) 미행 중 대상자의 후두부를 주시하는 것은 좋지 않다. 감각이 발달하거나 미행을 의심하고 있는 대상자는 고개를 갑자기 돌려 확인하는 경우가 발생 하므로 시선이 마주치지 않도록 특히 조심하여야 한다.

(ⅷ) 어린이는 특성상 돌발행동이 많으므로 어린이의 미행 시에는 특히 주의하 여야 한다. 어린이는 걷는 속도가 어른에 비해 느릴 수도 있으나 경우에 따 라선 갑자기 뛰기도 한다. 또한 모든 사물과 주위환경에 관심과 호기심이 발동하기 때문에 의외의 상황까지 주의를 기울여야 하는 등 어려움이 많은 대상임을 특히 유의하여야 한다.

(ⅸ) 미행 중에는 주위의 상황과 환경에 적합한 위장을 통하여 최대한 노출을 방 지하여야 하며, 대상자에게 들키는 위급한 상황에선 최대한 침착하게 그 상 황을 모면할 수 있는 기지를 발휘할 수 있어야 한다.

(ⅹ) 미행의 기본거리는 15m 정도이다. 이 정도의 거리면 탐정 쪽에서는 대상자 가 잘 보이면서 대상자 쪽에서는 탐정을 알아차리기 힘든 최적의 거리이다. 그러나 실제 현장과 상황에 따라서는 15m가 아닌 1m에서 100m 정도의 먼 거리까지 변하기도 한다.

(ⅺ) 번화가의 혼잡한 인파 속이나 만원버스 내에서의 미행은 대상자를 놓치기 가 쉽다. 사람이 많으면 미행에 어려운 점도 있지만, 오히려 대상자에게 의 심받지 않고 접근할 수 있기 때문에 탐정에게는 이것보다 좋은 상황은 없을 것이다. 접근거리는 역시 기본인 15m 이내이지만 사람이 혼잡할 때에는 밀 착하는 상황이 더 많다. 즉, 만원버스에서는 상대적으로 바로 뒤에 서 있을 수도 있다.

(ⅻ) 비 오는 날의 미행은 우산을 쓰기 때문에 대상자를 놓치기 쉬우므로 혼잡 시와 마찬가지로 상대와의 거리는 조금 더 가깝게 잡는다. 대상자도 비 오 는 날에는 우산을 쓰기 때문에 맑은 날처럼 주위가 모두 시야에 들어오지는 않는다. 대상자가 주변을 그다지 경계하지 않는 한 가까이 접근해도 문제는 없을 것이다.

(ⅹⅲ) 전철미행의 경우 대개 복잡한 전철에서는 대상자와 5~7m 정도 떨어진 위

치에 타고 있을 때 탐정이 한쪽 방향으로 예리한 시선을 향하고 있는 모습은 의심받기 쉽다. 물론, 상대와 가까운 거리에 있어도 다음 도착역에서는 어느 쪽 문이 열리는지 반드시 체크해 두어야 한다. 한편, 전철이 혼잡할 경우에는 대상자와 같은 칸에 있어도 무방하지만 비어 있는 경우에는 대상자와 같은 칸이 아닌 옆 칸에 타는 것이 기본이며, 그곳에서 연결부의 유리창을 통해 대상자를 감시한다. 탐정이 이때 앉거나 서 있는 위치는 대상자와 같은 방향인 옆으로 앉는 것이 바람직하다.

(xiv) 대상자의 갑작스런 행동변화가 있을 경우, 즉 미행 중 대상자가 커브 길을 돌아 시야에서 사라져 버리는 경우에는 빠른 걸음으로 쫓아가는 것이 기본이다. 하지만 그대로 쫓아가다가 대상자가 갑자기 돌아 나오는 경우에는 주춤거리거나 뒷걸음치지 말고 자연스럽게 위장 행동을 하여야 한다. 예를 들면, 구두끈을 고쳐 맨다거나, 자전거가 세워져 있을 땐 자전거를 닦는 척해서 위장행동을 하는 것도 하나의 방법이 될 것이다. 이와 같이 대상자의 갑작스런 돌발행동에도 탐정은 당황하지 말고 기지를 최대한 발휘하는 순간의 판단력이 매우 필요하다.

(xv) 대상자가 엘리베이터에 탈 경우에는 반드시 같이 타야 하는 것이 기본이다. 엘리베이터 안내원이 없는 경우에는 탐정 자신이 버튼을 누르는 역할을 해서 대상자를 먼저 내리도록 하여야 한다.

(xvi) 미행 중 대상자가 자신을 알아보기 시작했거나 교대 역할을 상당 시간 동안 맡았을 때, 대상자가 방향을 바꾸었을 때, 대상자가 정지했다가 다시 움직이기 시작했을 때, 탄로 날 수도 있는 위험에 처한 상황일 때에는 다른 사람과 임무교대를 하여야 한다.

2) 차량미행

(1) 차량미행의 유형

도보미행의 경우와 마찬가지로 차량미행도 1대 또는 2대 및 그 이상의 차량으로 한다.

첫째, 차량 1대로 미행할 경우에는 한 사람이 도보미행을 하는 경우와 같이 결점이 많다. 대상차량은 항상 시야에서 떨어지지 않아야 하고, 동일 차량으로 계속 미행하여야 하는 어려움이 있다. 감시자는 차 안에서 서로 좌석을 바꾸거나 모자, 코트, 안경을 착용하거나 벗어버리는 등 단독 미행차량의 취약점을 최대한 극복하여야 한다.

둘째, 2대 또는 그 이상의 차량에 의해 미행할 경우에는 감시자들이 서로 미행위치를 바꿀 수 있을 뿐만 아니라 경우에 따라서는 불필요한 차량을 떠나보낼 수 있는 장점이 있다. 1대의 미행차량이 대상차량을 뒤따르면서 무전기로 다른 차량들에 대하여 미행을 위한 지시를 한다. 다른 미행차량들은 앞서 가는 미행차량을 뒤따라 갈 수도 있고, 대상차량을 추월하여 앞서 갈 수도 있으며, 다른 차선이나 옆 차선에서 나란히 달릴 수도 있다. 교차로에서는 대상차량의 방향에 따라 대열의 변형이 생기게 되는데 대상차량이 우회전이나 좌회전을 할 경우 바로 뒤에 따라 가던 미행차량은 통상 똑바로 직진하고, 나머지 미행차량은 대상차량이 회전해서 가는 방향으로 뒤따라간다. 이 경우 또 다른 1대의 미행차량이 대상차량의 바로 뒤에 붙어서 미행한다. 최초에 대상차량 뒤에서 뒤따르다가 교차로에서 직진해 버린 미행차량은 U턴을 하거나 한블록 돌아 나와서 새로운 위치를 선정한다.

(2) 차량미행 시의 유의사항

차량미행에는 운전에 능통한 탐정이 필요하며 고도의 기술과 치밀한 계획이 필요하다. 2대 이상의 차량과 통신장비(무전기 등)를 준비하여 탐정 상호 간에 긴밀한 연락을 취할 수 있도록 한다. 차량미행에 사용되는 차량은 일반적으로 외관이 눈에 잘 띄지 않고, 희미한 색깔의 차량이 무난하다. 일반적으로 차량 문을 열고 닫을 때 차량 내부의 사람이 보이지 않도록 차량 실내 등은 작동하지 않도록 미리 조절해 둔다. 미행차량에는 보통 2명 혹은 그 이상의 탐정이 승차한다. 왜냐하면 대상자가 차를 주차하고 걸어가는 경우를 대비하여 한 사람은 차에 대기하고, 다른 사람은 대상자를 도보로 뒤따라가야 하기 때문이다. 또한 차량이 이동 중일 때는 운전자는 운전에만 신경을 집중하여야 하고, 감시자는 목표인 대상자를 감시하고 녹음기를 사용하여 대상자의 행동에 대한 특징을 메모한다. 미행차량은 대상차량을 놓치지 않기 위해 가끔 교통법규를 위반하는 경우가 있다. 이때 빨간 정지신호등을 무시하고 달리거나 또는 급작스럽게 차선변경을 하는 경우엔 위험할 뿐만 아니라 대상자가 자신을 미행하고 있다고 의심을 할 수 있으므로 주의하여야 한다. 이때 미행차량과 대상차량 간의 거리는 교통의 흐름과 교통량에 따라 다르다. 대부분의 경우에 미행차량은 그들과 대상차량 사이에 한 대 또는 두 대의 차량 간격을 두고 미행하여야 한다. 차량미행 시에 있어서의 유의사항을 요약·정리하면 다음과 같다.

(ⅰ) 다음의 준비사항을 갖추어야 한다. 첫째, 가능한 한 차량미행 시 탐정은 차량 1대당 3명(운전자 1명, 감시담당 2명)으로 하되, 전원 운전면허취득자로 구성하여야 하며, 운전자는 경험이 많고 운전기술이 뛰어난 자로 선정한다. 둘째, 미행차량에는 연료 및 필요한 장비 등을 철저히 준비하여야 한다. 셋째, 감시대상 차량의 차량번호, 종류, 연식, 색상 및 특징을 파악해 두어야 한다. 넷째, 모자, 겉옷, 선글라스 등을 준비해 두는 것이 좋다.

(ⅱ) 차량미행 시에는 차간거리 유지와 사전 정보수집을 충분히 하여야 한다. 탐정 자신이 직접 운전하는 차로 미행하는 경우에는 우선 대상차량에 바짝 붙어 갈 수는 없다. 대상차량 사이로 두세 대의 차가 있는 것이 보통이지만 상황에 따라서는 1m에서 100m까지 도보미행 시와 같이 차간거리도 신축성 있게 잡아야 한다. 다만, 신호로 정차하는 경우에는 대상차량 뒤에 정차하는 차량의 뒤에 정차하는 것이 좋다. 대상차량이 큰길에서 골목과 같은 좁은 길에 들어가는 경우 골목에서는 차간거리를 많이 유지할 수밖에 없어서 대상차량을 놓치는 경우가 많지만, 큰 도로에서 골목으로 들어간다는 것은 부근에 대상자의 목적지가 있는 경우가 많기 때문에 방향성을 미리 알고 있으면 정차 중의 대상자를 발견할 가능성이 매우 높다. 따라서 차량을 사용하는 대상자에 대해 의뢰를 받는 단계에서는 대상자가 늘 이용하는 길을 상세하게 의뢰인으로부터 미리 알아두는 것이 중요하다. 대상자가 잠깐 들르는 곳을 알고 있다면 무리하게 차로 계속 미행하지 말고 먼저 그 장소 부근에 가 있는 것도 하나의 방법이 될 수 있다.

(ⅲ) 차량은 하나의 상자에 불과하므로 사람에게서 눈을 떼어서는 아니 된다. 택시나 자동차, 그 외의 이동수단으로 대상자를 미행하는 상황에서는 차 자체에 더 주의가 가게 됨에 따라 대상자가 차에서 내렸는데도 알아차리지 못해 생각지도 않게 미행을 놓쳐 실패하는 일이 의외로 많다. 이것은 차에 탔다면 적어도 멀리 가거나, 한 구간 정도 가겠지 하는 선입관이 실패의 원인이 되는 것이다. 또한 모든 이동수단은 형태를 갖춘 하나의 상자일 뿐 미행의 대상은 어디까지나 그 안에 있는 사람이란 점을 명심하여야 한다. 미행차량에만 집중하다 보면 대상자를 놓치는 실패를 초래할 수 있으므로 주의하여

야 한다.

(ⅳ) 혼잡한 차도에서는 대상차량의 바로 뒤를 따르지 않으면 두 차량 사이에 끼인 차량이 제3차량에 대하여 끼어들기를 허락하거나 신호변경으로 인해 놓쳐버리는 경우가 발생할 수 있으므로 유의하여야 한다.

(ⅴ) 대상차량이 갑작스러운 변화를 일으킨 경우, 즉 대상차량이 미행 유무를 확인하기 위해 고갯길이나 커브에서 갑자기 속도를 높이거나 늦추어 정차를 하는 경우에는 속도를 변동하지 말고 종전과 같은 속도를 유지하여야 한다. 또한 대상차량이 갑자기 U턴 하는 경우에는 미행차량은 곧바로 U턴하지 말고 적당한 장소에서 U턴하거나 좌회전을 거듭한 후에 미행을 계속하여야 한다.

(ⅵ) 대상차량이 주차 또는 정차하는 경우에는 탐정은 대상차량과 약간 떨어진 위치에서 주차 또는 정차하고 계속 감시하여야 한다. 주·정차 위치는 대상차량의 전방이나 후방도 상관없으나 대상차량의 출발에 따른 예상을 하고 주·정차 방향을 결정하여야 한다.

(ⅶ) 2대의 차량으로 미행할 경우에는 1대의 차량은 통상의 미행과 동일하게 대상차량을 미행하고, 나머지 1대의 차량은 미행차량의 뒤쪽에 붙어 가면 된다. 이때 2번째 미행차량은 보행자용 신호등을 잘 보면서 적색신호에 걸리지 않도록 먼저 교차로를 앞질러 나가야 한다.

제4절 탐문기법

1. 탐문조사의 의의

탐문조사란 탐정이 특정 사실관계를 파악·확인하거나 범죄 또는 범인을 탐지함에 있어서 특정 사안의 당사자·관계자·용의자 이외의 제3자로부터 특정 사실이나 범죄에 대하여 견문 또는 체험한 사실을 탐지하기 위하여 행하는 조사활동을 말한다. 탐정에게는 경찰과 달리 수사권이 없으며, 자신의 신분을 명확히 밝히면서 하는 탐문수사는 있을 수 없다. 탐정들이 경찰신분증 비슷한 것을 보이며 경찰인 것처럼 행세하면서 탐문하다가 문제를 일으키는 경우가 있으나 이것은 위법행위로서 형사처벌의 대상이므로 절대로 해서는 아니 된다.

2. 탐문조사의 성격

1) 비권력적 행위

탐정의 탐문조사는 수사행위나 재판행위와 같은 권력적 행위가 아니다. 증인에 대해 진술을 강요할 수도 없고, 단지 협력만을 바랄 뿐이다. 탐문조사는 사실관계를 조사·확인하는 것이지 범인을 검거하는 활동은 아니다. 탐문조사가 이와 같이 비권력적 행위라는 점이 탐문활동의 애로사항이며, 탐문활동의 주체인 탐정에게 고도의 전문성이 요구되는 이유이기도 하다.

2) 주관성과 객관성

탐문조사는 사실관계, 현장조사 등의 활동을 함에 있어서 조사자의 개인적인 관점이나 견해가 많이 작용할 수 있다는 점에서 주관적인 특성을 가지고 있다. 그러나 다른 한편에서는 탐문조사에 있어서는 사회성과 공공성이 중요하므로 조사자의 주관의 작용이나 영향에만 의존해서는 되지 않으며, 그 조사방법이나 내용에 있어서는 객관적이고 보편타당성이 있어야 한다.

3) 과학성과 기술성

탐문조사는 효율성의 원칙이 지켜지지 않으면 오류의 문제가 발생하는데, 이러한 오판은 사회적으로나 경제적으로 큰 손실을 초래한다. 이때 오류는 탐문조사에 있어서 과학성이 결여됨으로써 야기되는 것이 일반적이므로 사실조사의 보편타당성과 객관성을 견지하기 위해서는 과학적인 방법이 사용되어야 한다. 한편, 탐문조사의 기술적 측면은 탐문의 설계, 장비, 조사경력, 탐정의 기량, 탐정기법 등을 말하는 것으로, 사회가 발달할수록 조사방법에 있어서 기술적 측면이 중요해진다. 따라서 탐문조사는 체계화된 학문이란 측면에서 본다면 과학적이고, 실무활동의 측면에서 본다면 기술적이라고 볼 수 있다.

4) 사회성과 공공성

탐정의 탐문조사는 개인의 사생활침해는 물론이고, 사회 전반에 대한 감시의 위험을 초래할 수 있고, 이로 인해 개인뿐만 아니라 사회 전반에 미치는 부정적 영향이 클 수 있다. 따라서 탐문조사로 인한 부정적 영향을 최소화하기 위해서는 기본적으로 사회성, 공공성이 유지되어야 하며, 탐문조사 전반에 대해 공익적 규제가 광범위하게 요청되기도 한다.

3. 탐문조사의 방법

탐문조사의 방법을 도표화하면 다음과 같다.

탐문방법	내 용
공개탐문법 (직접탐문)	조사자가 자신의 소속기관, 신분을 밝히고 사건의 전부 또는 일부를 공개하고 상대방의 격의 없는 협조를 구하는 방법이다. 이 방법은 매우 유의하면서 사용하여야 한다. 탐문대상자와 조사대상자가 통모할 가능성이나 증거인멸의 우려가 없는 경우에 실시하여야 하며, 추후 사후조사에 영향이 없을 것이라고 판단되는 경우에 실시하여야 한다. 그래서 주로 피해자의 가족탐문에 사용하며, 조사대상자 주변인에게는 실시하지 말아야 한다.
가장탐문법 (직접탐문)	조사자의 신분, 조사목적, 대상사건 등을 완전히 숨기거나 고객 등을 가장하여 탐문하는 방법이다. 탐문대상자와 조사대상자가 통모할 가능성이 있는 이해관계자에 대해 실시하는 방법이다.
고용탐문법 (간접탐문)	필요하거나 사정이 허용되는 경우에는 일정한 보수를 지불하기로 하고 그 금액을 명백히 하여 엄선된 사람을 고용하여 수행하는 방법이다. 협력자를 잘못 선택하면 조사관련 보안에 문제가 생길 수 있으므로 유의하여야 한다.

4. 탐문조사의 준비

1) 예비조사

탐문조사를 하기 위해 가장 먼저 할 일은 그 지역에 대한 예비조사이다. 주변의 지리, 지형, 환경 등의 특성을 파악하는 것이다. 그리고 파악한 결과에 따라 탐문시간대와 탐정의 복장 등을 결정하여야 한다. 이때 잠복기법에서 서술한 것과 마찬가지로 상대방이 의심을 갖지 않도록 정체를 감추기 위한 가공의 스토리를 만들어 둔다. 이러한 예비조사의 성공률은 의뢰를 받을 때, 얼마나 많은 정보를 얻을 수 있는가에 달려 있다. 그때의 정보를 무시한다면 탐문은 물론, 미행, 잠복의 성공률도 낮을 것이다.

조사를 함에 있어서는 예비조사 후 탐문조사를 하고, 이후에 다시 뒷조사를 하게 된다. 따라서 탐문조사는 통상 잠복, 미행을 반복한 후에 시작하는 것이 원칙이다. 탐문조사를 가장 먼저 시작하게 되면 가장 먼저 질문했던 사람에게 얼굴을 보이게 되면서 주변사람에게 경계심을 일으켜 잠복조사하는 것이 어렵게 되기 때문이다. 하지만 탐문조사에서 얻어진 정보는 모두 '미확인 정보'에 불과하며, 이것을 '확인정보'로 만들기 위해선 뒷조사를 하게 되는데, 이때 잠복, 미행을 여러 번 하는 경우도 있다.

2) 탐문의 목적과 방향의 설정

탐문조사를 함에 있어서는 탐문에 필요한 사건·사고의 개요를 바탕으로 이미 명백하게 확인된 사항 등을 정리하여, '무엇을 얻기 위해,' '어떤 방향으로' 탐문할 것인가를 확정하여야 한다. 탐정은 의뢰인이 설명하는 사건의 전모를 명료하게 이해한 후 의뢰인이 원하는 정보가 무엇인지를 확정하고, 그에 맞는 수단·방법 등 탐문방향을 설정하여야 한다.

3) 탐문대상자의 선정

탐문의 상대방을 무작위 또는 많이 선정할 경우 보안유지가 어렵게 되는 등 탐문활동이 산만해지기 쉽다. 따라서 탐문대상자는 직접 사건·사고를 체험하거나 관찰한 사람을 대상자로 선정하되, 공평하고 객관적 위치에 있는 사람을 우선적 탐문대상으로 한다.

4) 탐문 실행계획의 수립

탐문조사를 함에 있어서는 사전에 실행계획을 다음과 같이 구체적으로 수립하여야 한다.

(ⅰ) 탐문의 요점을 확정한다.

(ⅱ) 의뢰·사건, 탐문대상자에 맞는 탐문요원을 선발한다.

(ⅲ) 안정적 탐문을 위한 편리성, 정숙성, 보안성이 유지되는 장소를 선택한다.

(ⅳ) 가상의 질문과 답변을 연습해 본다.

5. 탐문조사의 방법

1) 조사의 기본요령

탐문조사에 있어서의 기본요령은 다음과 같다.

(ⅰ) 탐문조사를 함에 있어서는 가급적 다수의 의견을 듣고 참고하는 것이 바람직하지만, 탐문조사 자체가 무리가 있어서는 안 되고, 조사자의 정력과 시간에는 한계가 있으므로 신중을 기하여야 한다.

(ⅱ) 조사자는 모든 조사활동을 증거적·능률적·안전적으로 처리하되, 신속·정확하게 처리하는 것이 필수적이다.

(ⅲ) 탐문조사를 효율적으로 수행하기 위해서는 대상자가 자발적으로 협조할 수 있도록 하여야 하며, 조사자가 바라는 사항을 충분히 또는 정확하게 확인할 수 있도록 유도하여야 한다. 이렇게 함으로써 조사자가 예견하지 못했던 사실도 발견할 수 있다.

(ⅳ) 탐문조사를 함에 있어서는 탐문에 응하여 주는 사람이 탐문장소나 주변 환경에 대하여 불안감을 느끼게 해서는 아니 된다. 대상자가 탐문에 응할 마음이 되게 하기 위해서는 제반 불안요소를 제거하고 조사자의 여러 가지 배려가 있어야 한다. 조사장소가 너무 엄숙하거나 산만하면 역효과가 있을 수도 있다는 것을 염두에 두어야 한다. 그리고 대상자에게 탐문에 관하여 사전 통보하는 것보다는 바로 가서 만나는 것이 유리하다.

(ⅴ) 탐문조사는 설득활동이라고 말할 수 있을 정도로 설득력이 중요하다. 따라서 조사자는 대상자에게 좋은 인상을 주어야 한다. 조사 시에 예절·언어·음색·복장·태도 등 예의에 추호라도 벗어나는 일이 있으면 목표하는 탐문조사를 할 수 없다.

(ⅵ) 탐문의 목적과 탐문장소, 대상자의 입장과 움직임, 태도 등에 대한 고려가 수반되어야 한다.

(vii) 대상자가 참되게 협조하도록 대화분위기를 조성하여야 한다. 대상자에게 응답의 의무나 진정한 진술을 하여야 할 의무가 없다는 것을 인식하여야 한다.

(viii) 대상자는 해당 사건에 관한 이해관계인일 수도 있다는 것을 인식하여야 한다.

(x) 대상자가 허위의 진술을 할 충격을 가하여서는 아니 된다.

(x) 탐문조사는 타인의 자발적인 협조가 중요한 행위이기 때문에 대상자에게 불편한 느낌을 주어서는 안 되고, 마음으로 조사자에게 협조하는 자세가 될 수 있도록 노력하여야 한다.

(xi) 조사자의 말은 최대한 줄이고 대상자에게 말을 많이 시켜야 하며, 어려운 전문용어는 되도록 피하고 쉬운 일상용어를 사용하여야 한다. 또한 대상자의 말을 귀담아 듣는 진지한 태도가 중요하다. 주의할 점은 조사자와 대상자가 동등한 입장에서 토론하는 상황은 조사자에게 해가 된다는 것을 유념하여야 한다.

(xii) 조사자가 신분을 밝힐 때 대상자의 표정이 별로 좋지 않으면 그 요인을 파악하여 요령 있게 대처하여야 한다.

(xiii) 알고자 하는 사실을 미리 준비해 둔 질문사항에 따라 주의 깊게 질문해 가야 한다. 대화 중에는 조사자가 이루고자 하는 목적을 항상 인식하여야 한다.

(xiv) 대상자가 바쁜 상황은 아닌지 너무 오랜 시간이 경과된 것은 아닌지 항상 염두에 두어야 한다. 대화과정에서 대상자의 태도가 어느 정도의 자연성을 갖고 있는지 세심한 주의를 기울여야 한다.

(xv) 탐문의 결과는 즉시 기록하는 것이 효과적이지만 대화의 분위기에 영향을 미칠 우려가 있으므로 주의하여야 한다(특히, 조사대상자의 면전에서의 녹취는 삼가야 한다).

(xvi) 탐문조사 중에는 가급적 주변에 다른 사람을 머물게 하지 말아야 한다. 탐문사실이 다른 사람에 의해 알려져 보복당하게 될지 모른다는 우려를 갖게 하기 때문이다.

(xvii) 암시적이거나 유도성 질문은 삼가고, 대상자의 자존심을 존중하여야 한다. 특히, 판단을 요구하는 질문을 해서는 아니 된다.

(xviii) 대상자가 간단히 언급한 부분이나 어물거리는 부분에 대해서는 '그것이 무슨 뜻입니까'라고 물어 스스로 말하기 어려워하는 부분에 대해 입을 열 수 있도록 말을 이어준다.

(xix) 대상자가 어떤 표현에 있어서 난감해하는 표정을 지을 때는 대충 내용을 간파했다는 듯 고개를 끄덕여 주거나 '그럴 수도 있었겠네요,' '그래서요,' '그 다음에는요' 등으로 말을 자연스럽게 이끌어 준다.

(xx) 대상자가 애매한 점을 분명히 하려할 때나 중요한 점을 강조할 때 또는 갑자기 불안감이나 공포감을 보일 때에는 중요한 단서가 나올 수 있는 시점이므로 분위기가 깨지지 않도록 대화를 자연스럽게 지속해 나아가야 한다.

(xxi) 대화 중에 대상자나 특정인에 대한 비평이나 비난, 꾸짖음, 짜증 등의 언행을 절제하여야 한다.

(xxii) 대화 중 대상자가 유언비어나 전문(傳聞)한 내용을 말하더라도 이를 배척하지 말고 여러 정황과 연결지어 분석하여야 한다. 어떤 사람은 자신이 알고 있는 내용을 자신의 생각으로 말하지 않고 마치 타인의 말 또는 유언비어를 전하는 듯 유체이탈화법을 구사하기도 함에 유의하여야 한다.

(xxiii) 대화 중 TV를 보거나 신문을 보는 행동 또는 전화를 받거나 하는 행동, 옆 사람이나 다른 상황에 한눈을 팔거나 피로해하는 모습은 절대 보이지 말아야 한다.

2) 조사에 있어서 대응요령

탐문조사에 있어서 대상자가 소극적으로 응할 때의 대응요령은 다음과 같다.

(i) 이번 일로 만난 조사자와 대상자 간의 인연을 은연 중 강조하면서 오늘의 인연이 쭉 이어져 일상생활에서 더 큰 결실을 맺을 수 있기를 기원한다는 암시적인 말이나 스킨십을 활용한다.

(ii) 범인은 반드시 검거되며 '진실은 언제나 승리한다'는 경험담이나 '모든 일은 사필귀정이더라'는 등 죄짓고는 못사는 세상임을 은연 중 강조하면서 대상자의 용기있는 제보를 이끌어내야 한다.

(iii) 대상자와의 공통점(학연, 혈연, 종교 등)과 공동관심사(바둑, 골프, 등산 등)를 발견하여 친근감과 동질성을 부각시킨다.

(iv) 대상자가 술을 즐기는 스타일이라면 술집으로 자리를 정하거나 옮겨 술이나 안주를 선택하게 배려하는 등 가급적 대상자와 인간적 분위기를 유지하며 격의없는 대화를 시도한다.

(v) 대화 중 '결코,' '절대,' '마지막' 등의 극단적 표현이나 '범인,' '공범,' '증인' 등의 직설적 표현은 절대 해서는 아니 되며, 가급적 '예,' '아니오'로 짧게 대답할 수 없는 되도록 긴 대답을 얻을 수 있는 열린 질문을 이용하여 긴 대화를 유도한다.

6. 탐문조사 후의 태도

조사자는 탐문조사 후에 다음의 태도를 취하여야 한다.

(ⅰ) 탐문내용은 다각적인 검토와 검증으로 적절한 결론과 판단을 도출한다.
(ⅱ) 탐문으로 수집된 모든 자료와 협조자는 수사나 공소제기, 재판에서의 증거로 활용되는 경우를 제외하고는 절대 보안을 유지하여야 한다.
(ⅲ) 탐정은 사건의 수임계약 시에 약정된 특정의 의뢰사항에 대해서만 보고하면 되고, 이를 탐문하는 과정에서 취득된 기타 정보는 그 가치의 유·무나 대·소를 막론하고 절대 비밀로 하여야 한다.
(ⅳ) 탐정의 경우 입수된 정보나 자료의 평가 및 활용은 전적으로 의뢰인의 판단과 결정에 달려 있으며, 탐정에 의해 수집된 정보나 자료는 사실관계를 파악하는 자료로서의 가치를 지닐 뿐 그 자체로 당연히 증거능력을 갖는 증거가 아님에 유의하여야 한다.

제5절 가장과 변장기법

1. 가장기법

1) 가장의 의의

가장(假裝, masquerade)의 사전적 의미는 자기의 정체(正體)를 감추려고 탈을 쓰거나 옷을 바꿔 입거나 하여 얼굴이나 몸차림을 다른 사람처럼 임시로 바꾸어 꾸민다는 뜻이다. 따라서 가장은 탐정이 주위환경에 자연스럽게 어울리도록 정상적이고 합법적인 직업을 가진 것처럼 꾸며서 정보수집임무를 수행하는 것을 말한다.

2) 가장의 유형

(1) 장기가장

장기가장(長期假裝)은 정보수집을 위하여 장기간에 걸쳐 신분을 속이고 활동하는 경우를 말한다. 장기가장의 경우에는 임무를 수행하는 탐정의 출생지와 교육적 배경을 바꾸게 되며, 그의 실제 임무와 실제 거주지 등 그에 관한 모든 사실이 은폐되도록 꾸며야 하므로 상당한 노력이 요구된다. 이때 탐정은 가장 스토리의 내용뿐만 아니라 행동, 대화 등도 누가 봐도 진짜처럼 보여야 하며, 가장된 사소한 내용이라도 모두 일관성 있게 기억하여야 한다.

(2) 단기가장

단기가장(短期假裝)은 일시적으로 장기가장 직업에 적합지 않은 어떤 일을 하면서 그 이유를 설명할 수 있는 가상의 구실을 미리 준비하여야 할 때 이용된다. 예를 들면, 탐정이 임무수행상 상인으로 장기가장을 하고 있는 동안 학술세미나에 참석하지 않으면 안 될 상황인 경우에는 상인의 신분은 어울리지 않을 것이다. 따라서 학술세미나에 참석하여도 전혀 의심을 받지 않을 다른 구실이 필요하다. 예를 들면, 학술세미나에 참석하는 연구자들이 오랫동안 보지 못했던 옛 친구라든가, 또는 고향사람이어서 고향에 있는 가족의 안부를 묻기 위해서 참석했다는 등의 단기가장이 필요한 것이다.

(3) 예비가장

예비가장(豫備假裝)이란 탐정이 이미 설정된 가장 속의 직업을 사용할 수 없는 경우를 대비하여 그가 사용할 수 있도록 사전에 미리 준비해 둔 가장을 말한다. 예를 들면, 어떤 탐정이 장기가장한 신문사의 해외특파원인데 갑자기 주재국 정부에서 외신기자에게 기사를 그들 본사에 더이상 보내지 못하게 하는 경우 그 탐정은 자기 나라에서 파견된 무역상사 지점장으로 취직되어 활동할 수 있는 등의 예비가장을 사전에 준비해 두어야 한다.

3) 가장의 계획

탐정이 가장기법을 사용하고자 하는 경우에는 장차 활동할 국가나 지역 및 그 임무와 관련하여 풍부한 정보를 확보하여야 한다. 이를 가장계획이라고 한다. 즉, 가장을 함에 있어서는 사전에 어떻게 생활할 것인가(주택, 음식, 의복, 오락 등), 어떻게 일할 것인가(근로조건, 근로법, 직업의 종류, 무역, 임금, 취업에 필요한 자격 등), 정치적 현황은 어떤가, 인구의 구성은 어떠한가(상이한 민족의 종류, 인종, 종교 등), 경제적 현황은 어떤가(GNP, 노동자의 연간 평균소득, 물가, 은행의 운용 방식 등), 정부에 의한 주민 통제방법은 어떤가(여행통제 및 제한사항, 주택 및 작업장에 관한 규정 및 제한사항, 신분등록 및 기타신분증, 전화도청, 우편검열, 국가기관, 경찰 및 군기관의 구성형태 등) 등에 대한 준비와 계획을 미리 해 두어야 한다.

가장계획은 해당 임무 수행자의 인간성과 적성에 맞게 계획되어야 한다. 예를 들면, 교사경험이 없으면 교사로서 행세할 수 없고, 무역거래에 대한 실무경험이 없이 무역상사 직원이 될 수 없으며, 중국어를 잘 모르면서 중국에서 온 것 같이 활동할 수는 없는 것이다.

2. 변장기법

1) 변장기법의 의의

변장기법은 탐정이 자신의 모습을 바꾸어 다른 사람이 알아보기 어렵게 할 뿐만 아니라 가장의 경우에 그에 적합한 모습으로 변화하는 것을 말한다. 탐정이 은밀하게 정보수집활동을 하기 위해서는 단순히 가장만이 요구되는 것이 아니라 그 가장 속에 파묻혀서 활동할 줄 아는 기술이 요구되기 때문에 천의 얼굴을 가져야 한다. 오늘은 깔끔한 신사차림을 하다가도 내일은 기름때 묻은 노동복을 입고 전형적인 공장엔지니어로도 변신할 수 있어야 한다. 특히, 위험한 상황하에서도 용감하고 침착한 태도로 대처할 수 있는 임기응변과 급히 변장할 줄 아는 기민함이 있어야 한다. 마치 배우처럼 연기할 줄도 알아야 한다.

2) 변장기법의 유형

탐정이 정보수집이나 비밀활동 시에는 노출을 예방하고 상대방을 착각이나 혼돈에 빠뜨리기 위해 변장이 필요하며, 미행이나 감시를 당할 때에도 이를 교묘히 회피하기 위해서는 간단하고 신속한 변장술이 필요하다.

변장기법에는 전체변장과 부분변장의 두 가지로 크게 나눌 수 있는데, 심한 경우 영화에서 보는 것처럼 안면을 비롯한 신체일부를 의료적 방법으로 완전히 다른 사람으로 변장시키는 등 특별한 기술과 시간이 소요되는 경우도 있다.

(1) 기본적 기술

변장에 있어서 가장 효과적인 방법은 개인의 특징을 발견하여 이 특징을 적절하게 변형시키는 것이다. 보통 변장에는 특수하고 대단한 물건이 쓰인다고 생각하지만 긴박한 업무를 하는 탐정의 변장에 가장 필요한 기본적인 아이템으로는 모자, 안경, 겉옷(상의)이다. 변장의 포인트는 위의 세 가지 변장 도구로 조합을 시켜서 가능한 한 본래의 인상과는 매우 달라져 보이게 하여야만 하는 것이다.

모자는 여러 환경에 두루 쓰일 수 있는 안팎 양면용의 리버서블(reversible) 타입으로 모자의 챙이 없는 것이 좋으며, 안경은 검은 테가 좋다. 검은 테 안경은 안경을 썼을 때와 벗었을 때 의외로 인상이 매우 달라져 보이기 때문이다. 모자만 쓰거나 혹은 안경만 쓴다는 것은 별로 효과가 없기 때문에 모자와 안경은 상의와 함께 한 세트로 착용하거나 벗기도 한다. 이와 같은 세 가지를 한 세트로 여러 색깔의 상의와 잘 조화시켜 다양한 상황에서의 변장패턴을 만들어 가면 되는 것이다. 즉, 평소에 슈트(상의)를 입고 있었다면, 변장 시에는 상의를 벗고 안경과 모자를 쓴다. 혹은 평소에 안경을 쓰던 탐정이라면 상의를 벗은 채 안경을 쓰지 않고 모자만 써도 모습이 많이 바뀔 것이다.

(2) 의복에 의한 변장

의복에 의한 복장은 여러 가지 색상의 옷, 각종 모자, 넥타이, 각종 구두 및 신발 등을 이용한 변장을 말한다. 의복에 대한 효과적인 변장은 빈약한 체격을 비대한 체격으로 변장시키거나, 반대로 뚱뚱한 사람을 마른 체격으로 변장시키는 것이다. 이것은 옷감과 무늬, 복장디자인, 의복 유형 등에 의하여 행하여진다. 즉, 두꺼운 섬유에 선이 굵고 횡으로 된 무늬나 체크형 무늬의 옷을 입으면 뚱뚱하게 보이고, 반대로 가는 섬유에 선이 가늘고 직선 무늬의 옷을 입으면 훨씬 마른 사람으로 보인다. 또한 양복의 디자인에도 양복 깃이 넓고 상의와 하의의 길이가 약간 짧은 듯하면서 체격보다 약간 큰 의복을 입으면(동절기에는 여러 벌의 내복을 껴입으면 더 효과적임) 뚱뚱하게 보인다. 반대로 양복 깃이 좁고 길이가 약간 길며 자기 체격에 꼭 맞는 옷을 입으면 날씬해 보인다. 옷감의 재료로는 뚱뚱하게 보이기 위해선 스펀지, 솜, 기타 부드러운 재질의 섬유가 좋고, 마르게 보이기 위해서는 비닐, 가죽 등이 효과적이다.

또한 평소 모자를 쓰지 않던 사람이 중절모를 쓰거나 기타 여러 가지 형태의 다양한 색깔의 모자를 수시로 바꿔 쓰면 된다. 넥타이도 넓고 좁은 것, 화려하거나 단조로운 것에 따라 사람의 인상이 바뀔 수 있으니 효과적으로 활용할 수 있다. 구두도 뒷굽을 높이거나 낮추어서 신을 수 있으며, 키가 커보이도록 하려면 구두 속에 키높이 깔창을 끼워 신거나 특수하게 맞추어서 신는 것도 매우 효과적이다.

(3) 모발변장

모발변장은 머리스타일의 변경, 가발, 수염, 눈썹 등을 이용한 변장을 말한다. 모발을 변장할 때에는 헤어스타일을 변형하거나 두발의 색깔을 약품으로 변형시킬 수 있으나 동양인의 경우는 별로 효과적이지 못하다. 따라서 헤어스타일을 바꾸는 것이 더욱 효과적일 수 있는데, 이처럼 삭발, 스포츠형 기타 여러 헤어스타일로 바꾸면 예상외로 사람의 인상이 크게 달라진다.

모발변장이라고 하면 가발을 떠올리는 사람도 있을 것이다. 여성탐정이라면 가발을 쓰는 경우도 있지만 남성인 경우 일반적으로 가발은 들키기 쉽다. 따라서 가발과 가짜수염은 모습의 어색함과 어떤 위화감으로 상대방에게나 주변에 묘한 인상을 줄 수 있기 때문에 가급적 사용하지 않으며, 사용하는 경우에는 신중을 기하여야 한다. 가발은 여러 가지가 있지만 기본적으로 직선형의 머리털과 파마형의 곱슬머리가 있고, 또한 나이를 속이기 위해 희끗희끗하게 흰머리를 넣어 특수제작한 가발도 효과적이다.

콧수염이나 턱수염을 사용할 때는 단단히 부착하여야 하며, 머리털 색깔과 잘 어울리도록 한다. 눈썹변장은 면도에 의한 방법, 눈썹뽑기에 의한 방법, 화장품으로 그리는 방법(여성에게만 해당) 등이 있다.

(4) 안경에 의한 변장

안경에 의한 변장은 얼굴 모양을 변화시키는 각종 안경을 사용한 변장을 말한다. 안경은 무엇보다 시력에 이상이 없다면 평소 안경을 쓰지 않던 사람이 안경을 쓰면 매우 효과적이고, 시력이 나빠 꼭 안경을 써야 될 경우에는 안경 대신 콘택트렌즈로 대신하여 안경을 벗는 등의 변화를 시도하면 효과적이다. 그 외에 얼굴 모양을 다르게 보이기 위해서는 다양한 스타일의 안경을 활용할 수 있다.

3) 변장의 방법

(1) 외형적 특징의 변화주기

사람에게는 자신은 잘 모르는 경우가 있지만 외형적으로 다른 사람은 쉽게 알아보는 개별적인 특징을 가지고 있으므로 이 특징 중 몇 가지만 바꿔도 쉽게 알아보지 못하게 된다. 이러한 특징을 부여하는 요소로는 다음과 같다.

대상	변화요소
머리	스타일, 길이, 색깔, 머릿결 등
얼굴	수염, 생김새, 피어싱, 장신구, 안경, 화장, 주름살 등
체격	키, 몸무게, 체형, 자세, 장애 여부, 성별 등
걸음걸이	걷거나 서있거나 달릴 때의 스타일
복장과 신발	스타일, 색상, 재질 등
소지품	보석, 넥타이 및 핀, 배지, 벨트, 버클, 반지, 담배, 장갑 등
부속품	목발, 지팡이, 서류가방, 가방, 지갑, 휴대전화기, 책 등

(2) 단시간의 외모바꾸기

단시간에 외모 및 외형을 바꾸는 가장 빠른 길은 입고 있는 옷의 스타일, 그리고 머리스타일과 머리색깔을 바꾸고 모자를 이용하는 것이다.

(3) 평소와 다른 외모가꾸기

변장을 함에 있어서는 평소와 다른 외형을 갖는 것이 효과적일 수 있다. 예를 들면, 평소 머리카락이 길었다면 짧게 자르고, 짧은 머리는 긴 가발을 쓰는 것, 캐쥬얼의 옷차림에서 다른 스타일로 바꾸거나 키 작은 사람의 키높이 구두를 신는 등의 변화를 통해 전체적인 스타일을 바꿀 수 있다.

(4) 관심을 돌릴 요소의 준비

변장에 있어서는 어떤 부분 하나만으로도 사람들의 주의를 다른 데로 끌 수 있다. 사람들이 그곳에 집중할 때는 외모의 다른 많은 요소를 간과하기 마련이다. 예를 들면, 금으로 된 앞니나 두꺼운 안경, 얼굴의 커다란 사마귀나 점, 부러지거나 돌출된 치아, 특이한 모자, 지팡이, 목발, 외알 안경, 안대 등을 들 수 있다.

(5) 복장의 유의사항

변장 시의 복장에 대한 유의사항을 요약·정리하면 다음과 같다.

(i) 미행이나 잠복 시에 탐정의 복장 중 검은색은 피해야 한다. 검은색은 낮에도 어둡기 때문에 사람들에게 쉽게 눈에 띄고, 오히려 돋보이게 된다. 사람들은 일반적으로 검은색이 눈에 띄지 않는다고 생각하지만 경험상 멀리서 보는 경우에도 가장 눈에 띄는 색이다.

(ii) 도시의 거리에서 가장 눈에 띄지 않는 색은 회색계열이다. 회색은 도시의 지면이나 빌딩 벽면의 콘크리트나 아스팔트의 색과 비슷하기 때문에 주변색으로 쉽게 흡수될 수 있다. 또한 해가 지면 회색이나 갈색은 검게 보이기 쉽다는 것도 기억해 두어야 한다. 탐정이라면 색체감각 하나에도 주의를 기울여야 한다.

(iii) 시가지, 주택가에서 복장의 기본은 정장 슈트이다. 다만, 조사대상자가 젊은 사람일 때는 캐주얼 복장이 더 바람직하다. 지역의 분위기에 따르면서 주변 환경에 역행하지 않는 것이 중요하다.

(iv) 산간지역이나 시골 같은 곳에서 조사업무를 할 때에는 회색이 아닌, 땅의 흙색이나 야산의 색깔과 비슷하게 입는 것이 좋다.

(v) 탐정은 구두굽이나 밑창에도 주의를 기울여야 한다. 즉, 걸을 때 소리나는 구두는 미행 시에 눈에 띄기 쉽기 때문에 고무제품이나 합성수지제품의 가벼운 구두가 더 좋다.

제6절 촬영기법

1. 촬영기법의 의의

탐정의 업무 중에서 수집한 자료와 증거의 가치를 높이기 위해 사진이 갖는 역할은 매우 크다. 특히, 사진은 법정 및 각종 위법행위에 관한 명백한 증거로서의 가치를 가지며, 의뢰인의 필요에 부합하는 보고서의 완성도를 높이는 효과적인 수단이기도 하다. 따라서 탐정의 촬영기법을 이용함에 있어서는 전문사진가의 수준을 갖추도록 노력하여야 한다. 촬영자료가 증거자료로서 그 가치를 인정받기 위해서는 현장, 인물, 대상물건, 상황 등에 대한 묘사의 정밀 여부에 의해 결정되기 때문이다. 탐정이 전문가수준의 촬영기술을 갖추기 위해서는 망원렌즈의 사용, 적외선플래시 또는 램프의 사용, 연속촬영카메라의 사용 등의 방법을 숙달하여야 한다.

2. 촬영장비

촬영장비는 여러 가지가 있는데, 거리에 있는 대상을 망원렌즈 및 줌을 이용하여 촬영하는 경우, 장시간 동안의 연속적인 촬영을 하여야 하는 경우, 초소형 카메라를 이용하여 은폐된 곳에서 촬영하여야 하는 경우 등 촬영의 상황이나 환경 및 목적에 적합한 기능을 가진 장비를 다룰 줄 알아야 한다.

소형화, 고성능화 덕분에 최근에는 카메라보다도 비디오로 녹화하는 일도 많아졌다. 비디오는 촬영실패율도 낮고 연속성이 있어서 증거로서의 신용도가 매우 높다. 비디오로 촬영하는 경우 빠뜨릴 수 없는 것이 핀홀렌즈인데, 이것은 가방에 작은 구멍을 만들어 거기에 렌즈를 나오게 하여 촬영하는 경우에 사용되며, 텔레비전의 다큐멘터리 프로그램의 경우나 소매치기현장, 그 밖에 어떤 상황을 몰래 촬영하는데 효과적으로 사용할 수 있다. 초소형 카메라는 서류촬영이나 매우 가까운 거리에 있는 인물을 촬영할 때 주로 사용한다.

3. 미행 시의 촬영방법

미행 중에는 가는 곳마다 촬영할 수밖에 없다. 매복하여 기다리면서 찍거나, 먼저 돌아가서 상대방의 정면을 찍기도 하고, 서로 엇갈리면서 스치듯 지나가는 모습으로 찍는 등 여러 가지 상황이 있을 수 있다. 상대방에게 접근하여 뒷모습을 찍을 때에는 어떤 정해진 배경이 들어오도록 하여야 한다. 따라서 미행 시의 촬영은 탐정에게는 여러모로 매우 복잡하고 힘들다.

미행 중 촬영을 하는 경우에도 도시나 그 지역의 거리의 모습을 바로 알 수 있도록 반드시 배경을 넣어서 사진을 찍는 것이 매우 중요하다. 이때 인물묘사는 물론, 역이나 광장에 있는 시계 등이 사진 속의 배경에 들어가도록 하는 것이 좋다. 촬영 시 배경이나 시간, 건물의 명칭 등을 동시에 찍는 것은 증거사진을 찍어야 하는 탐정에게는 기본이라고 할 수 있다.

4. 촬영 시의 유의사항

촬영 시에 있어서의 유의사항을 요약·정리하면 다음과 같다.

(i) 다양한 방향과 앵글에서 촬영하면 더 포괄적이고 신뢰성 높은 증거기록을 제공해 준다.

(ii) 탐정은 피사체를 미행하거나 움직이는 상황에서 신속하게 찍어야 하므로 주변이나 대상자에게 발각되지 않도록 조심하여야 한다.

(iii) 보행 중 촬영할 경우는 포커스가 잘 맞아야 하며, 흔들림이 없어야 한다.

(iv) 촬영 시에 손떨림이나 이동 중의 흔들림을 방지하기 위하여 카메라를 잘 잡고 팔꿈치를 가슴에 댄 상태로 안정적인 보폭을 유지하여야 한다.

(v) 외부에 설치된 전광게시판, 시계탑, 거리의 위치를 알 수 있는 건물 등을 배경으로 촬영함으로써 의뢰인이나 제3자에게 신뢰를 높이고 확실한 증거의 능력을 갖추도록 한다.

(vi) 촬영하는 모든 동작들이 노출되지 않도록 자연스러운 상태에서의 촬영기술이 필요하므로 많은 훈련을 통하여 숙달하여야 한다.

(vii) 파인더를 보지 않고 촬영하여야 하는 경우에는 실패를 고려하여 한 장면을

최소한 2장 이상 촬영하도록 한다.

(viii) 야간촬영 시에는 플래시나 소리의 사용에 주의하고, 어두운 곳에서도 촬영이 가능한 장비를 갖추어야 한다.

제7절　프로파일링기법

1. 프로파일링의 의의

범죄자 프로파일링(profiling, 정보수집)이란 범죄현장에 유형의 증거물이 없더라도 범인은 무형의 증거물인 행동을 남기기 마련인데, 이것을 통하여 범인의 연령, 성격, 직업, 몸에 밴 습성, 성장과정 등을 추리하여 용의자를 추정하는 과학조사사기법을 말한다. 이러한 범죄프로파일링을 하는 사람을 프로파일러(profiler)라고 하며, 범죄심리분석관 또는 범죄심리분석요원(범죄심리행동분석요원)이라고도 한다. 프로파일러는 범죄사건의 정황이나 단서들에 대한 분석을 통하여 범죄혐의자의 성격과 행동유형이나 성별·연령·직업·취향·콤플렉스 등을 추론함으로써 조사방향을 설정하거나 범죄혐의자의 범위를 좁히는 데 도움을 제공하고, 범죄혐의자의 도주경로나 은신처 등을 예측하거나 범인의 검거 후 심리적 전략을 통해 진술을 끌어내는 데 기여하고 있다. 최근에는 범죄자 프로파일링은 범행 현장의 위치나 범행 수법에 대한 분석을 바탕으로 범죄자의 거주지를 추정하는 지리학적 프로파일링이나 언어학적 프로파일링 기법의 도입 등 그 활용범위가 더욱 확장되고 있다.

미국의 경우 범죄수사에 있어서 프로파일링 기법이 공식 도입된 것은 1972년 미국의 연방수사국(Federal Bureau of Investigation: FBI)이 행동과학부(2014년 해체)를 신설하면서부터이다. 또한 1983년에는 국립흉악범죄분석센터(National Center for the Analysis of Violent Crime: NCAVC)를 설립하여 FBI를 비롯한 전국 경찰로부터 범죄자료를 받아 데이터베이스로 구축하였다. 이에 미국에서는 흉악범죄가 발생하면 수사관들이 보고서를 작성하여 NCAVC에 프로파일링을 의뢰하고 있다고 한다. 우리나라에서 프로파일링 수사기법이 처음 등장한 것은 2000

년 서울지방경찰청이 형사과 과학수사계에 범죄행동분석팀을 설치하면서부터
이다.

2. 프로파일링기법이 유용한 경우

프로파일링은 범죄자의 신원이나 물증보다 범죄자의 유형이나 취향을 파악
하여 범죄의 가능성을 규명하는 과학조사활동으로, 증거가 불충분하여 일반적인
조사기법만으로는 범인 발견에 어려움이 있는 연쇄범죄(성폭행, 방화, 살인 등)사
건이나 불특정 다수를 대상으로 한 가학적이거나 이상심리에 기인한 범죄, 특히
범행동기가 불분명하거나 비상식적인 범죄사건, 예를 들면, 사체성폭행, 음부
난행, 심각한 사체훼손, 여성이나 아동의 학대, 동물학대 등의 사건에서 유용하
게 활용되고 있다. 이외에도 범죄혐의자에 대하여 심증은 있으나 물증이 없는
경우 또는 범죄혐의자가 묵비권을 행사하거나 진술을 번복하는 등 조사에 진척
이 없을 때에도 활용된다. 다만, 프로파일러가 정확한 프로파일링을 하기 위해
서는 범죄혐의자의 용모, 신체, 성격, 소행, 학력이나 경력 등 최소한의 기초자
료가 충분히 확보되어야 한다.

3. 프로파일링의 유형과 과정

1) 프로파일링의 유형

(1) 임상사례분석적 접근법

임상사례분석적 접근법이란 사건별 현장상태와 사건일시, 장소, 피해자 등
제 요소의 특정성이나 우연성, 기회성 등을 놓고 프로파일러의 경험으로 범죄의
패턴을 추단하는 연역적 프로파일링을 말한다.

연역적 프로파일링은 범죄자의 특징적 행동이나 범행수법을 확인하는 데에
매우 유용하고, 개별 범죄자의 동기를 매우 정확하게 파악할 수 있는 장점이 있
는 반면, 많은 노력과 다양한 기술이 각 파트의 조사팀에게 요구되며, 특정범죄
자를 추정하기 어렵다는 한계가 있다.

(2) 통계학적 접근법

통계학적 접근법은 범행과 관련된 각종자료나 통계, 용의자 프로파일 등에 근거하여 범행취향을 상정하는 귀납적 프로파일링을 말한다. 즉, 비슷한 유형의 범죄를 저지른 사람들은 공통되는 성격과 특성을 공유할 것이라는 가정하에 유사한 범죄를 저지른 다른 범죄자들의 특성에 대해 축적된 자료를 바탕을 기초로 하여 해당 범죄자의 특성을 추론을 하는 방법이다. 귀납적 프로파일링 기법에는 FBI 방식인 범행현장분석기법과 리버풀(Liverpool) 방식인 수사심리학적 기법이 있다.

귀납적 프로파일링 기법은 신속하고 비용면에서 효율적이며, 전문 기술이나 지식이 없더라도 가능하고, 유사한 범죄현장으로부터 간단하게 추론을 제시할 수 있는 반면, 기존의 자료 자체가 한정되어 있고, 귀납적 프로파일들이 알려진 그리고 체포된 범죄자들로부터 수집한 제한된 자료로부터 일반화한 것이라는 한계가 있다.

2) 프로파일링의 과정

범죄자 프로파일링은 범죄행위자를 특정하는 것이 아니고, 범죄현장에서 확보된 제반 사항의 평가를 통해 그러한 범죄를 행할 만한 특정 대상자의 유형을 묘사, 설정하는 것으로 범죄자의 사회심리학적 특성을 파악하고, 수사자료 제공 및 범죄혐의자에 대한 신문전략 제공 등의 활동을 하게 된다.

미국 FBI에서는 프로파일링과정을 다음의 5단계로 나누고 있다.

단계	과 정	내 용
1	범죄현장 증거수집	범죄현장에 남아 있는 흉기 등 물리적 증거와 부검결과 등의 법의학적 증거, 경찰의 초동수사기록과 범죄현장사진 등을 수집한다.
2	의사결정	수집된 범죄현장의 증거들을 체계적으로 배열하고 조직화하여 범죄자의 초기의도를 파악하고, 범행유형을 판단한다. 또한 시·공간적으로 범죄에 영향을 미친 요인들을 판단하고, 피해자의 위험요소를 평가한다.
3	범죄의	범행동기를 파악하고 범죄현장에서 가해자와 피해자의 행동 및 사건발

단계	과 정	내 용
	재구성 및 평가	생과정을 재구성한다.
4	범죄자 프로파일 작성	범죄자의 성별, 연령, 학력 등의 배경 정보와 신체적 특성 등을 포함한 범죄자프로파일을 작성하고, 범죄 전후에 그 범죄자가 했을 법한 행동을 분석한 후 수사에 도움이 될 만한 정보를 선별한다.
5	수사	작성한 범죄자 프로파일을 수사팀에 제공하여 수사에 활용되도록 한다. 범죄혐의자가 검거된 후에는 최종적으로 프로파일의 정확성을 검토한다.

제 2 장

탐정의 **조사활동론**

제1절 조사의 의의와 기본자세

1. 조사의 의의

조사(調査, investigation)의 사전적 의미는 사물의 내용을 명확히 알기 위하여 자세히 살펴보거나 찾아보는 것을 말한다. 탐정에게 조사의 의미는 탐문이나 관찰 등을 통해 정보의 오류와 함정을 극복하는 등의 사실관계를 파악하는 활동이라고 할 수 있다. 다른 측면에서 보면, 조사는 탐정이 보고, 듣고, 느끼는 등의 관찰과 이를 바탕으로 한 분석을 통하여 문제를 통찰하는 작용이기도 하다.

2. 조사의 기본자세

탐정이 조사를 함에 있어서는 다음의 자세를 갖추어야 한다.

(ⅰ) 조사를 할 때에는 증거에 의하여 사안을 명백히 하여야 하며, 선입감에 사로잡혀 육감에 의한 추측만으로 행하는 일이 없도록 하여야 한다. 어디까지나 기초조사를 철저히 하여 모든 증거의 발견, 자료수집에 힘쓰는 동시에 감식시설과 장비, 증거자료를 충분히 활용하여 조사를 합리적으로 진행하도록 하여야 한다.

(ⅱ) 조사를 할 때에는 모든 자료를 종합하여 판단함과 동시에, 모든 지식과 기술을 활용하여야 하며, 언제나 체계적인 조직력에 의하여 조사를 종합적으로 진행하도록 하여야 한다.

(ⅲ) 조사는 공명심에 치우치지 말고 규모, 방법 기타 제반사항을 면밀히 파악하고, 성실하게 행하여야 한다.

(ⅳ) 조사를 할 때에는 자기의 역량을 과시하여 사안을 속단함이 없이 상사의 지시·명령을 성실히 실행하여야 하며, 항상 규율을 엄수하며 서로 협조하여야 한다.

(ⅴ) 조사를 할 때에는 비밀을 엄수하여 조사에 지장을 초래하지 아니하도록 주의하는 동시에 피의자, 피해자 기타 사건관계자의 명예를 훼손하는 일이 없도록 유의하여야 한다.

(ⅵ) 조사를 할 때에는 항상 언행을 삼가고 관계자의 편익을 고려하여 필요 이상으로 불편이나 혐오감 기타의 괴로움을 주는 일이 없도록 유의하여야 한다

제2절 조사 전의 확인사항

탐정이 사건을 수임함에 있어서는 의뢰사항이 법률에서 금지하고 있는 사항은 아닌지 실정법 위반 여부를 검토하여야 한다. 또한 조사대상이 다른 개별법령에서 위임·위탁·이양한 것이거나 협업이 가능한지 여부를 검토하여야 한다. 이 법률적 검토가 끝나면 탐정은 사건의 수임 여부를 판단하기 위하여 다음의 사항을 확인하여야 한다.

1. 의뢰인의 신원

의뢰인의 신원확인은 탐정에게 의뢰하여 얻은 정보를 불법·부당하게 사용

하려는 의도를 원천 차단하기 위한 최소한의 조치이므로 탐정은 의뢰인과 상담을 하는 경우 가장 먼저 의뢰인의 신원확인을 하여야 한다. 신원확인은 신분증 등을 통하여 의뢰인이 어디에 살고 있는 사람이며, 어떤 직업을 가지고 있는지 등을 통해 확실하게 파악하여야 한다. 이때 의뢰인의 면전에서는 의뢰인이 말하는 성명이나 주소, 직업 등에 대하여 일단 긍정하는 태도를 보이되, 그것이 정확한지를 반드시 확인하여야 하며, 만일 허위임이 판명되면 그 진의가 의심되므로 사건수임을 거부하여야 한다.

2. 의뢰내용

의뢰인이 조사를 의뢰함에 있어서는 자신의 입장에서 자신의 생각이나 자신에게 유리한 사항만을 강조하는 경우가 대부분이어서 조사의 객관성과 정확성을 확보하기 어려울 수 있으므로 탐정은 사건수임 시에 의뢰내용을 확인하여 명확하게 하여야 한다. 특히, 의뢰인은 의뢰사건에 대하여 선입견을 갖고 있거나 타인으로부터 전해들은 전문정보에 의존하는 경우가 많으므로 의뢰인이 말하는 사건의 내용이나 이들이 제공하는 자료의 신빙성을 별도로 검토해 보아야 한다. 의뢰인은 고강도의 조사를 주문하거나 탐정의 능력 또는 조사의 진실성을 파악하기 위해서 때로는 조사대상에 대해 과장되거나 거짓스러운 자료를 제시하기도 하므로 유의하여야 한다.

3. 의뢰수익자

탐정이 조사의뢰를 받는 경우에는 의뢰목적의 파악 또는 조사대상이나 조사범위 등의 결정을 위하여 조사결과가 누구에게 귀속되는지, 누구를 위한 것인지에 대하여 확인하여야 한다. 즉, 의뢰인의 의뢰가 본인을 위한 것인지 제3자를 위한 것인지 확인하여야 하며, 가족 간의 문제인지 경쟁자 간의 문제인지, 나아가 조사결과에 의한 수혜자와 조사대상자 간의 관계는 어떠한지 등을 확인해 보아야 한다.

4. 의뢰목적

의뢰인의 의뢰목적에 따라 조사대상이나 범위 및 조사방법 등에 차이가 있을 수 있으므로 탐정이 의뢰를 받는 경우 의뢰인의 의뢰목적을 정확히 파악하여야 한다. 따라서 의뢰목적이 소송당사자 간의 입증용인지, 고소·고발·신고 등 피해회복을 위한 준비단계에서의 사실관계의 파악인지, 공익차원의 의뢰인지 등을 확인하여야 한다.

5. 의뢰사항의 합당성

의뢰인의 의뢰내용이 합당한 것이어야 한다. 따라서 탐정은 사건수임 시에 의뢰인이 탐정을 매수하는 형태의 불법·부당한 요구의 의뢰는 아닌지, 과도한 성과주의를 기대하는 금전적 유혹은 없는지, 법률, 관습, 조리 등에 의해 허용될 수 있는 범위를 벗어난 요청은 아닌지 등에 대하여 확인하여야 한다.

6. 의뢰사건에 대한 수사기관의 수사 여부

탐정은 의뢰된 사건이 현재 수사 중인지 여부에 대하여 확인하여야 한다. 의뢰내용이 수사기관에서 불기소처분 등 종결한 사안 또는 공소시효가 지난 장기미제사건의 경우에는 사건을 수임하여도 무방하다. 하지만 현재 수사기관이 수사 중인 사건에 대해서는 수임에 있어서 신중을 기하여야 하며, 부득이 수임을 한 경우에도 조사과정에서 법위반이나 수사방해 등의 문제가 발생하지 않도록 주의하여야 한다.

7. 의뢰사항에 대한 다른 탐정업체에의 의뢰 여부

의뢰인의 조사의뢰가 다른 탐정업체의 조사대상자이기 때문에 자신을 방어하고 역공하기 위하여 활용할 목적으로 허위정보를 제공하거나 교란할 목적으로 의뢰하는 경우가 있을 수 있다. 이 경우는 탐정이 의뢰인의 부당한 목적을 위한 도구로 이용되는 것이므로 조사결과를 얻기도 어려울 뿐만 아니라 탐정으로서 지켜야 할 윤리의무에도 위반되는 것이므로 탐정은 사건을 수임하지 않아야 한다.

제3절 조사의 순서

탐정이 의뢰인으로부터 사건을 수임하는 경우에는 다음의 순서에 의하여 업무를 수행한다.

1. 의뢰인과의 상담

의뢰인과의 상담에 있어서는 사건수임의 적정성 판단을 염두에 두며, 의뢰인으로부터 의뢰예정사건의 요점을 청취한다. 아울러 조사의 진행순서, 수임료, 제출서류(신분증 등)에 대해 설명한다.

2. 사건의 수임

의뢰인으로부터 의뢰내용에 대하여 구체적으로 청취한 후 사건수임의 적정성 여부를 신중하게 판단한다. 이때 사건을 수임하기로 결정하면 의뢰인과 계약서를 작성하고 교부한다. 그 다음 의뢰인으로부터 관련 서류와 자료를 확보하고, 사건부에 사건번호를 부여하여 등재한다.

3. 조사의 착수 및 진행

조사에 착수하면 의뢰인에게 착수보고를 하고, 조사사항에 대하여 구두나 서면으로 중간보고를 한다.

4. 결과의 보고

조사가 끝나면 결과를 종합하여 정리한 후 의뢰인을 대면하여 서면으로 보고한다. 다만, 긴급한 경우나 의뢰인이 요구하는 경우에는 전화나 메일 또는 팩스(모사전송기) 등에 의해 보고할 수 있다. 다만, 의뢰결과에 대한 정확한 전달과 올바른 이해를 도와주기 위하여 구두보고한 경우에는 추후 서면으로 최종보고 하는 것이 바람직하다. 그리고 마지막으로 수임료를 정산한다.

5. 조사관련 자료의 보안조치 및 폐기

조사 후 법정 보존자료는 보안조치하여 보관하고, 그 외의 자료는 의뢰인 등의 사생활보장과 의뢰목적 외의 부당한 사용을 막기 위하여 모두 파쇄 또는 소각한다.

제4절 조사 시의 유의사항

탐정조사에 있어서의 유의사항을 요약·정리하면 다음과 같다.

(i) 예측이나 단정을 배제하고 피의자 기타 관계자의 진술·변명 등의 내용에만 구애되지 말고 어디까지나 진실발견에 노력하여야 한다.

(ii) 냉정을 유지하여 감정에 흐르지 말고 피의자의 이익이 되는 사실도 명백히 파악하도록 하여야 한다.

(iii) 언동에 주의하여 대상자의 연령, 성별, 환경, 성격 등에 알맞은 처우를 하는 등 그 심정을 이해하여야 한다.

(iv) 고문, 폭행, 협박, 신체구속, 기망, 기타 진술의 임의성에 관하여 의심받을 방법을 사용해서는 아니 된다.

(v) 자기가 기대하거나 희망하는 진술을 대상자에게 시사하는 등의 방법으로 진술을 유도하거나 진술의 대가로 이익을 제공할 것을 약속하거나 기타 진술의 진실성을 잃게 할 염려가 있는 방법을 사용해서는 아니 된다.

(ⅵ) 조사는 부득이한 경우를 제외하고는 심야에 하는 것은 피하여야 한다.

(ⅶ) 치료 중인 피의자나 참고인이 현재 있는 곳에서 임장조사(臨場調査)를 하는 경우에는 대상자의 건강상태를 충분히 고려하여야 하며, 조사에 중대한 지장이 없는 한 가족, 의사, 기타 적당한 자를 참여하게 하여야 한다.

(ⅷ) 대상자가 중요한 사항에 속한 것으로서 타인의 진술을 그 내용으로 하는 진술을 한 경우에는 그 사실을 직접 경험한 자에 대하여 다시 조사하도록 노력하여야 한다.

제 3 장

탐정의 **정보수집활동론**

제1절 정보의 의의

1. 정보의 어원

정보(情報)는 영어로는 information이다. in은 '~으로 한다' 또는 '~에 준다'는 뜻이 있고, form은 '형체를 갖춘다' 또는 '틀을 짠다'는 뜻이 있다. 그래서 information은 '무질서하게 널려 있는 것들을 구별해서 관련을 맺어 준다'는 뜻으로 해석된다.

그러나 정보란 용어는 원래 군대에서 사용하던 전문용어로서 '적국의 동정에 관하여 알림'이라는 의미를 가지고 있었다. 즉, 군사용어로서 '정보'는 이집트제국의 군사기록과 중국 춘추전국시대의 「손자병법」, 「36계」 등에서 나타나고 있다. 한편, 프로이센의 프리드리히 대왕(Friedrich Ⅱ., der Große)은 정보활동을 '제5열,' '제5전선'이라고 부르는 등 정보활동을 중시하였고, 나폴레옹(Napoléon I)도 1800년경 '정보국'을 설치하여 정보활동을 강화하였다.

오늘날 우리나라에서 사용하는 정보라는 용어는 일본의 메이지(明治)정부가 프랑스의 병제를 채택하여 구 일본 육군을 창설하면서 프랑스군이 사용하던 군사용어를 번역한 것이다. 즉, 적국의 정세인 적정(敵情)의 '정(情)'과 알린다는 의미의 '보(報)'를 연결하여 '정보(情報)'란 단어를 만든 것으로서, 이 용어가 일제강점기에 들어와 현재까지 사용하게 된 것이다. 이처럼 정보란 용어는 군사적 목적으로 사용되었지만 사회가 발전하면서 일반 사회생활에서도 사용하는 일상적인 용어가 되었다. 다만, 오늘날 정보란 용어는 정보를 필요로 하는 분야에 따라 여러 가지 의미로 정의되고 있다.

2. 정보활동의 역사

우리나라에서 최초의 정보원은 보부상이라고 할 수 있다. 보부상(褓負商)은 봇짐장수와 등짐장수를 통칭하는 단어인데, 교환경제가 활발해지던 삼국시대부터 활동했다고 한다. 보부상은 상인과 소비자 사이를 왕래하며 물물교환의 매개체 역할을 하던 잡화상들로 지역 간 소식을 전달하는 역할을 자연스럽게 겸하게 되었고, 일부는 정보원의 역할을 하게 된 것으로 추정된다. 이성계는 조선왕조를 건국할 때 이들을 지역별 정보를 수집하는 정보원으로 적극 활용하였고, 이후 조선 초기 '보부상단(褓負商團)'이라는 전국조직이 탄생하는 배경이 되었다.

보부상은 병인양요(丙寅洋擾, 1866년 프랑스함대의 침공) 때 대원군의 명에 따라 '상병단'을 조직하여 강화도에 군량을 운반하여 프랑스함대를 물리치는 데 기여하였으며, 대원군은 그 공로를 치하하여 전국의 보부상을 보호하는 '보부청'을 설치하고, 대원군이 도반수가 되고 대원군의 큰아들인 이재면으로 하여금 관리하게 하였다. 그리고 1883년(고종 20년) 개항 이후 상업화에 밀려 생업에 위협을 받게 된 보부상을 보호하고 그들의 민폐를 근절하기 위해 군국아문 관할 아래에 보부청을 흡수한 '혜상공국(惠商公局)'을 설치하였었다.

1902년에는 고종황제 직속의 비밀정보기관인 '제국익문사(帝國益聞社)'가 설치되었다. 근대적 국가정보기관의 시초인 제국익문사는 경성에 본부를 두고, 상임통신원, 보통통신원, 특별통신원, 외국통신원 등 모두 61명의 통신원을 경성의 주요지역과 외국공관 및 외국인 거류지, 전국 13개 도와 주요항구, 일본, 중국, 러시아 등에 파견하여 정부관리와 서울주재 외국공관원의 동향 감시 및 각국 정부의 대한정책(對韓政策) 등에 대한 첩보수집업무를 수행하게 하였다.

3. 정보의 의의

1) 정보의 의미

정보란 통상적으로는 우리가 일련의 행위를 시작하기 전에 알아야 할 사전지식을 뜻하며, 그 본질에 있어서는 어떤 목적을 달성하기 위한 정책수립의 기본지식, 즉 문제해결에 필요한 지식을 말한다. 하지만 정보기관에서는 '정보란 국가의 정책결정을 위하여 수집된 첩보를 평가, 분석, 종합 및 해석한 것으로 얻은 지식'이라고 정의함으로써 첩보와 정보를 구분하고 있으며, 국가정책이나 전략기획을 수립하거나 의사를 결정하기 위하여 사용자에게 가치있고 유용한 지식이 정보라는 것을 분명히 하고 있다.

과학기술적 측면에서 데이비스는 "정보란 받아들이는 사람에게 필요한 형태로 처리된 데이터이며, 현재 또는 장래의 의사결정에서 실현되든가 또는 가치를 인정받는 것"으로 정의하고 있다. 반면, 사회 일반적인 차원에서 셔먼 켄트(Sherman Kent)는 그의 저서 「전략정보」에서 "정보란 지식이며, 조직이고 활동"이라고 하고, 경우에 따라서 "정보란 어떤 형태 또는 사건에 대한 불확실성을 감소시키는 유·무형의 실체"라고 정의하였다.

2) 유사개념과의 구별

(1) 출처

출처(source)란 자료(data)나 첩보를 획득할 수 있는 원천(源泉)을 말한다. 모든 첩보 또는 정보의 수집에는 입수경로가 있는데, 이 입수경로를 정보원 또는 첩보의 출처라고 한다. 즉, 출처의 넓은 의미는 입수자에게 첩보나 자료를 주게 된 직접 또는 간접의 공급원을 뜻하지만, 정보전문가 사이에서 출처라고 했을 때는 상식적으로 직접 또는 간접의 제보자를 뜻한다. 그러나 첩보수집자가 아닌 정보분석자가 첩보나 정보의 출처를 중요시하고, 문제시하는 것은 그 자료의 신뢰성을 평가하는 기초가 되기 때문이다. 출처라고 할 때는 첩보의 제보자보다 실제로 그 첩보가 생성된 원천이 중요시된다.

(2) 자료

자료(data)란 특정한 목적에 의해 평가되어 있지 않은 단순한 여러 사실이나 기호를 말한다. 그 유용성 여부는 아직 미지수이며, 매일같이 쏟아져 나오는 각종 신문, 서적, 광고 등이 여기에 포함된다.

(3) 첩보

첩보(諜報, intelligence)란 목적성을 가지고 의도적으로 수집한 자료를 말하며, 아직 평가·해석되지 않은 정보자료라고 할 수 있다. 정보활동을 전문으로 하는 정보기관을 제외한 일반사회나 기업체에서는 정보나 첩보를 잘 구별하지 않고 사용하고 있으나 정보기관에서는 혼란과 정확성의 문제 때문에 하나의 약속부호처럼 이 양자를 엄격히 구분하여 쓰고 있다. 즉, 정보를 생산하기 위하여 사용하는 자료를 첩보라 하고, 그 자료로서 생산된 결과를 정보라고 정의하고 있다. 어원상으로는 정보라는 말과 첩보라는 말은 지식이라는 점에서 공통적이지만 첩보는 사실의 발생에 관한 견문, 풍문 등을 통보 또는 중간단계에서 듣거나 본 사상에 대해 단순한 안내 또는 소개적인 의미의 지식을 뜻한다. 반면, 정보는 단순한 견문이나 통보된 내용을 지식과 사고력을 동원하여 의도에 관한 속성을 찾으려는 추구력에 의해 발견된 지식을 말한다.

제2절 정보의 구성요소와 특성

1. 정보의 구성요소

정보를 구성하는 기본적 요소로는 정보사용자와 정보의 고유가치, 일정한 형태의 처리과정 등을 들고 있다.

1) 정보사용자

정보는 어느 시기, 어느 상황을 막론하고 해당 정보를 필요로 하는 사용자가 있어야 한다. 사용자는 특정한 개인이나 조직, 단체가 될 수 있으며, 경우에 따라서는 국가나 군대, 기업체 등 누구나 정보사용자가 될 수 있다. 아무리 많은 정보가 산재해 있더라도 그것을 필요로 하는 사용자가 없다면 정보는 무가치한 자료가 될 뿐이다.

2) 정보 고유의 가치

정보는 필요성이라고 하는 고유의 가치가 있어야 한다. 아무리 훌륭한 정보라 하더라도 그것이 필요 없는 사람에게는 아무런 가치가 없는 것이기 때문이다.

3) 일정한 처리과정

정보는 일정한 형태의 처리과정을 거쳐야 한다. 정보는 필요한 사람이나 특정한 목적에 따라 일정한 처리과정을 통하여 처리되어야 정보의 가치가 살아나며, 반드시 이와 같은 처리과정을 통하여 생산된 것만 정보로서의 가치가 부여된다. 따라서 일정한 형태의 처리과정을 거치지 않은 정보는 자료나 첩보의 수준에 지나지 않는다고 할 수 있다.

2. 정보의 특성

정보는 다음의 특성을 가지고 있다.

특 성	내 용
적실성	사용권자의 의사결정에 반드시 필요한 내용을 제공할 때 정보로서의 가치를 가진다.
적시성	정보는 사용자가 필요로 하는 시기에 제공되어야 하며, 일반적으로 시간이 갈수록 가치가 줄어드는 속성을 가지고 있다.
비이전성	정보는 타인에게 전달해도 본인에게 그대로 남아 있다.

누적효과성	정보는 데이터베이스의 사례에서 볼 수 있듯이 정보가 풍부하게 생산되고, 축적될수록 그 가치가 높아진다.
신용가치성	정보의 구입 시 출처, 즉 정보원의 신용이 중요한 판단기준이 되며, 따라서 같은 정보라도 출처의 신뢰도가 높을수록 그 정보의 가치는 높다.
무한가치성	물질이나 에너지는 하나의 상품에 하나의 가치밖에 없지만, 정보는 그 내용이 단 한 가지라 할지라도 필요한 사람이면 누구에게나 가치가 있다.
빈도	정보제공의 빈도(頻度)가 높은 것일수록 사용자에게 도움이 큰 것이므로 관리에 신중을 기하여야 한다.
완벽성	정보는 주제와 내용이 일치하여야 하며, 관련된 모든 사항이 포함되어야 한다. 다만, 특정 상황에 대한 정보가 그 정보를 필요한 사람에게 전반적이고 체계적인 내용을 모두 전달해 줄 수 있는가도 정보의 가치판단에 있어서 중요한 기준이 된다.
필요성	정보는 필요한 사람에게만 알려야 하는 것이 원칙이며, 그 정보가 누구에게 필요한가, 누가 알아야 할 정보인가라는 문제를 내포하고 있다.
변화성	사용자의 지위나 시간의 흐름에 따라 정보의 가치는 변하게 된다.
독립성	배타적으로 독립된 정보가 비교적 큰 가치를 가지고 있으며, 이는 주로 비밀로 관리된다.

제3절 정보의 가치와 그 평가요소

1. 정보의 가치

1) 상업적 가치

정보의 상업적 가치는 개인, 기업 등 경제주체가 정보의 주체가 되어 경제적 이윤추구를 목적으로 할 때 강조되는 가치이다. 이때 정보는 기본적으로 경제주체들이 팔거나 사는 재화 또는 상품으로서의 성격을 가지게 되는 것이다. 정보화사회의 진전에 따라 정보의 중요성이 증가하면서 재화 또는 상품으로서의 정보의 역할이 커지게 되고, 따라서 정보의 상업적 가치의 중요성도 더욱 증대될 것이다. 또한 정보는 아무리 사용해도 감가상각되지 않으며, 정보 자체가 재화적 가치를 지니거나 경제적 손익에 지대한 영향을 미친다.

그러나 이러한 추세는 정보의 상업적 가치를 부당한 방법으로 침해하는 사회병리현상을 초래하고 있기도 하다. 즉, 지식재산권의 침해를 수반하는 컴퓨터 범죄, 지식재산권 관련 계약 및 법률위반과 산업스파이 활동 등은 정보의 특징 중 하나인 높은 전달가능성에 편승하여 국가 간의 정보유통의 문제를 파생시키고 있다. 이에 각국의 정보기관은 상업적 가치를 가진 자국의 정보를 다른 국가 또는 그 기업 및 개인 등으로부터 보호하기 위한 대정보 활동을 강화하고 있다.

2) 개인적 가치

정보의 개인적 가치는 정보의 주체인 개인이 사생활의 내용을 공개당하지 않을 목적(소극적, 전통적 프라이버시권)을 추구할 때 강조되는 가치이다. 이외에도 초상권, 성명권 등 일신전속적 성격을 가지는 권리들이 정보의 개인적 가치와 밀접한 관련이 있다. 이와 관련하여 개인에 관한 정보가 경찰의 업무범위에 포함되는 '치안정보의 수집' 활동의 대상이 되는 경우에는 정보수집과정에서 경찰목적, 정보의 개인적 가치의 침해 필요성 및 그 범위 상호 간에 비례의 원칙 등 법원칙의 위반이 발생하지 않도록 하여야 한다. 집회현장에서 이루어지는 경찰의 채증활동이 적법성을 보장받기 위해서는 집회·시위방법의 적법성에 대한 고려와 함께 채증대상이 되는 개인정보인 초상에 대한 목적 외 사용금지, 적절한 폐기절차 등을 보장할 필요성이 제기되는 것도 이와 같은 이유에 근거한다.

정보의 개인적 가치를 적극적인 관점에서 보면, 정보취득의 수단과 취득 정보의 이용·관리의 방법에 따라 '개인의 비중'이 달라진다는 것을 의미하며, 개인적으로 소유한 정보가 그 소유자에게 미치는 가치를 나타내는 소유효용을 말한다. 정보화사회에서는 재물을 많이 소유한 자보다 좋은 정보를 많이 보유한 자가 지배세력이 된다.

3) 공공적 가치

정보의 공공적 가치는 공중일반이 정보의 주체로서 공공복리를 목적으로 정보를 공유하여야 한다는 시각에서 강조되는 정보의 가치이다. 국가가 학문의 자유, 언론 및 출판의 자유 등을 존중하고, 이를 위해 공공도서관, 박물관, 학교 등을 설립하거나 언론 및 출판 시스템을 지원하는 등의 전통적인 태도와 함께 각국이 행정정보공개제도 등을 도입, 발전시켜 오고 있는 최근의 경향은 정보의 공공적 가치를 인정하는 데에 따른 것이라 할 수 있다.

4) 정보가치의 상호 간의 충돌

이상에서 언급한 정보의 가치들은 상호 경쟁관계에 있기 때문에 경우에 따라서는 가치 간의 충돌이 생길 수도 있다. 즉, 어떤 정보는 상업적, 개인적, 공공적 가치를 모두 갖출 수도 있지만 대부분 어느 한 가치가 상대적으로 강조되어 비교우위를 점하게 되며, 이때 가치 상호 간에 갈등이 형성되는 것이다. 예를 들면, 정보의 상품성이 강조될 경우 새로운 정보시스템을 통하여 정보를 판매하려는 입장에서는 정보를 누구나 공유하여야 한다는 관념에서 출발하는 공공도서관의 이념과는 충돌할 수밖에 없다. 또한 공적인 가치를 반영하는 '정보자유'에 관한 법은 사생활을 보호받을 권리 등과 같은 개인이나 소유자의 이해, 즉 사적 가치와 상충될 수 있다. 예를 들면, 공적인 목적을 위해서 개인이나 기업 또는 다른 조직에 관한 막대한 양의 정보를 수집하는 경우이다.

그런데 지금까지는 개인이 정보에의 접근이 어려웠기 때문에 개인정보에 대한 보호가 어느 정도 통제 가능했지만 정보화사회의 도래로 전산화된 시스템은 이러한 정보에 접근하는 것을 용이하게 하고, 정보의 관리에 소요되는 시간과 비용도 감소시켜 정보의 대중화에 기여하게 되었다. 하지만 정보의 공적 가치는 높아진 반면, 사적 가치의 보호는 어려워지게 된다. 또한 상업적 가치와 사적 가치와의 갈등도 현대 사회에서 흔하게 발생하고 있다. 상업적으로 시장성이 있는 정보는 이와 관련된 개인의 동의 없이 제3의 정보제공자로부터 수집되어 개인의 사생활과 소유권의 침해를 초래할 수도 있다.

이와 같이 정보의 가치들이 서로 충돌할 경우에는 이익형량을 통해 보호할 가치의 우선순위를 정하여야 하며, 이때 후순위의 정보의 가치에 대한 침해는 최소한에 그치도록 할 것이 요청된다.

2. 정보가치의 평가요소

정보의 가치에 대한 평가는 의사결정에 있어서 정보의 활용정도와 연관되어 있다. 즉, 어떠한 특정정보가 절대 보편적인 가치를 가지고 있는지 여부는 누가, 어떠한 상황에 언제 사용하느냐에 달려 있다고 할 수 있다. 정보의 궁극적인 목적은 의사결정에의 활용에 있으므로 완전한 의사결정을 내려 일을 성공적으로 끝맺도록 하는 것이라고 할 수 있다. 따라서 의사결정에서 정보가 일정한 가치를 가지려면 다음과 같은 요건을 갖추어야 한다.

1) 관련성

정보가 현재 직면한 문제해결, 즉 정보의 사용자와 사용목적과 관련된 것이어야 한다(relevance). 정보는 의사결정의 상황에서 문제의 정확성을 파악하여 진단하고 대안을 제시함에 있어서 도움이 될수록 정보로서의 가치도 높아진다.

2) 정확성

정보는 정확하여야 한다(accuracy). 정보가 정확하지 못하면 의사결정에 차질이 생기고, 잘못된 방향으로 의사결정을 할 수도 있다. 정확한 정보를 얻기 위해서는 정보활동을 위한 사전 준비가 철저하여야 하며, 정보의 객관성에 대한 평가도 있어야 한다. 또한 정확성을 기하기 위해서는 수집된 정보는 올바른 것이어야 하며, 정보를 다루는 사람도 공적인 자세와 공정성을 잃지 않아야 한다.

3) 적시성

정보는 사용자가 필요한 때에 사용할 수 있도록 시기적절하게 제공되어야 한다(timeliness). 정보의 제공이 너무 이르면 보안에 문제가 생길 수도 있고, 지나치게 늦으면 시기를 잃어 의사결정에 사용할 수 없게 된다.

4) 완전성

정보의 완전성(completeness)은 절대적인 완전성을 뜻하는 것이 아니라 시간이 허용하는 한 최대로 완전한 지식이 되어야 한다는 것을 의미한다. 부분적이거나 단편적인 정보는 비록 정확하고 중요한 내용이라 할지라도 사용자가 의사결정하는 데 도움이 되지 않으므로 정보는 가능한 한 주제와 관련된 사항을 모두 망라하여 완전하게 작성되어야 한다.

한편, 정보는 단편적인 정보를 모아 완전한 하나의 지식을 만들어 내는 것이다. 따라서 정보를 생산할 때에는 항상 사안의 내용을 종합적으로 파악할 수 있어야 하며, 다른 사안과의 인과관계, 향후 전망 및 대책까지도 제시할 수 있어야 한다.

5) 필요성

정보는 반드시 사용자에게 필요한 지식이어야 한다(necessity). 정보가 적시성, 완전성, 정확성 등을 모두 갖춰 정보로서의 흠이 없다고 할지라도 그 지식이 사용자와 무관한 지식이라면 이는 결코 정보라 할 수 없다. 따라서 정보의 가치는 정보가 누구를 위한 것이며, 무엇에 관한 것인가에 달려 있다. 즉, 사용자가 현재 당면하고 있거나 또는 앞으로 당면하게 될 문제해결을 위한 지식이라는 점에 정보의 생명력이 존재하는 것이다.

6) 특수처리과정

사용자와 관계가 있는 정보를 정확하고, 완전하게, 적시에 생산하여 제공하려면 단순히 첩보를 수집하고, 보고하는 과정만을 거쳐서는 그 목적을 달성하기 어렵다. 정보는 그 주제에 관계되는 모든 첩보를 신속히 수집하여 평가, 분석, 종합, 해석함으로써 비로소 사용자에게 가치 있는 지식으로 산출되는 것으로서, 여러 사람의 조직적이고 계획적인 협동작업을 통하여 탄생하는 작품이다(special procedure). 이처럼 정보가 특수과정을 거쳐 작성되는 이유는 정보가 개인이나 국가의 안위와 관련이 있기 때문이다.

7) 정보제공의 빈도

정보의 사용자가 얼마나 자주 정보를 접할 수 있는가, 즉 정보의 빈도(frequency)는 의사결정에 중요한 영향을 미친다. 정보의 빈도가 높으면 높을수록 사용자에게는 도움이 될 가능성이 높으므로 그만큼 정보의 가치도 높아지게 된다.

제4절 정보의 효용과 정보의 분류

1. 정보의 효용

정보의 효용이란 질적 요건을 갖춘 정보를 어떻게 사용하여야 행동방책(行動方策)의 결정과정에 효과적으로 기여할 수 있는가에 대한 기준을 말한다.

1) 형식효용

아무리 가치 있는 정보라도 읽혀질 때 비로소 그 가치나 역할이 인정될 수 있다. 따라서 최고결정권자에 대한 정보보고는 1면주의원칙이 요구된다. 즉, 전략정보는 최고결정권자에 대한 보고인 만큼 축약된 내용만 보고하는 '1면주의'가 바람직하다. 하지만 전술정보는 그보다 낮은 수준의 정책결정권자나 실무자에게 제공되는 정보인 만큼 비교적 상세하고 구체적이어야 한다.

2) 시간효용

정보사용자의 명시적 요구가 없더라도 정보는 정보사용자가 정보를 필요로 하는 시점에 제공되어야 시간효용이 높게 된다.

3) 접근효용

정보의 효율적인 활용을 위해서는 정보의 비밀성과 접근성의 조화가 필요하다.

4) 소유효용

정보는 상대적으로 많이 소유할수록 집적 효과를 발휘할 수 있다. '정보는 국력이다'라는 말은 정보의 소유효용을 표현한 것이다.

5) 통제효용

정보는 정보를 필요로 하는 사람에게 필요한 만큼 제공되도록 통제되어야 한다. 이를 '차단의 원칙,' '알아야 할 사람만 알아야 하는 원칙'이라고도 하며,

이것은 보안활동과 밀접한 관련이 있다.

2. 정보의 분류

정보를 각 기준에 따라 분류하면 다음과 같다.

1) 정보공개 여부에 따른 분류

공개정부	관청, 인명부, 법원의 등기부 열람, 국회도서관, 신문, 잡지 등에서 공공연하게 입수할 수 있는 정보를 의미한다.
비공개정보	공개되지 않아서 입수한 당사자밖에 모르는 정보를 의미한다.

2) 정보의 신빙성 정도에 따른 분류

확인정보	탐정이 미행하여 직접 얻은 정보는 확인정보에 가깝고 확실성이 높다. 휴지나 쓰레기통 조사도 확인정보를 얻는 하나의 방법이다.
미확인정보	탐문조사로 얻은 정보는 대부분 미확인정보에 해당한다. 탐문대상자의 거짓이나 속임수도 있기 때문에 확실성은 낮다.
허위정보	탐문조사에 많다. 대상자가 의도적으로 속이고 있는 경우가 여기에 해당된다.

제5절 정보의 순환

1. 정보순환의 의의

정보의 순환이란 정보를 산출하기 위해서는 소요되는 정보요구를 결정하고, 이 요구를 충족시키기 위해 첩보를 수집·보고하고, 수집된 첩보를 평가·분석·종합·해석하는 과정을 거쳐 정보가 생산되어, 사용자에게 전파되는 4개의 과정을 말한다.

정보의 순환은 연속적으로 이루어지며, 전 단계가 동시에 발생할 수도 있다. 정보순환의 각 단계는 각각 소순환과정을 거쳐 전체 순환과정으로 연결된다. 정보순환과정은 서로 연결되어 있기 때문에 어느 한 단계가 적절하게 또는 부적절하게 처리되었느냐에 따라 정보생산활동의 성패가 결정된다. 다만, 국가의 정보기관은 통치권자나 정책입안자로부터 정보의 요구가 없더라도 능동적으로 중요정보를 수집·생산·배포하여야 할 책무가 있지만, 탐정의 경우에는 의뢰인의 의뢰에 의해 수집·생산·배포가 이루어진다는 점에서 공적 정보와 사적 정보의 순환은 비교된다.

2. 정보순환의 4단계

정보는 정보의 요구 - 첩보의 수집 - 정보의 생산 - 정보의 배포라고 하는 4단계의 순환과정을 거치게 된다.

1) 1단계: 정보의 요구

(1) 정보요구의 의의
정보요구란 정보의 사용자가 필요에 따라 첩보의 수집활동을 집중 지시하는 것으로서 정보활동의 기초가 된다.

(2) 정보요구의 소순환과정
정보의 요구과정은 구체적이고 계획적으로 진행되는 일련의 과정을 거치게 되는데, 이 과정을 정보단계의 소순환과정이라고 한다. 정보요구의 소순환과정은 첩보의 기본요소 결정 - 첩보수집계획서의 작성 - 명령지시 및 전달 - 사후검토의 단계를 거쳐 이루어진다. 이러한 소순환과정을 거쳐 대순환과정에서 연결된다.

(3) 정보요구의 방법
효과적인 정보수집을 위해서는 정보를 필요로 하는 자가 지향하게 될 정보활동의 목표에 대한 우선순위를 결정한 후 필요한 정보를 요구한다. 이때 필요에 따라 특별한 정보를 요구하거나 급변하는 정세에 따른 정보를 요구하기도 한다.

2) 2단계: 첩보의 수집

(1) 첩보수집의 의의

첩보의 수집이란 첩보수집기관이 요구된 정보의 자료가 되는 첩보를 수집하는 활동을 말한다.

(2) 첩보수집의 소순환과정

첩보수집의 소순환과정이란 요구된 정보의 획득에 사용할 기관 및 방법 등을 포함한 첩보수집계획을 수립하고, 첩보출처를 개척하여 공개된 자료, 인간정보, 영상정보, 신호정보 등을 활용하여 수집한 첩보를 전달하고 보고하는 과정이다.

(3) 첩보의 획득 유형

첩보의 획득 유형은 다음과 같다.

유 형	내 용
공개정보	진정, 투서, 민원, 시위, 소문, 평판, 유언비어, 여론, 각종 인쇄물, 방송 등에 의해 이루어진다.
인간정보 (human intelligence)	'휴민트(humint)'라는 단어로 많이 알려져 있다. '인간정보는 첩보수집의 시작이자 끝'이라 할 수 있을 정도로 중요하고 결정적인 수단인 반면, 첩보의 신뢰성 검증이 곤란한 단점이 있다.
영상정보 (image intelligence)	'이민트(imint)'라고도 하며, 레이더, 적외선센서, 위성사진 등 영상이나 사진 등을 통해 탐지한 첩보를 말한다.
신호정보 (signal intelligence)	'시긴트(sigint)'라고도 하며, 전파 및 전자적 신호탐지를 말한다.

3) 3단계: 정보의 생산

(1) 정보생산의 의의

정보생산이란 정보사용자의 요구에 맞도록 수집 및 전달된 첩보를 선택, 기록, 평가, 분석, 종합, 해석하여 정보화하는 것을 말한다.

(2) 정보의 생산과정

정보의 생산과정은 선택-기록-평가-분석-종합-해석의 순으로 행하여진다.

과정	내 용
선택	입수된 각종 첩보 중에서 긴급성, 유용성, 신뢰성 등을 예비적으로 평가하여 정보처리의 우선순위 또는 검토할 가치 유무를 정한다.
기록	유사한 첩보를 취합 또는 요약하거나 분류하여 향후 여러 단계의 작업과정에 능률적으로 활용될 수 있도록 관리하는 과정이다.
평가	첩보의 적합성, 출처의 신뢰성, 내용의 정확성 등을 검토하는 과정이다.
분석	'재평가과정'이라고도 하며, 평가된 첩보를 구성요소별로 세분화하고, 세분화된 요소들의 인과성, 패턴, 경향, 상관관계 등을 논리적으로 검토하는 과정이다.
종합	'사실에 대한 객관적 평가과정'과 '논리적 검증과정'을 거친 첩보를 하나의 통일체로 묶어내는 과정이다.
해석	평가, 분석, 종합된 새 정보에 대하여 그 의미와 중요성을 부여하는 과정이다.

(3) 정보생산의 소순환과정

정보생산의 소순환과정은 수집된 첩보 중에서 불필요한 첩보를 골라내고 긴급성, 유용성, 신뢰성, 적합성 등을 기준으로 필요한 것을 선택하고, 당장 사용하지 않는 첩보이거나 사용한 첩보는 기록하여 관리하며, 첩보의 출처 및 내용에 관하여 적절성, 신뢰성, 가망성을 판단하고, 평가된 첩보를 요소별로 분류·평가한 후 상호관련성을 발견·비교·보충한 자료를 종합하여 생성된 정보에 대하여 그 의미와 중요성을 결정하여 건전한 결론을 도출하는 과정이다.

4) 4단계: 정보의 배포

(1) 정보배포의 의의

정보배포란 생산된 정보를 필요로 하는 공인된 사람과 기관, 즉 사용자에게 적합한 형태와 내용을 갖추어서 적당한 시기에 전파하는 것을 말한다.

(2) 정보배포의 원칙

정보배포의 원칙은 다음과 같다.

원 칙	의 미
필요성의 원칙	알아야 할 대상자에게는 알려야 하고, 알 필요가 없는 대상자에게는 알려서는 아니 된다.
적시성의 원칙	사용시기를 놓치거나 너무 일찍 전달되면 정보의 가치는 상실된다.
적당성의 원칙	정보는 필요로 하는 사람이나 기관에 적당한 양만큼만 전달되어야 한다.
보안성의 원칙	작성된 정보연구 및 판단이 누설됨으로써 문제를 일으키지 않도록 보안에 각별히 유의한다.
계속성의 원칙	정보의 배포는 관련된 주제에 대하여 조직적이며 계속적이어야 한다.

(3) 정보배포의 방법

정보는 비공식적인 개인 간의 대화, 브리핑, 일일정보보고, 정기간행물, 특별보고서, 연구과제보고서, 단행본, 참고용보고서, 필름, 전신 등 다양한 방법으로 배포한다.

제6절 정보의 수집

1. 공개정보의 수집

제임스 울시(R. James Woolsey Jr.) 전 미국 중앙정보국(Central Intelligence Agency: CIA) 국장은 "모든 정보의 95%는 공개된 출처에서, 나머지 5%만이 비밀출처에서 나온다"고 했으며, 경제학자 빌프레드 파레토(Vilfredo Federico Damaso Pareto)는 "우리가 일상생활에서 필요로 하는 정보의 80%는 주변에 이미 널려 있다"고 한 바 있다. 또한 미국의 저명한 정보전문가 랜슨(Ranson)은 CIA를 비롯한 각국의 대표적인 정보기관이 막대한 예산을 들여 수집해 온 첩보를 자체 분석한 결과 수집된 첩보의 약 80%이상이 이미 공개된 출처에서도 획득

가능한 것이었다는 결론을 내리고 공개정보의 중요성을 특히 강조하였다. 이는 공개정보를 정보의 요체로 삼아야 하는 탐정이 나아갈 길을 제시하고, 그 무한의 가능성을 예감하게 한다. 지금 세계의 정보시장에서는 첩보를 어떻게 수집했느냐 하는 비공개첩보의 중요성 못지않게, 어디에서 수집했느냐 하는 공개첩보의 중요성에도 주목하고 있다.

공개첩보는 다음의 수집원을 통해 확인할 수 있다.

1) 소문

생활근거지나 직장 주변 또는 지인들로부터 나오는 소문(평판이나 풍문)은 조사대상자에게 접근하거나 문제해결에 유용한 단서를 포착함에 가장 유익한 요소이다. 특히, 주유소, 세차장, 주점, 식당, 미용실, 사우나, 커피숍, 증권가 등의 소문은 유용하다. '소문은 실탄처럼 빠르고 강하다'는 말을 음미해 볼 필요가 있다.

2) 인터넷

인터넷은 전 세계를 하나로 연결하는 온라인 통신망으로 신속한 정보와 각종 통계자료, 논문·칼럼, 인물동정 등 거의 모든 것이 데이터베이스화 되어 있어서 오늘날 정보활동의 보고(寶庫)로 평가되고 있다.

3) TV나 라디오

TV나 라디오는 뉴스나 다큐멘터리, 생활·문화정보, 상식 등 풍부한 정보를 제공하고 있다. 특히, 드라마나 사건·사고의 실화, 첩보영화 등을 통해서도 특정 사안에 대한 자료나 문제해결에 필요한 영감을 얻을 수 있다.

4) 신문

신문은 비교적 '저비용·고효율'의 정보매체이다. 문제의식을 갖고 자신이 관심을 가진 분야를 반복·정독하는 습관을 가지면 좋다. 어떤 목표가 설정되면 한두 개의 신문을 택해 그와 관련된 칼럼, 인물동정 등을 지속적으로 스크랩하거나 요지를 메모해 둔다. 신문에는 직설적 표현이 아닌 암시성 또는 복선형 기사가 적지 않으므로 행간의 뜻을 잘 알아차리는 능력을 갖추어야 한다. 또한 신문에 실린 각종 행사나 모임, 회의 등의 사진자료는 특정사안의 사실관계를 파악하는 중요한 단서가 될 수 있으므로 일시·장소를 기록하여 보존한다.

5) 잡지나 단행본

잡지나 단행본은 탐정의 정보활동에 있어서 가정교사 역할을 한다. 내용면에서 신문이나 방송보다 심도 있는 이론을 담고 있기 때문이다. 특히, 특정 분야나 사회의 이목이 집중되어 있는 분쟁·사건·사고나 이에 관련된 인물 등에 대한 상세한 분석을 특집기사로 게재하는 경우가 많다.

6) 진정서나 투서

진정서나 투서 등은 어떤 정책이나 공무원 또는 관련 민간인에 대한 불만(비판)에서 비롯되는 경우가 많다. 따라서 진정이나 투서의 내용을 잘 살펴보면 이에 연루된 많은 사람들의 이면을 간파할 수 있다.

2. 비공개정보의 수집

비공개정보는 본질적으로 탐정이 들여다볼 영역이나 몫이 아니며, 탐정의 궁극적인 목적인 '사실관계 파악'은 다양한 형태로 존재하는 공개된 정보의 발견과 취합이라는 사실행위를 통해 달성되어야 한다는 것이 탐정의 이념이며, 본질이다. 그럼에도 불구하고 사회 일각에서는 탐정에 대해 '비공개정보를 수단껏 잘 빼오는 전문가'로 잘못 인식하고 있는 경우가 많다. 탐정은 대립관계에 있는 국가나 기업 등 일정한 조직체에 침투하여 기밀을 알아내는 스파이와는 그 존립근거나 추구하는 가치가 다르다. 따라서 탐정이 비공개정보에까지 접근하려는 시도는 탐정제도의 근간을 흔드는 일탈이 될 수 있다는 점에서 신중하여야 한다.

그러나 탐정이 다른 사람을 통해 비공개첩보를 수집하는 것은 가능하다. 이때 탐정이 기본적으로 알고 있어야 하는 것은 모든 사람이 정보를 갖고 있다는 사실이다. 탐정은 어떤 누구와도 알고 지낼 기회가 많기 때문에 사교를 계속하며 인맥을 넓혀 나가려면 자기의 인품을 바탕으로 하지 않으면 아니 된다. 이러한 탁월한 인품을 갖추고 능력을 넓힌다면 아무리 유명하고 권력을 가진 실세 정치가 앞이라고 해도 주저함이 없이 가까이 다가가 친근하게 얘기를 나눌 수 있는 것이다. 그러므로 유능한 탐정이 되기 위해선 정보를 얻을 수 있는 다양한 인맥을 구축하여야 한다. 인맥을 넓히는 방법에는 특별히 정해진 것이 없으며, 무리하게 인맥을 넓힌다고 해도 그렇게 마음대로 되는 것은 아니다. 정치계, 경제계의 파티나 강연회에 참석하기도 하고, 다른 업종 간의 교류회 같은 곳에 참가하는 방법 등이 있지만 그것도 사전에 이미 인맥이 있어야만 초청될 수 있다. 하지만 탐정 본인이 특별히 정치계, 경제계를 통하여야 하는 것은 아니며, 신뢰할 수 있는 친구나 지인을 통해 인맥을 넓히는 것도 가능하다.

제7절 정보수집 시의 기본자세와 유의사항

탐정이 정보수집 시에 있어서의 기본자세와 유의사항을 요약·정리하면 다음과 같다.

(i) 준법정신을 가져야 한다.

(ii) 목적의식을 가져야 한다.

(iii) 정보의 배경을 분석한다.

(iv) 다각적이고 종합적인 시각을 갖도록 한다.

(v) 공개정보도 중시한다.

(vi) 선입관 없이 객관적으로 바라본다.

(vii) 우선순위를 정한다.

(viii) 출처가 명확하더라도 반드시 확인하여야 한다.

(ix) 보안을 유지하는 능력이 필요하다.

(x) 사실과 추리를 구별하는 능력이 필요하다.

(xi) 이용가치가 높은 정보부터 수집하여 시간과 비용을 절감한다.

(xii) 알려지지 않은 정보부터 수집하여 수집된 정보의 가치를 높인다.

(xiii) 정보의 신속성은 정보의 가치에 결정적인 영향을 주는 요소이므로 긴급한 정보부터 수집한다.

(xiv) 수집가능성이 있는 정보부터 수집한다.

(xv) 경제성이 있는 정보부터 수집한다.

제 4 장

탐정의 관찰활동론

제1절 탐정의 관찰활동과 묘사

1. 탐정의 관찰활동

탐정은 정보수집활동을 하는 사람으로서 일상생활에서 모든 사물의 현상이나 사건에 관하여서는 물론, 의뢰된 임무와 목적을 염두에 두고 관련 사항에 대하여는 항상 깊은 관심을 가져야 하며, 사소한 것에도 흥미와 주의력을 집중시켜 관찰하는 태도를 가져야 한다. 우리가 잘 알고 있는 와트(James Watt)는 물주전자의 끓는 물의 현상을, 뉴턴(Issac Newton)은 사과가 떨어지는 현상을 보고 그것에 관심을 집중한 결과 각각 증기기관과 만유인력이라는 위대한 결과를 창출한 것은 관찰활동의 좋은 예라고 할 수 있다. 또한 1941년 5월초 영국주재 대사관 미국 무관보좌관인 브리안(Brian) 소령은 어느 날 독일 무관으로부터 초청을 받고 독일대사관 보만(Borman) 대령의 사무실을 방문하였는데, 책상 뒷면 벽에 있던 영국지도가 사라지고 대신 소련지도가 있는 것을 보고, 독일과 소련 간 전쟁가능성을 생각하면서 본국에 관찰사실을 보고하였는데, 50여 일 뒤에 독일과 소련 간에 전쟁이 일어났다고 한다.

모든 관찰활동은 감각작용에 의해 이루어지 되는데, 감각이란 여러 가지 자극에 의해 감각수용기관에 직접 작용하여 물질계의 여러 가지 현상이 하나의 특성으로 나타나는 의식경험의 반영이다. 그러나 이 감각은 관찰자의 배경, 즉 교육, 경험, 직업, 환경 등에 따라서 또는 인간의 착오에 의하여 정확하지 못한 경우가 많다. 그러므로 정확한 관찰을 위해서는 인간이 지니고 있는 오관의 지각작용을 모두 활용하여 다각적으로 검토하여야 한다.

2. 탐정의 관찰묘사

관찰이란 사물의 현상 또는 사건의 전말을 감시하는 과정이며, 묘사란 관찰의 결과를 재생, 표현하는 것을 말한다. 이처럼 관찰과 묘사는 밀접한 관계에 있으므로 통상 관찰묘사라는 하나의 낱말로 사용하는 경우가 많다.

탐정활동에 있어서 관찰묘사란 정보수집활동에 있어서 중요한 기술 중의 하나이며, 첩보의 원천에 접근하여 가치 있는 사물의 현상(인물 포함)과 어떤 사건 내용을 면밀히 관찰하여 그것을 정확히 묘사하는 것으로서 탐정이 일상적으로 활용하는 정보수집기술이다. 그러나 인간이 가지고 있는 관찰능력에는 사람마다 차이가 많기 때문에 수집된 첩보의 가치도 크게 달라지는 것이다. 예를 들면, 똑같은 사실을 두 사람이 관찰하였다 하더라도 이것을 묘사한 두 사람의 내용은 서로 다르게 된다. 이때 평소 관찰묘사에 대한 훈련을 받은 사람과 그렇지 못한 사람 간에는 많은 차이가 있다. 관찰묘사에 대한 정확한 이해능력은 훈련에 의하여 형성되며, 평소의 생활화를 통해서만이 그 기술이 향상되므로 관찰묘사능력을 키우기 위한 지속적인 훈련과 노력이 필요하다. 이러한 훈련이 효과적으로 되기 위해서는 통상 심리학과 기억술에 대한 이해를 높이는 한편, 스케치에 대한 기본적인 소질을 향상시켜야 한다.

제2절 관찰묘사를 위한 기억방법

1. 분류법

분류법은 어떤 사물이나 상황에 대해 수량, 종류, 그룹, 면적 등 '특징적 요소'를 기준으로 하여 적절히 분류하는 방법으로 관찰의 신속성과 묘사를 위한 기억에 많은 도움을 준다. 분류법에는 많은 수량에 대한 분류법과 같은 종류에 대한 분류법의 두 가지가 있다.

1) 수량에 대한 분류법

많은 수 및 양에 대한 분류방법으로는 정확하고도 신속한 관찰 및 묘사를 위하여 그 대상을 가로 또는 세로의 가상선을 머리 속에 그어 놓고 그 수를 파악하는 방법이 유용하다. 예를 들면, 선거 시에 모인 집단의 인원수 파악이나 군부대의 대규모 인원 및 차량의 이동 대열을 먼 곳에서 관찰할 때 그 수량을 계산하는 방법이다.

2) 같은 종류에 대한 분류법

같은 종류에 대한 분류법으로는 여러 가지 다양한 물건을 한꺼번에 관찰하는 것이 아니라 같은 종류 또는 비슷한 개념의 유형을 찾아 분류하는 관찰방법이다. 예를 들면, 탁자 위에 놓여 있는 물건을 기억하는 테스트를 받을 때, 각각의 물건은 기억하지 않고 종류별로 묶어 기억하면(책·가방·연필, 오토바이·버스·승용차, 물고기·배·해변 등) 훨씬 더 많이 기억하게 되어 관찰력이 향상된다.

2. 연상법

연상이란 과거의 경험에 기초를 두고 일어나는 과정으로서 관심을 서로 결합시키는 것을 말한다. 이 연상은 관찰 시에 완전히 상이한 두 개의 사항을 동시에 상기하여 결합시킴으로써 묘사에 있어서 효과를 얻고자 하는 것이다. 연상은 이론적인 제한이 없으므로 관찰자 자신이 마음대로 마음속에서 만들어 내면 되는데, 이론적으로 분류할 수 없는 문제에 봉착하였을 때에 가장 좋은 방법은 과거의 경험에서 인상 깊었던 것이나 예시적인 것을 생각하여 결합시키면 효과 적이다. 이때 대부분 합리적인 사건이나 사항보다 불합리한 것일수록 기억하는 데 효과가 있다. 논리적이고 보편적인 연상은 곧 잊어버리기 쉽지만 불합리한 연상은 꽤 오랫동안 머리속에 남아 다시 되살리기 쉽기 때문이다. 예를 들면, 전화번호 9982를 기억하려 할 때 99곱셈의 원칙을 연상하여 9×9+81인데 하나 더해서 82라고 암기하는 식으로 불합리한 연상을 해 두면 쉽게 기억될 것이다. 이외에도 특정한 숫자의 경우 주민등록번호, 전화번호, 차량번호 또는 자신이 특별히 알고 있는 번호나 사실 등과 연관시켜 연상하면 기억에 유리하다. 그러 나 이 연상법은 특히 잊어버리기 쉬운 어떤 관찰대상의 양이나 성질의 것인 경 우에 한하여 적용하면 효과가 크지만, 지나치게 사용하면 효과가 떨어진다.

3. 비교법

어떤 사물을 관찰할 때 자신이 이미 과거에 경험하여 알고 있는 사실과 비교 하여 기억한다는 것은 묘사할 때에 매우 큰 도움이 된다. 예를 들면, 어떤 큰 건물 을 관찰하여 묘사할 때 '그 건물은 상당히 높고 멋있는 것이었다'라고 하면 매우 막연한 상태로 묘사된다. 그러나 '그 건물의 높이는 그 앞에 서 있는 사람과 비교 할 때 약 10배 정도의 건물이며, 서울역과 비슷한 모양을 한 건물이다'라고 하면 어느 정도는 정확하게 묘사되었을 뿐만 아니라 기억에도 도움이 된다. 또한 일상생 활에서 사용하는 자기 소지품의 크기(길이, 넓이 폭 등)를 사전에 정확히 측정하여 익숙하게 사용할 수 있도록 평소에 노력하면 정보수집활동 시 더욱 효과적인 관찰 을 수행하거나 묘사하는 데 도움이 될 수 있을 것이다.

제3절 관찰묘사의 방법과 유의사항

1. 묘사방법

관찰은 관찰 자체로서 끝나는 것이 아니라 묘사를 전제로 한다. 따라서 관찰의 최종 산물은 묘사가 되어야 한다. 관찰결과에 대한 재생방법에는 사상(事象)묘사방법과 인물(人物)묘사방법의 두 가지가 있다. 사상묘사방법에는 구두브리핑 및 제스처, 문서, 사진, 도시(圖示) 등이 있으나 여기서는 도시와 인물묘사방법에 대해서만 설명한다.

1) 도시

도시는 그림으로 그려 보이는 것으로, 주로 스케치하는 것을 말하며, 이때의 스케치는 예술성보다 정확성이 요구된다. 정확성은 곧 스케치의 생명이라고 할 수 있다. 스케치할 때에 제일 중요하게 고려할 사항은 원근법이다. 동일한 평면상에 원근을 정확하게 표시하기 위해서는 근거리에 있는 물체와 선을 원거리에 있는 것보다 크게 표시하여야 한다는 것이 원칙이다. 두 번째로 적용할 도법은 입체법이다. 평면에 입체감을 나타낼 때는 보이지 않는 부분은 점선으로 표시하거나 때에 따라서는 음영을 그려 넣는 것이 중요하다.

2) 인물묘사

사람의 얼굴과 모습은 사람마다 현저한 차이가 나타나지 않고 유사한 점도 많기 때문에 인물묘사를 함에 있어서는 세밀한 관찰과 묘사 요령을 체득하여야 한다. 어떤 사람을 연상할 때 우선 머리에 떠오르는 것은 그 사람의 복장, 언어, 태도, 걸음걸이 등의 특징도 있겠지만 대부분의 경우는 얼굴이 그 사람을 특징짓는 상징이므로 인물묘사에 있어서 가장 중요한 부분은 얼굴이다. 따라서 탐정활동에 있어서는 사람을 식별하여야 할 경우가 많으므로 탐정이 인물관찰에 따르는 묘사의 정확한 방법을 숙지하는 것은 기본적이고 필수적인 사항이다. 인물묘사방법에는 기본묘사, 보통묘사, 정밀묘사 등이 있다.

종 류	묘사 내용
기본묘사	인물식별을 위한 기초적인 묘사사항으로 성별, 연령, 인종, 신장, 체중, 체격 등이며, 이때 성명, 출생지, 배경 등을 알 수 있으면 많은 도움이 된다.
보통묘사	통상 조사를 요하는 사람의 묘사에 요구되는 구체적인 사항으로 성명, 생년월일, 인종, 체중, 신장, 체격, 성별, 연고자관계, 사진, 주소, 지문 등이 포함된다.
정밀묘사	사람을 식별하는 데 가장 중요하고 세밀하게 표현되는 방법으로는 특정한 사람에 관한 행정적 제 요소와 객관적인 특징이 포괄된다. 이에는 성명, 별명, 생년월일, 주민등록번호, 지문, 국적, 현주소, 습관, 음성, 언어, 질병, 태도, 오락 및 취미, 가족사항, 정당관계, 직업, 교육, 군사 및 사회경력, 범죄기록 등이 포함된다. 정밀묘사에는 인물묘사 중에서 가장 어려운 것으로 사람의 인상을 묘사하는 몽타주작성이 포함된다.

2. 관찰묘사 시의 유의사항

관찰묘사 시에 있어서의 유의사항을 요약·정리하면 다음과 같다.

의심의 유지	관찰 시에는 막연한 상태보다 그 대상에 대하여 항상 의심을 가지고 관찰하여야 한다. 의심이 유지됨으로써 관찰은 발전과 계속성을 가질 수 있으며, 세밀한 부분까지 포함시킬 수 있다.
묘사 후의 고려	관찰 후에는 반드시 그 결과로서 묘사를 하여야 되기 때문에 재표현할 것을 염두에 두어야 한다.
객관성의 유지	관찰 시에는 관찰자 자신의 편견이나 예상을 피하여야 하며, 결과를 예측하지 말아야 한다. 주관적인 결정을 금하는 이유는 관찰자가 중요하지 않다고 생각하는 것이 때로는 중요한 정보가 될 수도 있기 때문이다.
관찰의 생활화	탐정은 항상 주의력을 갖는 생활, 즉 사람, 물건, 사실, 사건 등에 대하여 의심을 가져야 하며, 이러한 것이 생활화되어야 한다.
대상에 대한 사전지식	대상에 대한 배경정보는 관찰자에게 시간, 노력, 효과 면에서 많은 도움이 된다. 따라서 대상에 대한 내용은 물론, 주위환경까지도 사전에 조사하여 충분한 지식을 갖도록 노력하여야 한다.
가치판단	관찰자는 지역과 시간에 제약성을 갖고 활동하기 때문에 관찰대상이 많거나 광범위할 때는 그 대상의 정보가치 여부를 판단하여 관찰의 우선순위를 결정하여 중요한 것부터 중점적으로 관찰하여야 한다.

제4절 사건현장의 관찰

1. 현장관찰의 의의

현장관찰이란 사건·사고 현장에서 문제의 발생과 직·간접으로 결부되어 있는 유·무형의 자료수집과 현장보존을 위하여 현장에 있는 여러 물체의 존재 및 상태를 관찰하는 것을 말한다. '현장은 증거의 보고다'라는 말과 같이 대부분의 경우 증거는 현장에 있고, 변형된 현장은 두 번 다시 같은 상태로 복원할 수 없으므로 현장관찰이 조사에 미치는 영향은 매우 크다. 특히, 현장에서 발견·수집되는 흔적이나 유류품은 향후 조사방향 및 조사대상을 결정짓는 매우 중요한 요소가 된다. 따라서 현장관찰은 '탐문조사'와 함께 조사의 기초활동이자 성패를 결정짓는 양대 축으로서의 중요성을 지닌다.

2. 현장관찰의 요령

1) 현장관찰의 일반적 순서

현장의 상태에 따라 현장관찰의 순서는 달라질 수 있으나 통상적으로 다음과 같은 요령으로 실시한다. (i) 위에서 아래로, (ii) 외부에서 내부로, (iii) 전체에서 부분으로, (iv) 좌에서 우로, (v) 동종에서 이종으로, (vi) 정상상태에서 변동상태로, (vii) 약소부에서 강소부로, (viii) 바닥면 – 벽 – 천장 – 내부의 순으로 하는 것이 적절하다.

2) 건물내부가 현장인 경우

건물내부가 현장인 경우의 관찰묘사는 다음의 방법에 따른다.

관찰현장	관찰방법
현장의 위치확인 및 부근의 상황	현장을 관찰하기 전에 주변의 주요 지형·지물이나 접근로, 교통상황, 번잡성, 지역적 특성 등 제 요소를 총체적으로 분석한다.
건물주변	부근보다는 폭을 좁혀 건물의 담장 안팎을 관찰하여야 하며, 담장 밖에서부터 담장 안쪽으로 관찰해 들어간다.
건물외부	담장 안팎보다 폭을 좁혀 건물 밖에서 침입로나 도주로 등을 관찰한다.
건물내부	건물내부 관찰 시에는 우선적으로 출입문이나 창문의 시정(施錠)상태를 관찰한다. 출입구로 보이는 곳으로부터 현장중심부로 향해 관찰해 간다. 방 내부는 일반적 순서와 동일하게 관찰해 간다.

3) 현장관찰 시의 유의사항

현장관찰 시에 있어서의 유의사항을 요약·정리하면 다음과 같다.

(i) 현장의 보안유지와 통제, 증거물 채취 및 포장, 증거물 인수과정 등에 대한 사전 준비와 요령을 갖춘 전문요원이 체계적으로 수색·관찰한다.

(ii) 현장에 도착하면 가장 먼저 현장을 그대로 사진촬영해 두어 원상의 훼손, 멸실, 변개 등에 대비하여야 한다.

(iii) '현장에 증거물이 없다면 더 이상의 증거물은 없다'는 마음으로 증거물 발견에 철저히 임한다.

(iv) 고정관념이나 선입견 또는 주관적 관찰 자세를 탈피한다.

(v) 현장관찰은 특정 자리에 한정하지 말고 가능한 한 폭넓게 실시하되, 치밀하게 반복하면서 관찰한다.

(vi) 관찰은 오관의 작용을 이용한 자연적 관찰에만 의존하지 말고 확대경이나 조명기구 등 보조수단을 이용한 완전한 관찰을 병행하여 실시한다.

(vii) 사건·사고 발생 시와 동일한 조건에서 관찰하고 모순점과 불합리한 점의 발견에 노력한다.

(viii) 현장관찰사항은 시간적 순서에 따라 빠짐없이 기록하고, 물체의 크기나 거리, 무게 등은 실측해 두어야 한다. 목측인 경우 목측임을 명시해 두어야 한다.

제5절 인간심리의 관찰

1. 탐정과 인간심리

인간은 다른 생물과 달리 고등적인 사고와 생각을 하는 특징이 있으며, 인간의 행동은 이 생각을 중심으로 나타난다. 인간의 심리는 다양한 행동결과를 낳고, 때로는 밖으로 표출될 때도 있으며, 성격도 같은 심리형태는 습관으로 형성되기도 한다. 그중에는 무의식적인 표출도 들어 있는데, 이 무의식적 표출들은 의식적인 작용으로 전부 막아낼 수 없다. 특히, 몸짓이나 표정 같은 일정한 형태로 표출되는 심리들은 선천적인 것으로 보이지만 인간심리에는 인과(因果)가 있다.

탐정은 특히 상대방의 심리를 읽고 대처하는 데 능숙하여야 하는데, 상대방의 심리를 읽는 것도 중요하지만 상대방에게 긍정적 심리를 심어주는 것도 중요하므로 긍정적 심리를 불러일으킬 만한 행동을 취하도록 하여야 한다. 즉, 손바닥을 펴 보이며 말하면서 신뢰를 심어주고, 시선은 편안함을 주도록 상대방의 눈과 입의 중간쯤으로 맞춘다. 또한 춥더라도 팔짱을 끼지 않는 등 가능한 한 부정적 심리의 행동을 취하지 않도록 주의하여야 한다.

2. 인간의 신체와 심리

인간은 여러 가지 상황에 따라 의식적·무의식적으로 행동한다. 다만, 상대방이 행하는 하나의 단편적인 표출행동만으로 그 사람의 심리를 단정지을 수는 없기 때문에 행동표출이 된 그 상황과 여러 가지 신체동작을 종합하여 연속선상에서 파악하여야 한다.

사람의 첫인상을 주로 결정하는 것은 얼굴, 목소리, 말이다. 특히, 인간은 얼굴 중 눈을 통해 얻는 정보에 따라 감정과 행동이 크게 영향을 받고, 입과 눈썹은 표정을 짓는 데 가장 중요한 역할을 한다. 사람의 얼굴을 이마와 눈썹, 눈과 눈꺼풀, 코와 뺨과 입이라는 세 부분으로 나누어 어떤 감정이 어느 부분에 주로 나타나는지를 조사한 연구결과에 따르면 공포와 슬픔은 눈과 눈꺼풀을 보고 알아맞힐 확률이 67%였고, 행복은 뺨과 입 부분을 보고 알 수 있는 확률이 98%나 되었는데, 여기에 눈과 눈꺼풀까지 더하면 확률은 99%에 이른다. 또한 공포를 알아맞힐 확률은 이마 와 눈썹부분에서 79%, 눈과 눈꺼풀에서 63%, 뺨과 입에서 52%였다. 다만, 분노의 경우는 얼굴의 어느 한 부분만 보고 알아맞힐 확률이 30%밖에 되지 않으므로 분노 는 얼굴 전체를 보지 않으면 판단하기 어렵다.

1) 눈과 심리관찰

'눈은 마음의 창'이라는 말이 있을 정도로 우리 마음은 눈에 가장 잘 나타 나기 때문에 상대방의 눈을 살펴보면 상대방의 마음을 읽을 수 있다. 좋아하는 사람을 볼 때는 눈동자가 커지지만, 싫어하는 사람을 볼 때는 작아진다.

시선 또한 인간관계에서 매우 중요한 의미를 갖는다. 사람은 누구나 호감을 갖고 있는 사람에게는 의식적이든 무의식적이든 자꾸 쳐다보게 된다. 반대로 적 의를 갖고 공격할 때도 상대방을 자주 쳐다보게 되는데, 이때는 시선을 마주 친 다는 것보다는 굳은 표정으로 상대방을 응시하거나 노려보게 된다. 따라서 일반 적으로 시선을 마주치는 횟수가 많다면 상대방은 호의를 가지고 있고, 횟수가 적다면 부정적인 감정을 갖고 있으며, 응시하거나 노려본다면 적대적·부정적 감정을 가지고 있다는 것을 의미한다.

2) 표정과 심리관찰

심리학자 에크만(Paul Ekman)은 얼굴표정을 만드는 안면표정근육의 변화에 주목하여 특정감정에 따라 변하는 표정근을 조사하였다. 이 조사에 의하면 사람 은 감정에 따라 짓는 표정은 문화의 차이에 상관없이 일치한다고 한다.

표정 상황	신체의 특징
놀랄 때	(i) 눈썹이 구부러지면서 높이 올라간다. (ii) 눈썹 밑의 피부가 당겨져 넓게 늘어난다. (iii) 이마 전체에 주름이 생긴다. (iv) 눈꺼풀이 열린다. 윗눈꺼풀은 위로 올라가고 아랫눈꺼풀은 아래로 내려간다. 그

표정 상황	신체의 특징
	래서 안구 위에 흰자가 보인다. 안구 밑에 흰자가 보일 수도 있다.
	(v) 턱이 아래로 내려가면서 입이 벌어진다.
공포를 느낄 때	(i) 눈썹이 올라간다. 눈썹이 가운데로 몰려서 일직선이 된다. (ii) 이마 가운데 주름이 생긴다. (iii) 윗눈꺼풀이 올라가서 안구 위에 흰자가 보인다. (iv) 입이 벌어진다. 입술은 긴장되어 뒤나 옆으로 당겨진다.
혐오감을 느낄 때	(i) 윗입술이 올라 간다. (ii) 아랫입술은 올라가 윗입술을 밀어 올리게 되고, 반대로 아랫입술은 내려와 조 금 튀어나오기도 한다. (iii) 코에 주름이 잡힌다. (iv) 얼굴의 볼이 볼록해진다. (v) 아랫눈꺼풀 밑에 작은 주름이 잡힌다. 눈꺼풀이 위로 밀려 올라가나 긴장되지 는 않는다. (vi) 눈썹이 눈꺼풀 밑으로 내려 온다. (vii) 극단적으로 혐오를 느낄 때는 혀가 입에서 나오기도 한다.
화날 때	(i) 눈썹이 내려가서 한가운데로 몰린다. (ii) 눈썹이 갈고리모양으로 구부러지고, 눈썹과 눈썹 사이에 주름이 생긴다. (iii) 아랫눈꺼풀이 긴장한다. 때로 올라가는 경우도 있다. (iv) 윗눈꺼풀도 긴장한다. 눈썹을 움직임에 따라 윗눈꺼풀이 아래로 내려오기도 한다. (v) 노려보듯 눈이 굳어져서 튀어나올 것처럼 보인다. (vi) 입술은 한 일 자로 양끝으로 당겨져 굳게 다물어진다. 고함지르는 모양으로 입 을 벌리기도 하는데, 이때 입술은 뻣뻣하게 긴장된다. (vii) 콧구멍이 넓어진다. (viii) 입술이 굳게 다물어져 턱에 주름이 생긴다.
행복할 때	(i) 입술 끝이 당겨 올라가서 이른바 스마일모양이 된다. (ii) 입이 열려 이가 보일 때도 있다. (iii) 코에서 입으로 여덟 팔자 모양의 주름이 생겨 입술 끝을 지나 아래로 내려온다. (iv) 볼이 부푼다. (v) 아래 눈꺼풀 밑에 작은 주름이 생긴다. (vi) 아랫눈꺼풀이 올라가기도 하지만 긴장하지는 않는다. (vii) 눈꼬리에 작은 주름이 생긴다.
슬플 때	(i) 양 눈썹 사이가 가깝게 당겨지고 위로 올라 간다.

표정 상황	신체의 특징
	(ii) 눈썹 밑 부분 내각(內角)이 커져 삼각형을 이룬다.
	(iii) 위 눈꺼풀 안쪽 부분이 올라간다.
	(iv) 입술 끝이 내려오고 입술은 떨린다.
	(v) 눈을 내려 뜬다.

* 출처: 최광선, 『몸짓을 읽으면 사람이 재미있다』, 일빛, 1999, 13-16면의 내용을 재구성한 것임.

3) 대화할 때의 시선과 심리관찰

시선	특 징
곁눈질로 보는 사람	(i) 경계해야 할 사람이다. (ii) 부정한 마음을 품고 있으며, 음탕하고, 윗사람이나 아랫사람과 화목하게 지내지 못한다. (iii) 정서적으로 안정되어 있지 않다. (iv) 갑자기 이런 태도를 보이면 무언가에 쫓기고 있거나 상황이 잘 풀리지 않고 있다는 징조이다.
눈을 자주 깜박이며 불안해 하는 사람	(i) 마음속에 무언가를 감추다. (ii) 열등의식으로 가득 차 있을 수 있다. (iii) 자신에 대한 극기심은 강하지만 상대방을 움직일 수 있는 처세와 힘이 약하다.
시선이 정면으로 마주치면 금방 피하는 사람	(i) 처음에는 접근하기 어렵다. (ii) 가까워지면 인정이 많다. (iii) 마음이 약한 편이다.
눈을 똑바로 뜨고 쳐다 보는 사람	(i) 고집에 세며, 고집이 지나쳐 아집을 부리기도 한다. (ii) 상대방을 무시하기도 한다. (iii) 겉으로 보기엔 자존심이 강한 것 같지만 내면은 열등의식으로 가득 차 있는 경우가 많다. (iv) 이런 유형의 사람은 우회적인 화법보다 정면대결로 대하는 것이 좋다.

* 출처: 김승길, 『신세대 관상법』, 한마음사, 1994, 156-158면의 내용을 재구성한 것임.

4) 태도와 의사

상대방이 질문 등에 대한 의사표시에 있어서 하여 긍정(Yes)도 부정(No)도 하지 않을 때에는 상대방의 몸짓을 통해 그 의사를 알아볼 수 있다(이하의 내용은 권창기 외, 『탐정학』, 진영사, 2011, 355-356면의 내용을 재구성한 것임).

(1) 긍정의 의사

다음과 같은 태도를 취하는 것은 일반적으로 긍정적인 의사표시이다. 이때에는 상대방을 적극적으로 설득하면 자신이 원하는 바를 얻을 수 있다.

(ⅰ) 양손을 책상 위에 넓게 편 채 앉아 있다.

(ⅱ) 턱을 문지른다.

(ⅲ) 책상 위에 놓여 있는 물건들을 치운다.

(ⅳ) 손을 편 채 앉아 있다.

---

(2) 부정의 의사

다음과 같은 태도를 취하는 것은 일반적으로 불쾌하다. 이야기를 듣고 싶지 않다, 승낙할 수 없다 등 부정적인 의사표시이다. 이때에는 교섭이나 설득을 그대로 지속하면 역효과가 나거나 실패하게 되므로 중단하고, 다음에 다시 시도하는 것이 좋다.

(ⅰ) 주먹 쥔 손을 책상 위에 올려놓고 있다.

(ⅱ) 양손을 허벅지 위에 얹어 놓고, 팔꿈치를 펴고 양손의 엄지손가락을 서로 마주보게 하고 있다.

(ⅲ) 양손을 머리 뒤로 돌려 마주 잡는다.

(ⅳ) 손가락으로 수를 센다.

(ⅴ) 이야기를 들으면서 책상 위에 놓인 물건들의 위치를 바꾼다.

(ⅵ) 무엇을 찾는 척 하며 책상서랍을 여닫는다.

(ⅶ) 손으로 이마를 문지른다.

(ⅷ) 양손으로 턱을 괸다.

(ⅸ) 손가락으로 책상을 두드린다.

---

(3) 거짓말과 태도

보통의 사람들은 거짓말을 숨길 수 없다. 거짓말을 하는 사람은 거짓말이 탄로 나지 않도록 말과 얼굴에 세심한 주의를 기울이지만, 상대방이 관심을 갖지 않는다고 생각하는 신체부분에는 특별히 주의하지 않는다. 따라서 몸짓을 통해 거짓말을 하고 있는지를 파악할 수도 있다. 미국의 심리학자 듀크(S. Duke)는 인간의 몸짓에서 거짓임을 알아채는 방법에 대하여 다음과 같이 설명하고 있다.

(i) 설명을 하기 위한 동작이나 손놀림이 없고, 있어도 어색하다. 자기의 감정이 겉으로 드러날까 두려워서 손놀림을 감추려 한다. 손을 움켜쥐거나 호주머니 속에 넣기도 한다.

(ii) 입을 제외한 여기저기를 계속해서 만진다. 코를 만지고, 턱을 문지르고, 볼을 쓰다듬는다. 입에서 진실이 튀어나오는 것을 억제하기 위한 동작이다. 입이 아닌 다른 부분을 만지는 것은 거짓말을 하고 있는 입에 관심이 모이지 않게 하려는 위장술이다.

(iii) 몸 전체의 움직임이 많아진다. 머뭇거리거나, 자세를 자주 바꾸거나, 발을 계속 움직이거나, 손장난을 함으로써 현재의 상황에서 빨리 벗어나고 싶은 기분을 나타내는 것이다.

(iv) 상대방이 하는 말에 민감하게 반응하고 말을 많이 한다. 진실이 드러나지 않을까 하는 불안감 때문에 잠자코 있지 못한다. 상대방에게 추궁을 당할까 봐 빨리 다음 이야기로 넘어가고 싶어 하기도 한다.

(v) 응답에 유연성이 없다. 거짓말을 하여야 한다는 생각 때문에 상대방이 하는 말에 정중하게 대답할 여유가 없다.

(vi) 웃음이 줄어든다. 웃더라도 긴장해서 어색한 웃음이 나온다.

(vii) 고개 끄덕임이 많아진다. 대화가 끊기면 불안하므로 상대방에게 계속 말을 시키려고 고개를 많이 끄덕인다.

제 5 장

탐정의 증거수집 **및 현장보존활동론**

제1절 증거수집활동

1. 증거의 의의

증거란 법규적용의 대상이 될 사실인정의 자료로서 그 성격에 따라 인증(인적 증거)과 물증(물적 증거) 및 증거서류(서증), 직접증거와 간접증거(정황증거), 본증과 반증, 본래증거와 전문증거, 단순증거와 종합증거, 진술증거와 비진술증거, 실질증거와 보조증거(보강증거와 탄핵증거) 등으로 구분할 수 있다.

법원이 사건을 판결하기 위해서는 먼저 사실관계가 확정되어야 하고, 그 확정된 사실에 대하여 법규를 적용한다. 이때 재판상 자백과 같이 증거조사가 필요 없는 경우도 있으나, 이외에는 법원이 사실을 인정함에 있어서는 객관적인 증거에 의하여야 하므로(증거재판주의) 공판정에서 증거조사절차를 거치게 된다. 다만, 증거란 때로는 사실인정의 자료가 될 증인이나 증서와 같은 증거방법을 가리키기도 하고, 때로는 그 증거방법에서 얻은 증언이나 증서의 취지와 같은 증거조사의 결과를 가리키기도 한다. 증거방법이란 법원이 사실의 존부 또는 진부에 관하여 심증을 얻을 근거를 말한다. 이것은 법관이 오관의 작용으로 조사할 수 있는 인적·물적 유형물을 말하며, 증인, 감정인, 당사자 등이 인증(人證)에 해당하고, 문서나 검증물 등은 물증(物證)에 해당하며, 이외에 증거서류가 있다. 또한 증거자료란 법원이 증거방법을 조사하여 알게 된 내용, 즉 증언, 감정의견, 당사자의 진술, 문서의 기재 내용과 검증의 결과, 물적 증거의 형상 및 상태 등을 말한다. 또한 증거원인이란 법원이 사실인정을 함에 있어서 그 심증의 기초가 된 증거자료나 정황을 말한다.

한편, 증거능력은 사실입증을 위한 엄격한 증명의 자료로 사용될 수 있는 자격을 말하며, 원칙적으로 증거능력이 있는 증거만 증거자료가 될 수 있다. 이에 대해 증명력이란 증거능력이 인정된 증거의 실질적 가치를 의미하는 것으로, 이는 증거에 대한 증거조사의 결과 구체적으로 법원의 심증에 영향을 미치는 효과를 가지게 된다. 이를 증거가치라고도 한다. 현행법에서는 증거의 증명력은 법관의 자유로운 판단에 의하도록 하고 있다(민사소송법 제202조, 형사소송법 제308조).

2. 탐정과 증거

탐정이 정보수집활동을 통해서 얻게 되는 증거는 법정소송에 제출되는 물적 증거가 주를 이루게 된다. 물적 증거란 물증이라고도 하며, 물건의 존재 또는 상태가 증거로 되는 것을 말하며, 범행에 사용된 흉기 또는 절도의 장물이 여기에 해당한다. 사람도 그 신체의 물리적 존재가 증거가 되는 한에서는 물적 증거이다. 서면도 물리적 존재가 증거로 되면 그것은 물적 증거이지만 서면의 의미내용이 증거로 되는 것을 증거서류라고 한다. 증거서류와 물적 증거인 서면을 합하여 서증이라고 한다.

물적 증거의 증거조사방법은 제시를 요하므로, 탐정은 의뢰인의 의뢰에 따라 사실조사나 정보수집을 함에 있어서는 각종 소송에서 의뢰인이 유리한 지위에 있을 수 있도록 물적 증거의 획득에 노력하여야 한다. 다만, 탐정이 증거를 수집함에 있어서는 증거가 훼손되거나 소실되지 않도록 수집·보관하여야 하며, 위법한 방법으로 증거를 수집한 경우에는 나중에 법정에서 증거자료로 사용할 수 없거나 실정법위반으로 처벌될 수 있으므로 증거수집에 있어서는 적법절차를 준수하여야 한다. 탐정이 증거수집 시 참고하여야 할 요령 중 물적 증거의 수집요령에 대해 기술하고자 한다.

1) 물적 증거의 수집 시의 일반적 유의사항

탐정이 물적 증거의 수집에 있어서의 일반적인 유의사항을 요약·정리하면 다음과 같다.

유의사항	세 부 사 항
합법적으로 수집하라	상대방의 동의 등 합법적인 절차의 이용한다.
다음 사항을 반드시 기록하라	위치, 상황, 획득방법 날짜, 식별방법 등
적절하게 구분하라	(i) 이니셜, 날짜, 사건번호를 이용한다. (ii) 증거의 성질에 따라 구분한다. 액체, 토양, 작은 파편들은 알맞은 용기에 담은 후 봉인하고 표시하여야 한다.
올바르게 포장하라	(i) 알약상자, 작은 약병, 유리 또는 플라스틱으로 된 용기, 두꺼운 판지로 만든 상자 등과 같은 그 물질에 맞는 적절한 용기를 사용한다. (ii) 누출을 막기 위해 봉인한다. (iii) 오염이나 누출을 막기 위해 각 물건을 분리해서 포장한다. (iv) 만약 젖어있거나 피를 머금고 있다면 건조 후 포장한다(탄화수소가 존재하는 방화사건의 경우는 제외).

2) 물적 증거의 수집 및 보관 시의 대상별 유의사항

탐정이 물적 증거의 수집 및 보관에 있어서의 유의사항을 대상별로 요약·정리하면 다음과 같다.

대 상	유 의 사 항
지문	• 지문은 사실확인에 있어서 매우 확실한 증거가 될 수 있으므로 지문을 간직하고 있는 물품은 물적 증거의 대표적인 형식이다. 이러한 물품의 취급방법은 이것이 발견된 물품의 성질에 따라 매우 다양하다. • 서류와 같은 종이는 집게나 핀셋으로 다뤄야 하고, 가급적 셀로판봉투에 보관하여야 한다.

대 상	유 의 사 항
	• 서류가 너무 크지 않은 한 접어서는 안 되고, 접어야 하는 경우에는 이미 존재하는 접힌 자국을 따라 접어야 한다.
	• 유리제품 위의 지문채취를 위한 증거수집 시에도 집게나 핀셋으로 다뤄야 하고, 추가적인 보호를 위해 그것에 맞는 작은 상자에 보관하여야 한다.
총, 칼, 도구 등의 종류	이 물품들은 널빤지 등에 고정하여 상자에 안전하게 포장하여야 한다.
털, 섬유종류	털이나 섬유는 핀셋으로 집어야 하고, 약봉지로 접은 필터종이 안에 보관하여야 한다. 이때 셀로판테이프로 보관한 봉지의 모서리와 끝을 봉인한 후 작은 상자나 플라스틱병에 담아 보관한다.
먼지, 흙, 작은 파편 등	이처럼 작은 물질들은 접은 필터종이에 담은 뒤 테이프로 봉인하고, 작은 상자나 플라스틱병에 옮긴다.
총알과 탄피	이 물품들은 솜으로 채운 작은 상자에 보관한다.
의류	• 의류의 경우 증거가 될 수 있는 부분을 불필요하게 접거나 가로질러 접는 것은 피하여야 한다. • 젖은 옷가지는 포장하기 전에 반드시 건조시켜야 하며, 상황에 따라 옷의 각 부분은 분리해서 종이가방이나 판지로 된 상자에 담는다. 이때 플라스틱 가방을 사용해서는 아니 된다.
피 (혈흔, 혈액 등)	피나 다른 생물학적 증거를 취급할 때 탐정은 라텍스장갑을 끼는 필수 예방책을 취하여야 한다. 이것은 간염이나 에이즈(AIDS), 바이러스 등 질병에 감염되는 것을 막기 위한 목적과 함께 예상치 못한 오염, 땀의 흔적, 몸의 기름, 손에 존재할 수 있는 다른 생물학적 잔류물에 의해 증거가 오염되는 것을 방지하기 위함이다. (ⅰ) 젖은 피: 범죄현장에 다량의 피나 피가 고인 웅덩이가 존재하는 경우 점안기나 주사기로 약 5cc 정도를 채집하여 살균된 시험관에 보관하여야 한다. 액체상태의 피는 얼려서는 안 되며, 변질을 막기 위해 샘플은 즉시 실험실에 보내 분석하거나 냉장 보관하여야 한다. 이때 변질을 막기 위해 방부제나 항응혈제를 첨가해서는 아니 된다. 그러나 디엔에이(DNA)분석의 필요성이 있을 때는 채집된 자료 외에 추가적으로 5cc를 혈액응고제가 들어 있는 다른 시험관에 넣어 분석한다. (ⅱ) 마른 피: 작은 물체나 옷에 말라붙은 핏자국이 발견되었을 때는 그 물체 전체를 수집하여야 한다. 만약 옷이 마른 상태인 경우 조심스럽게 접어서 종이가방이나 판지상자 같은 용기에 보관하여야 한다. 마른 자국은 면도날이나 작은 칼로 벽과 마루에서 긁어 내어 약봉지로 접은 필터종이에 보관

대 상	유 의 사 항
	한 후 봉지를 접고, 셀로판테이프로 다시 봉인한 다음 작은 상자 등에 보관한다. 카펫이나 매트리스의 핏자국은 대조 샘플로서 오염되지 않은 부분과 함께 작은 조각으로 잘라서 옮길 수 있다. 핏자국이 하나가 아닐 경우에는 피해자와 용의자 등 관련자 것일 수 있다. 따라서 증거의 오염을 방지하기 위해 점안기나 작은 칼, 면봉 같은 수집기구는 각 자국마다 다른 기구를 사용하여야 한다.
정액	정액은 성폭행과 관련된 범죄에서 주로 발견되며, 채취 후 포장해서 보내기 전에 건조시키는 것이 중요하다. (i) 젖은 자국: 자국이 축축하다면 그 상태에 따라 점안기, 면봉, 거즈패드 등으로 이러한 증거를 수집할 수 있으며, 건조를 위해 마른 시험관에 보관한다. 정액이 옷이나 침구류에서 발견되었다면 그 물건 전체를 수집하여야 한다. 잘 환기된 방에서 공기로 건조시켜야 하며 접어서 보관하여야 할 경우에는 얼룩진 부분을 피하여 조심히 접어 공기가 통하는 용기 안에 넣고 종이가방이나 박스에 담아 분석을 위해 연구실로 보내야 한다. (ii) 마른 자국: 마른 정액자국이 즉시 옮기기 어려운 물건에서 발견된 경우에는 접은 필터 종이에 담아 테이프로 봉인하고, 작은 상자나 플라스틱병에 보관한다. 또한 옮기거나 스크랩할 수도 없는 다공성표면의 마른 자국은 증류수로 적신 다음 면봉으로 흡수시켜 채집한다. 공기건조 후 면봉은 보통봉투나 멸균된 시험관에 보관하여 분석실에 보낸다.
침	침은 범죄현장에서 그리 자주 발견되지는 않는다. 피나 정액과 달리 침은 한번 마른 후에는 발견하기도 매우 어렵다. 따라서 침은 정액과 같은 요령으로 취급하여야 하며, 포장하여 분석실로 보내기 전 시험관이나 면봉에 수집하여 공기로 건조시킨다.
차량의 페인트	• 차량 위나 근처의 페인트자국은 핀셋으로 채집한 후 되도록 손대지 않은 채로 필터종이에 보관한다. 증거를 채집한 필터종이는 접은 다음 셀로판테이프로 봉인한 후 작은 상자나 플라스틱병에 보관한다. • 다른 차량과 충돌해서 페인트 얼룩이 차량표면에 딱 달라붙은 경우에는 금속으로 된 작은 칼이 증거를 수집하는 데 유용하다. 작은 칼로 페인트층을 따라 자른 다음 순수한 금속에 이를 때까지 밑칠을 벗겨 낸다. 얼룩이 묻어 있는 페인트 조각은 약 4㎠ 정도 채취한다. 같은 크기의 비교 기준샘플 역시 증거를 채취한 부근의 손상되지 않은 부분에서 채취하여야 하며, 대조샘플과 증거샘플은 반드시 따로 포장하여야 한다.

* 출처: 권창기 외, 『탐정학』, 진영사, 2011, 295-298면의 내용을 재구성한 것임.

3) 특수한 증거물의 수집·보관 시의 유의사항

탐정이 특수한 증거물을 수집·보관함에 있어서의 유의사항을 대상별로 요약·정리하면 다음과 같다.

대 상	유 의 사 항
권총	손가락을 사용하여 우둘투둘한 손잡이를 잡는다. 매끈한 손잡이나 금속부분은 손대지 않는다.
지폐, 서류, 종이	핀셋을 사용한다. 눈에 띄는 얼룩 위에 핀셋을 놓지 않는다. 각각의 증거품은 깨끗한 봉투나 가방에 각각 보관한다.
깨진 유리	큰 조각의 유리파편은 가장자리를 손가락으로 잡는다. 편평한 표면은 만지지 않는다. 너무 작아서 손으로 잡기 곤란한 조각은 핀셋을 사용한다. 눈에 보이는 어떠한 얼룩도 훼손하지 말아야 한다. 조각별로 깨끗한 티슈에 포장해서 상자에 넣은 후 마찰이나 움직임 또는 파손을 방지하기 위해 단단히 고정시키도록 한다.
가구의 편평한 부분의 얼룩	가능하다면 원형 그대로 얼룩의 표면을 간직하고 있는 가구조각을 채집하도록 한다. 이것이 불가능하다면 포켓나이프나 퍼티칼로 가능한 가구표면의 작은 부분을 채집한다.
병, 단지, 술잔	병의 입구가 넓은 경우에는 두세 개의 손가락을 넣어 집고, 병 입구가 작을 때는 집게손가락을 위와 아래에 두고 집는다. 증거로서 가치가 있을 병 안의 어떤 물질도 엎지르거나 오염시키지 않도록 한다.
총알	손가락 끝이나 테이프로 처리한 핀셋을 사용한다. 원주(圓周)의 선조(線條)마크를 손상시키지 않도록 하고, 작은 상자에 보관한다.
탄피	끝부분을 핀셋으로 잡고 긁히지 않도록 하여 작은 상자에 보관한다.
마루 위의 마른 얼룩 종류	얼룩을 간직한 마루조각을 가능하면 원형 그대로 채집한다. 이것이 불가능하다면 커터칼, 조각칼, 기타 도구나 연장으로 얼룩보다 깊고 둥글게 잘라낸 다음 작은 상자나 그것에 맞는 용기에 담는다.

* 출처: 권창기 외, 『탐정학』, 진영사, 2011, 298-299면의 내용을 재구성한 것임.

제2절 현장보존활동

우리 사회에서 발생하고 있는 절도사건, 방화에 의한 보험조사(보험사기), 교통사고, 테러행위, 폭탄위협, 요인경호에 대한 위협, 호텔이나 대학 등 시설물 침입, 폭력적인 노동쟁의 등의 모든 유형의 범죄행위에 대한 사실확인과 정보수집 등에 있어서 범죄현장의 보호와 증거의 보존은 필수적이다. 이러한 요청은 범죄수사를 하는 경찰 등 수사기관뿐만 아니라 탐정에게도 반드시 요구되므로 탐정은 이에 대한 전문적인 능력과 기술을 갖추어야 한다.

1. 현장보존의 중요성과 범위

중요사건 발생 시 피해자, 신고인 등 사건관계자, 기자, 일반인은 물론이고 경찰관 등 수사기관의 부주의로 현장이 인위적으로 파괴되어 현장의 채증활동이나 감식 등 사건수사에 있어서 막대한 지장을 초래하는 경우가 많으므로 현장보존은 현장의 파괴, 멸실, 변경 등의 방지를 위해 절대적으로 필요하다. 경찰청 「범죄수사규칙」(경찰청 훈령 제1026호) 제168조 제1항에서는 "경찰관은 범죄가 실행된 지점뿐만 아니라 현장보존의 범위를 충분히 정하여 수사자료를 발견하기 위해 노력하여야 한다"고 규정하고 있다. 현장에서의 물품은 단지 범죄가 행하여진 지점만에 한정되지 않고 범죄현장으로부터 상당히 떨어진 장소에서 범인에 관한 유력한 물적증거가 발견되는 경우도 적지 않다. 따라서 현장보존의 범위를 정함에 있어서는 후에 그 범위를 너무 좁게 잡았기 때문에 증거자료가 발견되지 않았다고 하는 일이 없도록 하여야 한다.

그러나 구체적 사건마다 각각 현장상태를 달리할 뿐만 아니라 범죄양상도 다르기 때문에 범행현장을 현장중심으로부터 구체적으로 어느 정도 범위로 할 것인가를 획일적으로 정할 수는 없다. 결국 일반적으로는 '되도록 멀리'라고 할 수밖에 없고, 구체적 사건의 현장에 임할 경우에는 범죄 및 현장의 상태 그리고 인원, 장비 등을 참작하여 되도록 넓게 보존하고, 나중에 필요가 없다고 판단되면 그때 가서 범위를 축소하는 것이 처음부터 좁게 정하는 것보다 바람직하다.

2. 현장보존의 요령

1) 현장보존 전의 조치

현장보존 전에는 다음의 조치를 취하여야 한다.

현장도착까지 현장보존조치의 의뢰	사건 발생신고를 수리하였을 때에는 피해자, 신고인 등 관계자에게 현장을 파괴하는 일이 없도록 전화, 기타 방법으로 현장보존에 필요한 사항을 의뢰한다.
현장보존기구 등의 휴대확인	현장에서 철저한 증거수집을 확보하고 사실확인을 위해서는 현장입장 시에는 현장보존에 필요한 장갑, 구두커버, 조명기구, 로프, 출입금지표찰 등의 현장보존용 기구, 채증기구의 휴대를 사전에 확인하여야 한다.
장갑, 구두커버의 착용	현장에 도착한 현장입장자 자신의 지문, 발자국을 남기지 않도록 장갑 및 구두커버 등 필요한 장구를 확실히 착용한다.

2) 현장보존의 방법

현장보존이 잘못된 경우는 대부분 출입제한 조치가 소홀했기 때문이다. 따라서 보존하여야 할 현장범위를 정하게 되면 곧 '출입금지' 또는 '촉수금지' 등의 표시를 하는 동시에, 줄을 치거나 표찰 등을 달아 현장의 출입을 제한하여야 한다. 「범죄수사규칙」 제168조 제2항에서는 "경찰관은 보존하여야 할 현장의 범위를 정하였을 때에는 지체 없이 출입금지 표시 등 적절한 조치를 하여 함부로 출입하는 자가 없도록 하여야 한다. 이때 현장에 출입한 사람이 있을 경우 그들의 성명, 주거 등 인적사항을 기록하여야 하며, 현장 또는 그 근처에서 배회하는 등 수상한 사람이 있을 때에는 그들의 성명, 주거 등을 파악하여 기록하도록 노력한다"고 규정하고 있다. 이때 피해자 및 그 가족이라 할지라도 부득이한 경우 외에는 출입을 제한하고, 출입을 하는 경우라도 현장에 있는 물건의 위치나, 형상을 변경하거나 함부로 손을 대는 일이 없도록 사전에 주의를 환기시켜 두어야 한다. 또한 출입자의 부주의로 현장을 변경, 파괴하여 사건의 판단을 잘못하게 되는 경우도 가끔 생기므로 수사나 조사상 필요에 의해 부득이 현장을 출입할 때에도 출입자 자신이 족적을 무의식 중에 남기거나, 범인의 족적을 밟거나 범인의 지문을 멸실하는 경우가 생기지 않도록 동작에 세심한 주의를 하여야 한다.

출입제한은 사람뿐만 아니라 옥내, 옥외를 막론하고 개, 고양이, 닭, 소 등 가축은 물론, 가능하면 쥐의 왕래까지도 막아야 한다. 출입제한을 위한 조치로는 다음의 것들이 있다.

(i) 보존용 줄을 쳐서 통행을 차단한다.
(ii) 보존용 줄에 '출입금지' 표찰이나 적색등을 단다.
(iii) '촉수금지,' '주의' 등의 표찰을 비치한다.
(iv) 정복 직원을 배치한다.
(v) 현장보존을 위한 용구는 차량 등에 항시 비치하고, 손질을 해 두어 필요시 언제든지 사용할 수 있도록 준비하여야 한다.

---

3) 피해자의 구호조치

(1) 피해자의 사망 여부 확인

현장에 제일 먼저 도착한 사람은 우선 인명피해상황을 확인하고, 구호를 요하는 피해자가 있으면 신속히 구호조치를 하여야 한다. 피해자가 이미 사망하였으면 현장을 그대로 보존해 둠으로써 나중에 수사기관 등에 의해 정확한 현장감식 및 관찰이 이루어지게 하여야 한다.

(2) 현장상황의 확인

피해자의 구호조치를 위하여 피해자를 옮기거나 의사로 하여금 진료하게 할 때에는 현장이 변경되기 때문에 원상태를 확실히 해두기 위하여 다음의 조치를 하여야 한다.

(i) 변경 전의 상태와 변경 후의 상태를 사진촬영한다.
(ii) 현장의 필요한 부분에 표식을 한다.
(iii) 도면을 작성한다.
(iv) 필요한 사항을 자세히 기록한다.

---

(3) 피해자 등으로부터 필요한 사항의 청취

현장을 최초로 발견한 자는 피해자가 말을 할 수 있고, 들을 수 있는 경우에는 가능한 한 신속히 제3자를 참여시킨 후, 범인, 범행원인, 피해자의 주소, 성명, 보호자나 목격자 등을 확인하고, 이를 기록해 둔다.

4) 원상태의 보존

피해자나 현장발견자가 물증에 의해 범죄사실을 알려주는 때에는 반드시 현장에 함부로 들어가지 않을 것과 즉시 현장보존조치를 할 것을 통보하여야 한다. 현장보존에 있어서는 산란상태, 사체의 상태, 가구의 위치, 창문의 개폐 등, 될 수 있는 한 범행 당시의 상황을 그대로 보존해 둠으로써 현장수사나 조사가 정확하게 이루어지게 하여야 한다. 「범죄수사규칙」 제160조 제3항에서는 "경찰관은 현장을 보존할 때에는 되도록 현장을 범행 당시의 상황 그대로 보존하여야 한다"고 규정하고, 동조 제4항에서는 "경찰관은 부상자의 구호, 증거물의 변질·분산·분실 방지 등을 위해 특히 부득이한 사정이 있는 경우를 제외하고는 함부로 현장에 들어가서는 아니된다"고 규정하고 있다.

5) 자료의 변질 또는 파괴의 방지

현장에 존재하는 혈흔, 토사물, 배설물, 족적, 차량적 등은 사람이 손을 대거나 밟지 않도록 하는 것만으로는 부족하다. 이러한 것들은 광선, 열, 강설, 우수, 바람 등에 의해서 변질, 변형 또는 멸실될 우려가 있기 때문에 세숫대야, 그릇, 텐트, 우산 등 적당한 덮개로 덮어두어 그 원상을 보존하게 하여야 한다. 경우에 따라서는 신속하게 사진을 촬영하는 등의 조치를 하게 하는 것도 필요하다. 「범죄수사규칙」 제168조 제5항에서는 "경찰관은 현장에서 발견된 수사자료 중 햇빛, 열, 비, 바람 등에 의하여 변질, 변형 또는 멸실할 우려가 있는 것에 대하여는 덮개로 가리는 등 적당한 방법으로 그 원상을 보존하도록 노력하여야 한다"고 규정하고 있다.

6) 현장보존을 할 수 없을 때의 조치

부상자의 구호 기타 부득이한 사정으로 부득이 현장을 변경할 필요가 있을 때 또는 증거물이나 조사자료 등을 원상태로 보존할 수 없을 때에는 원상을 명백히 하기 위하여 다음의 조치를 하여야 한다.「범죄수사규칙」제168조 제6항에서는 "경찰관은 부상자의 구호 그 밖의 부득이한 이유로 현장을 변경할 필요가 있는 경우 등 수사자료를 원상태로 보존할 수 없을 때에는 사진, 도면, 기록 그 밖의 적당한 방법으로 그 원상을 보존하도록 노력하여야 한다"고 규정하고 있다.

(i) 변경 전에 사진을 촬영할 것
(ii) 현장을 분필로 표시하여 나중에 도면을 작성하여 기록할 것
(iii) 수첩에 변경된 상황을 기록해 둘 것
(iv) 이상의 조치는 신속히 취할 것

---

7) 사건 관련자의 파악

범죄현장 또는 그 근처에 있었거나 배회하는 사람과 입장 전과 입장 후에 걸쳐 현장에 출입한 자, 사체를 이동하였거나 접촉한 자 등을 조사하여 그들의 인적 사항과 이유, 피해자와의 관계 등을 명확히 해 둠으로써 참고인 또는 증인으로 활용할 수 있도록 조치하여야 한다. 이때 사건 관련자 중 가장 중요한 사람은 사건의 최초 발견자와 범행 또는 범인을 목격한 자이므로 이들의 진술 및 연락처 등을 즉시 확보해 둘 필요가 있다.

8) 비밀의 유지

현장보존 중에 알게 된 범죄와 관련된 사실에 대해서는 함부로 누설해서는 아니 되며, 피해자와 관련자의 인권에도 관련되므로 비밀을 유지하여야 한다.

9) 현장보존 시의 유의사항

현장보존을 이유로 범행현장과 주변을 과도하게 통제할 경우 주변인이나 시민에게 불편을 주게 되어 불평이나 항의가 발생할 우려가 있으므로 현장상황에 맞게 적절한 조치를 하여야 한다. 현장보존 시에 있어서의 유의사항을 요약·정리하면 다음과 같다.

(ⅰ) 누구도 함부로 현장에 출입하지 말아야 한다. 부득이 출입할 일이 있다면 현장의 변경을 필요한 최소한도에 그치도록 세심한 주의를 하고 지문, 족적에 특히 유의하고, 불을 피우거나 담배꽁초, 가래침, 용변 등을 삼가하여야 한다.

(ⅱ) 범인이 현장의 분위기나 수사상황을 보기 위하여 현장근처에 되돌아오는 경우가 있으니 현장근처에 있는 자의 인상착의에 주의를 기울이고, 그들의 대화에서 사건의 목격자, 현장의 상황을 아는 자 등의 발견에 힘써야 한다.

(ⅲ) 현장보존에 열중하여 부상자의 구호를 소홀하거나 사자(死者)에 대하여 결례를 해서는 아니 된다.

(ⅳ) 사건에 관하여 함부로 누설해서는 아니 된다.

(ⅴ) 보도관계인의 처우에 유의하여야 한다. 흉기사용범죄 등 중요사건의 경우에는 다수의 기자와 보도관계인의 출입에 대하여 언쟁하게 되는 경우가 발생할 수 있는데, 이때 태도를 엄숙하고 부드럽게 하여 불필요한 충돌이 발생하지 않도록 하여야 한다.

(ⅵ) 사체는 오물 묻은 덮개로 덮지 말아야 한다. 사체가 노출되어 있어 보기 싫다 하여 오물 묻은 덮개로 덮어 놓는 사례가 많이 있는바, 덮개에서 떨어진 오물로 인해 현장감식을 그르치고 현장관찰에 차질이 생기게 되므로 오물 묻은 덮개로 덮지 말고, 꼭 덮어야 할 경우라면 홑이불이나 광목, 깨끗한 치마 같은 것을 이용하여야 한다.

(ⅶ) 현장보존직원 또는 관찰직원의 교체 시에는 현장보존 중에 견문한 내용, 관찰기록, 주의사항, 진행정도 등을 인수·인계하여야 한다.

(ⅷ) 현장도착시간과 현장보존의 임무를 마친 시간 및 현장의 감식시간과 관찰을 마친 시간을 기록한다.

(ⅸ) 불필요한 대화를 금지하며, 현장의 전화기는 사용하지 말아야 한다.

(ⅹ) 주방이나 화장실 등 물이 나오는 장소는 채증이 완료될 때까지 사용하지 말아야 한다.

(ⅺ) 이미 보고된 내용과 다른 사항을 인지하면 즉시 추가 보고해야 한다.

(ⅻ) 현장에 있는 술잔, 컵 등을 사용하지 말아야 하며, 현장에서 음식을 먹거나 마시지 말아야 한다.

(ⅹⅲ) 중상자가 병원에 이송하던 중 사망하면 시간을 기록하여야 한다.

10) 범죄현장에서의 유의사항

탐정은 최초 범죄현장을 접할 때 가급적 현장 주변상황을 머릿속에 그려가면서 행동하여야 한다. 사건의 초점을 포착하기 위해 세심한 주의력으로 출입문의 손잡이, 전등의 스위치, 그리고 기타 장소에서 발견되는 증거물에 대하여 주의 깊게 관찰하여야 한다. 범죄현장에 있어서의 유의사항을 요약·정리하면 다음과 같다.

(ⅰ) 다음의 사항에 대하여 세심한 주의력으로 관찰한다.
- 출입문이 열려 있었는가, 닫혀 있었는가 또는 잠겨 있었는가 여부
- 전등이 켜져 있었는가 여부 및 전등이 켜져 있었다면 어느 전등이 켜져 있었는가 여부
- 커튼이 쳐져 있었는가 여부
- 담배, 가스, 향수냄새 등이 났는가 여부
- 집 내부는 청소가 되어 있었는가 여부 등

(ⅱ) 범죄현장은 가급적 변동시켜서는 안 되며, 수사기관이 도착할 때까지 변동상황이 발생하지 않도록 주의를 기울여야 한다.
- 현장의 물건을 꼭 이동시켜야 할 필요성이 있을 때는 자신의 지문이 남지 않도록 각별히 조심해야 한다.
- 어떤 물건을 이동하기 전에는 그 물건이 놓여 있던 위치를 정확히 기록해야 함은 물론, 분필로 그 위치를 표시하여 그림으로 그려놓고, 사진으로도 촬영해 놓아야 한다.
- 범죄현장에 대한 단순한 호기심 때문에 불필요하게 서성거리거나 주변 물건을 만지거나 흐트러뜨리는 일은 절대 삼가야 한다.
- 범죄현장의 화장실을 사용하거나, 수돗물을 틀거나 담배를 피울 수도 없으며, 현장에 걸려 있는 수건을 사용해서도 안 된다. 범인이 피가 묻은 손이나 흉기를 닦는 데 수건을 사용했을지도 모르기 때문이다.
- 피해자 가족이 범죄현장을 청소하려 할 경우, 즉시 이를 중지시켜야 한다. 이미 청소가 끝났을 때는 청소하기 전, 현장의 본래 모습을 상세히 물어서 기록해 놓아야 한다. 쓰레기통에 버린 물건 중에 증거물이 있을 수 있으므로 이를 확인하여야 한다.
- 범죄현장을 폐쇄할 수 없는 넓은 외부지역이라면 밧줄이나 말뚝 등을 이

용하여 통행인의 출입을 제한해야 한다. 이때 지역주민의 도움을 받는 것도 중요하다.

- 증거물이 범죄현장의 중심부가 아니라 근처 통행로 등에서 발견되는 경우도 있으므로 범죄현장의 주변을 확인해 보아야 한다.

(iii) 범죄현장에 상해를 당한 자가 있을 때에는 현장의 어떤 범죄단서가 불가피하게 훼손되더라도 상해자의 생명을 구하는 것이 가장 우선되어야 한다.

- 경상의 상해자라면 상해자가 있던 위치 등을 간단히 스케치하거나, 표시하는 등 머릿속에 잘 기억해 두는 일이 중요하다.
- 상해자가 누워 있었는지, 앉아 있었는지, 또는 손과 팔 그리고 다리의 위치와 모양은 어떠했는지, 옷의 상태는 어떠했는지를 잘 관찰해서 기록해야 한다.
- 상해자의 손에 무엇을 쥐고 있었는지를 주의깊게 관찰하는 일도 대단히 중요하다.
- 구급차가 도착해 의료 종사자가 현장에 왔을 때는 현장을 가능한 한 손상시키지 않는 방향에서 친절히 안내해 주어야 한다.
- 상해자를 구급차에 태워 이동시킬 경우에는 가능하면 그 상해자를 따라 함께 동행하는 것이 바람직하다. 왜냐하면 범죄해결에 귀중한 열쇠가 되는 상해자가 하는 말, 절규, 때로는 죽어가면서 무엇인가 가까스로 남기는 말을 들어 증거를 포착할 수 있는 절호의 기회가 되기 때문이다.
- 중상자가 병원에 이송하던 중 사망하면 시간을 기록해야 한다.
- 이외에도 피해자의 의복에 대한 올바른 처리와 관리에도 주의를 기울여야 한다. 대부분 병원 또는 안치소(시체의 경우)에 피해자의 의류를 수거할 목적으로 들어갔을 때, 그 옷은 이미 태워버렸거나 또는 시체로부터 찢어서 벗기고 절단하여 쓸모없는 헝겊뭉치로 뭉쳐버리는 경우가 많기 때문이다. 사건의 상황에 따라서는 피해자의 옷이 사건의 실마리를 풀 수 있는 증거물이 될 수 있기 때문에 함부로 의류를 버리는 것은 방지해야 한다.

(iv) 범죄현장에 사망자가 있을 때에는 우선 시체의 상태를 관찰하여야 한다.

- 사망은 틀림없는가, 시체에서 어떤 냄새가 나는가, 시체의 색깔은 어떤가, 부패가 되었는가 등을 관찰한다.
- 전문적인 부검의의 더욱더 세밀한 검사가 끝날 때까지는 시체를 만지거나 이동시켜서는 아니 된다.

〈참고〉 최초 범죄현장에 도착한 수사요원의 준수사항

(ⅰ) 범죄현장에 들어간 사람들이 누구인지 모두 기록해 놓는다. 이 정보는 차후에 지문의 분류와 범죄현장에서 단서를 찾아내는 데 있어서 중요하다.

(ⅱ) 최초로 도착한 수사요원은 현장에서 자신이 처음으로 목격한 사람이 누구인지를 각별히 주목하여야 한다. 범죄사건의 발생시각이 조금 전이라면 사건해결에 매우 중요한 단서가 될 수도 있다.

(ⅲ) 어느 장소라도 가능하다면 용의자와 목격자는 분리해서 보호하여야 한다. 만일, 용의자와 목격자 간에 서로 이야기할 기회가 허용된다면 차후 조사에 있어서 의문점을 파악하는 데 큰 장애가 되기도 한다. 또한 피해자 가족은 이웃집의 도움을 받아 보호받도록 하여야 하며, 음료수 또는 필요 시에는 진정제를 복용시켜 보호하여야 한다. 극단적으로 비탄에 빠진 친지를 특별히 주목하여야 하는 것을 잊지 말아야 한다.

(ⅳ) 사건의 진실이 암시에 의해 왜곡되는 것을 방지하여야 한다. 따라서 목격자는 사건에 대한 이야기를 함부로 하지 못하도록 분리 보호하여야 한다.

(ⅴ) 목격자 또는 구경꾼은 범죄상황을 서로 이야기하지 못하도록 막아야 한다. 이것은 사건의 상황에 대한 잘못된 암시와 왜곡을 방지하는 데 있어서 중요하다. 범죄사건의 자세한 상황을 방송으로 보도하는 것도 수사를 방해하는 요소가 된다.

(ⅵ) 유능한 조사자는 흔히 조사과정 중 매우 중요한 정보를 포착한다. 따라서 조사자는 항상 모든 수사정보를 주의깊고 겸손하게 경청하여야 한다.

(ⅶ) 손상의 위험성이 있는 증거물을 보호하여야 한다. 비 또는 눈이 내리는 동안에는 물의 흐름을 바꾸거나, 마분지, 널빤지 등으로 덮어서 현장증거를 보호하여야 한다. 구경꾼이 많이 몰려와 증거물이 밟혀서 훼손되는 것을 막기 위해서는 보호할 지역을 넓힐 필요가 있다.

제 3 부

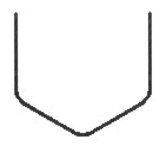

탐정분야론

탐 정 학 개 론

제1장

부동산 분야

제1절 부동산거래사고와 탐정

1. 부동산거래사고의 위험성과 탐정의 역할

종래 부동산거래사고는 부동산 소유권을 사취당하는 것을 의미하여 왔다. 최근에는 부동산거래사고란 거래 대상인 부동산에 하자가 있었거나 거래과정 중 발견하지 못하고 그대로 거래가 완결되는 것이라고 하는 넓은 의미로 정의되고 있다. 따라서 부동산거래사고란 '다양한 형태의 부동산거래에서, 거래의 당사자가 당연히 누려야 할 권리자로서의 지위를 위협받는 일체의 상황을 총칭하는 것'으로 정의할 수 있다.

부동산거래사고로 인한 피해는 그 액수가 크고, 회복이 어려우며, 장기간에 걸쳐 이루어지는 등의 특징으로 인하여 피해 당사자 및 사회에 미치는 충격은 실로 막대하다. 부동산거래사고는 개인이나 가정에는 단 한번만 발생하여도 회복하기 어려운 생존적 사고가 되어 버린다. 또한 거래당사자는 자기 파괴적인 생활을 하게 되고, 이는 부부싸움으로 이어져 가정이 파괴되기도 하여 자녀들에게 까지 파괴력이 이어진다. 우리는 IMF때처럼 동시다발적으로 발생한 부동산사고는 사회의 불안요인이 될 수도 있다는 것을 목도하였다. 때로 부동산사고는 기업의 생산기반과 직원들의 일터를 빼앗아가기도 하는 개인적·사회적으로 경계해야 할 아주 무서운 재앙이다.

그래서 부동산거래사고는 한번이라도 발생하면 안 되는 사고라고 할 수 있으므로 사전에 예방하는 것이 중요하다. 물론, 부동산거래사고를 예방하기 위해서는 정형적인 부동산거래사고유형에 대한 사전 학습이 필요하다. 하지만 전 국민이 이러한 사전 학습을 하는 것은 현실적으로 불가능하고, 따라서 부동산거래사고의 예방은 물론, 사고를 당한 경우에도 스스로 구제할 수 없는 실정이다. 따라서 부동산거래사고가 발생한 경우에는 정확한 피해조사와 신속한 손실재산의 회복을 도와줄 전문가로서 부동산탐정이 필요한 이유라고 할 수 있다.

2. 탐정기법으로 분류한 부동산거래의 단계별 사고유형

부동산거래사고와 관련된 판례사례, 공제사고사례, 일반인 실제사례 1000여개 사례 등을 조사·분석한 연구결과에 따르면 부동산거래사고에 있어서 계약서 작성 단계의 위험도가 1순위를 차지하였으며, 다음으로 계약체결 전 분석·확인 단계의 위험도가 2순위를 차지하였다. 특히, 세부요인 중 사고발생 건수가 가장 많은 사례는 소유권 및 매매권한 리스크(3단계: 계약서작성 단계)의 경우이다. 따라서 부동산거래에 있어서 계약서작성 단계 및 계약체결 전 분석·확인이 철저하게 이루어진다면 부동산거래사건의 발생을 사전에 예방할 수 있는 경우가 많다.

탐정기법으로 분류한 부동산거래의 단계별 사고요인의 중요도 및 종합위험도

영향요인		세부요인	
항목	종합위험도	항목	중요도
의사결정 및 의뢰 단계	0.453	불합리한 의사결정	0.163
		매도의뢰인 물건하자 비공개	0.812
		직거래시장	0.547
		중개거래정보망	0.378
계약체결 전 분석·확인 단계	0.822	목적물, 면적, 용도 등 기본적 사항	0.430
		근저당 등 제한권리	0.981
		임차권 등 미공시 권리 및 시설	0.162
		상태, 설비 등 물리적 조건	0.327
계약서작성 단계	0.833	소유권 및 매매권한	0.640
		대리권	0.981
		경제적 조건	0.162
		계약서작성 부수사항	0.104
계약이행 단계	0.654	해약금계약 계약해제	0.432
		위약금계약 계약해제	0.901
		조건부계약 불이행 계약해제	0.268
		중도금 관련 사항	0.161
계약완료 단계	0.650	동시이행	0.965
		매매대금 횡령 및 편취	0.403
		공과금 등 비용정산	0.129
		부속서류 전달	0.080
계약완료 후 단계	0.417	양도세	0.824
		하자담보책임	0.381
		사후처리	0.177

제2절 부동산범죄

1. 부동산범죄의 의의

부동산범죄는 광의로는 토지와 건물 등 부동산을 객체로 하는 모든 범죄를 말하며, 협의로는 부동산이 불법적인 수단의 객체가 되는 범죄 또는 부동산관련 법규의 규정에 반하는 범죄를 말한다. 협의의 부동산범죄에 대해서는 통상 개별적인 처벌법규가 존재한다. 「민법」상 부동산은 동산과 구별되는 물리적 재산으로 토지와 그 정착물을 말하며, 정착물의 대표적인 것은 건물이다.

부동산범죄는 적용되는 법규에 따라 「형법」에 위반한 부동산형사범죄와 부동산규제에 관한 각종 행정법규에 위반한 부동산투기범죄로 구분할 수 있다. 부동산투기란 부동산매매거래를 행하는 목적이 가액변동으로 인한 매매차익을 획득하는 것을 말하며, 이것이 관련 법규를 위반하여 형사처벌의 대상이 되는 경우를 부동산투기범죄라고 한다.

2. 부동산범죄의 유형

1) 형사범죄

부동산형사범죄는 「형법」에 위반하는 범죄와 특별형법에 위반하는 범죄로 나눌 수 있다. 「형법」에서는 부동산과 직접 관련된 범죄를 규정하기보다는 각종 재산범죄 등 부동산을 범죄의 수단으로 이용하는 범죄에 대한 규정을 두고 있다. 부동산범죄에 관한 특별형법 중 대표적인 「특정경제범죄의 가중처벌 등에 관한 법률」에서는 '사기,' '횡령,' '배임,' '뇌물' 등의 범죄에 관하여 피해금액이나 뇌물가액에 따른 가중처벌을 규정하고 있다.

(1) 사기죄
사기죄는 사람을 기망하여 재물을 교부 받거나 재산상의 불법한 이익을 취득하는 범죄로 고의와 기망행위 및 재산편취가 있어야 한다.

부동산관련 사기범죄의 대표적인 사례로는 타인의 부동산 처분행위, 처분권한이 없는 자의 처분행위, 담보물권설정사실을 숨긴 행위, 공용제한의 대상인 사실을 숨긴 행위, 대리권이 있는 것처럼 가장한 행위, 가격을 현저히 높여 거래한 행위, 토지사기단의 타인 토지에 대한 저당설정대출금 편취, 소송사기, 기획부동산사기 등이 있다.

(2) 횡령죄

횡령죄는 타인의 재물을 보관하는 자가 그 재물을 착복하거나 그 반환을 거부함으로써 성립하는 범죄이다.

부동산관련 횡령범죄의 대표적 사례로는 대리인, 중개업자, 중개보조원 등이 계약금이나 매매대금을 횡령하는 경우 등이 있다.

(3) 배임죄

배임죄는 타인을 위하여 사무를 처리하는 자가 그 임무에 위배하여 그 타인에게 손해를 가하는 경우에 성립하는 범죄이다.

부동산관련 배임범죄의 대표적 사례로는 명의수탁자의 처분행위, 명의신탁된 종중소유의 부동산을 종중의 동의 없이 처분하는 행위, 이중매매의 매도인, 악의의 제2양수인, 매매한 부동산이전등기 전 저당권 설정행위, 이중저당 설정행위, 부동산의 처분을 위탁받은 자의 지정가격 이하 처분행위 등이 있다.

(4) 기타 범죄

위에서 열거한 범죄 이외에도 「형법」상 부동산관련범죄로는 공·사문서위조 및 동행사죄, 허위공문서작성죄, 공정증서원본 등 부실기재죄, 경계침범죄, 부당이득죄, 부동산강제집행효용침해죄 등이 있다.

2) 부동산투기범죄

부동산투기범죄란 부동산 관련 행정법규 위반에 대하여 처벌이 되는 범죄를 말한다. 국가는 국민 모두의 생산 및 생활의 기반이 되는 국토의 효율적이고 균형 있는 이용·개발과 보전을 위하여 법률이 정하는 바에 의하여 그에 관한 필요한 제한과 의무를 과할 수 있고(헌법 제122조), 소유자는 법률의 범위 내에서 그 소유물을 사용, 수익, 처분할 권리가 있다(민법 제211조). 다만, 부동산은 국토자원이 일부이고 환경요소의 하나이기 때문에 부동산투기를 방지하기 위하여 그 소유 또는 이용에 있어서 여러 가지 행정적 규제가 가하여지고 있으며, 그 위반의 정도가 중대한 경우에는 형사처벌을 하고 있다. 주요 행정법규위반에 해당하는 대표적인 부동산투기범죄의 유형과 사례는 다음과 같다.

(i) 「부동산 실권리자명의 등기에 관한 법률」 위반의 명의신탁거래행위 등
(ii) 「국토의 계획 및 이용에 관한 법률」 위반의 토지거래허가구역 내의 토지의 증여를 가장한 무허가토지거래행위 등
(iii) 「농지법」 위반의 농지취득자격증명의 부정발급행위 등
(iv) 「부동산등기특별조치법」 위반행위 등
(v) 「주택법」 위반의 전매제한 부동산거래행위 등
(vi) 「산림기본법」 위반의 불법형질변경행위 등
(vii) 「개발제한구역의 지정 및 관리에 관한 특별조치법」 위반의 무단형질변경 및 불법건축행위 등
(ix) 「부동산거래신고 등에 관한 법률」 위반의 실거래가 허위신고행위 등
(x) 「공인중개사법」 위반의 무등록중개행위, 떳다방, 자격증양도행위 등

제3절 부동산탐정의 업무영역

부동산분야에서도 탐정은 소송은 물론, 개인 간의 거래에서 관련 산업에 이르기까지 다양한 영역에서 그 역할을 수행할 수 있다. 부동산거래에서 탐정의 역할을 세부분야에 따라 정리하면 다음과 같다.

1. 부동산거래 분야

1) 진정한 소유권자조사

일본 탐정업계의 경우 부동산분야에서 가장 의뢰가 많은 것은 '진정한 소유

권자조사'라 한다. 매수자가 잔금을 지불하고 소유권이전등기까지 마쳤음에도 불구하고 진정한 소유권자가 나타나 소유권이전등기무효소송을 통하여 소유권을 되찾아가는 경우가 있다. 이 경우 매수인은 소유권을 빼앗기고 매매대금은 매도인에게 청구해야 하는 상황이 되지만, 매도인이 매매대금을 소진하고 다른 재산이나 자금이 없다면 민사상 청구권만 있을 뿐 금전적 손실을 회복하기란 요원한 일이 된다. 우리나라는 일본처럼 등기의 공신력을 인정하지 않기 때문에 등기부등본에 명기되어 있는 소유자가 진정한 소유자가 아닐 경우 그와 거래한 매수자는 매매대금을 지불하고 이전등기를 한 이후라도 진정한 소유권자에게 소유권을 되돌려 주어야 한다.

다음으로 의뢰가 많은 것은 부동산 사기꾼의 소재와 재산을 파악하는 일이라고 한다. 이외에도 부동산매매와 관련하여 중개사나 매매당사자로부터 여러 가지 의뢰가 있다고 한다. 최근 우리나라에서 발생한 부동산거래사고 중 확보물건이 적은 신규 오픈 중개업자에게 접근하여 신분증을 위조하고 소유자 행세하며 계약금을 편취한 사례와 월세세입자로 들어가 소유자의 신분증을 위조하여 주택을 팔아치우고 잠적한 사례가 있는데, 모두 진정한 소유권자조사와 관련된 사례이다.

2) 무등록중개행위·떳다방 조사 등

공인중개사자격증을 소지하고 있는 사람이 중개업을 하고자 하는 경우에는 반드시 관할지역의 등록관청에 중개사무소의 개설등록을 하여야 한다. 따라서 공인중개사 자격증이 있더라도 중개사무소 개설등록을 하지 않은 채로 중개업무를 하는 것은 불법이며, 이를 알면서 그를 통하여 중개를 의뢰받는 것도 불법이므로 주의하여야 한다. 특히, 공인중개사 자격증도 없이 관련 서류를 위·변조하여 중개업소를 운영하는 사람들이 있는데, 이들은 필히 부동산범죄를 목적으로 하고 있으므로 매우 주의해야 한다. 또한 공인중개사자격증을 양도하거나 대여하는 것이 불법임에도 불구하고 타인의 공인중개사자격증을 양수·대여받아 중개업소를 운영하는 곳도 부동산거래사고를 유발하기 쉬운 곳이므로 조심해야 한다. 한편, 신도시 등에서 아파트분양권의 불법당첨이나 불법전매를 유도하는 일명 '떳다방'들이 활동하는데, 이러한 행위는 공인중개사라고 하더라도 공인중개사법위반이 되며, 이들에 의한 부동산거래는 불법일 가능성이 크므로 매우 주의해야 한다. 공인중개자격증이나 사업자등록증 등의 내용은 지방자치단체 또는 공인중개사협회를 통하여 사전에 확인하는 것이 좋고, 조금이라도 의심스러운 정황이 있다면 반드시 사전에 조사하여야 한다. 이러한 경우도 부동산탐정의 역할이 필요하다.

3) 상습사기 중개보조원조사

부동산중개업계에는 공인중개사에게 고용되어 일하는 중개보조원이 있는데, 이들 중 일부가 고객의 계약금이나 중도금, 잔금 등을 편취하고 잠적하여 공인중개사와 고객에게 피해를 입히는 사례가 많이 발생하고 있다. 이들은 중개업소를 옮겨 다니며 사고를 일으키고 있으므로 공인중개사는 신원이 불명확한 사람을 고용할 시에는 각별히 주의해야 하고, 다수의 중개보조원을 고용한 경우에는 이들의 관리·감독에 주의를 기울여야 하며, 의심스러운 정황이 발생하고 있는 경우에는 부동산탐정의 조사를 통하여 사고를 사전에 예방하여야 한다.

2. 분양업 분야

신문 등 언론을 통하여 광고를 접하는 경우 언론에 대한 신뢰성 때문에 광고에 대한 신뢰성 또한 높아진다. 그러나 광고의 내용은 대부분 불법·허위·과장광고의 내용을 포함하고 있다. 이들 분양업자 중에는 불법적인 허위·과장광고를 상습적으로 내보내며 피해자를 양산하는 사업자도 있다. 판례가 '청약의 유인'에 불과한 허위·과장광고는 소비자에게 주의의무를 전가하는 경향을 보이고 있는 안타까운 현실이다. 따라서 부동산에 대한 전문적인 지식을 갖추고 있는 부동산탐정의 조력을 받아야 할 분야이다.

3. 전문사기단조사 분야

지속적으로 국민들에게 부동산관련 피해를 입히고 있는 기획부동산업체는 서울 강남지역을 중심으로 우후죽순으로 설립되어 전 국토의 부동산투기를 주도하고 있다. 특히, 행정도시, 공기업지방이전도시, 신도시, 국가산업단지 등 개발예정지역을 중심으로 활개를 치고 있다. 이들 업체는 개발계획이 없거나, 계획이 있다고 하더라도 개발이 불가능한 맹지 등을 대규모로 사들인 뒤 텔레마케팅을 통해 땅에 투자를 하면 1년 내에 몇 배의 수익을 올릴 수 있다는 솔깃한 유혹으로 투자자를 유치하여 수십 배의 차익을 챙기도 있다. 또한 이들 업체는 가짜 개발계획 등을 내세워 '땅값이 많이 오를 것'이라며 전 국민을 상대로 투기를 부추겼고, 사기라고 해도 과언이 아닌 허위·과장광고, 명의신탁, 미등기전매 등 각종 불법행위를 자행하고 있다.

그러나 정부의 강력한 단속으로 인하여 기획부동산의 전화를 통한 땅 분양이 어렵게 되자 이들 업체의 투기행위가 한동안 잠잠해졌다. 그런데 2006년 말경부터 이들 업체들이 간판을 영농조합, 육림조합, 영림법인 등의 상호를 사용하면서 조만간 개발될 예정인 유망한 땅을 분양한다는 광고를 신문 등을 통해 내보내고 있다. 법의 규제와 단속을 피해 땅을 직접 분양하는 대신 농장지분을 판매하는 등의 신종수법을 동원하기도 하였다. 최근에는 사무직 직원의 모집광고를 통하여 채용한 직원을 세뇌교육시켜 회사보유토지를 매입하게 하거나 지인들을 끌어들이는 수법을 사용하고 있으며, 경매물건에 공동입찰하는 등의 수법을 사용하기도 하는 등 사회적 이슈와 관심, 변화 속에서 발빠르게 진화하고 있기 때문에 주의가 요망된다. 이들에게 피해를 당한 대부분의 피해자들은 사기의 고의입증의 곤란, 업체의 바지사장체제, 폐업 후 다른 이름으로 재개업 등의 이유로 사기꾼 주범을 일망타진 못하는 경우가 많이 있다. 이들의 범행은 장기에 걸쳐 진행되고, 전문적인 지식을 갖춘 자들이므로 부동산탐정의 도움을 받아야 해결할 수 있다.

4. 개발업 분야

개발회사나 LH 등이 대규모 토지개발을 할 때 간혹 일부 토지의 소유자가 이사, 해외이주, 행방불명, 일본인 소유 등의 사유로 접촉이 되지 않아 개발사업이 늦어져 막대한 손실을 보는 경우가 있다. 이때 개발대상 필지의 소유권자의 소재 및 연락처 파악이 중요한데, 이웃 탐문 등 상당한 노력과 노하우가 필요한 경우가 있으므로 부동산탐정의 역할이 필요할 것이다. 또한 대규모 개발사업에 속한 토지임을 미리 알고 일명 '알박기'투기를 하여 무리한 매매금액이나 배상을 요구하며 사업을 곤란하게 하는 경우가 있다. 이러한 불법알박기투기자들은 사회적 비용을 증가시키는 범법자들이므로 문제를 쉽게 해결하기 위해서는 이들의 소재 및 약점을 파악하여 협상의 지렛대로 삼을 필요가 있다. 이러한 부분에 역시 부동산탐정의 역할이 필요할 것이다.

5. 건설업 분야

건설업에는 많은 종류의 자재가 사용되고 그 자재비 또한 고가이어서 횡령이나 절도의 대상이 되는 경우가 있다. 이는 부실공사로 이어져 향후 심각한 사회적 손실로 나타날 수 있으므로 건설업체는 관리에 만전을 기해야 한다. 만일 손실의 정황이 포착되었을 때는 부동산탐정 등 전문가의 조력을 받아 신속히 손실원인을 조사하여 추가손실을 막아야 한다. 최근 건설회사의 직원들까지 공모·방조하여 장기간 진행된 건설자재 도난사고가 탐정의 활동으로 밝혀진 실제 사례가 있다.

6. 유치권조사 분야

경매물건에서 주장하는 유치권의 90%는 가짜라는 말이 있다. 정확한 통계는 알 수 없지만 정확한 근거가 부족하거나, 요건을 충족하지 못하거나 하여 유치권이 성립되지 못하는 경우가 대부분이라 한다. 심지어 전혀 근거가 없이 불법점거하며 유치권자 행세를 하는 경우도 있다. 유치권자는 정당성만 갖추고 있으면 부동산의 점유를 유지할 권리가 있는 사람이므로 낙찰자는 그 주장하는 금액을 지불해야만 목적부동산을 사용할 수 있기 때문에 유치권을 주장하는 현수막이나 점유자가 있는 경우에는 입찰을 꺼려하는 요인이 되어 유찰이 거듭된다. 이는 채무자, 채권자, 입찰자 모두에게 손실을 끼치는 상황이 되지만 유치권의 성립 여부를 판단하고 점유자를 명도하는 것은 일반인들에게는 매우 어려운 일이므로 부동산탐정의 조력이 필요한 부분이다.

7. 변호사와의 협업 분야

법관은 분쟁과 관련하여 적용할 법규를 찾아내고 해석하는 법률적 문제에 부딪히며, 다른 한편으로는 사건의 경위를 규명하는 사실문제를 해결하여야 한다. 그런데 대부분의 재판과정에서는 법률문제보다는 오히려 사실문제가 크게 부각되므로 법관은 법률문제의 해결보다는 사실을 확정하는데 더 큰 어려움을 가지게 된다. 이와 같은 사실은 법정에서 증거를 통하여 자신의 주장이 실제와 같음을 증명할 수 있는 자가 소송의 승자가 될 수 있다는 것을 의미하므로 분쟁의 당사자들은 자신에게 유리한 판결을 얻기 위해 법관의 심증을 확정해 줄 수 있는 결정적인 증거를 찾아 제시하려고 노력하게 된다.

그러나 실제로는 변호사의 주된 업무는 법률문제의 적용과 해석, 소송과 관련한 서류의 작성과 준비, 법정에서의 변론 등이고, 증거의 조사와 수집, 증인확보 등의 현장업무는 사무장이라 불리는 실무자가 변호사의 권한을 위임받아 수행하는 경우가 적지 않다. 따라서 변호사와 탐정이 협업관계를 설정하면, 탐정이 한층 전문화된 조사활동과 증거수집의 서비스를 통해 변호사에게 양질의 소송업무지원을 제공하고, 궁극적으로는 의뢰인이 자신의 권리를 구제받을 수 있게 된다는 점에서 탐정제도는 긍정적으로 평가되어야 할 것이다. 소송의 70~80%은 민사소송이고, 민사소송은 대부분 부동산과 관련된 소송이 차지하고 있다.

부동산거래사고에 있어서 탐정의 역할 분야와 내용

분 야	조 사 내 용
부동산거래	• 매매, 임대차 등 거래 시 진정한 소유권자조사 • 무등록중개행위조사 • 떳다방 및 자격증불법양도행위의 조사 • 상습사기 중개보조원조사
분양업	• 상습 불법상가분양업자조사 • 불법·허위·과장광고의 조사 등
전문사기단 조사	• 기획부동산조사 • 소송사기단조사 등

분 야	조 사 내 용
개발업	• 개발대상 필지의 소유권자 소재 및 인적 사항의 파악 • 불법알박기투기자조사 등
건설업	• 건설자재 도난 및 손실원인의 조사 • 불법유치권자의 조사 등
변호사의 협업	• 부동산관련 소송사건의 증거자료 수집 등

제 2 장

문서관련 위·변조 분야

제1절 문서의 위조와 변조

1. 문서의 종류

문서란 문자 또는 이를 대신하는 부호에 의하여 사상 또는 관념을 표시하는 물체를 말한다. 「형법」상 문서는 법적으로 중요한 사실을 증명하는 것이어야 하고, 명의인을 표시하는 내용의 문자 또는 부호에 의하여 사람의 의사가 표시된 것이어야 한다.

1) 공문서

공문서란 공무소 또는 공무원이 그 직무에 관하여 작성한 문서를 말한다. 주민등록증, 등기부등본, 여권, 납세필증 등이 이에 해당한다. 작성명의인이 공무원 또는 공무소라고 인정될 만하면 직인이 안 찍혀도 공문서로 인정되지만, 공무원이 직무권한 내에서 작성한 문서이어야 한다. 그러나 외국의 공무소 또는 외국의 공무원이 작성한 문서는 사문서이다.

2) 사문서

사문서란 사인의 명의로 작성된 문서로서 권리·의무와 사실증명에 관한 문서를 말한다. 권리·의무에 관한 문서란 공법상 또는 사법상 권리·의무의 발생·변경·소멸에 관한 사항을 기재한 문서를 말하며, 계약서, 영수증, 차용증서, 위임장, 주민등록증발급신청서 등이 이에 해당한다. 사실증명에 관한 문서란 권리·의무에 관한 문서 외의 거래상 중요한 사실을 증명하는 문서를 말하며, 추천서, 이력서, 사립학교의 성적증명서나 졸업증명서 등이 이에 해당한다.

문서의 본질은 물체 자체가 아니라 그 속에 표현된 의사에 있다. 따라서 의사표시라 할 수 없는 명찰, 문패, 제조상품의 일련번호, 번호표 등은 문서라 할 수 없다.

2. 문서의 위조와 변조의 의의

1) 문서위조

문서위조에는 작성권한 없는 자가 타인의 이름을 모용(함부로 사용)하여 타인명의의 문서(가짜문서)를 작성하는 '유형위조'와 문서의 작성권한이 있는 자가 진실에 반하는 내용의 문서를 작성하는 '무형위조'가 있다. 「형법」은 유형위조를 '위조'로, 무형위조를 '작성'으로 구별하고 있다. 「형법」상 유형위조는 공·사문서 모두 처벌되지만, 무형위조는 공문서의 경우(허위공문서작성죄, 공정증서원본등부실기재죄)에만 처벌되고, 사문서의 경우는 의사의 진단서나 검안서 또는 생사에 관한 증명서를 허위로 작성한 때에 한하여만 처벌하고 있다.

▪ 판례 ▪

① 외국의 공문서는 「형법」상 '사문서'로 간주되므로 외국면허기관의 국제운전면허증에 붙어 있는 사진을 떼어내고 그 자리에 자신의 사진을 붙인 경우 사문서위조죄에 해당한다(98도164, 98감도12).

② 진정한 문서의 사본을 전자복사기를 이용하여 복사하면서 일부 조작을 가하여 그 사본 내용과 전혀 다르게 만드는 행위는 공공의 신용을 해할 우려가

있는 별개의 문서사본을 창출하는 행위로서 문서위조행위에 해당한다. 타인의 주민등록증사본의 사진란에 피고인의 사진을 붙여 복사하여 행사한 행위가 공문서위조죄 및 동행사죄에 해당한다(2000도2855).

③ 위탁된 권한을 초월하여 위탁자 명의의 문서를 작성하거나 위탁자의 서명날인이 정당하게 성립한 때라 하더라도 그 서명날인자의 의사에 반하는 문서를 작성한 경우에는 사문서위조죄가 성립한다 할 것이므로 피고인이 공소외 (갑)으로부터 금 75,000,000원의 차용 위탁을 받고 백지의 대출신청서 및 영수증에 동인의 날인을 받은 연후에 차용금액을 금 150,000,000원으로 기입하여 공소외 (갑) 명의의 대출신청서 및 영수증을 작성하였다면 문서위조죄가 성립한다(82도2023).

④ 혼인신고 당시에는 피해자가 피고인과의 동거관계를 청산하고 피고인을 만나주지 아니하는 등으로 피하여 왔다면 당초에는 피해자와 사실혼 관계에 있었고 또 피해자에게 혼인의 의사가 있었다 하더라도 위 혼인신고 당시에는 그 혼인의사가 철회되었다고 보아야 할 것이므로 피고인이 일방적으로 혼인신고서를 작성하여 혼인신고를 한 소위는 설사 혼인신고서 용지에 피해자 도장이 미리 찍혀 있었다 하더라도 사문서 위조 기타 관계법조의 범죄에 해당한다(87도399).

⑤ 「형법」제233조 소정의 허위진단서작성죄의 대상은 공무원이 아닌 의사가 사문서로서 진단서를 작성한 경우에 한정되고, 공무원인 의사가 공무소의 명의로 허위진단서를 작성한 경우에는 허위공문서작성죄만이 성립하고 허위진단서작성죄는 별도로 성립하지 않는다(2003도7762).

⑥ 유효기간이 경과하여 무효가 된 공문서라고 할지라도 작성권한 자가 위 기간과 발행일자를 정정하여 새로운 공문서를 작성하였다면 그것은 법률상 유효한 새로운 공문서라고 할 것이고, 정정하여 새로운 공문서를 작성하기 전의 위 공문서의 기재조항 중에 정정한 경우에는 무효로 한다는 기재부분이 있다고 하더라도 이는 작성권한 자 아닌 자의 권한없는 정정은 무효로 한다는 취지이지 작성권한 자의 정당한 정정까지를 뜻하는 것이 아니라고 할 것이므로 작성권한 자의 부하되는 업무담당자가 위와 같은 정정기재를 하고 정정기재부분에 함부로 작성권한 자의 직인을 압날하여 공문서를 작성하였다면 형식과 외관에 의하여 효력이 있는 공문서를 위조한 경우에 해당한다(80도2126).

⑦ 신용장에 날인된 은행의 접수 일부인은 사실증명서에 관한 사문서에 해당되므로 신용장에 허위의 접수인을 날인한 것은 사문서위조에 해당한다(77도1879).

⑧ 행사할 목적으로 타인의 주민등록증에 붙어 있는 사진을 떼어내고 그 자리에 피고인의 사진을 붙였다면 이는 기존 공문서의 본질적 또는 중요 부분에 변경을 가하여 새로운 증명력을 가지는 별개의 공문서를 작성한 경우에 해당하므로 공문서위조죄를 구성한다(91도1610).

⑨ 군청소속의 도축장 검사원에게 군수명의로 된 백지의 지방우육 서울반출증을 보관하면서 적법한 도축신청과 서울축산기업 납세조합에서 발행한 지방우육 서울반입 실수요자확인증의 제출이 있는 경우에 한하여 위 백지반출증에 실수요자증명서의 발행번호와 반출증의 발행일자, 유효기간 등을 보충기재하여 반입실수요자에 교부할 권한만이 위임되어 있었던 경우라면 동 검사원에게 위 반출증의 작성권한이 위임되어 있다고 볼 수 없으므로 동 검사원이 적법한 도축신청과 실수요자확인증의 제출이 없음에도 허위의 반출증을 작성교부하였다면 공문서위조죄가 성립한다(84도368).

⑩ 위조행위 자체에는 관여한 바 없다고 하더라도 타인에게 위조를 부탁하여 의사연락이 되고 그로 하여금 범행을 하게 하였다면 공모공동정범에 의한 위조죄가 성립한다(80도907).

⑪ 실효한 기존문서를 이용변조하여 유효한 신문서를 작출한 경우는 문서의 변조가 아니요 문서의 위조죄가 성립한다(4285형상80).

⑫ 문서위조죄는 문서의 진정에 대한 공공의 신용을 그 보호법익으로 하는 것이므로 행사할 목적으로 작성된 문서가 일반인으로 하여금 당해 명의인의 권한 내에서 작성된 문서라고 믿게 할 수 있는 정도의 형식과 외관을 갖추고 있으면 문서위조죄가 성립하는 것이고, 위와 같은 요건을 구비한 이상 그 명의인이 실재하지 않는 허무인이거나 또는 문서의 작성일자 전에 이미 사망하였다고 하더라도 그러한 문서 역시 공공의 신용을 해할 위험성이 있으므로 문서위조죄가 성립한다. 이는 공문서뿐만 아니라 사문서의 경우에도 마찬가지라고 보아야 한다(2002도8).

2) 문서변조

변조란 권한 없는 자가 이미 진정하게 성립된 타인명의의 문서내용에 동일성을 해하지 않을 정도의 변경을 가하는 것을 말한다. 변조의 대상은 타인의 문서로서, 진정하게 성립된 문서에 한한다. 변조는 처음부터 그와 같은 내용으로 작성된 문서라고 일반인으로 하여금 믿게 할 수 있을 정도의 형식과 외관을 갖추고 있어 문서에 대한 공공의 신용을 해할 위험이 있으면 완성된다.

■ 판례 ■

① 문서에 2인 이상의 작성명의인이 있는 때에 그 명의자의 한 사람이 타명의자와 합의 없이 행사할 목적으로 그 문서의 내용을 변경하였을 때는 사문서변조죄가 성립한다(77도1736).

② 시장명의로 작성하여 도지사에게 송부한 환지계획인가신청서에 첨부된 당초의 도면에 잘못 표시된 부분이 있다고 하여도, 시에서 도시계획업무를 담당한 공무원이 적법한 절차를 거침이 없이 임의로 위 도면을 정정도면과 바꿔치기 한 행위에 대하여는 공문서변조, 동 행사의 범의를 인정하기 넉넉하며, 도면에 간인이 없다든가 시장의 승인이 예상된다 하여 그 범의를 부정할 수는 없다(85도540).

③ 결재된 원안문서에 이미 기재되어 있음에도 이를 자세히 인정치 않고 단순히 결재 때 빠진 것으로 생각하고 가필변경할 권한이 없는 공무원이 원안에 없는 새로운 항을 만들어 중복되게 기재해 넣었다면 그 공문서를 변조한다는 인식이 있었다고 하지 않을 수 없다(70도116).

④ 사문서변조에 있어서 그 변조 당시 명의인의 명시적, 묵시적 승낙없이 한 것이면 변조된 문서가 명의인에게 유리하여 결과적으로 그 의사에 합치한다 하더라도 사문서변조죄의 구성요건을 충족한다(84도2422).

⑤ 부동산매매계약을 체결함에 있어서 "갑"을 매수인으로 내세우고 "을"은 그 계약의 단순한 입회인의 자격으로서 그 계약을 체결한 이상 그 전에 "갑," "을"이 서로 돈을 대어 "병"으로부터 이 사건 부동산을 공동매수하기로 합의하였다 하더라도 이는 "갑," "을"만의 대내적인 합의에 불과하였다 할 것이므로 "갑," "을" 등만이 마음대로 "을"을 매수인이라고 기재하여 그 매매계약서를 고쳤다면 그 행위는 사문서변조죄에 해당한다(76도1774).

⑥ 재산세 과세대장의 작성 권한이 있던 자가 인사이동 되어 그 권한이 없어진 후 그 기재내용을 변경한 경우, 공문서변조죄에 해당한다(96도1862).

⑦ 공무원이 작성한 문서와 개인이 작성한 문서가 1개의 문서 중에 포함되어 있는 경우에도 공무원이 작성한 증명문구에 의하여 증명되는 개인작성부분을 변조한 경우에는 공문서변조죄가 성립하는바, 인감증명서의 사용용도는 인감신청인이 기재하는 것이나 그 기재한 용도에 따른 인감증명서가 발급되면 그 용도기재의 여하에 따라 인감증명서의 유효기간이 달라지는 것이므로 그 기재된 용도에 대하여도 증명의 효력이 미친다고 볼 것이어서 권한없이 그 용도기재를 고쳐 썼다면 이는 공문서변조죄에 해당한다(85도1490).

⑧ 농업협동조합지소의 직장마을금고의 출납원이 보통예금통장의 예금수불기재의 증감변경에 관한 일반적 권한이 없고, 다만 그 권한이 있는 지소장의 승

낙이나 위임받은 범위 내에서만 그 기계적 보조자로서 예금수불기재를 증감
변경할 수 있음에 불과한 경우에는 동 출납원이 그 위임범위를 넘어서 함부
로 예금수불기재를 증감변경한 경우에는 사문서변조죄를 구성한다(82도2300).

제2절 문서의 감정기법

문서감정이란 문서를 작성할 때 사용한 필적, 인영, 지문 등을 검토하여 진
정하게 성립된 문서인지 여부를 식별하고, 불명문자 등을 판독하거나 작성시기
등을 추정하는 작업을 말한다. 문서감정 분야는 필적감정, 인영감정, 지문감정,
불명문자감정, 필흔감정, 문서 위·변조 감정, 문서의 작성시기 추정감정, 위조
화폐감정, 위조여권감정, 문서의 원본과 사본 여부의 감정 등 다양하다. 또 문서
감정 장비로는 비교확대투영기, 입체현미경, 필흔재생기, 자외선감식기, 적외선
감식기, 실물화상기 등이 있다. 이 중에서 필적감정, 인영감정, 화폐의 위·변조
감정, 주민등록증 위·변조감정에 대해서 살펴보기로 한다.

1. 필적감정

필적(筆跡)의 사전적 의미는 '손수 쓴 글씨의 형적'이고, 다른 말로는 수적(手迹)
이라 표현할 수 있다. 감정(鑑定)이란 말은 사물의 진위나 좋고 나쁨 혹은 가치
를 분별함을 말한다. 따라서 필적감정이란 쌍방 다툼이 되는 문서상의 필적과
그 필적을 기재했을 것으로 추정되는 사람의 필적을 비교하여 동일한 필적인지
여부를 판단하거나 또는 한 문서에 기재된 문제의 일부 필적과 여타 인정필적을
비교하여 동일성 여부를 식별하는 작업 등을 말한다.

1) 필적감정의 준비사항

(1) 감정목적물인 원본의 확보
필적감정에 있어서는 감정목적물인 원본을 확보하는 것이 원칙이다. 다만,
원본 확보가 불가능할 경우에는 사본으로 진행하는 경우도 있다.

(2) 감정목적물(원본)과 대조할 대조자료의 확보

감정목적물인 원본과 대조할 자료로는 용의자로 추정되는 자가 평소 썼던 '평소필적'과 원본의 것에 가까운 용지, 필기구 등으로 같은 문장을 써보도록 한 '시필(試筆)자료'가 있다.

가. 평소필적의 확보

용의자로 추정되는 자가 작성한 것이 분명한 필적으로서 원본에 쓰여진 것과 동일한 문자와 유사한 필기속도로 기재된 필적을 다량 확보하는 것이 좋다. 이때 원본과 동일 또는 유사한 필기구(용지)에 작성된 것으로 문자의 크기, 기재방향(가로쓰기, 세로쓰기 등) 등이 같은 것일수록 좋고, 가급적 감정목적물과 유사한 시기에 작성된 것일수록 좋다.

나. 시필자료의 확보

'시필'은 문서의 종류 및 성격에 따라 작성할 당시의 기재조건(앉은 자세, 엎드린 자세 등) 등을 고려하여 다양하게 다수 확보하는 것이 좋다. 반드시 불러주는 말을 복창(復唱)하면서 작성하게 하여야 한다. 이것은 인간이 동시에 두 가지 동작을 하게 되면 뇌에 혼란이 와서 자신도 모르게 평소 습성을 드러내게 되는 점을 이용한 조사방법이다. 또한 주소나 성명, 금액, 기재일자 등을 표기하는 위치나 방법, 오자를 쓰는 버릇이나 문자를 잘못 사용하는 버릇, 오탈자를 수정·가감하는 방법, 마침표나 쉼표를 찍는 방법 등을 면밀히 관찰하여야 한다.

2) 필적의 감정방법

필적감정은 개인의 필적 특성인 항상성(고정화된 개인의 필적 특성)과 희소성(개인의 독특한 필적 특성)을 전제로 감정을 진행하며, 건강이나 심리상태, 기재환경 등에서 올 수 있는 변화성을 감안하여야 한다. 따라서 필적감정은 자획구성(字劃構成), 필순(筆順), 필압(筆壓), 필세(筆勢), 배자형태(配字形態) 등의 비교를 통해 이동(異同)을 관찰하되, 운필습성, 자획의 크기, 길이, 굴곡 및 꺾인 형태, 필기 숙련도, 전체적인 유연성과 지속성, 주저흔, 미세한 떨림, 오용문자의 기재습성 등을 종합적으로 검토하여야 한다(비교관찰법).

(1) 모방에 의한 위·변조

모방에 의한 필적의 위·변조방법으로는 타인의 필적을 보이는 그대로 모방하여 기재하는 방법이 있고, 위조하려는 필적이나 서명 아래에 종이를 대고 뾰족하고 날카로운 물건으로 강한 압력을 주어 그대로 따라 기재하여 아래 종이에 필압이 형성되면 그 필압에 따라 펜으로 쓰는 방법이 있다. 이외에 타인의 필적 위에 종이를 놓고 아래쪽에서 광을 비추어 자획의 형태를 따라 기재하는 방법이 있다. 그러나 이와 같은 방법은 아무리 정교하게 모방하더라도 전체적인 자획의 유연성과 필세가 현저히 감소하고 자획선이 부자연스럽거나 매끄럽지 못한 특징이 현출된다.

(2) 컬러복사에 의한 위·변조

컬러복사에 의한 위·변조는 위·변조대상의 성명 또는 서명의 필적을 확보한 후 컬러복사하거나 스캔하여 위·변조문서의 내용을 작성한 문서 하단에 포토샵 등의 방법으로 넣어 작성한 문서이다. 입체현미경 등을 사용하여 고배율로 확대한 후, 필기구 잉크에 의한 송필상태의 특징이 현출되는지 컬러프린터의 토너에 의한 컬러 망점이 현출되는지 여부를 검사하여 원·사본 여부를 판단한다.

(3) 가필에 의한 위·변조

가필에 의해 위·변조한 문서란 이미 작성된 문서의 필적부분에 일부 획을 가하여 수량을 변경시키거나 단어, 문장 등을 추가 기재하여 내용의 일부를 변경한 문서를 말한다. 이때에는 적외선 촬영을 하여 필기구의 잉크가 적외선을 흡수하거나 반사하는 차이에 의한 농도차이로 분석한다.

(4) 약품에 의한 위·변조

약품에 의한 위·변조방법은 이미 작성된 문서의 일부에 약품을 사용하여 일부 문자를 지우고 다른 문자를 기재하여야 한다. 이때 당해 문서를 자외선촬영을 하여 형광반응의 유무로 위·변조 여부를 판단한다.

2. 인영감정

인영(印影)이란 말은 찍어 놓은 도장의 형적을 말하며, 감정이란 사물의 진위나 좋고 나쁨 혹은 가치를 분별함을 말한다. 따라서 인영감정이란 쌍방 다툼이 되는 문서에 날인된 인영과 그 명의인의 인영을 비교하거나 문서 간에 날인된 인영의 동일성 여부를 판단하는 작업을 말한다.

1) 인영감정의 준비사항

(1) 감정목적물인 원본의 확보

인영감정은 원본감정이 원칙이다. 하지만 원본 확보가 불가능할 경우에는 1~2차 복사물에 한하여 감정을 진행한다.

(2) 감정목적물과 대조할 대조자료의 확보

위조인영과의 대조를 위한 실인(實印)을 확보할 수 없는 경우에는 감정목적물에 날인된 인영과 비슷한 시기에 날인된 평상시 인영자료를 수집하여야 한다. 소(訴) 제기 이후에 제출되는 당사자의 사용인장은 훼손 또는 일부 수정과정을 거쳐 제출될 수 있어서 신용성이 떨어진다. 따라서 소송에 제출된 인장은 반드시 인면(印面)을 확대 검사하여, 수지판 또는 동판 등의 방법으로 위조된 것은 아닌지 그 여부를 확인하여야 한다. 인감인영이 문제된 경우에는 가능한 한 관청에 등록된 원본인영을 확보하여야 한다.

2) 인영의 감정방법

인영은 압날압, 인주의 종류 및 부착의 정도, 압날대의 차이, 날인 각도, 지질의 종류 등에 의해 영향을 받으므로 인영감정 시에는 이러한 변화성을 감안하여야 한다.

(1) 인영감정의 일반원칙

인영감정의 일반원칙을 요약·정리하면 다음과 같다.

(i) 인장을 오랫동안 사용했을 경우 인주와 그 밖의 이물질이 많이 부착된 상태에서 압인된 인영과 깨끗이 손질한 후 압인된 인영은 상당히 다르다.

(ii) 인주 중에서도 유성분이 많은 인주를 다량 접착하여 강하게 압인하면 인획이 비대하게 나타나지만, 유성분이 적은 인주를 사용했을 경우에는 인획이 가늘고 선명하게 나타난다.

(iii) 인주의 품질과 종류에 따라서도 차이가 있으며, 날인 시의 지면조건, 즉 지면이 단단한 부분에 날인했을 때와 탄력이 있는 부분에 날인했을 경우에는 같은 인장으로 날인하여도 인획이 굵고 가는 차이가 있고, 지면조건의 불균형으로 불현출 내지는 결손부분이 나타나기도 한다.

(iv) 오래 사용한 인장에는 상당부분의 인획이 비대 내지는 마멸되어 나타난다.

(v) 날인된 용지, 즉 유성분의 흡수력이 강한 용지와 약한 용지에 따라서 차이점이 있다.

(vii) 문서에 날인된 인영 위에 다른 매개체를 이용하여 다른 부분에 옮기는 전사 방법이 있다. 이렇게 전사된 인영은 인획의 구성이나 그 형태가 외형상으로는 유사하게 관찰되나, 인획의 골격과 미세한 특징의 불현출 또는 전사과정에서 사용된 용지(파라핀)성분 등을 검출하여 전사 여부를 밝혀내고 있다.

(viii) 인영을 사진촬영하여 부식시킨 후 수지 및 동판 인영으로 위조하는 경우도 있다. 그 형태가 유사하므로 세심한 관찰이 필요하다.

(2) 인영감정의 기법

유 형	조 사 방 법
비교확대투영 기법	2개의 인영을 등배율로 확대하여 1개의 접안렌즈를 통해 서체, 조각의 특징, 마모 및 결함의 특징, 인획(印劃)의 굵기 및 크기, 인곽(印郭)의 크기 및 두께 등을 비교·검사하는 방법이다. 인영의 확대투영기로 주로 사용되는 것은 비교확대투영기와 고저확대투영기가 있다.
기하학적 방법	2개의 인영을 등배율로 확대·촬영한 후 종횡으로 일정 간격선을 그어 지도의 날줄과 씨줄처럼 그래프를 만들어 부분별로 비교하여 인획의 위치·간격, 인곽의 크기 등 미세한 부분을 비교·검사하는 방법이다.
2중인화검사법	이 방법은 'superimpose'라고도 하며, 두 개의 인영화면을 중첩시켜 단일 프레임에 동시에 나타나게 하는 검사기법으로 인획의 위치나 인영의 크기 등 상호 일치 여부를 확인하는 방법이다.

매개물의 성분검사법	철판위조나 전사(轉寫)에 의한 위조에서 확대·투시 방법으로는 위조 여부를 판단하기 어려울 경우 인주의 용도나 전사에 사용된 매개물의 성분검사를 통해 위조를 식별하는 방법 등이 있다.
대조관찰법	고정밀 비교확대투영기를 이용하여 섬세하게 관찰된 부분을 확대하여 양 인영을 맞추어 보면서 관찰하는 것으로, 이때 미세한 흠집 등 특징적 부분을 확대하여 일치 여부를 알아보는 것을 말한다. 이 방법은 정확한 진위를 맞추어 관찰하는 방법이다.

3) 인장의 위조수법과 식별기법

최근에는 컴퓨터로 인영을 조각하는 경우가 많아서 도장업을 하는 사람은 진품의 인영을 보면서 컴퓨터에 입력된 문영을 찾아낼 수가 있어서 진품인영을 가장 유사하게 위조를 할 수 있는 환경이 조성되어 있다. 그러나 도장업의 경우 한 번 사용한 문영은 곧바로 삭제되므로 원본인영과 일치된 인영을 위조하기는 쉽지 않다. 따라서 이 경우 같은 자료를 불러냈다 하여도 도장의 크기, 바탕면의 규격이나 모형에 따라 글씨가 약간씩 변형되므로 정밀히 관찰하면 식별이 가능하다.

(1) 수각에 의한 위조

타인의 도장을 위조하는 수단으로 과거에 널리 이용되었던 것은 수각(手刻)에 의한 위조였다. 이 방법에는 진정한 인영을 인장업자에게 의뢰하여 수각하는 경우도 있고, 때에 따라서는 범인 자신이 수각하는 경우도 있다. 인장업자는 법적으로 같은 도장을 수각하는 것이 금지되어 있으며, 설령 동일한 도장을 수각하려고 아무리 주의하고 노력하더라도 진정한 도장과 똑같은 도장을 수각하는 것은 거의 불가능한 일이다. 따라서 수각에 의한 위조는 정교함이 떨어지고 인획의 굵기나 인영의 크기에서 현저히 차이가 난다.

(2) 전사에 의한 위조

전사에 의한 위조란 문서에 날인된 인영을 확보한 후 파라핀지 등의 유성분이 있는 지질에 대고 압력을 주어 파라핀지에 전사(轉寫)한 다음, 파라핀지 등에 전사된 인영을 위조할 문서에 압력을 주어 전사하는 방법을 말한다. 이 방법에 의한 위조는 인주의 색상이나 농도가 약하게 현출되어 인획선이 전반적으로 흐리고, 위조 시의 압력에 의한 마찰흔이 관찰된다.

(3) 컴퓨터 인장조각기에 의한 위조

컴퓨터 인장조각기에 의한 위조란 지면에 인장을 날인하여 날인된 인영을 스캔작업한 다음 컴퓨터 인장조각기에 입력하여 인장을 조각한 후 날인하는 방법을 말한다. 이 방법에 의한 위조인영은 인획이 전반적으로 가늘어지고, 매끄럽지가 않다.

(4) 컬러복사에 의한 위조

컬러복사기를 이용하여 인영을 위조하는 방법이다. 컬러복사에 의한 위조인영은 입체현미경을 이용하여 고배율로 확대하여 인영부분을 검사한 후 인주로 날인 시 현출되는 인주 입자가 관찰되는지, 컬러복사 시 현출되는 레이저 프린터의 토너입자 혹은 잉크젯 프린터의 잉크가 분사되어 분포된 현상이 관찰되는지 등을 통해 인영의 원본 여부를 판단한다.

(5) 스캔이나 포토샵을 이용한 위조

스캔이나 포토샵을 이용한 위조란 진정한 문서에 날인된 인영을 스캔한 후 스캔파일을 컴퓨터 포토샵 프로그램을 이용하여 보정 후 카피해서 위조문서에 붙여넣는 방법을 말한다. 이렇게 위조된 인영은 입체현미경을 이용하여 원본 여부를 판단한다.

4) 불명문자의 감정

불명문자(不明文字)란 고의(삭제하거나 약품 등으로 변개) 또는 자연현상으로 육안 식별이 불가능하게 된 문자를 말한다. 불명문자에 대한 감정방법으로는 입체현미경에 의한 고배율 확대 검사, 광학적 검사(적외선과 자외선 검사), 화학적 검사, 필흔재생기에 의한 감정, 필흔 감정 등이 많이 활용되고 있으며, 근래에는 자외선과 적외선을 이용한 비교분광기 등을 이용하여 판독에 큰 성과를 거두고 있다.

제3절 화폐의 위조와 변조

1. 화폐의 위조와 변조의 의의

화폐의 위조는 일반인이 진짜 화폐로 잘못 알아볼 정도로 화폐모형을 갖춘 물건을 제조하는 것을 말한다. 화폐의 변조는 진짜 화폐의 액면금액을 바꾸거나 앞면과 뒷면을 분리하는 등의 방법으로 화폐가치를 변경하는 것을 말한다.

2. 화폐위조의 유형

화폐위조의 유형은 다음과 같다.

유 형	방 법
인쇄위조	위조상태가 가장 정교한 편이며, 미세 글자까지 인쇄가 가능하다. 인쇄기술력과 첨단인쇄기종을 보유한 인쇄업소 등을 조사대상으로 한다.
복사위조	누구나 간단히 위조할 수 있는 방법이나 은화(隱畵)는 복사되지 않는다. 진짜 화폐의 한쪽 면만 복사하여 2~4번 접어서 사용하거나 진짜 화폐의 표리 양면을 모두 복사하여 풀로 붙여 사용하는 수법이다.
컴퓨터사용위조 (컬러잉크젯프린터)	컴퓨터 복사기 및 스캐너, 프린트 등의 보급이 확대됨에 따라 사회 전체적으로 위조 위험성이 증대되었다. 심지어 개인 가정에도 장비를 갖추고 있는 경우가 있어서 적발이 어렵다. 청소년이 호기심이나 오락비용 마련 등의 이유로 죄의식 없이 저지르기도 한다.

〈참고〉 달러의 위·변조

달러 위·변조의 대표적인 유형은 다음과 같다. 첫째, 소위 '슈퍼노트'이다. 육안으로 식별이 불가능함은 물론이고, 기존의 위조화폐감지기로도 식별이 불가능한 고도로 정밀하게 위조된 달러를 슈퍼노트라 한다. 둘째, 미화지폐의 경우 권종에 관계없이 색깔과 문양이 거의 비슷하고, 크기는 동일하다. 따라서 달러를 구별할 때 액면 숫자만을 보는 경우가 많다. 위폐범들은 이를 악용하여 미화 1달러 및 5달러짜리 소액지폐의 내 모퉁이 액면숫자 1 또는 5자(字)를 오리거나 탈색시켜 50 또는 100자(字)로 변조시킨 지폐를 여러 장의 진폐에 섞어 유통하는 수법이 발견되고 있다.

3. 위조화폐의 식별기법

1) 5만원권의 위조방지장치

5만원권에 내포되어 있는 위조방지장치는 다음과 같다.

위조방지 장치	내 용
띠형 홀로그램 (Holographic Strip)	• 앞면 왼쪽 끝 부분에 부착된 특수필름의 띠로서, 보는 각도에 따라 상·중·하 3곳에서 우리나라지도, 태극, 4괘 무늬가 같은 위치에 번갈아 나타나며, 그 사이에 액면 숫자 '50000'이 세로로 쓰여 있다. • 홀로그램 띠의 바탕에는 기하학 무늬가 넣어져 있으며, 홀로그램 왼쪽 끝에는 'BANK OF KOREA 50000'이 상·하 2곳에 세로로 새겨져 있고, 오른쪽 끝에는 전통 격자무늬가 한 줄로 새겨져 있다. (만원권에는 사각형모형의 홀로그램이, 오천원권에는 원형의 홀로그램이 각각 적용되어 있다.)
입체형 부분노출은선 (Motion)	• 청회색 특수 필름 띠로, 여러 개의 태극무늬가 사방 연속으로 새겨져 있으며, 은행권을 상하좌우로 기울여 보면 태극무늬가 상하좌우로 움직인다. • 특히, 입체형 부분노출은선은 태양광 등에 비추어보면 태극무늬의 움직임을 보다 선명히 확인할 수 있다.
가로확대형 기번호 (Novel Numbering)	기번호(記番號, 은행권에 붙이는 고유번호) 문자와 숫자의 크기가 오른쪽으로 갈수록 커진다. (만원권, 오천원권, 천원권 기번호는 문자와 숫자의 크기가 동일하다.)
색변환잉크 (CSI: Color-Shifting Ink)	뒷면 오른쪽 상단의 액면숫자(50000)에 적용되어 있으며, 은행권을 기울이면 액면숫자의 색상이 자홍색(magenta)에서 녹색(green) 또는 녹색에서 자홍색으로 변한다. (만원권과 오천원권 뒷면의 색변환잉크는 색상이 황금색(gold)에서 녹색(green)으로, 천원권은 녹색(green)에서 청색(blue)으로 변한다.)

위조방지 장치	내 용
숨은 그림 (Watermark)	용지의 얇은 부분과 두꺼운 부분의 명암 차이를 이용하여 만든 것으로 빛에 비추어 보면, 도안초상의 시선과 서로 마주보는 방향으로 그려져 있는 인문초상(신사임당)이 나타난다.
돌출은화 (SPAS: Special Press and Soldering)	용지의 특정 부위와 주변의 두께 차이를 극대화한 숨은 그림의 일종으로 숨은 그림의 오른쪽 하단에 위치해 있으며, 육안으로 보거나 빛에 비추어 보면 오각형 무늬 안에 숫자 '5'가 들어 있는 형태를 쉽게 확인 가능하다. (만원권, 오천원권, 천원권에는 각 권종의 액면 숫자(10000, 5000, 1000)가 돌출은화로 적용되어 있다.)
요판잠상 (Intaglio Latent Image)	특수볼록인쇄기법으로 은행권을 비스듬히 눕혀 보면 무늬 속에서 숫자 '5'가 드러나 보인다. (만원권·오천원권·천원권에는 앞면 하단에 띠 모양으로 요판잠상을 적용하고 있으며, 비스듬히 눕혀 보면 무늬 속에서 문자 "WON"이 나타난다.)
숨은 은선 (Security Thread)	초상 오른쪽에 숨겨져 있는 특수필름 띠로서 빛에 비추어 보면 그 위에 문자와 액면 숫자("한국은행 BANK OF KOREA 50000")가 보인다. (만원권·오천원권에도 초상 오른쪽으로 숨은 은선("한국은행 BANK OF KOREA 10000"과 "한국은행 BANK OF KOREA 5000")을 적용하였으며, 천원권에는 숨은 은선을 적용하지 않고 중앙 부위에 부분노출은선을 적용하였다.)
볼록인쇄 (Intaglio Printing)	• 신사임당 초상, 월매도, 문자와 숫자 등을 손으로 만져보면 잉크가 쌓인 오돌토돌한 감촉을 느낄 수 있다. • 앞면 좌우측 가장자리 가운데 부분에는 다섯 개의 선을 볼록인쇄를 적용하여 시각장애인 등의 액면식별을 지원하고 있다. (참고로 오만원권의 다섯 개의 선은 만원권의 3개, 오천원권의 2개, 천원권의 1개의 동그란 점을 대체한 것이다.)
앞뒷면맞춤 (See Through Register)	• 동그란 원 속의 무늬를 빛에 비추어 보면 앞면과 뒷면의 무늬가 합쳐져 하나의 태극무늬가 완성되어 보이는 것으로 앞·뒷면을 동시에 인쇄하는 은행권만의 특수 인쇄기법이다.
엔드리스 무늬 (Endless Pattern)	은행권 상·하 및 좌·우 가장자리에 연속되는 무늬를 넣어 인쇄하는 기법으로 은행권을 접어서 서로 맞대어 보면 무늬가 연결되어 보인다.
무지개인쇄 (Rainbow Printing)	색상과 색상을 연결할 때 자연스럽게 혼색이 되어 연결되도록 하는 특수인쇄기법으로, 섬세한 색상적용을 통해 위조를 방지하고자 하였다.

위조방지 장치	내 용
형광잉크·형광색사 (Fluorescent Security Ink, Fluorescent Security Fiber)	자외선을 비추면 묵포도도 등에 녹색형광 색상이 드러나고(형광잉크), 적·청·록 형광 색상의 짧은 실선(형광색사)이 여기저기 보인다.
필터형 잠상 (Filter Through Latent Image)	특수 제작된 필터를 올려놓으면 필터를 통해 숨겨진 액면숫자 (50000)가 드러난다.
미세문자 (Micro Lettering)	확대경을 이용하여 볼록인쇄(한글자음 및 BANK OF KOREA) 및 평판 인쇄(50000)된 미세문자 등을 식별할 수 있다.

* 출처: 한국은행 위조방지장치(http://www.bok.or.kr/portal/main/contents.do?menuNo=200371).

2) 만원권과 오천원권의 위조방지장치

만원권과 오천원권에 내포되어 있는 위조방지장치는 다음과 같다.

위조방지 장치	내 용
숨은 그림 (Watermark)	용지의 얇은 부분과 두꺼운 부분의 명암 차이를 이용하여 만든 숨은 그림으로 빛에 비추어 보면 오른쪽 인물초상(세종대왕, 율곡 이이)과 같은 그림이 반대방향으로 나타난다.
돌출은화 (SPAS: Special Press and Soldering)	숨은 그림의 일종이나 숨은 그림보다 용지의 얇은 부분과 두꺼운 부분 의 차이를 극대화하여 선명도를 높여 빛에 비추어보지 않고서도 액면 숫자를 확인할 수 있다.
홀로그램 (OVD: Optically Variable Device)	은색의 원형박막이 보는 각도에 따라 무늬와 색상이 변하는 얇은 특수 필름으로 우리나라 지도, 액면숫자와 태극, 4괘의 3가지가 번갈아 나 타난다.
색변환잉크 (CSI: Color Shifting Ink)	뒷면 아래쪽의 액면숫자는 빛에 대한 반사특성이 서로 다른 물질을 섞 어 만든 특수잉크를 사용하여 보는 각도에 따라 액면숫자의 색상이 황 금색에서 녹색으로 변한다.
요판잠상 (Intaglio Latent Image)	앞면 중앙하단의 무늬를 눈 위치에서 비스듬히 보면 숨겨져 있는 문자 'WON'이 나타나도록 한 특수 볼록인쇄방식이다.

위조방지 장치	내 용
숨은 은선 (Security Thread)	용지의 내부층에 세로방향으로 얇은 플라스틱 필름띠를 삽입하여 빛에 비추어 보면 문자가 인쇄된 은선이 나타난다.
앞뒤판 맞춤 (See Through Register)	앞면과 뒷면에 분할된 모양을 인쇄하여 빛에 비추어 보면 앞면과 뒷면의 무늬가 합쳐져 완성된 태극무늬가 나타난다.
미세문자 (Micro Lettering)	육안으로는 볼 수 없고 확대경을 사용해야만 확인 가능한 작은 문자로 컬러복사나 컬러프린트 시 미세문자가 그대로 나타나지 않는다.
숨은 막대 (Watermark Bar)	지폐 표면에 만원권에는 밝은 숨은 막대 2개가 있고, 오천원권에는 3개가 있다.

* 출처: 한국은행 위조방지장치(http://www.bok.or.kr/portal/main/contents.do?menuNo=200371).

제4절 주민등록증의 위조와 변조

범죄자 또는 예비범죄자들은 자신의 신원을 속이기 위해 위·변조한 주민등록증을 사용하거나 도난·분실된 주민등록증을 습득하여 자신의 것인 양 그대로 사용하는 경우도 많다. 특히, 탐정에게 의뢰하는 사람 중에는 자신의 신원이 밝혀지는 것을 꺼리거나, 아예 범죄에 이용할 목적으로 위·변조 또는 습득·절취한 주민등록증으로 신분을 꾸며 특정인이나 특정사안의 사실관계 파악을 의뢰할 소지가 있으므로 의뢰인의 신원확인은 탐정에 대한 선의적 의뢰와 신뢰확보를 위한 필수요소이다.

1. 주민등록제 및 주민등록증의 발급

주민등록제는 1968년 1월 21일 북한의 무장공비침투(청와대 기습) 사태를 계기로 하여 도입한 것으로 개인에게 12자리의 주민등록번호를 부여하여 개인식별자료로 활용하였고, 1975년 다시 13자리로 변경하여 오늘에 이르고 있다.

시장·군수 또는 구청장은 관할구역에 주민등록이 된 자 중 17세 이상인 자에 대하여 주민등록증을 발급한다. 주민등록증에는 성명, 사진, 주민등록번호,

주소, 지문, 발행일, 주민등록기관을 수록한다. 혈액형에 대해서는 대통령령으로 정하는 바에 따라 주민의 신청이 있으면 추가로 수록할 수 있다. 다만, 시장·군수 또는 구청장은 재외국민에게 발급하는 주민등록증에는 재외국민임을 추가로 표시하여야 한다.

2. 주민등록번호 구조의 이해

주민등록번호 13자리에는 개인의 생년월일과 성별, 출생지역, 같은 성씨 출생신고 순번 등이 나타난다.

(ⅰ) 앞자리 6개 자리는 생년월일을 나타낸다. 따라서 1980년 1월 1일이 출생일이면, 800101이 된다.

(ⅱ) 뒷자리 7개 자리 중 첫 자리는 남녀 성별을 구분하며, 100년 단위로 변경된다. 즉, 1800년대 출생자는 맨 앞 숫자가 남자는 9, 여자는 0으로 표시되고, 1900년대 출생자는 맨 앞 숫자가 남자는 1, 여자는 2로 표시되며, 2000년대 출생자는 맨 앞 숫자가 남자는 3, 여자는 4로 표시된다.

(ⅲ) 뒷자리 7개 자리 중 2, 3, 4, 5번째의 4개자리는 전국 3,700여 개의 읍·면·동 단위 출생지역 조합번호이다. 2, 3번째 자리는 서울 00~08, 부산 09~12, 인천 13~15, 경기도 16~25, 강원도 26~34, 충청북도 35~39, 충청남도 40~47(대전 40), 전라북도 48~55, 전라남도 56~66(광주 65, 66), 경상북도 67~80(대구 67~69), 경남·제주 81~89(울산 85)이다.

(ⅳ) 뒷자리 7개 자리 중 6번째 자리는 출생신고 당일 날 해당 읍·면·동·사무소에 접수된 같은 성씨 출생신고 순서이고, 7번째 숫자는 앞 12자리 숫자를 특정한 공식에 맞추어 확인·검증하는 일종의 암호이다.

▪ **판례** ▪ 헌법재판소는 2015.12.23. '주민등록번호 변경을 금지한 것은 개인정보 자기결정권을 침해한다'며 '주민등록번호의 변경을 규정하지 않은 현행 주민등록법은 헌법상 기본권을 침해한다'며 2017년 말까지 법을 개정하라고 결정하였다(2013헌바68, 2014헌마449(병합)). 그 후 행정자치부가 2014.12.30. 이미 제출해 놓은 주민등록번호 변경 대상과 절차를 규정한 「주민등록법」 개정안이 국회를

통과(법률 제14191호, 2016.5.29. 개정, 시행 2016.5.29.)하여 '주민등록번호가 유출돼 피해를 입거나 입을 것으로 예상되는 사람'과 '성범죄 관련 피해자'는 주민등록 번호를 변경할 수 있게 되었다(제7조의3 – 제7조의5).

3. 위·변조된 주민등록증의 식별기법

1) 주민등록증의 위·변조방지장치

주민등록증의 위·변조방지장치는 다음과 같다.

(i) 주민등록증을 좌우 또는 상하로 움직이면 바탕무늬와 홀로그램으로 반짝이는 문양이 나타난다.
(ii) 왼쪽 모서리에 태극모양이 걸쳐 있고, 가운데 하단에는 지구모양의 바탕무늬가 있다.
(iii) 가운데 왼쪽에 물결모양의 선으로 둘러싼 무지개색의 태극이 있고, 이 태극을 중심으로 왼쪽에서 위로 점점 커지는 '대한민국' 글자와 왼쪽 아래에서 오른쪽 가운데로 점점 커지는 무늬가 있으며, 여러 개의 작은 태극모양의 홀로그램이 있다.

2) 위·변조된 주민등록증의 식별 시의 유의사항

주민등록증의 위·변조 여부를 식별함에 있어서의 유의사항을 요약·정리하면 다음과 같다.

(i) 뒷면에 '이 증을 습득하신 분은 우체통에 넣어 주십시오' 중 '오'의 글자체가 다른 글자체와 상이한 글자체임을 항상 염두에 둔다.
(ii) 뒷면을 보면 지문 바로 중앙 위의 가로선과 세로선이 만나는 부분에 미세한 탭이 설정되어 있어 맞닿아 있지 않음을 항상 염두에 둔다.
(iii) 주민등록번호와 성명을 변조한 경우에는 문자 위의 홀로그램이 지워지고, 문자 모양이 조잡하다.
(iv) 본래 입력된 사진 위에 다른 사진을 덮어 씌운 경우 홀로그램이 지워져 나타나지 않는다.
(v) 사진하단부 우측 사각마크의 위치와 크기를 항상 염두에 두고 본다.

3) 행정안전부 ARS 및 인터넷 '정부24'를 통한 진위 판별

행정안전부는 전국 어디서나 국번 없이 전화 1382 또는 인터넷 '정부24'(www.gov.kr/)를 통해 주민등록번호, 주민등록번호의 발급일자 등을 입력하면 위조제작된 주민등록증의 진위를 신속히 판별해 주는 서비스를 제공하고 있다. 다만, 이 서비스는 주민등록번호와 주민등록증 발급일자를 정확하게 알고 위조한 경우에는 별 효과가 없다. 운전면허증의 경우도 마찬가지다.

제 3 장

실종자 등의 소재파악 분야

제1절 실종자의 의의와 유형

1. 실종자의 의의

실종자(失踪者, missing person)란 사전적으로 종래의 주소 또는 거소를 떠나 쉽사리 돌아올 가망이 없는 부재자(不在者)가 생사불명의 상태에 있는 경우를 의미한다. 하지만 「실종아동 등의 보호 및 지원에 관한 법률」 제2조 제2호에서는 "실종아동 등이란 약취·유인·유기·사고 또는 가출하거나 길을 잃은 등의 사유로 인하여 보호자로부터 이탈된 아동 등을 말한다"고 규정하고 있다. 그리고 경찰청 「실종아동 등 가출인 업무 처리 규칙」(경찰청 예규 제588호)에서는 실종아동(실종 당시 18세 미만의 아동)과 가출인(신고 당시 보호자로부터 이탈된 18세 이상의 사람)을 구분하고 실종아동을 '찾는실종아동'(제2조 제3호, 보호자가 찾고 있는 실종아동을 말함), '보호실종아동'(제2조 제4호, 보호자가 확인되지 않아 경찰관이 보호하고 있는 실종아동을 말함), '장기실종아동'(제2조 제5호, 보호자로부터 신고를 접수한 지 48시간이 경과한 후에도 발견되지 않은 '찾는실종아동')으로 구분하여 규정하고 있다.

「민법」상 실종자는 부재자의 생사가 일정기간(5년간, 다만, 전지에 임한 자, 침몰한 선박 중에 있던 자, 추락한 항공기 중에 있던 자 기타 사망의 원인이 될 위난을 당한 자의 생사가 전쟁종지 후 또는 선박의 침몰, 항공기의 추락 기타 위난이 종료한 후에는 1년간) 불명한 때로서 이해관계인이나 검사의 청구에 의하여 법원으로부터 실종의 선고를 받은 경우(제27조)를 말하고, 실종선고를 받은 자는 위의 기간이 만료한 때에 사망한 것으로 간주한다(제28조). 이때 실종선고의 신고는 그 선고를 청구한 사람이 재판확정일부터 1개월 이내에 재판서의 등본 및 확정증명서를 첨부하여 하여야 하며(가족관계의 등록 등에 관한 법률 제92조 제1항), 이후 부재자의 잔존재산을 상속하거나 잔존배우자가 다시 혼인을 할 수 있게 된다. 반면, 군인인 경우에는 행방불명자가 (ⅰ) 전투 중 행방불명자인 경우에는 해당 전투가 끝난 날부터 1년, (ⅱ) 재해 중 행방불명자: 행방불명된 날부터 1년, (ⅲ) 일반 행방불명자: 행방불명된 날부터 2년의 기간이 지나도 그 생사가 분명하지 아니할 때에는 장교·준사관 및 부사관은 제적하고, 병은 병적에서 제외한다(군인사법 시행규칙 제73조 제1항).

2. 실종자의 발생원인

아동의 실종원인으로는 길을 잃은 경우, 미혼부모나 가정불화로 유기한 경우, 양육목적으로 약취한 경우, 성폭행 등 범죄 후 살인한 경우 등이 있고, 때로는 이식수술용 장기 등의 매매를 위한 범죄나 금품갈취를 위한 유괴 등이 있다. 최근 증가하는 청소년의 실종원인으로는 가출하는 경우 외에 유흥업소에 팔아넘기기 위한 목적이나 성매매 등의 범죄에 이용하기 위한 약취·유인 등이 있다.

한편, 노인이나 치매환자 등의 실종원인으로는 길을 잃은 경우, 자살에 의한 경우, 정신보건시설이나 정신의료기관에 의한 감금, 노후연금이나 보험사기 악용 등의 목적으로 인한 약취·유인, 가출 또는 가족에 의한 방임 등이 있다. 지적 장애인의 경우에는 앵벌이 등 강제노역을 시키기 위한 약취·유인 등이 있기도 한다.

이외에 장기실종자로는 부모의 사망이나 이혼으로 인해 시설 등으로 보내진 경우, 미혼부모의 친권포기로 인한 타인에게 입양된 자녀, 60~70년대 경제적 어려움으로 자녀를 남의 집에 식모나 일꾼으로 보내면서 생사를 알 수 없게 된 경우 및 남북이산가족이나 라이따이한 또는 코피노 등과 같이 범죄와 관련 없이 발생된 경우가 있다.

3. 실종자의 유형

사람이 실종되었을 경우 처음부터 비범죄성 실종인지, 범죄와 관련된 실종인지 판단하기란 그리 쉬운 일이 아니다. 탐정은 비범죄성 실종자를 추적·탐색 중 실종자가 범죄의 피해자일 가능성이 엿보이면 지체 없이 수사기관에 알리는 것이 바람직하다. 실종유형별 판단자료는 다음과 같다.

유 형	판 단 자 료
미아(迷兒)일 가능성	(ⅰ) 연령이 어린 유아 (ⅱ) 이사 등으로 인한 지리부지(地理不知)의 가능성 (ⅲ) 원거리 여행 등에서 일어날 가능성 (ⅳ) 정박아 등 지능이 낮은 경우의 가능성 (ⅴ) 백화점, 행사장, 관광지 등 군중이 많아서 발생할 가능성 (ⅵ) 성격상 겁이 없어 주변 건물의 승강기나 지하층 등에서 오르내리기를 즐기는 행동에서 오는 가능성 (ⅶ) 혼자 놀기를 좋아하거나 홀로 군것질을 하러 다니는 등에서 오는 가능성 (ⅷ) 실종 직전에 누구와 함께 있었으며, 동행자가 무엇을 하는 사이에 사라졌는지에서 오는 가능성 등 * 통계적으로 부모 품으로 돌아온 미아들 대부분은 실종된 지 48시간 이내에 발견되고 있다.
가출(家出)일 가능성	(ⅰ) 가출전력(일회성인지 습관성인지) (ⅱ) 가출인의 병력(정신지체, 발달장애, 정신장애, 치매 등) (ⅲ) 비행소년가능성(범죄소년, 촉법소년, 우범소년) (ⅳ) 여자(결혼 또는 이혼)나 금전문제의 가능성 (ⅵ) 가정해체위기 및 가족 간 불화가능성 (ⅶ) 실종자가 집에서 가지고 나간 물건(예금통장이나 인감도장, 주민등록증, 신용카드 등) (ⅷ) 생활고나 처지비관에 따른 현실도피의 가능성 등

유 형	판 단 자 료
변고(變故)일 가능성	(i) 항해, 등산, 수영 등에서 생긴 조난일 가능성 (ii) 맨홀, 교량, 공사장, 저수지 등 위험한 곳에서의 실족가능성 (iii) 교통사고가능성 (iv) 자살가능성 (v) 음주 후 노숙 중 동사일 가능성 (vi) 보험금목적의 사고위장살해의 가능성 (vii) 최종 통화의 위치, 내용, 최종목격자와 당시의 상황 등
유기(遺棄)일 가능성	(i) 실종자에 대한 평소 보호정도 (ii) 가족구성원의 생활상태 및 생계수단 (iii) 가족구성원 간 정통성 및 도덕성 (iv) 미아 또는 고령자가 보호시설 등에 익명으로 강제로 수용되었을 가능성 (v) 실종자의 신체적 특징 및 질병의 회복가능성 여부 (vi) 법적으로 실종선고가 될 경우 가족구성원 각각에게 미치는 득실 또는 영 향 등
약취(略取)· 유인(誘引)· 매매(賣買)일 가능성	(i) 가족의 생활수준, 자산유무, 사회적 지위 (ii) 실종자의 사회적 지명도 및 재력 (iii) 실종자의 용모, 성격, 이성교제상 특이점 (iv) 사업상 분쟁 등 원한을 받은 사실의 유무 (v) 친인척 및 주변인물 중 최근 실직 등으로 금전적으로 급격한 위기에 처한 자인지 유무 (vi) 재혼 등의 경우 어린이의 양육상황 등

* 출처: 김종식 외, 『탐정 학술 편람』, 한국지식개발원, 2016, 506-509면의 내용을 재구성한 것임.

제2절 실종자의 소재파악방법과 조기발견

1. 실종자의 소재파악방법

1) 관계 기관·단체와 협조체제의 유지

탐정이 실종자를 찾을 수 있는 실효적 수단은 실종자와 관련된 프로파일을
토대로 펼치는 탐문과 현지탐색이며, 나머지는 경찰 등 유관기관, 단체, 시민 등

과의 정보교환 등 협업에 의해 이루어진다. 보건복지부가 운영하는 '어린이재단 실종아동전문기관'이나 시·군·구·읍·면·동의 '사회복지과,' 그 외 '전국미아실종가족찾기시민모임' 등 공·사기관과의 유기적 협조관계를 형성하여 관련 정보를 수시 교환하면 업무를 효과적으로 수행할 수 있다.

2) 보호시설에의 수용 여부의 확인

실종아동, 정신지체인, 발달장애인, 정신장애인, 치매환자 등의 경우 연고자가 확인되지 않을 경우에는 무연고로 처리되어 「국민기초생활보장법」상 다음의 보장시설(제32조)에 수용되어 있을 가능성이 높다.

(i) 「장애인복지법」 제58조 제1항 제1호의 장애인 거주시설
(ii) 「노인복지법」 제32조 제1항의 노인주거복지시설 및 같은 법 제34조 제1항의 노인의료복지시설
(iii) 「아동복지법」 제52조 제1항 및 제2항에 따른 아동복지시설 및 통합 시설
(iv) 「정신건강증진 및 정신질환자 복지서비스 지원에 관한 법률」 제22조에 따른 정신요양시설 및 같은 법 제26조에 따른 정신재활시설
(v) 「노숙인 등의 복지 및 자립지원에 관한 법률」 제16조 제1항 제3호 및 제4호의 노숙인재활시설 및 노숙인요양시설

그러나 이들 시설관리자들은 대부분 수용된 자들의 인권 및 사생활 보호를 이유로 외부인에게(심지어 내부인들 간에도) 수용자를 보여주거나 수용자에 관한 정보를 알려주지 않는 등, 민간인의 접근과 확인을 원천적으로 차단하고 있기 때문에 관계기관과 시설의 장에 의한 특단의 협조와 노력 없이는 실종자 추적이 매우 어렵다. 따라서 정보가 확실한 경우에는 경찰의 협조를 받는 것이 효과적일 것이다.

3) 입양기관의 확인

장기실종아동의 경우 양육목적으로 해외에 입양되거나 무자녀가정에 입양되어 있을 가능성이 크다. 따라서 장기실종아동의 소재파악을 위해서는 입양기

관이나 관련 행정기관의 협조를 받아 최근 5~10년 이내에 입양된 사람에 대한 신원의 흐름을 추적·검색해 보면 성과를 얻을 수 있다.

4) 원점에서부터 잠적 용의지역 탐색의 강화

실종자의 소재파악을 위해서는 우선 실종자가 최종 위치했던 것으로 파악되는 장소를 원점으로 하여 주변 또는 이동이나 잠적이 가능한 모든 용의지역 내에 소재하는 직업소개소, 전·월세중개업소, 유흥접객업소, 찜질방, 고시원, 식당, 공사현장, 숙박업소, 노점상, 주점, 오락실 및 친인척이나 친구집 등을 중심으로 탐문과 잠복 등을 반복적으로 행하는 경우 단서를 발견할 가능성이 크다. 이때 관할지구대 등의 조언이나 협조를 받게 되면 많은 도움이 될 수 있다.

5) 범정부적 협력체계의 구축

실종자가 금융기관 등으로부터 신규 신용카드를 발급받았거나, 은행에 통장을 새로 개설한 경우, 또는 병원에서 치료를 받거나 신용카드 등을 사용한 경우에는 그 기록이 남고, 어디에선가 생계유지 등을 위해 일을 했다면 고용보험이나 산업재해보상보험(산재보험)에 관한 기록이 존재할 가능성이 크다. 따라서 은행이나 의료기관, 또는 공단 등 관련기관들의 협조를 받아 이들 기관이 보유한 실종자에 대한 정보를 얻게 되면 그들의 소재나 행방을 파악하는 결정적인 단서가 될 수 있다. 다만, 이를 위해서는 실종자에 대한 현행 법과 제도의 보완이 요구되며, 범정부적 협력체계의 구축이 전제되어야 한다.

6) IP주소 등의 확인

실종자찾기에 있어서 골든타임은 3일 이내로 보고 있다. 그 이상의 시간이 경과하게 되면 실종자가 환경변화에 적응하기 때문에 소재를 파악하기 어렵다고 한다. 따라서 휴대전화가 꺼져있거나 휴대전화의 전화번호가 바뀐 경우에는 평소 실종자가 자주 이용하는 컴퓨터를 통해 소셜네트워크(SNS), 게임사이트, 취업사이트 등에 접속한 IP주소를 확인해 봄으로써 생존 여부 및 소재 파악이 가능하기도 한다. 다만, 현행법상 IP주소의 추적을 위해서는 법원의 영장이 필요하므로 경찰의 도움을 받아서 진행하여야 한다는 점을 유념하여야 한다.

2. 실종아동 등 조기발견을 위한 시스템

1) 디엔에이등록제

디엔에이(DNA)등록제란 보호자가 확인되지 않은 보호시설수용아동과 실종아동의 가족에 대해 유전자검사를 미리하여 이들의 유전정보의 데이터베이스를 구축하는 제도이다. 장기실종아동의 경우 시일경과로 아동이 성장함에 따라 얼굴 및 체형이 변하여 식별이 곤란하며, 시설아동의 경우는 18세가 되면 퇴소 등의 이유로 거주 확인 등이 곤란하여 발견의 어려움이 있다. 이와 같은 배경에 근거하여 2004년 4월부터 보호시설에 수용되어 있는 무연고 아동을 찾는 가족의 유전자를 채취하여 그 정보를 데이터베이스화하는 작업을 시행하였다. 이러한 데이터베이스를 활용하여 경찰청에서는 유전자의 상호 대조를 통한 동일성 여부의 확인과 같은 '유전자 활용 실종아동찾기 사업'을 운영하고 있다.

디엔에이는 A(아덴인), T(티아민), G(구아닌), C(시토신)의 4가지 핵 염기로 구성된 유전자 정보 집합체이다. 이 4가지 핵염기가 어떤 순서로 결합되는가에 따라 유전정보가 달라지는데, 일란성 쌍둥이를 제외하면 이 유전정보가 100% 같은 사람은 없다. 이에 착안하여 영국의 알렉 제프리(Alec Jeffreys) 박사는 현장에 남아있는 디엔에이 정보를 갖고 수사해 범인을 찾아내는 감식을 통한 범죄수사 기법을 창안해 냈다. 사람의 머리카락, 혈액, 정액 등 쉽게 생각할 수 있는 시료는 물론이고, 비듬, 손톱, 각질, 소변이나 대변(혈액이 섞여 나올 경우), 입을 댄 컵이나 담배꽁초 등 디엔에이를 추출할 시료는 무궁무진하다. 이처럼 사람 신체의 모든 부분에서 디엔에이가 나타나며, 극소량의 세포에서도 디엔에이를 추출해 낼 수 있다. 디엔에이는 절대 변하지 않으므로 디엔에이 검사를 통해 실종자를 찾아낼 수 있다. 따라서 각종 보호시설 및 정신병원 등 수용자에 대하여 디엔에이 검사 및 그 유전정보를 보관할 필요성이 있다.

「실종아동 등의 보호 및 지원에 관한 법률」에서는 경찰청장은 실종아동 등의 발견을 위하여 (ⅰ) 보호시설의 입소자나 「정신건강증진 및 정신질환자 복지서비스 지원에 관한 법률」 제3조 제5호에 따른 정신의료기관의 입원환자 중 보호자가 확인되지 아니한 아동 등, (ⅱ) 실종아동 등을 찾고자 하는 가족, (ⅲ) 그 밖에 보호시설의 입소자였던 무연고아동에 대하여 유전자검사대상물을 채취할 수 있도록 하고 있다(제11조 제1항). 그리고 유전정보 데이터베이스를 구축·운영하는 경우에 유전정보는 검사기관(국립과학수사연구소)의 장이, 신상정보는 실종아동전문기관의 장이 각각 구분하여 관리하도록 하고 있다(동조 제5항).

2) 사전지문등록제

사전지문등록제는 보호자가 사전에 아동의 지문과 사진, 연락처를 경찰에 등록해 두면 자녀 실종 시 해당 자료를 통해 실종아동을 찾을 수 있게 하는 제도이다. 이 제도를 활용하지 않을 경우 주민등록증이 발급되기 이전의 아동의 경우 지문이 데이터베이스화되어 있지 않기 때문에 실종되면 신원확인에 결정적 단서가 될 수 있는 지문에 의한 신원수사는 사실상 불가능하게 된다. 따라서 아동의 지문을 평소에 자신의 가정에서라도 채취하여 보존해 두면 미아나 가출 등 실종이 되었을 때 발견이 용이해진다. 아동지문을 등록해 두지 않았다면 아동이 평소 장난감 등에 남긴 지문을 찾아 채취하여 지문대조 및 수배에 적극 활용하도록 한다.

3) 코드 아담

코드 아담(code adam)은 대형매장, 놀이공원 등의 시설운영자가 경찰보다 먼저 실종발생 초기단계(한계시간 내)에 모든 역량을 집중해 조속한 발견을 위해 노력할 것을 의무화한 제도이다. 미국의 예방교육전문가 켄 우든(Ken Wooden) 교수는 "아이가 눈앞에서 사라지는 데는 단 35초밖에 걸리지 않는다"고 지적하였으며, "미아는 현장에서 찾지 못하거나 대개 48시간이 지나면 미궁에 빠지는 경우가 많으므로 한계시간 내에 발견하려는 노력이 무엇보다 중요하다"고 하였다.

4) 앰버경고

앰버경고(amber alert)는 역, 터미널 등의 전광판을 통해 실종정보를 대중에게 신속히 공개하는 경보제도이다. 앰버경고는 1996년 미국 텍사스 주에서 납치되어 살해된 여자 아동인 앰버 해커먼(당시 9세)사건 이후 미국에서 구축한 경보시스템으로, 아동이 실종되면 도로전광판과 방송을 통해 실종아동이나 용의자의 인상착의를 널리 알려 신고를 유도하거나 범인을 압박하여 범행을 포기하도록 하는 것을 목적으로 현재 미국의 49개 주에서 이 시스템을 채택하고 있다. 현재는 경찰청과 협의하에 정규·비정규 방송 뉴스를 포함하여 인터넷 포털서비스를 활용한다면 신속한 대응이 가능하게 될 것이다.

5) 얼굴변환프로그램의 활용

최근 들어 장기실종자를 찾는 방법의 하나로 얼굴변환을 이용하여 가족을 찾아내는 방법이 있다. 미국의 '실종 및 착취당하는 아동을 위한 센터(NCMEC)'에서는 실종인의 얼굴변환 및 변사체의 얼굴복원만을 작업하는 전문팀이 구성되어 있으며, 전문가는 기본적으로 포토샵 기술뿐만 아니라 해부학, 미술학, 메이크업에 대한 지식까지 두루 갖추고 있어 다양한 측면에서 실제 얼굴과 근접한 얼굴을 그려 제공하고 있다. 영국의 내무부(Home Office)에서는 실종아동과 관련된 구체적인 정보를 대중에게 알리기 위해 'http://www.missingkids.com'에 실종아동의 등록과 검색을 할 수 있도록 하고 있다. 이 웹사이트의 특징 중 하나는 아동과 닮은 부모 및 친척의 사진을 참고자료로 이용하여 아동이 나이가 들어감에 따라 달라지는 얼굴을 보여주고 있다. 이처럼 얼굴변환프로그램은 현재 미국과 영국에서 실시되고 있는데, 이를 동양인에게 그대로 적용하는 것은 무리가 있으므로 동양인의 얼굴형태 변화의 특성과 유전적 요소를 고려하여 미국과 영국의 얼굴변환의 방법을 적절하게 적용하는 방법의 개발이 요구된다.

〈참고〉 경찰청에서는 서울 중랑경찰서 여중생 살해사건에 대한 초동수사 부실 지적에 대한 개선책으로 실종대응전담체계를 구축하기 위하여 2017년부터 각 지방경찰청 마다 실종수사전담팀을 구성하여 운영하고 있다. 실종수사전담팀은 신고접수 즉시 범죄혐의와 관계없이 현장출동을 원칙으로 하며, 18세 미만의 아동과 여성의 경우에는 강력형사와 지역경찰이 함께 출동해 수사와 수색을 동시에 진행하는 것으로 상당한 효과를 거두고 있는 것으로 평가되고 있다. 또한 실종자찾기를 효율화하기 위하여 실종아동찾기센터(http://www.safe182.go. kr,182)를 설치·운영함으로써 실종아동의 신고뿐만 아니라 실종아동에 대한 정보 등을 공유할 수 있도록 하고 있다.

제 4 장

사이버탐정 분야

제1절 사이버범죄의 의의와 유형

1. 사이버범죄의 의의

사이버범죄(cyber crime)란 컴퓨터 통신 등을 악용하여 사이버 공간에서 행하여지는 범죄를 말한다. 사이버범죄는 인터넷과 같은 정보통신망으로 연결된 컴퓨터 시스템이나 이들을 매개로 한 사이버공간을 이용하여 공공복리를 저해하고, 건전한 사이버문화에 해를 끼치는 행위로서 컴퓨터범죄, 정보범죄, 인터넷범죄, 사이버테러 등 다양한 용어로 표현되고 있다.

이처럼 사이버범죄는 개방성으로 인해 빠른 시간 안에 불특정 다수에게 많은 악영향을 미치는 반면, 사이버 공간이라는 익명성에 의하여 정보발신자의 특정이 어렵고, 전자 정보의 증거인멸 및 수정이 간단하기 때문에 범죄 수사에 있어서도 어려움이 많다. 특히, 사이버범죄는 범죄자가 외국에 서버를 두고 국내에서 활동할 수도 있기 때문에 국제범죄로서 여러 국가에 걸쳐 행하여지는 경우도 적지 않다. 따라서 사이버범죄에 대응하기 위해서는 국가 간의 수사공조는 물론, 각국의 법적용을 포괄할 수 있는 국제적인 형사사법의 체계 및 법규칙의 마련이 요구된다.

2. 사이버범죄의 유형

사이버범죄는 그 범행목적에 따라 사이버테러형범죄와 일반사이버범죄로 나뉜다. 사이버테러형범죄는 해킹, 컴퓨터 바이러스와 같은 유형의 범죄를 말하고, 일반사이버범죄는 사이버명예훼손과 전자상거래사기, 개인정보침해, 불법사이트 개설, 디지털저작권침해 등을 말한다.

1) 사이버테러형범죄

(1) 해킹

해킹은 정당한 접근권한 없이 또는 허용된 접근권한을 초과하여 정보통신망에 침입하는 행위 등을 말한다. 해킹은 단순침입, 사용자도용, 파일 등 삭제·변경, 자료유출, 폭탄스팸메일, 서비스거부공격(DOS 공격), 분산서비스거부공격(D-DOS 공격) 등의 형태로 시도된다.

서비스거부공격이란 일명 'DOS 공격'이라 불리며, 시스템의 정상적인 서비스를 방해할 목적으로 대량의 데이터를 전송하여 대상네트워크나 시스템의 성능을 급격히 저하시켜 서비스를 마비시키는 공격으로, 해킹수법 중 가장 대표적이며, 1:1 개념이다. 분산서비스거부공격이란 일명 'D-DOS 공격'이라 불리며, 1:1 개념의 서비스공격이 'n:1' 개념으로 진화한 것으로 공격력이 더욱 강해졌고, 추적도 더욱 어렵다.

(2) 악성프로그램의 배포

악성프로그램은 이전에는 흔히 '휴대용 유에스비(universal serial bus: usb) 메모리'라 부르는 유에스비 플래시 드라이브와 같은 저장매체를 통해 전파되었다면, 현재에는 네트워크 발달로 인해 이메일이나 웹을 통한 감염이 많아지고 있다. 악성프로그램에 감염되면 컴퓨터의 속도가 현저히 느려지거나, 문서파일이 깨진 형태로 열리기도 하며, 원하지 않는 광고창이 수시로 뜬다거나, 혹은 부팅이 되지 않는 경우 등이 있다.

악성프로그램은 통상 컴퓨터 바이러스라는 용어와 혼용하여 사용하기도 하지만, 실은 복제능력 혹은 수행방식에 따라 바이러스, 웜, 트로이목마, 스파이웨어 등으로 구분된다.

가. 바이러스

컴퓨터 바이러스(virus)는 1980년대에 널리 퍼졌는데 악성프로그램 중 제일 처음 생겨난 것으로 알려지고 있다. 이 악성프로그램은 자신의 코드를 다른 프로그램에 복제하여 감염시킴으로써 확산되는 특성을 갖고 있다. 생물체의 바이러스처럼 숙주에 기생하여 전염되는 성격이 있기에 컴퓨터 바이러스라고 불리며, 컴퓨터 파일이 손상되는 특징이 있다.

나. 웜

컴퓨터 바이러스와 관련된 용어의 혼란은 2000년에 웜(worm)이 등장하면서부터이다. 컴퓨터 웜은 주로 네트워크에서 연속적인 복사기능을 수행함으로써 자가 증식해 기억장치를 소모하거나 저장된 데이터를 파괴하는 프로그램으로, 스스로 실행하여 복제될 수 있는 악성 코드라는 점에서 컴퓨터 바이러스가 다른 프로그램에 기생하여 실행하는 것과 구분된다. 특히, 웜은 다른 컴퓨터의 취약점을 이용하여 스스로 전파되거나 메일 등의 네트워크를 통해 전달되는 기능을 가지고 있으며, 다른 프로그램에 복제될 필요가 없으므로 증식 속도가 엄청나게 빠르고, 이로 인해 대량의 웜으로 인한 주파수 대역폭(bandwidth)이 잠식되어 네트워크의 속도가 저하된다.

다. 트로이목마

트로이목마(Trojan horse)는 자료삭제·정보탈취 등 사이버테러를 목적으로 사용되는 악성 프로그램으로, 정상적인 프로그램으로 보이지만 실행하면 악성 코드가 실행된다. 호메로스(Homeros)의 '일리아스(Ilias)'에 나온 그리스 연합군과 트로이와의 전쟁에서 사용한 트로이목마에서 유래된 용어이다.

트로이목마는 바이러스나 웜과는 달리 스스로를 복제하는 기능은 없다. 일반적으로는 인터넷에서 게임 프로그램인지 알고 다운받은 프로그램을 실행했더니 시스템파일을 지워버리거나, 메모장프로그램으로 알고 실행하였더니 실제 메모장처럼 동작하면서 동시에 해커에 의한 원격제어프로그램이 실행되는 등의 특징이 있다.

라. 스파이웨어

스파이웨어(spyware)는 스파이(spy)와 소프트웨어(software)의 합성어로, 사용자의 동의 없이 컴퓨터에 설치되어 컴퓨터의 정보를 수집하고 전송하는 악성 소프트웨어이다. 이때 수집되는 정보는 신용카드와 같은 금융정보 및 주민등록번호와 같은 신상정보, 암호를 비롯한 각종 개인정보이다.

스파이웨어는 처음에는 미국의 인터넷 전문 한 광고회사에서 고객의 특징을 분석하고자 정보를 수집하기 위한 목적으로 만들어졌으나, 이후 나쁜 용도의 악성소프트웨어로 악용되게 되었다. 웹브라우저의 홈페이지 설정이나 즐겨찾기 등이 변경되는 경우, 원하지 않는 광고창이 뜨거나 성인사이트로 접속되는 경우 등이 스파이웨어에 감염된 경우이다.

2) 일반사이버범죄

일반사이버범죄는 사이버테러형범죄 외에 사이버공간에서 일어나는 범죄를 말하며, 대표적인 유형은 다음과 같다.

(1) 사이버사기

사이버사기는 사이버상에서 다른 사람을 기망하여 재물 또는 재산상 이익을 취득하는 것을 말한다. 이에는 인터넷 홈페이지를 개설하여 돈만 받고 물건을 보내지 않는 전자상거래사기, 게임아이템 매매를 빙자하여 돈만 받고 잠적하는 게임사기가 대표적인 유형이다. 이외에 사이버상에서 해킹을 통해 정보를 입수한 후 현실세계에서 사기나 갈취 등의 범죄를 범하는 경우를 포함하기도 한다.

(2) 불법복제

불법복제란 남이 만들어 놓은 소프트웨어 등의 프로그램과 정보(데이터, 파일)를 권한 없이 사용하거나 복제·유포하는 것을 말한다. 유포자료로는 음란사진이나 포르노동영상 등 음란물도 포함된다.

(3) 불법사이트

불법사이트는 현행법상 허용되지 않는 사이트 자체가 불법적인 목적으로 만들어진 것을 말한다. 이에는 총기판매사이트, 자살사이트, 청부살인사이트, 도박사이트, 음란포르노사이트, 마약 및 불법의약품 등 금제품판매사이트 등의 유형이 있다.

(4) 사이버명예훼손

사이버명예훼손은 인터넷 게시판 등에서 타인의 명예를 훼손하는 내용의 글이나 사진, 동영상 등을 게시하거나 유포하는 것을 말한다.

(5) 개인정보침해

개인정보침해는 생존하는 개인에 관한 정보로서 성명, 주민등록번호 등에 의하여 당해 개인을 알아볼 수 있는 부호, 문자, 음성, 음향 및 영상 등의 정보를 침해하는 것을 말한다.

(6) 사이버성폭력

사이버성폭력은 특정인을 대상으로 정보통신망을 통하여 음란한 부호, 문언, 음향, 화상 또는 영상을 지속적·반복적으로 전송 또는 배포하거나 판매·임대 또는 공연히 전시하는 행위를 말한다.

(7) 사이버협박·공갈

사이버협박·공갈은 특정인을 대상으로 협박 또는 공갈내용이 들어 있는 메일을 발송하여 직접 또는 제3자에게 재물의 교부 및 재산상 이익을 얻도록 하는 것을 말한다. 이 유형에는 특정 아이디(ID)를 따라다니며 악성 댓글을 다는 등의 사례도 있다.

(8) 기타

이외에 사이버상에서 다수인이 범죄를 모의하거나 계획한 후 실제로 현실공간에서 절도나 강도 및 성폭행 혹은 청부살인 등의 범죄를 일으키거나 회원모집 등을 통해 성매매를 알선하는 행위도 나타나고 있다.

3. 사이버범죄의 특징

사이버범죄의 특성으로는 비대면성, 익명성, 전문성과 기술성, 시간적·공간적 무제약성, 빠른 전파성과 천문학적 피해, 죄의식 희박, 발견 및 입증 곤란 등을 들 수 있다.

1) 범죄자의 특징

사이버범죄는 대부분 학생이나 컴퓨터에 대한 전문지식을 갖춘 젊은 층에 의해 이루어지고 있으며, 폐쇄적 성격의 소유자 및 대인기피증세를 보이는 범죄자가 유난히 많이 발견되는 특징이 있었다. 그러나 최근에는 컴퓨터나 스마트폰이 전 국민에게 보급됨에 따라 특정 계층이나 그룹에 한정되어 있는 것이 아니라 전 계층과 그룹 등에서 발생되고 있다.

2) 범죄대상의 특징

사이버범죄는 인터넷 등을 이용하여 사이버공간에서 발생하므로 일반범죄와 달리 동시에 많은 사람에게 피해를 입힐 수 있고, 따라서 피해도 큰 경우가 많다. 특히, 많은 사이버범죄가 개인적 법익이 아닌 사회적인 법익을 침해하고 있기 때문에 범죄행위자도 범죄에 대한 심각성의 인식이 일반범죄에 비해 다소 떨어지는 경향이 있다.

3) 범죄수단의 특징

사이버범죄는 컴퓨터 네트워크망을 이용하는, 즉 정보의 송·수신을 통해 발생하는 범죄이므로 원격지에서 간접적인 범행이 가능하며, 범죄자의 익명성 특징이 나타난다. 특히, 사이버범죄에서는 전술한 다수의 피해자에 대한 동시범행 외에도 우회침해, 비교적 손쉬운 범죄흔적의 인멸, 바이러스와 같은 자동성 등 일반범죄에서 행하기 어려운 방법이 매우 흔히 사용되고 있다. 따라서 수사관은 일반범죄에 대한 수사와 다른 새로운 수사기법을 개발하여야 하며, 범죄와 범죄자의 특징을 분석·파악하는 등 프로파일링화하는 작업이 필수적으로 요구된다.

4) 조사과정의 특징

사이버범죄는 사이버공간의 광활함, 정보발견의 난이성 때문에 범죄의 발견에 어려움이 있는 반면, 다른 한편에서는 공개된 정보로 인해 범죄의 증거발견이 용이한 측면이 있다. 특히, 사이버범죄를 입증하는 증거의 대부분은 디지털증거의 형태로 남게 되고, 디지털증거는 관념적인 것에 불과한 것처럼 보이지만 포렌식의 발달 등으로 인해 디지털증거의 발견이 용이해지고 있다.

5) 법적용의 특징

사이버범죄는 가상공간에서 이루어지므로 일반범죄를 대상으로 한 현실세계의 법률을 적용하는 데 있어서 어려움이 있다. 즉, 사이버범죄의 입증을 위하여 실체가 없는 가상정보에 대한 증거수집, 저장장치 내 가상정보의 물리적인 이동가능 여부, 공유정보에 대한 취득가능성, 법정에서 증거로 제출 시에 증거능력 여부 등 소송절차의 증거조사 단계에서 여러 문제가 발생하게 된다. 뿐만아니라 사이버범죄가 여러 국가 간에 걸쳐서 발생한 경우에는 관할권의 문제, 국제수사 공조문제 등이 발생하게 된다.

제2절 사이버범죄의 조사

1. 조사절차

사이버범죄의 조사는 사이버상에서 발생하는 범죄의 특성상 범죄자, 피해자, 범죄수단, 증거방법, 적용법률 등 전 영역에 걸쳐 일반 범죄와 다른 특수성을 보이고 있다. 따라서 사이버범죄의 조사에 있어서는 이러한 특징을 고려하여 컴퓨터나 인터넷 등 사이버상 활용되는 기술에 대한 조사와 더불어 전통적인 조사기법인 감시기법, 잠복기법, 미행기법 등을 활용하여 복합적으로 진행하여야만 한다.

1) 일반적인 조사절차

절 차	내 용
초동조사	도메인 주소나 IP주소 등을 확보한다.
현장조사	피해 컴퓨터나 PC방을 조사한다.
범인추적	ID나 IP, 이메일 주소를 추적한다.
증거자료조사	컴퓨터나 디지털매체를 통해 증거자료를 조사·분석한다. 가급적 원본은 복제 후 보관하고, 복제본을 분석한다.
범죄자의 발견, 추적 및 신고	사이버범죄의 혐의가 명확해지면 범죄자를 발견·추적하고, 소재를 파악한 후 의뢰인에게 통보하고, 수사기관에 신고한다.

2) 증거의 수집

사이버범죄사건에 있어서 가장 중요한 증거는 디지털증거이다. 디지털증거를 처리하는 분야는 '컴퓨터 포렌식(computer forensics)'이라고 하여, 법과학의 한 분야로 자리매김하고 있다(후술한다).

3) 범인추적조사

사이버범죄는 통상 네트워크망을 이용한 원격지 범행이므로 탐정은 범인추적을 위한 단서(식별부호)를 찾아 추적조사를 요한다. 이 식별부호(이메일, IP, 도메인, URL, ID, MAC address 등)는 사이버공간에서 범인을 추적하기 위한 성명이자 주민등록번호이고 주소라 할 수 있다. 다만, 컴퓨터에 증거가 남아 있지 않거나 범인을 추적할 수 있는 단서를 발견하지 못했을 때는 모니터링을 통하여 범죄자의 컴퓨터와 네트워크의 활동을 사후적으로 파악하여야 한다.

4) 범인의 검거

사이버범죄를 범한 자에게 범죄의 혐의점이 증거에 의해 명확히 밝혀지고, 추적수사에 의해 범인의 신상과 소재지가 밝혀지면 수사기관은 체포영장에 의한 체포나 사전구속영장에 의한 구속 등의 절차를 통해 범인을 검거하게 된다. 그러나 탐정은 현행법상 현행범인(형소법 제212조)인 경우에 한하여 사이버범죄자를 현장에서 직접 체포할 수 있다. 따라서 통상의 경우에는 범죄자의 소재를 파악한 후 의뢰인에게 통보하고, 수사기관에 신고하여 사법처리를 하도록 하여야 한다.

2. 디지털증거의 수집 및 컴퓨터 포렌식

1) 디지털증거의 의의와 분석방법

(1) 디지털증거의 의의

디지털증거란 증명할 수 있는 2진수 형태의 모든 컴퓨터정보를 말한다. 문서, 사진, 음성, 영상, 로그기록, 데이터파일 등으로 각종 디스크나 서버, 네트워크 장치 등에 저장된 정보 등이 이에 해당된다. 다만, 디지털증거가 증거능력을 갖기 위해서는 다음의 조건을 충족하여야 한다.

(i) 진정성: 보관자나 작성경위 혹은 정황 등의 신빙성이 있어야 한다.
(ii) 동일성: 전자기록의 내용과 출력내용이 동일하여야 한다.
(iii) 원본성: 출력된 서면이 변경되지 않은 원본이어야 한다.

그러나 디지털증거는 변질과 손상이 쉽고, 범죄현장 및 증거기록은 범행당시 상태로 보존하기 어렵다. 따라서 탐정은 컴퓨터 등 범죄의 대상이 되었던 피해시스템이나 범행에 사용되었던 시스템을 조사함에 있어서는 항상 충분한 사전 조사와 함께 철저한 준비를 통해 실수나 시행착오를 하지 않도록 주의하여 증거수집을 하여야 한다.

(2) 디지털증거의 분석방법

가. 시스템 분리분석

시스템 분리분석은 대체로 백업시스템이 있어서 정상적인 서비스에 지장이 없을 경우, 분석할 동안 서비스를 하지 않아도 될 경우, 정확한 증거보존이 필요한 경우, 분석시스템을 이용하여 아주 철저한 분석을 원할 경우에 실시한다. 다만, 분리 이후에는 공격프로그램 또는 침입자를 모니터링하기가 어렵게 된다는 단점이 있다.

나. 온라인 접속분석

온라인 접속분석은 대체로 백업시스템이 없어서 해당 시스템이 없으면 정상적인 서비스를 하지 못할 경우에 실시한다. 피해시스템을 온라인으로 분석하게 되며, 주로 원격지의 시스템을 빨리 분석하여야 할 경우에 적합하다. 온라인 접속분석의 경우에는 공격프로그램이나 공격자의 활동 등을 지속적으로 모니터링 할 수 있지만, 분석 도중에 침입 흔적이 파괴되거나 손상될 수 있기 때문에 정확한 분석이 어려울 가능성도 있다. 이 분석방법은 최소한의 자원으로 최소한의 분석만 원할 경우에 행하여진다.

다. 이미지 카피 후 분석시스템을 이용한 분석

이미지 카피 후 분석시스템을 이용한 분석은 피해시스템 디스크 이미지를 복사해서 분석시스템을 이용하여 분석하는 방법으로, 컴퓨터 포렌식에서 증거를 훼손하지 않기 위해 사용하는 방법이다. 이 분석방법은 피해시스템의 자원을 이용하지 않고 분석시스템의 자원을 이용하기 때문에 더욱 정확한 분석이 가능하지만, 분석시스템 준비, 디스크복사 등 피해시스템 분석에 앞서 준비할 사항이 많으며, 시간이 오래 걸리는 단점이 있다.

2) 컴퓨터 포렌식

(1) 의의

컴퓨터 포렌식은 증거능력과 증명력을 갖춘 디지털증거를 확보하기 위한 일체의 행위와 절차를 총칭하는 개념으로, 컴퓨터 법과학이라고도 한다.

(2) 컴퓨터 포렌식의 원칙 및 과정

디지털증거의 분석에 있어서는 다음의 원칙을 준수하여야 한다.

(i) 증거처리에 대한 일반적 기본원칙과 법률이 그대로 적용된다.
(ii) 디지털증거의 원본은 일체의 손상 없이 발견된 상태로 보존하여야 한다.
(iii) 분석도구의 공적 신뢰성이 확보되어야 한다.
(vi) 포렌식의 모든 과정을 문서화하여야 한다.

컴퓨터 포렌식의 과정은 다음과 같다.

과 정	내 용
증거수집	원본을 변화시키거나 손상시키지 않고 증거를 획득하여야 한다.
증거인증	수집 및 복구된 증거가 원본과 동일한 것을 입증하여야 한다.
증거분석	증거를 수정하지 않고 데이터를 분석하여야 한다.

(3) 휘발성 데이터의 수집

휘발성 데이터의 수집은 피해시스템 등의 피해사실을 확인하고 용의자에 대한 추적단서를 찾기 위한 기초조사 등에 의해 이루어지는 단계로, 컴퓨터 시스템의 전원을 끄기 전에 다음의 내용을 수집하여야 한다.

(i) 레지스터(registers)와 캐시(cache)의 내용
(ii) 메모리 내용
(iii) 네트워크 연결상태
(iv) 실행 중인 프로세스 상태
(v) 스왑(swap) 파일시스템의 내용
(vi) 하드디스크 등에 저장되어 있는 파일과 디렉토리에 대한 파일의 시간에 관한 속성정보

(4) 비휘발성 데이터의 수집

비휘발성 데이터의 경우에는 대용량 저장매체에서 단기간에 관련 증거를 찾아내기 어려우므로 하드디스크 등을 압수하거나 이미지복사 등의 방법으로 디스크를 복제하고 증거분석실에서 전문가가 분석을 실시한다. 사이버범죄는 범죄자가 대부분 로그기록 등 접속자료를 삭제하기 때문에 삭제된 로그기록 등을 복구하기 위한 하이테크 분석기술이 필요하다.

3) 디지털증거의 추적조사

(1) IP조사

사이버상 원격접속한 범인을 추적하기 위해서는 IP(internet protocol) 확인부터 실시하여야 한다. IP주소는 사이버범죄의 가장 중요한 단서로 IP확인은 모든

사이버범죄조사의 출발점이라고 할 수 있다.

가. IP조사의 의의

IP란 인터넷에서 데이터를 주고받기 위한 주소체계로 가장 최근에 나타난 컴퓨터와 컴퓨터를 통한 지역네트워크(LAN) 혹은 광역네트워크(WAN) 간의 원활한 통신이 가능하도록 하기 위한 '통신규약 프로토콜'을 말한다. 32비트(bit)로 이루어졌으나 편의상 8비트씩 구분하여 0~255까지의 숫자 4개로 이루어져 있다. 예를 들면, 'www.naver.com'은 '202.30.143.11'이란 IP를 가지고 있다. 다만, IP의 숫자가 한정되어 있기 때문에 모든 인터넷 사용자에게 IP를 부여할 수 없다. 따라서 최근에는 차세대 IP, 즉 'IPv6'을 개발하고 있다. 현재는 'IPv4' 체제로서 약 43억 개로 현재 거의 포화상태이지만, 'IPv6' 체제는 43억 개의 네 제곱의 개수이므로 전 인류에 IP를 하나씩 부여할 수 있을 뿐만 아니라 각 가정에 있는 냉장고와 TV에도 IP부여가 가능하게 된다.

한편, IP주소란 컴퓨터에 장착된 네트워크(LAN) 카드에 부여되는 주소의 값을 말한다. 일반적인 경우에는 한 컴퓨터에 한 개의 네트워크 카드가 꽂혀 있지만 여러 장의 카드를 추가 장착한 때에는 한 컴퓨터가 여러 개의 IP주소를 가질 수 있다.

나. IP의 구분

첫째, IP는 사용자설정에 따라 고정IP와 유동IP로 분류할 수 있다. 고정 IP는 컴퓨터 네트워크 카드에 IP를 직접 입력하고, 유동IP는 부팅 시 동적 호스트 구성 프로토콜(Dynamic Host Configuration Protocol: DHCP) 서버로부터 부여받아 자동설정된다. 고정IP는 숫자가 한정되어 있으므로 모든 인터넷 사용자에게 부여할 수 없다는 한계점이 있다. 이러한 이유로 한국통신 등 인터넷 회선 서비스 업체에서는 일정량의 IP를 보유하고, 가입한 회원이 인터넷 접속 시 순차적으로 비어 있는 IP를 부여하게 되는데, 회원이 인터넷을 접속할 때마다 쉬고 있는 IP를 부여하게 되므로 유동IP라고 구분한다. 이때 유동IP를 순차적으로 부여하는 서버를 DHCP라 한다.

둘째, 이용형태에 따라 공인IP와 사설IP로 분류할 수 있다. 공인IP는 인터넷에서 인증·할당해 준 IP이고, 사설IP는 제한된 네트워크 내에서 공인 IP부족 시 사용하는 IP이다. 기업체나 관공서는 보유한 IP가 한정되어 있으므로 내부통신용으로 사원들에게 사설IP를 부여하고, 인터넷망에 접속하도록 하고 있다. 이때 사설IP를 공인IP로 순차적으로 부여하는 서버를 네트워크 주소변환(Network Address Translation: NAT) 서버라고 한다.

(2) 관련 개념

가. 맥 어드레스

맥 어드레스(MAC(Media Access Control) address)는 사이버 네트워크상에서 통신장비끼리 서로를 구분하는 데 필요한 하드웨어 주소를 말한다. 즉, 제조회사가 정한 통일된 통신장비의 주소이다. 맥 어드레스는 차대번호, IP주소는 차번호와 같은 개념이다.

나. 도메인 네임서버

도메인 네임서버(domain name server)는 사이버상에서 특정네트워크에 속한 특정호스트에 숫자로 된 IP주소를 기억하지 않고 도메인 네임만으로도 접속할 수 있도록 하기 위해 도메인 네임을 IP주소로 전환시켜 주는 시스템을 말한다. 따라서 도메인 네임은 인터넷상에서 컴퓨터는 IP로 식별되지만 인터넷사용자가 알기 쉽고, 기억하기 쉽게 하기 위하여 문자로 만든 주소를 말한다. 즉, IP 주소가 202.30.143.11처럼 각 바이트마다 마침표로 구분된 4바이트 크기의 숫자 주소인 것을 www.naver.com 같은 문자로 구성한 것을 도메인 네임이라고 한다.

3. 범인특정의 방법

1) 로그자료 등 단서의 분석

> (i) 로그자료, 즉 컴퓨터 접속시간, IP, ID, 작업내용 등이 들어 있는 접속기록을 확인한다.
> (ii) 메일 로그를 분석하여 여러 가지 제어 정보가 기록된 이메일의 앞부분(메일헤더), 즉 이메일 본문 앞에 기입된 정보인 송신자와 수신자의 이름, 이메일주소, 제목, 송신 일시, 첨부 파일의 마지막 코드 방식 등을 통해 최종 발신자를 추적한다.

2) PC방 등의 PC분석

(i) PC방 등 불특정장소에서 PC를 사용한 경우에는 사용 PC를 분석하여 피의자의 특정 또는 추적단서를 포착한다.
(ii) 인터넷 접속기록을 수집·분석한다.
(iii) 숨김파일 속성인 경우가 대부분으로 '숨김파일 및 폴더보기'로 전환하여 캐시(cache), 히스토리(history), 쿠키(cookie) 등에서 파일을 추출·분석한다.

3) 후이즈 조회

인터넷 정보센터(Network Information Center: NIC)는 인터넷 통신망에 관한 정보제공서비스, 인터넷을 사용하기 위해 필요한 IP주소, 도메인 이름 등을 제공하는 역할을 담당하고 있다. 따라서 인터넷 정보센터에서 제공하는 통신망에 대한 정보제공 서비스인 후이즈(whois) 조회를 통해 IP주소나 도메인 이름 등으로부터 이용자 등 통신망이용에 관한 정보를 확인함으로써 범인을 특정할 수 있다.

한국 IP 조회	https://whois.nic.or.kr(https://후이즈검색.한국/kor/main.jsp)
아시아권 IP 조회	https://www.apnic.net
국제 IP 조회	https://www.whois.com

제 5 장

교통사고 분야

제1절 교통사고와 현장조사

1. 교통사고의 의의

교통사고의 의미는 광의, 협의 및 최협의로 구분하여 정의할 수 있다. 광의로는 차량, 궤도차, 열차, 항공기, 선박 등 교통기관이 운행 중 다른 교통기관, 사람 또는 사물에 충돌·접촉하거나 충돌·접촉의 위험을 야기하게 하여 사람을 사상하거나 물건을 손괴한 결과가 발생하는 것을 말한다. 협의로는 차 또는 궤도차의 교통으로 인하여 사람을 사상하거나 물건을 손괴한 경우를 말한다. 즉, 차의 운전자 또는 그 밖의 보조자 등이 고의·과실에 의하여 다른 차 등이나 사람 또는 물건에 접촉·충돌하거나 위험을 야기하여 사람을 사상하거나 물건을 손괴하여 피해결과가 발생한 경우를 말한다.

그러나 최협의로는 「도로교통법」(이하 이 장에서 '법'이라고 한다) 제54조 제1항에서 규정하고 있는 '도로에서 차 또는 노면전차 운전 등 교통으로 인하여 사람을 사상하거나 물건을 손괴한 경우'를 말한다. 이에 따르면 교통사고의 성립

요건은 다음과 같다.

첫째, 교통사고는 '도로'에서 발생한 사고여야 한다. 여기서 도로란 (i) 「도로법」에 의한 도로(고속국도, 일반도로, 특별시도, 지방도, 시도, 군도 등), (ii) 「유료도로법」에 의한 유료도로, (iii) 「농어촌도로정비법」에 따른 농어촌도로, (iv) 그 밖에 현실적으로 불특정 다수의 사람 또는 차마(車馬)가 통행할 수 있도록 공개된 장소로서 안전하고 원활한 교통을 확보할 필요가 있는 장소를 말한다(법 제2조 제1호).

둘째, 교통사고는 '차' 또는 '노면전차'에 의한 사고여야 한다. 여기서 '차'란 (i) 자동차, (ii) 건설기계, (iii) 원동기장치자전거, (iv) 자전거, (v) 사람 또는 가축의 힘이나 그 밖의 동력(動力)으로 도로에서 운전되는 것(다만, 철길이나 가설(架設)된 선을 이용하여 운전되는 것, 유모차와 행정안전부령으로 정하는 보행보조용 의자차는 제외한다.)을 말한다(제2조 제17호).

자동차 (법 제2조 18호)	철길이나 가설된 선을 이용하지 아니하고 원동기를 사용하여 운전되는 차(견인되는 자동차도 자동차의 일부로 본다)	(i) 「자동차관리법」 제3조에 따른 다음의 자동차(다만, 원동기장치자전거는 제외한다.), 즉 승용자동차, 승합자동차, 화물자동차, 특수자동차, 이륜자동차 (ii) 「건설기계관리법」 제26조 제1항 단서에 따른 건설기계
원동기장치자전거 (법 제2조 19호)	(i) 「자동차관리법」 제3조에 따른 이륜자동차 가운데 배기량 125cc 이하의 이륜자동차 (ii) 배기량 50cc 미만(전기를 동력으로 하는 경우에는 정격출력 0.59kW 미만)의 원동기를 단 차(「자전거 이용 활성화에 관한 법률」 제2조 제1호의2에 따른 전기자전거는 제외한다)	
자전거 (법 제2조 20호)	「자전거 이용 활성화에 관한 법률」 제2조 제1호 및 제1호의2에 따른 자전거 및 전기자전거	

노면전차란 「도시철도법」 제2조 제2호에 따른 노면전차로서 도로에서 궤도를 이용하여 운행되는 차를 말한다(동조 제17호의2). 따라서 다른 법령에 의한 기차, 전차, 케이블카, 전동차, 항공기, 선박 등에 의한 경우나 유모차, 신체장애자

용 의자차 등에 의한 사고는 교통사고에 해당되지 아니한다.

셋째, 교통사고는 '교통으로 인하여' 발생한 사고여야 한다. 교통이라 함은 사람을 운송하거나 물건을 수송하는 운행행위를 말한다. 즉, 차의 본래 목적에 의하여 사용 중 발생된 사고만이 교통사고에 해당하며, 사고의 원인행위와 피해 결과 사이에는 상당인과관계가 있어야 한다.

넷째, 교통사고에 의하여 사람을 사상하거나 물건을 손괴한 경우 등 피해가 발생하여야 한다. 교통사고는 타인의 생명·신체·재산에 대하여 피해의 결과가 발생하여야 하며, 피해의 결과가 발생하지 않은 때에는 법규위반의 문제만 발생할 뿐 교통사고에 해당하지 않는다. 이때의 피해는 타인의 피해를 말하며, 운전자 자신의 피해는 포함되지 않는다.

2. 현장조사의 원칙

교통사고는 시간이 경과할수록 그 원인분석과 사고해석에 절실한 각종 자료가 점차 상실되어 간다. 따라서 교통사고 조사기록은 원칙적으로 사고 직후 현장에서 실시하는 것이 가장 이상적이다. 이때 상반된 두 가지 요청이 있다. 하나는 발생된 사고상황을 현장에서 정확히 포착하여 원인을 규명하기 위해서는 일정시간 동안 현장을 사고발생 직후의 상태 그대로 보존하여 충분히 관찰하고 측정·기록하는 조사가 필요하다는 요청이다. 다른 하나는 사고로 야기되는 제반 교통저해상태와 제2, 제3의 사고유발상태를 단 일각이라도 신속히 해소시켜야 하며, 무엇보다도 사상자에 대해 조속히 긴급구호조치를 취하여야 하는 절대적 요청이 있다. 이때 조사자도 사고현장 통과차량에 의해 위해를 당하지 않도록 충분히 주의할 필요가 있다.

따라서 교통사고현장에서 신속하고도 안전하게 사고조사를 추진하려면 조사인원을 충분히 확보하고, 통과차량이나 현장주위에서 구경하는 사람 등을 정리하는 동시에 필요한 측정과 기록을 위한 사진촬영 등의 기재를 효율적으로 활용하여야 한다. 교통사고현장에서 조사자가 현장조사를 하는 과정에서 취하여야 할 조치와 방법을 요약하면 다음과 같다.

(i) 부상자의 구호조치

(ii) 현장에 필요한 범위의 교통차단과 통과차량 유도 등의 교통회복

(iii) 사고현장의 동영상촬영

(iv) 사고발생 직후의 사고상황을 보존하기 위하여 그 위치 등을 노면에 표시

(v) 사고당사자와 목격자 및 참고인 등의 확보

(vi) 사고현장의 상황도면 작성 등

3. 현장조사 시의 조사사항

교통사고는 일반적으로 여러 가지 원인이나 요인이 복합적으로 중첩되어 발생하는 것으로서 날씨와 도로 기타 조건 등의 교통환경 또는 사고당사자의 심리상태 등이 간접적인 원인과 요인으로 작용하는 경우가 많다. 따라서 교통사고의 원인이나 요인의 분석과 아울러 사고현장에서 하여야 할 주요 조사사항을 열거하면 다음과 같다.

(i) 사고발생의 일시와 장소

(ii) 기상조건과 현장의 조명·명암상황

(iii) 충돌, 접촉, 전락 또는 전도된 지점

(iv) 사고에 관련된 인적 및 물적 피해상황

(v) 현장도로의 기하구조와 횡단구성 및 노면상태: 지형, 도로폭, 포장상황, 노면의 건습과 요철 기타

(vi) 현장부근의 교통환경: 교통상황, 안전시설, 교통규제상황 등

(vii) 현장부근의 도로환경: 주거지구와 상업지구의 구별, 학교와 유치원 및 버스정류장이나 역 등의 소재상황

(viii) 현장의 시계상황

(ix) 사고차량과 피해자의 최종 정지위치와 자세, 그 위치에 이르는 궤적

(x) 사고현장과 현장주변에 위치한 고정물 등의 파손부위와 상태

(xi) 사고현장에 생성된 사람을 비롯한 동물의 혈흔 또는 차체 등에 의한 스크래치 같은 금속흔의 상황

(xii) 스키드마크 등의 타이어의 활주흔이나 사고현장에 떨어진 차량의 파손부품

과 산란물의 상황 등

- 부속품 또는 차체의 파손조각
- 전조등, 전면유리, 후사등의 유리파편
- 차체에 부착되어 있는 특유의 먼지나 적재함의 적재물 등
- 연료, 브레이크오일, 엔진오일 등의 유류
- 타이어의 흔적(스키드마크나 요마크 등)

4. 현장출동 시의 휴대품

교통사고가 발생하였을 경우 신속·정확하고, 과학적으로 대처하기 위해서는 평소 다음과 같은 조사용 기자재를 준비하여 두어야 한다.

분 류	종 류
현장보존용구	사고현장표시판, 사고현장표시등, 방호책, 적색회전등, 출입금지용 로프 등
사고방지장구	반사성 헬멧, 반사성 혁대, 회중전등, 완장, 신호등 등
증거수집용구	파편 및 유리조각 취급 용구, 스키드마크에 의한 속도측정표, 음주측정기 등
실황조사용구	줄자, 스톱워치, 현장조사도판, 메모지, 필기구, 분필, 페인트, 굴림자 등
구급용구	들것, 모포, 응급의료품 등
사진기류	카메라, 야간촬영카메라용 조명기구 등
기구용구	삽, 잭, 작업용구, 청소용구 등

5. 교통사고차량의 사진촬영방법

사진은 사실을 기록하는 데 최선의 수단이며 방법이라고 할 수 있다. 특히, 자동차 사고조사에 있어서는 매우 유용한 도구이다. 사진촬영을 통해 얻을 수 있는 효과로는 사진은 말보다 묘사가 뛰어난 경우가 대부분이고, 진술의 진실성을 증명하거나 사고현장을 기억하는 데 사용할 수 있으며, 사고조사 시의 흥분과 혼잡으로 인해 누락된 사항의 기록을 가능하게 한다. 만일, 사진에 의하여 수치적인 증거를 구할 수 있다면 사고의 원인과 더불어 사고재현을 상당히 정확

히 할 수 있다는 장점이 있다.

1) 사진촬영의 시기

교통사고 발생 시 사진촬영을 하는 경우는 그 시기가 문제가 되는데, 원칙적으로는 사고현장에 어떠한 변화가 일어나기 전에 촬영하는 것이 가장 바람직하다. 즉, 사고현장에 도착한 즉시 촬영을 하여야 한다는 것이다. 시간이 경과한후에 사진촬영을 하게 될 경우 상황이 변하여 사건현장이 왜곡되거나 증거가 멸실되어 진실을 밝히기 어렵게 될 수 있다.

2) 사진촬영의 대상

교통사고의 사진촬영에 있어서 중요한 것 중의 하나가 촬영에 의해 사진에 담게 되는 내용이다. 사진촬영의 대상은 다음과 같다.

대 상	구체적 방법
도로상황	(i) 시야 장애물(특히, 시간이 경과함에 따라 변하는 것) (ii) 안개, 매연 등과 같은 시계조건 (iii) 교통제어 시설물의 위치와 상태 (iv) 적설, 강우, 비정상적인 노면상태 등과 같은 노면조건 등
노상의 교통사고 결과	(i) 타이어마크는 길이, 너비 및 여타 물리적 특성과 도로와의 관련성 (ii) 패인 자국, 충돌자국, 스키드마크상 여하한 불규칙적인 형태 등
같은 노면상의 소규모흔적	(i) 도로 내외의 낙하물 (ii) 파손된 고정대상물 (iii) 이탈된 차량부속품 등
관련차량의 교통사고결과	(i) 차량의 최종위치 (ii) 사고차량의 직·간접 파손상태 (iii) 차량의 세부적인 파손상태 (iv) 자국(imprint) 및 대응부분 (v) 마찰흔적 (vi) 파손된 등화 (vii) 파손(마모)된 타이어 (viii) 차량 내외의 핏자국 등

3) 사진촬영의 방법

교통사고의 사진촬영에 있어서 한 부분에 편중하여 촬영하게 되면 다른 부분의 상황을 파악할 수 없게 된다. 따라서 사진촬영 시에는 직접 충돌부분만 강조하여 촬영할 것이 아니라 최소한 4면에서 사진을 촬영하여야 하고, 개개의 사진에는 차량의 한 면이 모두 나타나도록 촬영하여야 한다. 또한 접촉사고의 경우에도 사고부분 외에 사고상황을 제대로 파악할 수 있도록 주변의 도로환경이나 사고현장 전체를 촬영하는 것도 놓쳐서는 아니 된다.

제2절 교통사고의 분석

1. 타이어흔적과 사고분석

교통사고가 발생하면 사고로 인한 흔적이 당연히 발생하게 된다. 교통사고 흔적에는 차량의 파손상태, 노면의 타이어자국, 노면의 금속자국, 잔존물, 보행자의 소지품의 낙하위치 등이 있다. 이 흔적은 교통사고의 원인을 규명하는 데 중요한 요소가 되므로 교통사고를 조사함에 있어서 누락되는 일이 없도록 하여야 한다.

타이어흔적은 노면과 타이어의 마찰에 의하여 발생되는 것으로, 타이어가 노면에 미끄러지면서 생긴 흔적이다. 일명 '스키드마크'라 하고, 일반적으로 '제동 스키드마크'를 말하며, 이에는 몇 가지 변형이 있다.

1) 갭 스키드마크

스키드마크는 구부러진 경우도 있지만 스키드마크 중간이 단절되어 있는 것도 있는데, 이 단절된 구간을 갭이라 하고, 그 거리는 대략 3m를 조금 넘는 정도이다. 이 갭 스키드마크는 제동이 걸렸다가 순간적으로 풀린 후 다시 제동이 걸릴 때 생기는 것으로 보행자사고와 관련하여 많이 발견된다. 한편, 갭 스키드마크의 길이를 가지고 사고 이전의 속도를 추정하는 경우에는 갭의 길이는 전체의 길이에서 제외하고 사용한다는 사실에 주의하여야 한다. 갭에서는 바퀴가 구르고 있는 상황이기 때문이다.

2) 스킵 스키드마크

스킵 스키드마크는 스키드마크가 실선으로 이어지지 않고 중간 중간이 규칙적으로 단절되어서 점선으로 나타나는 경우를 말한다. 스킵 스키드마크가 생성되는 원인으로는 다음 3가지가 있다.

생성원인	형 태
조금씩 튀는 세미트레일러	짐을 싣지 않은 세미트레일러의 경우 급제동 시 중량전이에 의해 뒷부분이 약간씩 들리게 되는데, 들리는 부분이 노면에 접하는 순간 이번에는 앞부분이 살짝 튀어 오르게 된다. 이러한 과정이 반복되어 형성되는 스키드마크로, 스킵 스키드마크의 가장 흔한 형태이다.
노면상의 돌출부	노면상의 돌출부에 의해 차량이 튀어 오르면서 생산되는 스킵 스키드마크로 사고와는 별다른 관련이 없다.
충돌로 인하여 발생	충돌로 인하여 생성되는 스킵 스키드마크는 급제동이 걸린 차량이 미끄러지는 도중에 보행자 등과 충돌하였을 때 생성되는데, 주로 소형승용차에서 많이 발생한다.

3) 측면으로 구부러진 스키드마크

자동차는 일단 제동이 걸리면 차량이 미끄러지게 되는데, 여기서 측면에서 약간의 힘을 받게 되면 진행방향이 쉽게 변한다. 일반적인 도로에서는 원활한 배수를 위하여 도로 중앙이 약간 높게 포장된 도로에서는 우측으로 약간 휘어지는 것이 보통이고, 이 경우 우측바퀴가 좌측바퀴보다 힘을 많이 받기 때문에 스키드마크가 다소 진하게 나타난다.

스키드마크는 차량의 한쪽 바퀴에 제동이 더 크게 걸렸을 때도 구부러지며, 한쪽 바퀴는 마찰계수가 크고 한쪽 바퀴는 마찰계수가 작은 경우에도 마찰계수가 높은 노면으로 심하게 구부러진다. 특히, 두 차가 충돌하게 되면 스키드마크가 급격하게 방향을 바꾸게 되는데, 이 경우에는 스키드지점에서 양쪽 차의 충돌지점을 정확히 지적해 낼 수가 있다.

4) 차량제동 시의 중량 전이에 따른 스키드마크

교통사고 시 차량에 제동이 걸리게 되면 후방에서 전방으로 중량 전이가 발생한다. 따라서 노면마찰력은 제동 중인 차량에 역방향으로 작용하는데, 무게중심은 계속해서 앞으로 이동하기 때문에 차량 앞부분이 내려가게 된다. 그 결과 앞바퀴에는 중량이 증가하게 되고 뒷바퀴는 감소한다. 이때 앞바퀴 타이어는 뒷바퀴 타이어보다 많은 열을 발생시키기 때문에 앞바퀴 타이어의 스키드마크가 더 진하게 되며, 경우에 따라서는 뒷바퀴의 스키드마크가 너무 희미해서 잘 보이지 않는 수도 있다.

5) 스키드마크가 나타나지 않은 경우

교통사고 시 자동차의 바퀴 중 어느 하나 또는 두 개가 전혀 스키드마크를 남기지 않는다고 해서 그 바퀴에 제동이 걸리지 않았다거나 제동력이 약했을 것이라 섣부르게 추측해서는 아니 된다. 실제로 스키드마크를 남긴 바퀴보다 스키드마크를 남기지 않은 바퀴에 제동력이 더 강하게 걸릴 수도 있는데, 그 이유는 바퀴가 미끄러지기 직전에 마찰력이 최대로 발생하였기 때문이다.

2. 차량의 직접손상과 간접손상

1) 직접손상

직접손상은 차량의 일부분이 다른 차량, 보행자, 고정물체 등의 다른 물체와 직접 접촉·충돌함으로써 입은 손상을 말한다. 이것은 보디 패널의 긁힘, 찢어짐, 찌그러짐과 페인트의 벗겨짐으로 알 수도 있고, 타이어 고무, 도로 재질, 나무껍질, 심지어 보행자 의복이나 차체에 살점이 묻어 있는 것으로도 알 수 있다. 또한 전조등 덮개, 바퀴의 테, 범퍼, 도어 손잡이, 기둥, 다른 고정물체 등 부딪친 물체의 찍힌 흔적에 의해서도 나타난다. 그러나 직접손상은 압축되거나 찌그러지거나 금속표면에 선명하고 강하게 나타난 긁힌 자국에 의해서 가장 확실히 알 수 있다.

2) 간접손상

간접손상은 차가 직접 접촉 없이 충돌 시의 충격만으로 동일차량의 다른 부위에 유발되는 손상을 말한다. 차가 정면충돌 시에는 라디에이터그릴이나 라디에이터, 펜더, 범퍼, 전조등의 손상과 더불어 전면 부분이 밀려 찌그러지는데, 이때의 충격과 압축현상 등으로 인하여 엔진과 변속기가 뒤로 밀리면서 유니버설조인트, 디퍼런셜이 손상될 수 있다. 또한 충돌 시 차의 갑작스러운 감속 또는 가속으로 인하여 차 내부의 부품 및 장치와 의자, 전조등이 관성의 법칙에 의해 생겨난 힘으로 그 고정된 위치에서 떨어져 나갈 수 있다. 이때 그것들이 떨어져 나가 파손되었다면 간접손상을 입은 것이다. 이외에 충돌 시에 부딪힌 일이 없는 전조등의 부품들이 손상되는 경우도 있다.

간접손상의 또 다른 예로는 교차로에서 오른쪽에서 진행해 온 차에 의해 강하게 측면을 충돌당한 차의 우측면과 지붕이 찌그러지고, 좌석이 강한 충격을 받아 심하게 압축 이동되어 좌측 문을 파손시켜 열리게 한 것을 들 수 있다. 한편, 보디부분의 간접손상은 주로 어긋남이나 접힘, 구부러짐, 주름짐에 의해 나타난다.

3. 교통사고 시의 충돌흔적의 확인

1) 강타한 흔적

교통사고에 의해 차가 강타당한 경우에는 직접손상 흔적만으로는 충돌한 상대차량의 부위와 관련시켜 차의 자세를 알 수 없는 경우가 많으므로 부서진 부위에서 특정표시를 찾아야 한다. 가장 유용한 자국은 강타한 물체의 모습이 찍힌 것이나 표면의 재질이 벗겨진 자국이다. 희미한 자국은 발견하지 못하고 그냥 지나치기 쉬우므로 유의하여야 한다.

또한 충돌차량끼리의 접촉부위를 나타내주는 손상물질로서는 대개 페인트 흔적과 타이어의 고무조각, 보행자의 옷에서 떨어져 나온 직물 및 피해자의 머리카락, 혈흔 그리고 나무껍질이나 길가의 흙을 비롯한 그 밖의 다른 것일 수도 있다. 때로는 유리조각이나 장식일 수도 있다. 접촉하고 있는 동안의 움직임은 종종 모습이 찍힌 것이나 재질의 벗겨짐에 의해 나타난다.

한편, 강타한 흔적은 두 접촉 부위가 강하게 압박되고 있을 때 발생하여 만들어지는 자국으로, 양쪽이 모두 순간적으로 정지상태에 이르렀음을 나타내주는 것으로서, 이것을 완전충돌이라고 한다.

2) 스쳐지나간 자국

교통사고에 의해 스쳐지나간 자국이 발생한 것은 순간적으로 정지된 상태에 도달하지 않고 접촉부위가 서로 같이 다른 속도로 움직이고 있었다는 것을 나타내준다. 이는 측면접촉 사고로서 옆을 스치고 간 충격이다. 문지른 부위에 대한 페인트를 세밀하게 조사하면 문지른 흔적의 시작된 부위와 끝난 부위의 위치를 알 수 있다. 실증적인 예로서 자동차보다 더 잘 고착된 금속물체에 페인트를 칠하였다고 할 경우 문지른 물체에 의해 약간의 페인트가 벗겨졌을 때 그 모양은 눈물방울처럼 끝이 큰 흔적이 되는데, 이것이 문지른 물체의 주행방향을 나타내주는 것이다.

한편, 찢긴 흔적은 눈물방울 흔적과 함께 나타나는데, 문지른 끝부분에 나타나는 것이 특징이다. 2대의 자동차가 같은 방향으로 주행 중 옆을 문지른 경우 어느 자동차가 더 빨리 주행하고 있었는지의 여부를 결정하는 문제가 있는데, 문질러진 흔적의 방향을 조사하면 상관된 속도를 알 수 있다. 즉, 주행속도가 느린 자동차의 문질러진 흔적의 방향은 뒤에서 앞으로 나타나며, 반대로 주행속도가 빠른 자동차의 문지른 흔적의 방향은 앞에서 뒤로 나타난다.

3) 충돌로 인한 타이어의 문질러진 흔적

교통사고 시 충돌로 인해 순간적으로 강한 힘이 작용하여 타이어가 포장 면과 심하게 마찰됨으로써 열이 발생되어 타이어의 접지 면이나 옆벽의 고무가 닳으면서 타이어의 표면이 더욱 검게 변한 모습이 나타난다. 이를 발견하기 위해서는 바퀴타이어를 헛돌려보면서 관찰하고, 반드시 사진촬영을 해 두어야 한다.

4) 여러 부위의 손상

교통사고 시 한 사고에 관계된 차량끼리 여러 번의 충돌을 일으키면 각 충돌접촉마다 별도의 손상부위가 있게 된다. 두 번 이상의 충돌은 간접손상 부위와는 전혀 다르다. 가장 흔한 이중 접촉손상은 차의 전면 끝부분이 심하게 충돌된 후 두 대의 차 모두가 각각 시계방향과 시계반대방향으로 회전하여 서로 평행한 자세로 잠시 떨어졌다가 다시 뒤끝부분이 부딪치게 된다. 이때 때로는 페인트의 속칠과 겉칠이 혼합되어 다른 물체에서 벗겨진 물질과 혼동될 수도 있는데, 그러한 경우에는 각 차량의 속칠과 겉칠을 긁어보거나 조각을 떼어보면 대개 확인이 가능하다. 손상물질의 견본을 수거하여 보관하면 나중에 좋은 증거물이 될 수 있다.

페인트 견본을 수거할 때에는 마찰흔적보다는 페인트 조각을 구겨진 차체부분에서 발견하여 수집하여야 한다. 페인트조각의 측면은 현미경으로 속칠과 겉칠의 페인트층을 알아내는 데 사용된다. 특히, 뺑소니차량의 추적에 사용된다.

한편, 차체의 녹슨 상태는 그 부분이 손상된 후 얼마나 시간이 흘렀는가를 확인할 수 있으며, 그 손상이 사고 이전에 생긴 것인지의 유무를 가르쳐주는 기준이 된다. 그리고 밝은 금속광이 나는 손상부위는 다른 차량이나 고정물에 의해서 최근에 부딪힌 것을 의미한다.

4. 차량의 손상조사

1) 차량 내부

(1) 탑승자의 충돌 후 운동방향의 확인

교통사고에 의해 운전자를 포함한 차량탑승자들이 충돌 후 운동(움직임)하는 과정을 규명하는 데 있어서는 차량내부의 변형상태와 손상을 기준으로 파악하여야 한다. 충돌로 인해 차량 자체는 급감속한다고 하여도 차량의 탑승자들은 관성의 법칙에 의해 충돌 전의 상태를 유지하려고 한다. 즉, 충돌 전의 속도대로 계속 움직이려고 하는 것이다. 그러므로 차량탑승자들은 2차로 차량내부의 장치물과 충돌하게 되어 큰부상을 입게 되는데, 충돌 후 탑승자의 운동방향은 충격외력이 작용한 방향의 역방향이다.

(2) 사고당시 차량운전자의 확인

교통사고 당시 운전자가 누구였는가(탑승자가 어느 좌석에 앉아 있었는가)에 대하여는 탑승자의 충돌 후 운동방향(차량외부의 충돌부위에 의한 충격외력의 작용방향을 통해 추정), 탑승자들의 신체 상처부위, 탑승자들의 최종위치, 차량의 최종위치, 탑승자의 신체가 부딪친 차량내부의 손상 등을 종합하여 규명할 수 있다.

(3) 사고당시 안전벨트의 착용 여부의 확인

교통사고 시 승차자가 안전벨트를 착용하였다고 하더라도 안전벨트 착용좌석 쪽에 차체가 심하게 찌그러져 하지에도 부상을 입고 두부나 안면부에 상처를 입는 수가 있다. 그러나 안전벨트를 맨 승차자가 하지를 심하게 다치지 않았는데 두부나 안면부를 심하게 다칠 수는 없다. 결과적으로 두부나 안면부를 심하게 다친 사람이 하지나 다른 부위에 상처를 입지 않은 경우는 좌석안전벨트를 매지 않았다고 보아도 무방하다. 따라서 차량내부의 손상을 정밀히 파악할 필요가 있다.

차량내부에서 승차자에게 부상을 입힐 수 있는 위험한 주요 구조물로는 앞 유리 및 옆 유리, 핸들, 계기판 및 대시보드, 좌석골조, 천장구조물(특히, 전도, 전복 시), 창틀·바닥·내부구조물 중 강성이 있는 부분으로서 옆 창문, 손잡이, 도어손잡이, 거울, 안전벨트를 필라에 고정시키기 위한 볼트·너트부분 등을 들 수 있다.

2) 차량의 창유리

차량의 창유리는 「자동차관리법」의 안전기준에 따라 안전유리를 사용하게 되어 있는데, 앞창유리는 합성유리를 장착하게 되어 있고, 옆 유리 및 뒷 유리는 강화유리로 되어 있다. 합성유리는 2개의 판유리 중간에 투명한 합성수지 필름을 샌드위치 모양으로 끼워서 접착시켜 유리가 깨질 경우라도 유리파편이 흩날리지 않도록 함으로써 파편에 의한 상처를 방지하도록 한 것이다. 강화유리는 보통의 판유리를 가열한 뒤 급랭시켜 유리의 결정을 치밀하게 하여 잘 깨지지 않게 함과 동시에 깨진 경우라도 보통유리 파편처럼 날카롭거나 뾰족하게 되지 않고 둥글게 되어 파편에 의한 상처를 방지하도록 한 것이다.

(1) 합성유리

합성유리는 이중접합유리라고도 불리는데, 이 유리는 서로 버티어 주고 있기 때문에 균열상태에 따라 그 손상이 접촉으로 인한 직접손상인지 아니면, 간접손상인지를 파악할 수 있다. 간접손상의 경우는 차체의 뒤틀림에 의해 평행한 모양이나 바둑판 모양으로 갈라지는 반면, 직접손상의 경우는 방사선 모양이나 거미줄 모양으로 갈라지며, 갈라진(금이 간) 중심에는 구멍이 나 있는 경우도 있다.

(2) 강화유리

강화유리가 파손되어 흩어진 것만을 보고는 직접손상인지, 간접손상인지 구분하지 못한다. 뒤 창유리에 사용된 강화유리는 박살났을 때 직접손상인지 간접손상인지에 대한 아무런 표시도 나타내 주지 않는다. 그것은 다른 물체와의 접촉에 의한 손상인지 아니면, 차체의 뒤틀림에 의한 손상인지의 표시가 없기 때문이다. 어느 경우든 강화유리는 강한 충격에 의해 팝콘 크기의 조각 수천 개로 부서진다.

3) 노면에 흠집을 낸 부위

교통사고에 의해 노면에 파인 홈이나 긁힌 자국이 나타나 있으면, 그 흠이나 자국을 만든 차의 부품을 찾기 위해 주위를 주의깊게 살펴보아야 하는데, 세밀한 조사를 위해서는 차를 들어올리거나 차를 측면으로 세운 다음 천천히 관찰하여야 한다. 그렇지 않으면 잭(jack)으로 차를 들어 엎드려서 차 아래를 들여다봐야 한다. 흠을 남기게 한 부품은 대개 심하게 마모되어 있거나 닳아 있고, 만약에 볼트 등이 돌출해 있다면 휘어져 있을 것이다. 사고 후 짧은 시일 내에 차가 점검된다면 광택나는 부분을 쉽게 발견할 수 있다. 때로 그것들은 마찰 시 생긴 열로 갈색이나 푸른색으로 될 수도 있다.

또한 아스팔트 성분이나 노면표시 페인트가 차량에 묻어 있을 수 있다. 이것은 무더운 여름날일 경우는 더욱 쉽게 나타난다. 예를 들면, 오토바이사고의 경우 오토바이의 앞바퀴 허브가 아스팔트 노면을 긁어 파는 경우도 종종 나타나므로 주의깊게 살펴보아야 한다. 흔히 오토바이가 넘어져서 노면을 긁어 파는 부위는 거의 발판에 의해서만 발생하는 것으로 고정관념을 가지는 수가 있는데, 이는 잘못된 생각이다.

4) 충돌 전후 이동과정 중의 손상부분

교통사고가 발생한 경우 차량의 빗물받이 또는 지붕선이 땅에서 끌렸던 금속 상흔과 흙 등을 찾아보고, 각 흔적을 확인하면 첫 지점에서 마지막 지점까지 차의 정확한 경로를 밝히는 데에 도움이 된다. 지붕이나 창틀, 트렁크 뚜껑이 아래 혹은 옆으로 찌그러진 것은 차의 전복을 나타낸다. 차가 전복되어 구를 때 차의 측면과 꼭대기가 노면에 긁히게 되는데, 특히 모서리 부분이 긁한다. 뒹굴 때 차가 거꾸로 회전할 수 있다. 따라서 차량의 측면과 윗면에 긁힌 자국의 방향은 차가 어떻게 움직였는지를 결정하는 데 큰 도움이 된다. 무게중심이 낮고 폭이 넓은 차들은 옆으로 미끄러지는 동안 도로변의 물체에 부딪힌다면 튀어오르거나 거꾸로 내려앉거나 중간의 지면접촉이 없이 반대쪽 편에 내려앉을 수 있다.

한편, 차가 몇 번이나 굴렀는지에 대해서는 여러 추측이 난무하는 게 보통이다. 차가 가파른 제방을 굴러가고 있지 않은 한 차는 거의 한 번 이상 전복되지 않으며, 전복 후 차는 제 모양대로 바로 서게 되는 경우가 많다. 고정물체와의 충돌에 의한 손상의 경우도 차량의 이동과정을 통해 어떤 물체와 충돌하였는지, 충돌한 후 어느 방향으로 진행하였는지를 알기 위해 조사하여야 한다. 도로조사를 통해 차가 몇 번이나 굴렀는지에 대해서 알 수가 있으나 손상부분만으로 이러한 사실을 알아내기란 쉽지 않다. 목격자나 승객의 진술은 과장이 많으므로 진술청취 시에는 항상 이 점에 유의하여야 한다.

5. 차량손상의 조사·분석의 원칙 및 착안점

위의 사정을 종합하여 볼 때 교통사고 시에 있어서 차량손상의 조사와 분석의 원칙 및 착안점을 요약·정리하면 다음과 같다.

(ⅰ) 직접손상 부위와 간접손상 부위를 구분한다.

(ⅱ) 충격력이 작용된 방향을 파악한다.

(ⅲ) 상대 차량의 재질이 묻었나를 찾아 본다.

(ⅳ) 상대 차량에 물체의 형상이 찍혔나를 본다.

(ⅴ) 상대 차량의 어느 부위와 충격하였나를 대조한다.

(ⅵ) 밀려들어간(압축된) 변형인가, 잡아끌린 변형인가, 스쳐지나갔는지를 본다.

(ⅶ) 손상부분이 차체의 측단으로 벗어났는가 아닌가를 본다.

(ⅷ) 밀려 올라갔는가, 눌려 찌그러졌는가를 본다.

(ⅸ) 간접손상의 범위가 측방의 대각선방향으로 미쳤는가 아닌가를 본다.

(ⅹ) 두 군데 이상의 손상이 있을 경우 1차 충돌에 의한 것인가, 2차 충돌에 의 한 것인가를 본다.

(ⅺ) 전체적인 손상의 모습은 어떠한가, 하체나 프레임의 변형과 보디의 변형이 다르지 않은가를 본다.

(ⅻ) 차체가 찌그러져 바퀴를 억지한(움직이지 못한) 것은 아닌가를 본다.

(ⅹⅲ) 손상 폭이 좁은가 넓은가를 본다.

(ⅹⅳ) 타이어의 접지면이나 옆벽에 나타난 흔적이 있는가를 본다.

(ⅹⅴ) 차체 내부에 탑승자 신체의 충격 여부나 탑승자의 위치를 알 수 있는 흔적 이 있는가를 본다.

제 6 장

과학수사 분야

제1절 법과학과 과학수사

1. 법과학의 의의

법과학(法科學, forensic science)은 과학수사를 뒷받침하는 모든 분야의 학문을 총칭하며, 과학적인 관찰과 실험을 통하여 수사 또는 재판을 위해 필요한 지식이나 자료를 제공하는 기술과학을 말한다. 법과학의 분야로는 법의학, 물리학, 생화학, 문서감정, 성문분석, 유전자감식, 중성자 방시화 분석법 능의 방법이 있다.

다른 한편으로는 법과학은 과학적 범죄수사방법을 말하며, 이를 포렌식 수사라고도 한다. 포렌식(forensic)은 '포럼(forum)의 또는 포럼에 의한'이란 뜻으로, 과거 로마시대 형사재판에서 미국의 대배심과 같은 포럼의 토론을 통해 범죄에 대한 기소를 하였던 것에서 연유하지만 오늘날에는 포렌식을 '법적인(legal)' 또는 '법정과 관련한'이라는 뜻으로 사용한다. 우리나라에서는 'forensic science'

를 법의학(forensic medicine)으로 번역하기도 한다.

2. 과학수사와 감식수사

1) 과학수사

과학수사(科學搜査, scientific investigation)란 사안의 진상을 정확하게 밝히기 위하여 현대적 시설·장비·기자재와 과학적 지식·기술을 활용하는 수사를 말한다. 현대사회의 범죄는 신속화·광역화·흉포화하여지는 반면, 도시와 산업의 발달과 인구증가에 따른 개인주의와 익명성의 영향으로 인증(人證)의 확보나 탐문에 의한 자료의 수집에는 한계가 있으므로 과학수사를 통한 명확한 물증(物證)의 확보가 필수적이다. 또한 과학기술의 발전은 범죄의 다양화·지능화를 수반하고 있어 그에 따라 수사방법도 과학화되어야 하므로 결국 과학기술이 진보된 사회에서는 과학수사가 보편적인 수사방법이 된다.

과학수사는 주로 체험이나 추리에 의존하는 육감조사와 비교되는 상대적 개념으로 법과학을 최대한 활용하는 합리적 조사방법을 통해 오늘날 범인의 식별과 증거의 분석 등 조사분야에서 범인확정 및 증거발견에 결정적 기여를 하고 있다. 이러한 과학수사는 예전에는 단순히 범죄의 감정·감식(鑑識)을 의미하였으나, 이제는 과학적 방법을 이용하여 행하는 모든 수사를 의미하며, 크게 과학을 이용한 수사와 수사방법의 과학화로 이루어진다. 즉, 과학을 이용한 수사는 화학, 물리학, 생물학, 의학, 약리학, 기계공학, 전자공학, 전기공학, 정보공학, 광물학, 토양학, 섬유학, 식품가공학, 기상학, 건축학 등의 자연과학과 심리학·사회학·논리학·통계학·회계학·음향학·음악학·체육학 등의 인문·사회·예술·체육과학을 모두 포함하여 이루어지고, 지문감식, 화재감식, 사체감식, 거짓말탐지기의 이용, 혈액·타액·정액·유전자 등의 감정, 총기·탄알 등의 감정, 필적감정 등 모든 감식기술을 이용하여 행하여진다.

한편, 수사방법의 과학화는 수사법칙에 따른 수사를 진행하고, 행태연구(行態研究), 범죄수법분석(犯罪手法分析) 등 수사에서의 합리성·타당성을 추구하는 것을 말한다.

이를 정리하면 과학수사의 원리는 다음과 같다.

(i) 과학을 이용한 수사

(ii) 수사방법에 있어서 과학적으로 행하는 수사

(iii) 수사법칙에 따른 수사

(v) 합리성·타당성이 있는 수사

---

2) 감식수사

감식수사(鑑識搜査, identification investigation)란 주로 현장감식에 의해 수사자료를 발견·수집하고, 이를 감식장비와 기자재 등을 활용하여 과학적으로 분석을 행하는 수사를 말한다. 감식수사는 '과학수사의 꽃' 또는 '과학수사의 중심'으로 불리워진다. 감식수사의 유형은 다음과 같다.

(i) 현장감식, 사진촬영, 몽타주 작성

(ii) 법의혈청학 분석: 혈액, 모발, 정액, 타액, 독극물, 손톱, 소변, 치아, 배설물 등

(iii) 지문감식, 족흔감식

(iv) 시체검사

(v) 화학적 감정, 약·독극물감정, 문서·사진감정, 물리학적 감정, 총기감정, 성문(聲紋)감정, 심리생리검사(거짓말탐지기)

(vi) 슈퍼임포즈감정법(superimposition method): 항공기 추락사고, 열차사고, 대형화재사고 등으로 백골화된 사체의 생전사진에 두개골을 슈퍼임포즈기기로 촬영한 음성원판을 겹쳐 특징점을 비교·검토하는 방법

(vii) 중성자방사화분석법(neutron activation analysis): 용의자의 신체나 범죄현장에서 검출된 체모나 페인트조각 등 미량의 증거물로 특정 원소나 화합물의 정량적 분석을 통하여 상호 동일성 여부를 판별하는 방법

제2절 과학수사의 역사와 중요성

1. 과학수사의 역사

1) 한스 그로스와 에드몽 로카르드

역사적으로 법과학의 창시자는 물적 증거에 대한 과학적인 실험의 중요성을 주창했던 오스트리아의 범죄학자였던 법관 한스 그로스(Hans Gross)이고, 법과학이론을 실제에 적용하고 실험하는 등 초기 실용화에 크게 공헌한 사람은 1910년 프랑스 리용 경찰청에 연구과학실을 만들고 스스로 실장이 된 에드몽 로카르드(Edmond Locard)이다.

2) 아서 코난 도일

셜록 홈즈(Sherlock Holmes) 시리즈(1887~1905)를 지은 영국의 추리소설 작가이자 외과의사였던 아서 코난 도일(Arthur Conan Doyle)은 1887년 출간된 셜록 홈즈 시리즈 '주홍색 연구'편에서 명탐정 홈즈를 통해 과학적 지식을 수사에 접목하면 범인을 빨리 잡을 수 있을 뿐만 아니라 억울한 사람이 줄어들 것이라고 판단하고, 지문, 문서감정, 혈청학 등 다양한 과학적 사고와 원리를 수사에 접목시킬 것을 주창함으로써 오늘날 과학수사의 선구자로 불리기도 한다.

3) 미국 LA경찰국 법과학감정소

미국은 1923년 LA경찰국에 법과학감정소가 최초로 설치된 것을 시작으로, 1932년에는 미국 연방수사국(FBI) 존 애드거 후버(John Edgar Hoover) 국장의 지휘로 미 전역의 사법기관에 국립감정소를 설치하였다.

4) 국립과학수사연구원

우리나라에서는 1955년 3월 25일 범죄수사증거물에 대한 과학적 감정 및 연구활동을 통해 사건을 해결하고 범인을 검거할 수 있도록 지원함으로써 국민의 기본권을 보장하고 생명과 안전을 지키고자 하는 목적으로 당시 내무부하에 국립과학수사연구소가 처음 설립되었으며, 1992년 의정부에서 발생한 여중생 성폭행 사건에서 최초로 디엔에이(DNA) 검사결과를 활용하였고, 2010년 8월 13일 국립과학수사연구원으로 승격되었다. 현재 원주의 본사 외에 서울, 부산, 대구, 광주, 대전에 5개의 분소를 두고 있다. 국립과학수사연구원의 업무담당부서는 다음과 같다.

수사방법	담당부서
부검	법의학부 법의학과
치흔, 슈퍼임포즈 감정	법의학부 법의학과
디엔에이(DNA) 지문분석	법의학부 유전자분석과
거짓말탐지기분석	법의학부 범죄심리과 허언탐지실
CCTV화상 선명화처리	법과학부 문서영상과
불량식품감정	법과학부 식품연구실
타다 남은 섬유질분석	법과학부 화학분석과

2. 과학수사의 중요성

범죄는 증거를 남기지만 문제는 그 증거가 눈에 잘 보이지 않는다는 점이다. 이러한 경우에 범인의 디엔에이, 지문, 족흔 같은 각종 생체정보를 이용해 범죄수사의 단서를 확보하는 것이 과학수사(CSI) 분야이다. 우리나라 경찰의 과학적 증거확보 기술은 동남아 쓰나미 때 실종자 신원확인 성과와 서울 서래마을 영아유기사건에서 피의자를 신속히 특정한 것에서 보듯 세계적 수준이다. 그러나 점점 더 지능화하는 범죄와 대형 재난에 대응하기 위해선 과학수사의 중요성이 더욱 강조되고 있다. 경찰청에서는 현재 경찰청 산하 '과학수사센터'를 '과학수사국'으로 독립·승격을 추진하고 있다.

제 7 장

보험범죄 분야

제1절 보험범죄의 의의와 특성

1. 보험범죄의 의의

보험범죄란 보험계약자, 피보험자 또는 수익자가 보험제도의 원리상으로는 취할 수 없는 보험혜택을 부당하게 얻거나, 보험제도를 역이용하여 고액의 보험금을 수취할 목적으로 고의적이며, 악의적으로 행하는 인위적인 불법행위로서 보험과 관련된 행위 중 형사처벌의 대상이 되는 일체의 위법행위(살인, 방화, 절도, 문서위·변조 등)를 의미한다. 이 중에서 보험사기는 재산상의 이익을 목적으로 보험회사를 기망하는 행위로서 「형법」상 사기죄가 성립하는 경우를 의미한다. 하지만 보험범죄의 대부분이 보험사기이며, 보험범죄와 보험사기는 얻으려는 궁극적 이익이 보험회사에 의해 지불될 보험금에 있다는 행위의 결과적인 측면에서 볼 때 보험범죄와 보험사기는 통상 같은 의미로 사용되기도 한다.

2. 보험범죄의 특성

1) 경성범죄화의 증가 추세

보험사기는 연성보험사기(soft Insurance fraud)와 경성보험사기(hard Insurance fraud)로 구분된다.

연성보험사기(軟性保險詐欺)란 기회사기(Opportunity fraud)라고도 하며, 보험계약자 또는 보험금 청구권자가 보험금 청구를 위해 보험사고를 과장·확대하거나 보험계약의 가입 또는 갱신 시에 거짓정보를 제공함으로써 낮은 보험료를 납입, 보험계약을 체결할 수 없는 거절대상에 대하여 보험인수 가능성을 높이는 행위 등을 말한다. 대표적인 예로 소위, 나일론환자를 들 수 있다.

경성보험사기(硬性保險詐欺)란 보험금을 타기 위해 치밀한 계획을 세워 사고나 손실을 원천적으로 연출하는 사기행위로 보험계약에서 담보하는 재해, 상해, 도난, 방화, 기타 손실 등 보험금 지급사유를 의도적으로 발생, 각색, 조작하는 행위를 말한다. 예를 들면, 불법사무장병원에서 의사와 보험설계사 등이 함께 계획하여 가짜환자를 만들거나 어린아이들까지 보험사기에 가담시키는 경우를 들 수 있다. 날이 갈수록 보험사고 자체를 기획·연출하는 경성보험사기가 점증하는 추세이다.

2) 범죄의 복합성

보험범죄의 궁극적인 목적은 보험급부를 노린 것이지만 그 동기와 시작점, 그리고 그 진행과정에는 살인이나 방화, 자살, 자해 등을 동반하는 경우가 많을 뿐만 아니라 가해자와 피해자의 관계, 단독 또는 공모, 다른 범죄와의 관계성 여부 등을 규명하여야 하는 복합성을 지니는 경우가 많다.

3) 범죄의 다양화

보험범죄는 그 형태가 정형화되지 않고 다양하다. 근래에는 법규위반 차량 상대 고의사고 후 보험금을 편취하는 유형, 경미한 사고 후에 보상직원을 협박하여 고액보험금을 편취하는 유형, 해외관련 보험범죄유형 등 새로운 형태의 보험범죄가 지속적으로 나타나고 있다.

4) 범죄혐의 입증의 어려움

보험사기에 있어서 입증책임은 보험회사에게 있다. 즉, 보험사기가 성립하기 위해서는 보험가입자 등이 고의에 의해 재산적 이익을 얻었음을 보험회사가 입증하여야 한다. 그러나 수사권 없는 보험사의 역량만으로 치밀한 계획하에 이루어지는 보험사기의 구성요건에 해당하는 고의를 입증하기는 쉽지 않다.

5) 저위험·고소득의 보장

현행법은 보험사기도 일반사기와 마찬가지로 「형법」 347조 사기죄로 처벌한다. 그러나 보험사기에 의해 얻는 재산적 이익은 큰 반면, 다른 범죄에 비해 형량(10년 이하의 징역 또는 2천만원 이하의 벌금)이 비교적 낮을 뿐만 아니라 처벌수위도 낮아서 '보험사기는 안 걸리면 대박, 걸려도 솜방망이'라는 인식이 팽배해 있다. 보험범죄는 평균적으로 벌금이 약 70%, 집행유예는 약 15%인 반면, 실형을 선고받은 경우는 2%정도에 불과하다고 한다. 또한 「형법」상 사기죄는 예비·음모에 대한 처벌규정이 없고, 보험금청구를 한 때에 비로소 보험사기의 실행의 착수가 인정되므로 보험사기를 준비하는 과정에서 발각된다고 할지라도 형사처벌되지 않기 때문에 보험사기 근절에 어려움이 있다.

6) 가담층과 모방범죄의 확산

오늘날 청년실업 및 조기퇴직 등 사회구조적 문제에 기인하여 무직자와 고령자, 주부 등이 가담 또는 주도적으로 보험사기 행각을 하는 경우가 증가하고 있으며, 특히 무직자의 경우 전업적으로 보험사기의 수법을 개발하고 있는 경우도 많다고 한다. 최근에는 고교생이나 대학생 등 청소년의 모방범죄도 끊이지 않고 있다.

7) 범죄조직의 대규모화

전통적으로 보험사기는 '나홀로' 또는 '가족단위' 보험사기가 주종을 이루어 왔으나 최근에는 10~20명 정도의 팀급 사기단에서부터, 100명 이상이 병·의원과 공모한 조직적인 보험사기단까지 출현하고 있다. 조직운영자금 확보를 위해

조직폭력배가 개입된 대규모 보험사기단이 적발된 경우도 있다.

8) 내부종사자와 공모에 의한 범죄

보험사기는 보상내용을 이해하기 어려운 보험상품의 특성상 보험사의 생리와 보상절차에 대하여 잘 알고 있는 보상직원 또는 모집종사자(설계사) 등 내부인이 개입되는 경우가 많다. 즉, 보험설계사들이 보험가입자에게 여러 개의 보험에 가입할 것을 권유한 후 위장사고 또는 질병의 조작 등을 통하여 고액의 보험금을 지급받게 하거나 보험가입부적격자임을 속이고 보험에 가입하게 하여 보험금지급을 받게 하는 경우도 있다. 또한 보험설계사 등이 직접 보험범죄를 계획하여 범하기도 하며, 고객들에게 보험회사를 상대로 하여 각종 민원을 제기하여 부당하게 보험금을 받아내게 하는 등 그 수법이 날로 교묘해지고, 악의적으로 변해가고 있다.

제2절 보험범죄의 조사

1. 조사절차

보험범죄의 조사절차에 있어서의 고려사항을 요약·정리하면 다음과 같다.

조사순서	절차 및 조사내용
보험범죄의 인지	(i) 보험범죄 제보의 접수 (ii) 보험사고조사 중 인지 (iii) 보험회사의 보상과정 중 인지 (iv) 다른 기관 또는 보험회사 간 이첩 등
조회	(i) 과거의 사고경력 (ii) 보험계약사항 (iii) 사고관련자의 인적 사항 (iv) 사고의 유형 또는 특징 등

자료취합	(i) 해당 보험사의 사고조사서류 (ii) 해당 보험사의 보험금지급품의서 등
분석	(i) 가해자·피해자 간의 인과관계 여부 (ii) 사고내용, 경위, 유형 (iii) 기왕증 등 병원관련 사항 등
사고내역 작성	범죄일람표의 기초가 되는 혐의사건에 대한 관련자 인적 사항, 사고내역, 사고별 문제점의 작성 등
수사의뢰	(i) 관련자 혐의내용의 구증 (ii) 수사기관에게 통보하여 수사의뢰 등

2. 조사방법

보험범죄의 조사는 정보접근에 제약이 많고, 혐의자에 대한 장시간의 관찰이 요구되는 경우가 대부분이다. 음주운전이나 운전자 바꿔치기 같은 단독형 사고의 경우에는 대부분 경찰의 초동수사가 이루어지지 않은 상태에서 조사를 실시하여야 하는 경우가 있다. 특히, 보험금지급의 근거가 되는 병명이나 치료, 또는 장애의 판단과 관련하여 전문직인 의사 등을 상대로 하는 경우에는 혐의자에 대한 선입견을 버리고 끈기 있는 자세로 조사를 실시하여야 하며, 타이밍이 절대적으로 중요하므로 질문의 시기를 잘 판단하여야 한다. 보험범죄의 조사방법과 그 내용을 요약·정리하면 다음과 같다.

조사방법		조사내용 및 조사시기
서면조사	사고관련 서류를 통한 조사	(i) 계약사항, 계약경위, 계약일자 (ii) 사고조사내용, 면담 시 기재내용 (iii) 합의권자 및 지급보험금의 계좌 등
	보험범죄 적발프로그램을 통한 조사	(i) 손해보험협회: 유의자조회시스템 (ii) 보험개발원: 보험사고정보조회(ICPS) (iii) 금융감독원: 보험사기 인지시스템 등
대면조사		사건의 내용, 행적, 카드사용내역, 통화내역 등
사이버조사		카페, 블로그, 홈페이지 등

미행	보험금지급 전후
잠복	보험금지급 전후
녹음조사	(ⅰ) 보험사 녹음내용: 조사상대방에 대한 녹음 등 (ⅱ) 당사자뿐만 아니라 119구급대원 출동 여부 및 출동상황에 대해서 필히 녹음 등

3. 조사 시의 유의사항

1) 일반적 사항

보험범죄의 조사에 있어서의 일반적인 유의사항을 요약·정리하면 다음과 같다.

(ⅰ) 동일장소에서 2회 이상 피해를 입은 자, 동일유형의 피해가 2회 이상인 자, 동종보험 2건 이상을 가입한 자 중에서 보험금액이나 가입시기, 사고발생 등에 부자연스러움이 있는 경우에는 보험사기의 개연성이 높으므로 행적을 추적·관찰해 볼 필요가 있다.

(ⅱ) 사고목격자가 지나치게 적극적인 목격담을 되풀이하면서 조사에 관여하는 행위나 스키드마크가 없는 사고, 지연신고사고, 심야시간대사고, 추락 및 익수사고는 반드시 정황을 면밀히 추적·분석할 필요가 있다.

(ⅲ) 보상에 대한 구체적인 문의 또는 갑작스러운 계약내용의 변경(보험납입금 및 보상금 상향 조정) 후 사고접수 시는 일단 사건·사고를 조작 내지 왜곡시킨 경우일 가능성이 높음에 유의한다.

(ⅳ) 심야시간에 목격자가 있을 수 없는 장소에 목격자가 있다거나 심야시간대에 목격자가 없는 단독사고를 접수하는 경우는 일단 가공된 교통사고를 의심해 보아야 한다.

(ⅴ) 경미한 사고임에도 탑승자 전원이 같은 병원에 입원하는 경우는 고의 내지는 부풀리기로 의심하여야 한다.

(ⅵ) 싸움 등에 의한 부상피해를 교통사고로 위장신고한 것으로 의심되면 가해자, 피해자 차량의 파손상태나 환자의 부상부위나 정도의 일치 여부 및 후송경위, 사고현장 탐문 등을 통해 진상을 확인한다.

(ⅶ) 부유촌이나 관공서 밀집지역에서 음주운전, 불법유턴, 일방통행로 역주행차량에 피해를 입고, 현장에서 합의금을 요구하면서 장기입원 또는 언론보도를 운

운하는 사람은 가해자의 신분상 약점을 이용한 고의사고일 가능성이 높다.

(viii) 횡단보도나 이면도로 등에서 서행차량에 고의로 접근하여 손목 등을 후사 경에 부딪히거나 바퀴에 발등 집어넣기, 자전거타고 넘어지기 등을 한 후 현장에서는 아무런 항의나 문제제기를 하지 않고, 오히려 스스로 현장을 이 탈한 후 뺑소니로 신고하거나 가해자를 추적해 온 경우는 자해공갈단일 가 능성이 높다.

(ix) 외국인 보험사기나 타인의 신분증을 이용한 보험사기로 의심되면 신분증 및 신분증과 일치하는 통장사본, 여권 등을 요구하고 보험금은 반드시 계좌 를 통해 지급함을 고지하는 등 신원확인 추적의지를 보이면 도주하거나 행 동패턴이 달라지는 현상으로 사취혐의를 쉽게 발견할 수 있다.

2) 유형별 조사사항

보험범죄의 조사에 있어서 범죄유형별 유의사항을 요약·정리하면 다음과 같다.

(1) 살인사건

(i) 사망자의 보험가입동기의 조사

(ii) 사망자의 생활형편과 계약자, 수익자, 용의자와의 관계성 분석

(iii) 사망자의 집 이웃과 직장동료 등으로부터 사망자의 평소 행적, 유언·유서 등의 존재 여부와 관련내용의 탐문

(iv) 사망자의 가족구성원 간 유대와 분위기 및 피해자의 사망으로 득실이 있는 자에 대한 분석

(v) 사건·사고관련 부자연스러운 점에 대한 분석 등

(2) 자해

(i) 자해의심자의 보험가입동기의 조사(자진가입인가, 권유가입인가 여부)

(ii) 자해의심자의 생계수단 및 최근 경제적·사회적 위기상황 여부

(iii) 자해의심자의 과거 사건·사고 및 보험금청구의 전력 파악

(iv) 상해의 발생 부위와 상해동기 등에 있어 부자연스러운 점에 대한 분석

(v) 자해의심자의 신체적 특징의 탐지(과거 자해흔적 등)

(vi) 자해로부터 오는 생업의 타격 또는 생활상 불편의 정도 파악 등

(3) 실화를 위장한 방화

(i) 건물주 또는 관리인, 사용인 등의 화재보험 또는 생명보험의 가입 여부 및 그 동기 파악
(ii) 화재로 가장 큰 득실을 보게 된 사람의 최근 행적 또는 처지의 탐지
(iii) 가옥 내의 화재로 사상자가 있는 경우에는 생존자의 과거와 현실, 그리고 미래의 문제를 놓고 화재의 발단을 추리하여 화재의 단서에 접근하는 노력이 필요함
(iv) 최근 건물을 둘러싼 분쟁, 철거, 이사, 수리, 경매 등과 연관되어 있을 가능성의 조사
(v) 실화를 위장한 방화인지에 대한 기술적 판단의 필요 등

(4) 허위의 차량도난 사고

(i) 차량구입 당시의 생활형편과 차량구입의 경위, 평소의 용도
(ii) 보험가입동기의 분석(자진가입인가, 권유가입인가 여부)
(iii) 도난신고된 차량을 정비·수리해 오던 정비업체를 중심으로 차량의 최근 성능 및 유지상태의 탐문
(iv) 도난된 차량을 소유주 외에 자주 몰고 다닌 사람은 없는지와 도난된 차량의 생활에의 기여도
(v) 도난시간과 장소, 주변환경 등으로 보아 도난경위에 모순점은 없는지 등에 대하여 집중 탐문함
(vi) 신고자의 알리바이조사 등

(5) 교통사고를 이용한 보험사기

(i) 가해자와 피해자, 참고인 등의 관계성 분석 및 직업의 파악
(ii) 가해자와 피해자의 최근 행적이나 생활수준의 파악
(iii) 보험가입규모의 적정성 및 보험가입동기의 분석
(iv) 자동차보험 외에 생명보험이나 손해보험사의 장기보험에 모집인의 권유 없이 자발적으로 가해자 또는 피해자가 가입했는지 여부
(v) 차량을 구입한 과정과 주변인물의 파악

(vi) 사고내용과 파손부위의 일치 여부

(viii) 충돌·추돌이나 전복, 추락 등의 사고가 난 전례가 있는 지점인지 여부

(ix) 사고발생 시간이나 기상상태, 교통의 흐름 등으로 보아 사고의 개연성이 있었는지 여부

(x) 평소에 차량을 정비·수리해 오던 정비업체를 중심으로 차량의 최근 성능 및 유지상태의 탐문

(xi) 가해·피해 차량의 수리공장이 원거리 분산되거나 이미 손괴된 차량이용 여부 확인

(xii) 합의협상 주동자와 피해자의 관계 등

(6) 허위입원 등 치료비의 부당·과다 청구

(i) 링거 투여 및 투약, CT(computerized (axial) tomography), MRI(magnetic resonance imager), 물리치료 등의 실시 여부

(ii) 입원병실 앞에서 핸드폰으로 환자에게 전화하여 허위입원 및 외출의 탐지

(iii) 보험가입 개수 및 가입동기, 과거 보험금수령 내역 등의 파악 등

제 8 장

화재사고 분야

제1절 화재에 관한 기초이론

1. 연소의 의의

연소(燃燒, combustion)란 물질이 공기 중 산소를 매개로 많은 열과 빛을 동반하면서 타는 현상으로 일반적으로는 불꽃을 내며 타는 현상을 말한다. 연소는 물질이 가진 화학에너지를 열에너지로 쉽게 전환되는 현상으로, 그 예로서 가정에서 흔히 사용하는 도시가스, 프로판가스 등의 연소나 초, 나무, 종이를 태우는 것 등을 들 수 있다. 연소현상은 물리적·화학적으로 복잡한 현상이기에 상황별로 정확하게 그 현상을 해석하는 것이 어렵지만 화재조사에서는 매우 중요하다.

물질이 연소하기 위한 3가지 조건은 다음과 같다. 첫째, 가연물이다. 가연물은 불에 탈 수 있는 물건을 말하며, 이는 고체(나무 등), 액체(석유류), 기체(가스류) 연료의 3가지로 구분된다. 둘째, 산소이다. 산소가 없으면 불이 일어나지 않는다. 고체가연물은 공기 중 산소의 양이 6%이상이 되어야 불이 붙고, 액체가연물은 산소의 양이 15% 이상이 되어야 불이 붙는다. 담뱃불은 산소농도가 16%이

하일 경우에는 연소되지 않는다. 참고로 사람이 호흡할 때 들이마시는 공기 중 산소의 농도는 약 21%이다. 셋째, 점화원이다. 물질이 타서 불붙기 위해서는 반드시 점화원(點火源)이 있어야 하는데, 점화원으로는 전기불꽃, 정전기불꽃, 마찰불꽃, 산화열, 고열물, 낙뢰 등이 있다.

2. 열전달의 의의

열전달에는 전도열전달, 대류열전달, 복사열전달 3가지 유형이 있다. 전도 열전달은 옆으로 나란히 서 있는 사람들이 손에서 손으로 물(물)통을 전달해서 최종목적지인 큰 물통에 담는 것이고, 대류열전달은 직접 물(열)통을 들고 뛰어 큰 물통에 담는 정도이며, 복사열전달은 물(열)을 던져서 큰 물통에 담는 정도의 열전달을 의미한다. 화재현장에서는 한 가지 열전달로 연소가 확산되는 것은 아니고, 전도·대류·복사열의 전달이 복합적으로 작용해서 연소가 확산된다.

3. 연소의 확산 유형

화재가 지구상에서 발생하게 되면 중력의 지배를 받는 대기 중에서 불로 인해 더워진 공기가 다른 공기에 비해서 가벼워지므로 중력의 반대방향인 상단으로 상승하고, 상승과정에서 사방으로 퍼지면서 역삼각형 형태를 이룬다. 이러한 일반적인 연소형태에 변화를 주는 요소로는 풍향, 산소, 가연물의 조건 등이 있다.

1) 풍향지배형 화재

풍향지배형 화재란 산소와 가연물보다는 바람의 방향에 의해서 연소가 확산되는 야외에서 일어난 화재의 경우나 화재 초기에 소실되는 비닐하우스 화재 또는 경량패널건물 내 화재로 인해 건물 일부가 붕괴·소실된 이후의 상태 등에서 바람의 영향으로 연소가 확산되는 형태를 말한다. 화재발생 당시의 풍향조건에 대한 당시 목격자 및 관계자의 진술이나 지리적 요건, 주변 건물의 조건 등을 충분히 조사한 후 화재현장조사를 시작하여야 한다.

2) 산소지배형 화재

산소지배형 화재란 일반적으로 산소의 공급방향에 따라 확산하는 형태를 말하며, 건축물 내에서 발생한 화재에서 환기 및 산소유입 통로의 방향으로 연소가 확산된다.

3) 가연물지배형 화재

가연물지배형 화재란 가연물의 조건에 따른 화재확산에 지배를 받는 형태를 말하며, 가연물이 액상일 경우에는 흐르거나 퍼지는 방향으로, 휘발성이 강한 방향으로, 표면적이 넓은 방향으로 연소가 확산된다.

연소상태	연소현상
기체상태의 연소	기체가연물은 공기 중으로 확산하려는 경향이 있고, 공기와의 혼합비율에 따라 공간 내에서 대단히 빠른 연소확산이 이루어지며, 어떤 경우에는 음속보다 빠른 폭굉(detonation, 爆轟)상태에 이른다.
액체상태의 연소	액체가연물은 흐르는 방향의 표면연소를 하면서 확산하려는 특징이 있으며, 확산속도가 빠른 편이다.
고체상태의 연소	고체가연물은 가연물 내 전도열에 의한 가연성 고체 → 액체 → 기체상태로의 전환을 하면서 연소하는 관계로 액체나 기체에 비해 연소의 확산속도가 느리다.

4. 구획화재의 연소단계별 특징

건축물 등의 일정구획 내에서 발생한 화재는 가연물, 공기유동 등의 영향을 받아 단일연소 특성이 아닌 다양한 형태와 구획내부의 조건에 따른 연소확산지배를 받는다. 화재발생 초기에는 가연물지배형 화재로 시작되고, 산소지배형 화재로, 그 다음 창문, 출입문, 지붕 등이 소실되면서 주변건물로 확산된다면 다시 풍향지배형 화재로 전환되기도 한다.

1) 화재발생의 초기

가연물에 불상의 발화원에 의한 연소가 처음 시작되고 구획 내 창문과 출입문이 개방되지 않은 상태에서도 내부에 잔류하는 충분한 산소조건하에 가연물 표면적의 지배를 받는 가연물지배형의 화재이다.

2) 내부의 연소확산 단계

연소가 진행됨에 따라 구획 내 발화부에서 생성된 연소생성물을 포함한 고온가스가 상승하여 천장부분에 일정한 층을 형성하고, 하단방향으로는 복사열의 발산과 더불어 발화부에서 확대된 화염으로 전도·대류·복사의 복합적인 연소확산으로 인해 구획 전체의 온도가 약 500도까지 상승하여 아직 불길이 도달하지 않은 발화부와 근거리에 있는 바닥 등의 노출표면에 열분해작용으로 가연성 기체가 생성되고, 산소농도가 급격히 저하된다.

3) 개구부가 개방되지 않은 소화단계

구획 내 창문과 출입문 등이 화염 및 고온으로 소실되지 않아 외부공기가 유입할 수 없는 조건을 형성하여 계속적인 산소부족으로 열분해생성물과 연소생성물이 증대되며, 산소가 거의 없어질 때까지 무염화재로 진행하다 마침내 소화된다.

4) 개구부가 화염으로 개방되거나 인위적인 개방의 경우

구획 내 화염온도의 상승으로 창문 및 출입구가 소훼되면서 개방되거나 인위적으로 개구부를 개방하였을 때 산소농도의 저하로 인한 불완전 연소생성물이 고온으로 충만한 상태에 있다가 급격히 산소가 공급되어 플래시오버(flashover) 단계로 접어들며, 산소가 유입되는 방향으로 폭발적인 연소확산화염이 전파되는 백드래프트 현상(backdraft demonstration)이 발생한다. 플래시오버란 많은 가스가 축적된 상태에서 가스의 온도가 발화점을 넘는 순간 모든 가스가 거의 동시에 발화하며 맹렬히 타는 현상을 말하고, 백드래프트 현상이란 화재현장에서 문을 연 곳이나 구멍을 뚫은 곳에서 갑자기 폭발하듯이 불길이 나오는 현상을 말한다.

5) 내·외부 완전소훼의 단계

개방부분으로 유입된 산소는 내부의 모든 가연물을 태우고, 천장 및 벽면의 붕괴로 이어진 후 마침내 소화된다.

제2절 화재범죄

1. 방화와 실화의 의의

방화(放火)란 고의로 불을 놓아 현주건조물, 공용건조물, 일반건조물 또는 일반물건을 태워버리는 행위를 말한다. 실화(失火)란 과실로 불을 놓아 현주건조물, 공용건조물, 일반건조물 또는 일반물건을 태워버리는 행위를 말한다.

「형법」상 방화와 실화의 죄로는 현주건조물 등에의 방화죄(제164조), 공용건조물 등에의 방화죄(제165조), 일반건조물 등에의 방화죄(제166조), 일반 물건에의 방화죄(제167조), 연소죄(제168조), 진화방해죄(제169조), 실화죄(제170조), 업무상 실화·중실화죄(제171조), 폭발성물건파열죄(제172조), 가스·전기등 방류죄(재172조의 2), 가스·전기등 공급방해죄(제173조), 과실폭발물성물건파열 등의 죄(제173조의 2)가 있다. 방화와 실화의 죄의 적용에 있어서는 자기의 소유에 속하는 물건이라도 압류 기타 강제처분을 받거나 타인의 권리 또는 보험의 목적물이 된 때에는 타인의 물건으로 간주한다(제176조).

2. 방화의 동기

방화의 동기는 다음과 같이 매우 다양하다.

방화목적	방화내용
이익취득	(ⅰ) 직접적 이익취득: 보험금편취, 재고품정리, 계약이행면탈목적 등 (ⅱ) 간접적 이익취득: 사업경쟁자의 점포 등에 방화, 건축업자·보험관계자· 설비업자·용역제공자의 계약 건 창출 목적을 위한 방화 등
복수·원한	특정인을 살해할 목적, 악의적 방화로 다수의 피해자가 발생하고 대규모 재산손실이 따른다.
다른 범죄 은폐	살인, 강도, 성범죄, 절도 등의 범죄현장이나 증거를 소훼(燒燬)하기 위하여 행한다.
특정인에 대한 위협수단	특정인에 대한 공갈, 협박 등의 수단으로 악용한다.
악희(惡戱)	어린이들의 호기심이나 장난, 불꽃을 보면 희열을 느끼는 방화광에 의해 발생한다.
묻지마 방화	인간성이나 사회성이 결여된 사람 중에서 사회에 대한 좌절감이나 상대적 박탈감을 느낄 때 그 감정을 통제하지 못해 무차별·무조건적 방화 등으로 분노를 분출하거나 스트레스를 해소하려 하는 목적으로 발생한다.
기타 방화	테러나 선동목적으로 국가 중요시설이나 극장, 공연장, 백화점, 공항, 역, 지하철 등 다중이용시설에 방화하는 경우 등이다.

* 출처: 김종식 외, 『탐정 학술 편람』, 한국지식개발원, 2016, 546-547면의 내용을 재구성한 것임.

제3절 화재조사

　　방화로 인하여 발생된 화재현장은 범죄현장이다. 일반 화재현장의 화재조사는 화재원인의 규명이 주목적이지만, 방화현장의 화재조사는 원인규명뿐만 아니라 사건해결에 필요한 수사단서를 제공하고, 나아가 공소유지에 필요한 증거를 확보하여야 한다. 방화현장을 조사함에 있어서 일반 화재현장의 화재조사와 동일하게 수행하여 사건해결에 결정적인 역할을 할 수 있는 증거를 훼손시키는 오류를 범하지 않도록 하여야 한다. 따라서 모든 화재현장에 대하여 정밀한 조사를 시행하기 전에 정황증거를 수집하고 분석하여 방화 여부를 판정하고, 방화의심이 있는 화재현장에 대해서는 범죄사실의 유무, 사건해결을 위한 단서 및 증거의 수집과 방화의 입증을 위한 법과학적인 화재조사를 수행하는 것이 필요하다.

일반적으로 발화의 원인은 크게 방화, 실화, 자연발화, 전기에 의한 발화 등 4가지로 나뉘는데, 여기에서는 사회적·경제적 위험과 부담이 큰 방화혐의 탐지 요령을 중심으로 살펴보기로 한다(이하의 내용은 김종식 외, 『탐정 학술 편람』, 한국지식개발원, 2016, 549-551면의 내용을 참조하여 재구성한 것임).

1. 방화일 의심이 큰 경우

(i) 발화부가 평소에 화기가 없는 장소인 경우

(ii) 발화부가 2개 이상인 경우

(iii) 발화부 부근에 평소에 없던 가연물의 이동이나 반입의 흔적이 있는 경우

(iv) 불을 피할 수 있는 출입구, 창문 등이 열려 있는 경우

(v) 화재가 발생한 건물 내에 있던 중요한 물품(중요서류, 비망록, 다이어리, 골동품 등)이 반출된 경우

(vi) 노후 건물이 과대한 화재보험에 가입되어 있는 등 방화의 동기 및 목적이 명확한 경우

(vii) 화재현장에 다른 범죄(강도, 살인 등)의 흔적, 침입흔적이 있는 경우

(viii) 화재가 발생한 건물 내에서 대피한 사람들이 대피시각, 복장, 언어 등이 지나치게 일치하거나 부자연스러운 경우

(ix) 화재가옥 내 거주자가 작은 폭력이나 언쟁이 있었거나 거주자에 대하여 치정·원한을 가질 만한 일이 발견된 경우

(x) 스프링클러 등 소화시설이 작동하지 않았거나 활용된 정황이 없는 경우

(xi) 화재건축물이 이해당사자 간 충돌이나 마찰의 중심 또는 근거지가 되어온 경우

(xii) 자연발화조건이 없는 경우임에도 용의자 및 그 가족이 자연발화일 가능성을 누차 언급하는 경우

(xiii) 고액의 생명보험이나 상해보험 등에 가입되어 있거나 가입금액 및 가입동기, 가입시기 등이 정상적이지 못한 경우와 피보험자는 사망했는데 수익자는 건재한 경우

(xiv) 건물주나 입주자의 최근 경제상황 및 가족 간 불화 등 생활형편이 어려운 경우

(xv) 오래되거나 판매하지 못한 재고품이 다량 소실된 경우

(xvi) 다른 화재현장에 같은 사람이 있는 경우

(xvii) 가까이 있는 사람이 화재를 감지하기도 전에 현장에서 멀리 떨어진 곳에 있던 사람이 신고한 경우

(xviii) 촉진제, 인화성 액체 등이 사용되어 화재의 확산속도가 비교적 빠르고, 완전 소훼가 기도된 정황이 있는 경우

(xix) 인화성 액체를 일정하게 살포한 자국을 따라 바닥에 연소흔이 보이는 경우 또는 화재현장 또는 인근에서 화재에 이용된 연장 또는 확산도구로 의심되는 물건이 발견된 경우

(xx) 기타 반복 또는 여러 번 발생하였거나, 유서 등이 있는 경우 등

2. 실화일 가능성이 큰 경우

(i) 평소 인화물질을 보관 또는 사용하는 장소에서 불이 난 경우

(ii) 거주자 중에 신체적·정신적 장애를 가진 자가 있는 경우

(iii) 화재가옥 내의 귀중품이 평소 보관장소에서 소실된 경우

(iv) 발화가 1개소이며 비교적 자연스러운 경우

(v) 화재보험이나 생명보험 등의 가입사실이 전혀 없는 경우

(vi) 과거에도 실화가 있었던 장소이거나 같은 유형인 경우 등

3. 자연발화가 추정되는 경우

(i) 도금공장에서 주로 사용하는 무수크롬산이나 초산에 시너(thinner)가 들어간 경우나 염산칼륨에 목탄가루가 섞인 경우

(ii) 충격, 마찰, 낙뢰, 산화가 발생한 경우

(iii) 폐유를 이용하여 제조한 복사용 카본지를 휴지통에 넣고 발로 밟은 경우

(iv) 가솔린, 시너나 벤젠 등에 의해 정전기가 일어난 경우

(v) 식물성 또는 광물성 오일류에 의한 발화의 경우 등

4. 전기에 의한 발화로 추정되는 경우

(ⅰ) 전열기에 단락이 생기고, 단락부근에 용융흔(molten mark)이 생긴 경우(전기
    합선의 가능성이 크다)
(ⅱ) 과전류에 의해 손상된 전선은 손상된 부분과 손상되지 않은 부분의 경계가
    명확하지 않으며, 내부에서 외부로 탄화가 진행된 흔적이 있는 경우
(ⅲ) 누전점, 접지점, 발열점 중 두 가지 이상의 입증에 의해 누전으로 확인되는
    경우
(ⅳ) 최근 전기요금이 급증하였거나, 퓨즈가 자주 나갔거나, 감전사례가 있거나,
    건물일부에 전기가 잘 들어오지 않았거나, 전등의 밝기가 고르지 않았던 경우
(ⅴ) 전기용품 중 고장이 잦은 것이 있거나, 신제품을 구입하였는데 바로 고장이
    난 경우가 있는 가전제품이 있는 경우 등

지식재산권 분야

제1절 지식재산권에 관한 기초이론

1. 지식재산권의 의의

지식재산이란 인간의 창조적 활동 또는 경험 등에 의하여 창출되거나 발견된 지식·정보·기술, 사상이나 감정의 표현, 영업이나 물건의 표시, 생물의 품종이나 유전자원(遺傳資源), 그 밖에 무형적인 것으로서 재산적 가치가 실현될 수 있는 것을 말한다. 따라서 지식재산권(intellectual property rights)이란 지적 능력을 가지고 만들어 낸 창작물에 대한 권리로서, 법령 또는 조약 등에 따라 인정되거나 보호되는 지식재산에 관한 권리를 말한다. 지식재산권은 지식소유권이라고도 한다. 과거에는 지적재산권(知的財産權), 산업재산권 등으로 불렸으며, 아직 다수의 법령에서 '지적재산권' 또는 '무체재산권'이라는 용어가 사용되고 있기도 한다. 지식소유권의 국제적 보호와 협력을 위하여 1974년에 설립된 국제연합의 전문기구인 세계지식재산권기구(World Intellectual Property Organization: WIPO)에서는 지식재산권에 대하여 "문학·예술 및 과학작품, 연출, 예술가의 공연·음반 및 방송, 발명, 과학적 발견, 공업의장·등록상표·상호 등에 대한 보호권리와 공업·과학·문학 또는 예술분야의 지적 활동에서 발생하는 기타 모든 권리를 포함한다"고 정의하고 있다.

오늘날 정보의 유통이 급속하게 이루어지고 있는 상황에서 어떤 개인이나 회사 또는 국가가 상당한 시간과 인력 및 비용을 투입하여 얻은 각종 정보와 기술 또는 문화를 다른 사람이나 회사 또는 다른 나라로 몰래 빼가거나 이를 무단으로 이용하는 등 타인의 지식재산권을 침해하는 사례가 늘고 있어서 각국에서는 각종 법률과 제도를 통해 지식재산권을 보호하기 위해 노력하고 있다.

2. 지식재산권의 종류

지식재산권은 크게 저작권과 산업재산권으로 나뉜다. 저작권은 미술, 음악, 영화, 시, 소설, 소프트웨어, 게임 등 문화예술분야의 창작물에 부여되는 것이다. 산업재산권은 산업과 경제활동 분야의 창작물에 부여되는 것으로서, 발명품, 상표, 디자인, 특허권, 상표권과 같은 것들이 포함된다. 저작권의 경우 저작물의 출판 등과 동시에 보호되고, 저작자의 사망 후에도 50~70년까지 보호를 받을 수 있는 반면, 산업재산권은 특허청의 심사를 거쳐 등록하여야만 보호대상이 되며, 보호기간도 10~20년으로 저작권에 비해 짧다. 우리나라에서는 산업재산권은 특허청에서, 저작권은 문화체육관광부에서 관장하고 있다.

지식재산권 관련법률로는 「저작권법」, 「특허법」, 「실용신안법」, 「상표법」, 「디자인보호법」, 「발명진흥법」 등이 있으며, 국제협약 조약으로는 「공업소유권의 보호를 위한 파리협약」, 「한·일 상표권 상호보호에 관한 협정」 등이 있다. 우리나라는 세계저작권협약(Universal Copyright Convention: UCC)에 1987년 10월 정식으로 가입하였다.

한편, 오늘날 과학기술의 발달로 인해 컴퓨터 소프트웨어(저작권법에 의해)와 유전공학(특허권으로)은 이미 새로운 지식재산권(신지식재산권)으로 보호하고 있으며, 최근에는 그 보호대상이 반도체 집적회로 배치설계 외에도 컴퓨터 소프트웨어, 데이터베이스, 생명과학, 인공지능, 전자상거래 등으로 확대되고 있다.

〈참고〉 신지식재산권(New Intellectual Property Right)은 과학기술의 급속한 발전과 사회적 변화에 따라 새롭게 나타난 경제적 가치를 지닌 지적 창작물에 대한 지식재산권을 말한다. 문학·예술적 및 과학적 작품, 연출·예술가의 음반 및 방송, 인간 노력의 모든 분야에서의 발명, 과학적 발명, 산업디자인, 등록상표·서비스마크·상호 및 기타 명칭, 부정경쟁방지에 대한 보호 등에 관한 권리와 공업, 과학, 문학 또는 예술분야의 지적 활동에서 발생하는 기타 모든 권리 등이 이에 속한다. 신지식재산권은 크게 산업저작권, 첨단산업재산권, 정보재산권으로 나뉜다. 산업저작권으로는 컴퓨터프로그램, 인공지능, 데이터베이스 등이 있다. 첨단산업재산권으로는 반도체집적회로 배치설계, 생명공학 등이 있다. 정보재산권으로는 영업비밀, 멀티미디어 등이 있다. 이외에 지식재산권은 인터넷 도메인, 지리적 표시, 만화나 영화 등의 캐릭터, 독특한 색채와 형태의 상품, 독특한 물품의 이미지인 상품외장(Trade Dress), 프랜차이징 등으로 확대되고 있다.

1) 산업재산권

(1) 특허권

보호대상 및 특징	* 특허법 (i) 보호대상은 발명이다. (ii) 발명이란 자연법칙을 이용한 기술적 사상의 고도의 창작을 말한다. (iii) 특허권을 가지는 자, 즉 특허권자는 물건의 특허발명에 있어서는 그 물건을 생산·사용·양도·대여·수입 또는 전시하는 권리를 독점하고, 방법의 발명인 경우에는 그 방법을 사용하는 권리를 독점하며, 물건을 생산하는 방법의 발명인 경우에는 그 방법에 의하여 생산한 물건을 사용·양도·대여·수입 또는 전시하는 권리를 독점한다.
권리의 존속기간	(i) 특허권의 존속기간은 출원공고가 있는 경우에는 그 공고가 있는 날부터, 출원공고가 없는 경우에는 특권의 설정등록이 있는 날부터 15년으로 하며, 특허출원일부터 20년을 초과할 수 없다. 또한 특허청장에게 연장등록출원서를 제출함으로써 특허권의 존속기간을 연장할 수 있다. (ii) 특허권 침해범죄는 친고죄이다.

(2) 실용신안권

보호대상 및 특징	* 실용신안법 (i) 보호대상은 실용적 고안(考案)이다. (ii) 고안이란 자연법칙을 이용한 기술적 사상의 창작을 말한다. 물건의 형상, 구조, 조합에 관한 것이다. (iii) 등록실용신안에 관한 물품의 생산에만 사용하는 물건을 업으로 생산·양도·대여·수입 또는 전시하는 행위는 실용신안권 또는 전용실시권을 침해한 것으로 본다.
권리의 존속기간	(i) 실용신안권의 존속기간은 실용신안권의 설정등록을 한 날부터 실용신안등록출원일 후 10년이 되는 날까지로 한다. (ii) 실용신안권 침해는 비친고죄이다.

(3) 디자인권

보호대상 및 특징	* 디자인보호법 (i) 보호대상은 디자인이다. (ii) 물품 및 글자체의 형상, 모양, 색채 또는 이들을 결합한 것으로서 시각을 통하여 미감을 일으키게 하는 것이다. (iii) 디자인을 창작한 자 또는 그 승계인은 「디자인보호법」에 따라 디자인등록을 받을 수 있는 권리가 있다. 2인 이상이 공동으로 디자인을 창작하여 등록한 경우에는 이 디자인권은 공유로 한다. (iv) 디자인권의 효력은 설정등록에 의하여 발생한다.
권리의 존속기간	(i) 디자인권의 존속기간은 디자인권 설정의 등록일로부터 20년으로 한다. (ii) 디자인권 침해는 친고죄이다.

(4) 상표권

보호대상 및 특징 (상표법)	* 상표법 (i) 보호대상은 상표(商標)이다. (ii) 상표란 상품을 생산, 가공, 증명 또는 판매하는 것을 업으로 하는 자가 자기의 업무에 관련된 상품을 타인의 상품과 식별되도록 하기 위하여 사용하는 것을 말한다. (iii) 기호, 문자, 도형, 입체적 형상, 색채, 홀로그램, 동작 또는 이들을 결합한 것과 시각적으로 인식할 수 있는 것이다. (iv) 등록상표(登錄商標)를 지정상품(指定商品)에 독점적으로 사용할 수 있

	는 권리이다. (v) 상표권자는 그 상표권에 관하여 타인에게 전용사용권을 설정할 수 있고, 전용사용권자는 그 설정행위로 정한 범위 안에서 지정상품에 관하여 등록상표를 사용할 권리를 독점한다. (vi) 상표권자는 그 상표권에 관하여 타인에게 통상사용권을 설정할 수 있고, 통상사용권자는 그 설정행위로 정한 범위 안에서 지정상품에 관하여 등록상품을 사용할 권리를 가진다.
권리의 존속기간	(i) 상표권의 존속기간은 설정등록이 있는 날로부터 10년이다. (ii) 상표권은 갱신을 인정하며, 상표의 등록 여부를 불문하고 그 지정상품의 영업과 함께 이전하는 경우에만 이전성이 인정된다. (iii) 상표권 침해는 비친고죄이다.

2) 저작권

보호대상 및 특징 (저작권법)	* 저작권법 (i) 보호대상은 인간의 사상 또는 감정을 표현한 문학, 학술, 예술분야의 창작물의 창작자 권리보호이다. (ii) 저작권은 저작인격권(공표권, 성명표시권, 동일성유지권), 저작재산권(복제권, 공연권, 공중송신권, 전시권, 배포권, 대여권, 2차적 저작물의 작성권), 저작인접권(음반, 방송, 실연)으로 나뉜다.
권리의 존속기간	(i) 저작인격권은 저작자 일신에 전속한다. (ii) 저작재산권은 원칙적으로 저작자가 생존하는 동안과 사망 후 70년간 존속한다. 공동제작물의 저작재산권은 맨 마지막으로 사망한 저작자가 사망한 후 70년간 존속한다. (iii) 저작인접권은 실연의 경우 실연을 한 때, 음반의 경우 그 음을 맨 처음 그 음반에 고정한 때, 방송의 경우 방송을 한 때부터 권리가 발생하며, 다음 해부터 기산하여 70년(방송의 경우에는 50년)간 존속한다. (iv) 데이터베이스 제작자의 권리는 데이터베이스의 제작을 완료한 때부터 발생하며, 그 다음 해부터 기산하여 5년간 존속한다. 다만, 데이터베이스의 갱신 등을 위하여 인적 또는 물적으로 상당한 투자가 이루어진 경우에 당해 부분에 대한 데이터베이스 제작자의 권리는 그 갱신 등을 한 때부터 발생하며, 그 다음 해부터 기산하여 5년간 존속한다. (v) 저작권은 저작물을 창작한 때부터 발생하며, 또한 절차나 형식의 이행을 필요로 하지 않는다. (vi) 저작권침해는 친고죄이다.

〈참고〉 저작인격권이란 저작자가 자신의 저작물에 대해 갖는 정신적·인격적 이익을 법률로써 보호받는 권리를 말한다. 이에는 공표권·성명표시권·동일성유지권이 있다. 저작재산권은 저작자가 자신의 저작물에 대해 갖는 재산적 권리로서, 저작물을 일정한 방식으로 이용하여 경제적인 이익을 얻을 수 있는 권리를 말한다. 이에는 복제권, 공연권, 공중송신권, 전시권, 배포권, 대여권, 2차적 저작물의 작성권 등이 있다. 저작인접권이란 글자 그대로 저작권에 인접한, 저작권과 유사한 권리로서, 저작물을 일반공중이 향유할 수 있도록 매개하는 자에게 부여한 권리를 말한다. 이 권리는 실연, 음반, 방송 위에 존재하며, 배우 가수 연주자와 같은 실연자, 음반제작자 및 방송사업자에게 귀속된다.

3) 신지식재산권

(1) 배치설계권

보호대상 및 특징	* 반도체집적회로의 배치설계에 관한 법률 (i) 보호대상은 반도체집적회로의 배치설계권에 관한 창작자의 권리이다. (ii) 반도체집적회로란 반도체 재료 또는 절연(絕緣) 재료의 표면이나 반도체 재료의 내부에 한 개 이상의 능동소자(能動素子)를 포함한 회로소자(回路素子)들과 그들을 연결하는 도선(導線)이 분리될 수 없는 상태로 동시에 형성되어 전자회로의 기능을 가지도록 제조된 중간 및 최종 단계의 제품을 말한다. (iii) 신지식재산권의 일종이다.
권리의 존속기간	(i) 배치설계권의 존속기간은 설정등록일로부터 10년으로 한다. 다만, 영리를 목적으로 그 배치설계를 최초로 이용한 날부터 10년 또는 그 배치설계의 창작일로부터 15년을 초과할 수 없다. (ii) 친고죄이다.

(2) 부정경쟁방지 및 영업비밀보호권

보호대상 및 특징	* 부정경쟁방지 및 영업비밀보호에 관한 법률 (i) 보호대상은 영업비밀이다. (ii) 영업비밀이란 비밀로 유지된 생산방법, 판매방법 기타 영업활동에 유용한 기술상 또는 경영상의 정보를 말한다. (iii) 신지식재산권의 일종이다.
권리의 존속기간	(i) 권리보호기간은 제한 없다.

(ⅱ) 영업비밀 침해행위의 금지 또는 예방을 청구할 수 있는 권리는 영업비밀 침해행위가 계속되는 경우에 영업비밀 보유자가 그 침해행위에 의하여 영업상의 이익이 침해되거나 침해될 우려가 있다는 사실 및 침해행위자를 안 날부터 3년간 행사하지 아니하면 시효(時效)로 소멸한다. 그 침해행위가 시작된 날부터 10년이 지난 때에도 또한 같다.

(ⅲ) 비친고죄이다.

제2절 지식재산권침해의 조사

1. 지식재산권침해의 조사 시의 일반적 유의사항

지식재산권의 침해에 대한 조사에 있어서의 유의사항을 요약·정리하면 다음과 같다.

(ⅰ) 침해행위 탐지를 의뢰받은 해당 지식재산권에 대한 실제권리자 및 실정법상 보호의 대상, 권리 존속기간, 친고죄, 비친고죄 여부 등에 관한 관련법규를 확인·숙지한다.

(ⅱ) 탐정이 지식재산권침해 여부를 탐지하는 것은 원칙적으로 정보수집이나 단서 확보를 위한 탐문행위이지, 체포·압수·수색 등 강제수사 차원이 아니라는 점을 절대 명심하여야 한다. 다만, 지식재산권침해와 관련된 현행범인 또는 준현행범인으로서 도주나 증거인멸의 우려가 있는 자라고 판단되면 「형사소송법」상 현행범인 처리기준에 따라 신병을 확보한 후 즉시 경찰에 인계하는 등의 방법을 강구해 볼 수 있을 것이다.

(ⅲ) 친고죄인 경우에 법위반사실의 신고, 고소, 고발 여부는 의뢰자의 판단과 결정에 따라야 한다.

2. 개별조사에 있어서의 유의사항

개별 지식재산권의 조사에 있어서의 유의사항을 요약·정리하면 다음과 같다.

1) 특허권

(i) 특허된 것이 아닌 물건을 특허된 것으로 허위표시한 것은 아닌지 판단한다.
(ii) 특허출원 중이 아닌 물건을 특허출원된 것으로 허위표시한 것은 아닌지 판단한다.
(iii) 특허된 것이 아닌 방법이나 특허출원 중이 아닌 방법에 의하여 생산한 물건 또는 그 물건의 용기나 포장에 허위로 특허표시 또는 특허출원 표시를 하거나 이와 혼동하기 쉬운 표시를 한 것은 아닌지 조사한다.

2) 상표권

(i) 등록되지 않은 상표와 상호는 보호대상이 아니다.
(ii) 등록된 상표의 위조 여부를 확인한다.
(iii) 위조품은 진품에 비해 가격이 낮고 보관상태가 비교적 정돈되어 있지 못한 경향이 있으며, 한두 개 정도만 내 놓고 필요시 대량으로 거래하는 경우가 많으므로 숨겨둔 곳을 추적·탐지하여야 한다.
(iv) 위조품은 공휴일 또는 심야나 새벽 시간대에 대형 재래시장을 중심으로 이루어지는 경우가 많으며, 이 경우에는 용의처나 용의자에 대한 잠복·관찰을 통해 유통경로를 파악할 수 있다.
(v) 인터넷상에서 명품 브랜드제품이라고 판매하면서 정품가격 대비 50%이상 턱없이 싼 제품을 주목한다.
(vi) 위조상품은 상표의 일부에 변형을 가하여 유사한 용어나 비슷한 용어를 상호로 붙이는 경우가 많으므로 상표의 정확성을 확인한다.
(vii) 수입대행이라고 광고하는 한편, 해외에서 물품을 직접 배송해 주기 때문에 반품·교환이 어렵다는 물품을 주목한다.
(viii) 지하철 내, 도로변 등 정상적 판매업소의 감시나 신고가 느슨한 장소에서 '떳다방'식으로 판매하는 경우가 많은 점을 염두에 두고 살펴보아야 한다.

3) 부정경쟁방지 및 영업비밀보호권

(i) 부정경쟁행위 여부를 조사한다.
  - 상품주체 혼동 야기: 'NAIKI', 'Anycoll' 등 바로 구별하기 어려운 유사상
    호 사용
  - 영업주체 혼동 야기: 유사도메인으로 홈페이지 운영
  - 기타 상품의 출처지, 원산지 오인 야기 행위인지를 조사한다.
(ii) 타인의 상품을 사칭하거나 허위광고 하는 행위 여부를 조사한다.
(iii) 영업비밀의 침해, 유출, 누설 등을 조사한다.
(v) 아직 등록은 되지 않았지만 이미 널리 알려지거나 저명한 상표를 무단사용
    하는 행위를 조사한다.
(vi) 상호를 도용하는 행위를 조사한다.

참고문헌

1. 국내문헌

1) 단행본

강영숙, 『탐정학개론』, 진영사, 2015.

강효흔, 『탐정은 벤처보다 낫다–미국 공인 탐정 브루스 강 스토리』, 동아일보사, 2000.

국가정보원, 『산업스파이사건 재조명』, 국가정보원 산업기밀보호센터, 2004.

권창기·김동제·강영숙, 『탐정학』, 진영사, 2011.

김두현·박형규, 『민간경비론』, 솔과학, 2018.

김두현·최선태, 『안전관리론』, 백산출판사, 2002.

김승길, 『신세대 관상법』, 한마음사, 1994.

김태환·강영숙, 『프로탐정의 테크닉』, 백산출판사, 2004.

김종식, 『탐정학술요론』, 한국지식개발원, 2018.

김종식 외, 『탐정 학술 편람』, 한국지식개발원, 2016.

민진규, 『탐정가이드북』, 예나루, 2010.

신현기 외 10명, 『경찰학사전』, 법문사, 2012.

이동영, 『21세기 공인탐정이 뛴다』, 굿인포메이션, 1999.

이상원, 『PIA민간조사학개론』, 넥센미디어, 2017.

이상원·이승철, 『미국탐정론』, 진영사, 2018.

집필연구진, 『PIA민간조사(탐정)실무』, 2017.

최광선, 『몸짓을 읽으면 사람이 재미있다』, 일빛, 1999.

최상규, 『대한민국 과학수사파일』, 해바라기, 2004.

최선우, 『민간경비론』, 진영사, 2014.

하정용, 『탐정학의 이해』, 청목출판사, 2005.

허 영, 『한국헌법론』, 박영사, 2016.

King Colin저, 장선하 역, 『스파이 가이드북 - 비밀첩보요원에 관한 모든 것』, 베이직북스, 2010.

2) 논문

강동욱, "민간조사제도 도입에 관한 연구 -국회관련법률안 중심으로-," 「법과정책연구」 제13집 제3호, (사)한국법정책학회, 2013.

_____, "탐정제도의 법제화에 관한 소고 -20대 국회 법안을 중심으로-," 「한양법학」 제29집 제2호, 한양법학회, 2018.

강영숙, "한국의 공인탐정제도 도입에 관한 연구," 용인대학교 대학원 박사학위논문, 2006.

강영숙·김태환, "미국탐정제도에 관한 연구," 「경호경비연구」 제12호, 한국경호경비학회, 2006.

강효흔, "외국의 사설민간조사업제도의 활용사례와 법적고찰," 「수사연구」 4월호, 2005.

고명석, "공공서비스 품질이 고객만족도와 조직성과에 미치는 영향에 관한 연구- 해양경찰청 사례를 중심으로," 인하대학교 대학원 박사학위논문, 2014.

공도환, "한국에서의 탐정제도의 필요성과 탐정의 역할 및 업무범위에 관한 연구," 연세대학교 법무대학원 석사학위논문, 2007.

권영회, "사설탐정제도의 도입 필요성에 관한 연구," 한세대학교 경찰법무대학원 석사학위논문, 2007.

경찰청, "민간조사제도 법제화 필요성과 바람직한 도입방안," 경찰청 미래발전담당관실, 2013.

경찰청, "이제 우리나라도 민간조사업(사립탐정) 도입이 필요합니다." 경찰청·대한민간조사연구학회·한국경찰학회 공동국제학술세미나 자료집, 2014.

김상균, "민간조사원의 업무범위와 타 법률과의 관계에 관한 연구 -민간조사업법(안)을 중심으로-,"「한국공안행정학회보」제27호, 한국공안행정학회, 2007.

김성언, "민간경비의 성장과 함의- 치안활동의 신자유주의적 재편과 계약적 통치의 등장," 서울대학교 대학원 박사학위논문, 2004.

김원중, "민간조사제도 도입필요성에 관한 연구,"「한국공공관리학보」제20권 제1호, 한국공공관리학회, 2006.

김원중, "민간조사제도 도입 및 역할에 관한 검토,"「법학논집」제29집, 청주대학교 법학연구소, 2007.

김학우, "민간조사업의 법제화와 수사기관과의 협조체제 구축," 경기대학교 대학원 석사학위논문, 2012.

김향겸, "민간조사원 도입에 관한 경찰공무원 인식조사," 경기대학교 대학원 박사학위논문, 2010.

김화기, "민간조사원의 자격요건 모색," 경기대학교 대학원 석사학위논문, 2012.

나영민, "탐정제도의 도입방안에 관한 연구," 연세대학교 행정대학원 석사학위논문, 2005.

남선모, "민간조사제도의 활성화 방안에 관한 연구,"「법학연구」제51호, 세명대학교 법학연구소, 2013.

문경환, "개정 경비업법(안)상 민간조사원 업무범위 및 한계 연구,"「경찰법연구」제7권 제1호, 한국경찰법학회, 2009.

박동균·김태민, "미국 민간조사 산업의 특징 및 함의,"「한국민간경비학회보」제11권 제4호, 한국민간경비학회, 2012.

박종훈·성도경, "탐정제도의 도입 필요성에 관한 연구,"「한국균형발전연구」제2권 제3호, 한국균형발전연구학회, 2011.

백봉현, "한국민간경호산업의 발전방안에 관한 연구," 동국대학교 대학원 석사학위논문, 2002.

손상철, "민간조사제도의 규제방안과 소관부처에 관한 고찰,"「한국민간경비학회보」제17호, 한국민간경비학회, 2011.

송봉규, "민간조사원 제도의 도입방안에 관한 연구," 동국대학교 대학원 석사학위논문, 2006.

_____, "일본탐정업법의 개관,"「형사정책연구소식」제100호, 한국형사정책연구원.

2007.

신관우, "민간조사제 도입의 검토 -합리적인 개인정보처리를 중심으로-,"「한국위기관리논집」제9권 제7호, 한국위기관리학회, 2013.

신성균·박상진, "민간조사원(탐정)을 활용한 기업보안 활동의 강화방안,"「한국경호경비학회지」제20호, 한국경호경비학회, 2009.

신현주, "치안업무 한계에 따른 탐정제도 도입방안에 관한 시론적 연구 -인터넷중독을 중심으로-,"「한국중독범죄학회보」제1권 제1호, 한국중독범죄학회. 2011.

안동현, "민간조사업과 관련기관의 바람직한 관계정립 방안에 관한 연구," 연세대학교 행정대학원 석사학위논문, 2007.

안영규, "민간조사업법 제정 방향에 관한 소고 -일본 탐정업법과의 비교를 중심으로-,"「한국민간경비학회보」제15호, 한국민간경비학회, 2010.

안영진, "민간조사제도의 도입을 위한 법적과제,"「공법학연구」제14권 제2호, 한국비교공법학회, 2013.

유재두, "민간조사원 자격요건에 관한 연구,"「한국민간경비학회보」제9호, 한국민간경비학회, 2007.

윤명성, "보험범죄의 실태분석 및 대응방안에 관한 연구," 동국대학교 대학원 박사학위논문, 2012.

이강훈, "민간조사업 전문직업화에 대한 연구,"「한국경호경비학회지」제32호, 한국경호경비학회, 2012.

이민형·박주상, "AHP기법을 활용한 민간조사제도 도입을 위한 정책우선순위분석,"「한국경찰학회보」제14권 제3호, 한국경찰학회, 2012.

이민형·송영남, "한국민간조사제도 도입을 위한 정책제언,"「한국치안행정논집」제8권 제1호, 한국치안행정학회, 2011.

이상배, "민간조사제도의 정착 및 수사기관과의 관계 정립에 관한 연구," 국회정책연구보고, 2006.

이상원, "민간조사(탐정)제도의 도입방향 -경비업법 개정을 중심으로-,"「한국경호경비학회지」제17호, 한국경호경비학회, 2008.

_____, "민간조사제도 도입의 필요성과 함의-경비업법 일부 개정안을 중심으로-,"「한국경찰학회보」제13권 제1호, 한국경찰학회, 2011.

_____, "신직업으로서 민간조사제도의 쟁점사항," 경찰청·대한민간조사연구학회·한

국경찰학회 공동 국제학술세미나 자료집, 2014.

이상원·김상균, "공인탐정 교육훈련 모형에 관한 연구," 한국민간경비학회 제8회 춘계학술 세미나 자료집, 2006.

이상원·박윤규, "한국 민간조사제도의 발전방향 −시험제도와 교육훈련 중심으로," 「한국경호경비학회지」 제14호, 한국경호경비학회, 2007.

이상원·박주현, "민간조사원의 윤리성에 관한 고찰," 「산업경영논총」 제14권, 용인대학교 산업경영연구소, 2007.

이상원·서영희, "민간조사제도 도입의 필요성과 함의(경비업법 일부개정안을 중심으로)," 「한국경찰학회보」 제13권 제2호, 한국경찰학회, 2011.

이상원·이승철, "민간조사제도 도입 시 기대되는 사회적 효과에 대한 시민의식 연구," 「한국경찰학회보」 제16권 제3호, 한국경찰학회, 2014.

이상철·강영숙, "한국의 공인탐정제도의 사회적 필요성과 기능에 관한 연구," 「한국스포츠리서치」 제18권 제5호, 2007.

이상훈, "경찰 업무의 민영화에 관한 연구," 동국대학교 대학원 박사학위논문, 2008.

_____, "공인탐정제도의 올바른 모델설정에 관한 연구," 「한국경호경비학회지」 제20호, 한국경호경비학회, 2009.

이성용, "민간조사 규제에 대한 법해석론 −개인정보법 시행에 즈음하여−," 「치안정책연구」 제26권 제1호, 치안정책연구소, 2012.

이영래, "선진외국 민간조사제도의 시사점 −국내도입 및 선진국 운용사례를 중심으로−," 「한국치안행정논집」 제6권 제1호, 한국치안행정학회, 2009.

이주락·조성구, "민간조사의 수요증가와 퇴직경찰관 활용방안," 「치안정책연구」 제25권 제2호, 치안정책연구소, 2011.

이주락·최종윤, "개인정보 및 사생활 보호를 위한 민간조사원 조사권 한계 설정," 「경찰학연구」 제12권 제1호, 경찰대학, 2012.

이진수, "민간조사 제도의 도입방안 과제에 관한 연구," 용인대학교 대학원 석사학위논문, 2011.

이창무, "우리나라 민간경비 급성장의 원인분석," 「한국정책과학학회보」 제10권 제3호, 한국정책과학학회, 2006.

이창훈, "시민의 개인성향에 따른 민간조사 선호도 변화와 형사정책 수립 방향에 관한 연구," 「한국경찰연구」 제11권 제4호, 한국경찰연구학회, 2012.

이하섭, "외국사례를 통한 민간조사제도 도입에 관한 연구," 「한국민간경비학회」 제11권 제4호, 한국민간경비학회, 2012.

_____, "민간조사원을 활용한 실종자 조사에 관한 연구," 「치안정책연구」 제27권 제1호, 치안정책연구소, 2013.

이하섭·조현빈, "한국민간조사업의 실태와 입법방향," 「한국경찰학회보」 제14권 제6호, 한국경찰학회, 2012.

_____, "민간조사제도를 활용한 산업보안활동연구," 「한국경찰학회보」 제14권 제4호, 한국경찰학회, 2012.

장석헌·송병호, "민간조사업의 도입상의 쟁점분석," 「한국공안행정학회보」 제33호, 한국공안행정학회, 2008.

장인권, "보험범죄에 관한 실증적 연구," 경상대학교 대학원 박사학위논문, 2010.

장정범, "민간조사제도의 도입 방안에 관한 연구," 연세대학교 법무대학원 석사학위논문, 2010.

장현석·이상원, "민간조사제도 도입 필요성에 대한 연구 – 전국규모 설문조사를 통하여," 「한국경찰학회보」 제16권 제1호, 한국경찰학회, 2014.

전대양, "민간조사업 법안의 주요 쟁점에 관한 연구 –이상배·최재천 안을 중심으로," 「한국민간경비학회보」 제8호, 한국민간경비학회, 2006.

_____, "일본탐정업법의 제정배경과 주요내용과 정책적 함의," 「한국공안행정학회보」 제29호, 한국공안행정학회, 2007.

전승훈, "기업위기 관리와 조사업무," 경찰청·대한민간조사연구학회·한국경찰학회 공동 국제학술세미나 자료집, 2014.

정연민, "민간경비시장의 환경변화에 따른 민간조사업의 전망과 도입방안," 용인대학교 대학원 석사학위논문, 2007.

정 웅, "민간조사관 자격시험 및 교육훈련제도 모형에 대한 연구," 「치안정책연구」 제24권 제2호, 치안정책연구소, 2010.

정일석, "민간경비영역 확장을 위한민간조사제도 도입 방안," 용인대학교 대학원 박사학위논문, 2008.

정일석·박준석·서상열, "민간조사제도 도입 반대 의견에 대한 고찰," 「한국경호경비학회지」 제14호, 한국경호경비학회, 2007.

정일석·박지영, "민간조사업 관리감독기관선정에 관한 연구," 「한국경호경비학회지」

제21호, 한국경호경비학회, 2009.

조규범, "민간조사제도 도입 논의의 쟁점과 과제," 국회입법조사처, 2013.

조민상·김원기, "민간조사제도의 민간조사원 선발에 관한 연구,"「한국경찰학회보」제14권 제1호, 한국경찰학회, 2012.

조민상·오윤성, "민간조사제도의 도입 방향에 관한연구 －제19대 국회발의 법안을 중심으로 2012년 2013년－,"「한국경호경비학회지」제36호, 한국경호경비학회, 2013.

조성구, "한국 민간조사업 도입에 관한 경찰관의 인식 연구," 경기대학교 대학원 박사학위논문, 2011.

조성구·박주상·김동제, "민간조사업의 주무관청 설정방향,"「한국위기관리논집」제10권 제3호, 한국위기관리학회, 2014.

조성구·김동제, "민간조사 교육의 중요성, 현황과 방향,"「한국위기관리논집」제9권 제8호, 한국위기관리학회, 2013.

조성구·김동제·손동운, "민간조사제도의 입법화: 경비업법개정의 실효적 논의,"「한국경찰연구」제13권 제1호, 한국경찰연구학회, 2014.

조성구·김태민, "민간 조사업 도입에 관한 질적 연구,"「한국경찰학회보」제14권 제2호, 한국경찰연구학회, 2012.

조성구·김태민·김동제, "국내 민간조사업체의 주요업무와 범위,"「한국치안행정논집」제10권 제3호, 한국치안행정학회, 2012.

조성구·이주락·김동제, "민간조사업체의 증가원인과 문제점,"「한국민간경비학회보」제11권 제3호, 한국민간경비학회, 2012.

조성제, "민간조사업법 제정과 조사대상자의 인권,"「한국경찰학회보」제15권 제2호, 한국경찰학회, 2013.

조용철, "공인탐정인력의 교육훈련 전문화방안에 관한 연구," 치안정책연구소 치안시책자료, 2007.

조준모, "국내민간조사업 교육현황과 방향," 경운대학교 대학원 석사학위논문, 2013.

조현빈, "주요국가의 공인탐정 현황 및 시사점,"「한국민간경비학회보」제8호, 한국민간경비학회, 2006.

최종윤·이주락·황세웅, "민간조사제도의 도입과 업무범위설정,"「한국경찰연구」제11권 제1호, 한국경찰학회, 2012.

최종윤, "민간조사제도의 업무범위 설정에 관한 연구(개인정보·사생활보호 문제를 중심으로)," 동국대학교 행정대학원 석사학위논문, 2012.

최현락, "민간조사업의 도입 모델에 관한 연구," 동국대학교 대학원 박사학위논문, 2008.

키쿠치 히데미, "일본탐정업의 실태," 경찰청·대한민간조사연구학회·한국경찰학회 공동 국제학술세미나 자료집, 2014.

한상훈, "민간조사제도 도입 입법안에 대한 고찰," 연세대학교 행정대학원 석사학위논문, 2011.

황병돈, "민간조사원(사설탐정)제도의 도입 방안에 관한 연구 —민간조사업법안과 경비업법안의 쟁점을 중심으로—," 대검찰청 검찰미래기획단 연구용역보고서, 2009.

황요안, "공인탐정제도 도입 시 문제점과 해결방안에 관한 입법론적 연구," 동아대학교 대학원 박사학위논문, 2017.

Robert D. McCrie, "미국 민간조사원의 활동과 민간조사시장," 경찰청·대한민간조사연구학회·한국경찰학회 공동 국제학술세미나 자료집. 2014.

3) 기타

경찰청 홈페이지 (http://www.police.go.kr).

국회행정자치위원회, 민간조사업법안에 관한 공청회 자료집, 2007.

국회 홈페이지 (http://www.assembly.go.kr).

대한민간조사협회 홈페이지 (http://www.kspia.or.kr)

법제처 홈페이지 (http://www.moleg.go.kr)

신직업 육성 추진계획, 국무회의 보고자료, 2014.

외국과의 직업 비교·분석을 통한 신직업 발굴·육성 추진방안, 고용노동부, 2013.

한국탐정협회 홈페이지 (http://www.worldspia.com)

기타 https://www.naver.com; https://www.daum.net의 검색자료 참조

2. 외국문헌

Association of British Insurers, *Guidelines on the Instruction and Use of Private*

Investigators and Tracing Agents, 2007.

Barnes Reports, "Worldwide Security Guards Patrol Services—Industry Market Report," 2013.

Brandl, Steven G., Criminal Investigation: An Analytical Perspective, Boston: Pearson, 2004.

Charles P. Nemeth, JD., LIM, Private Security and the Investigation Process, Second Edition. Butterworth-Heinemann(USA), 2001.

Cordner, G. W. & Scarborough, K. E., Police Administration, Lexis Nexis, 2010.

Dempsey, John S., Introduction to Private Security. Belmont: Wadsworth, 2008.

Fischer, Robert J. and Gion Green, Introduction to Security, Boston: Butterworth-Heinemann, 2004.

Gill, M. & Hart, J., "Policing as a Business: The Organization and Structure of Private Investigation," Policing and Society 7, 1997.

Gill, M., Hart, J. Livingstone, K., & Stevens, J., The Crime Allocation system: Police Investigations into Burglary and Auto Crime. London: Home Office Police Research Group, 1996.

Joseph, Travers A., Introduction to Private Investigation, Illinois: Charles C. Thomas, 2005.

MacHovec, Frank J., Private Investigation and Security Science, Charles C. Thomas Publisher, 2006.

Maggio, Edward J., Private Security in the 21th Century, Jones and Sudbury: Bartlett Publishers, 2009.

Nemeth, Charles P., Private Security and the Investigative Process, Woburn: Butterworth-Heinemann, 2000.

Reaves, B. & Hickman, M. J., Law Enforcement Management and administrative Statics, 2000: Data for Individual State and Local Agencies with 100 or More Officers, Bureau of Justice Statistics, Washington, DC., 2004.

Robert D. McCrie, Security Operation Management, MA.: Butterworth-Heinemann, 2001.

Sanders, B. A., "Using personality traits to predict police officer performance," An

International of Police Strategies & Management, Vol. 31 No. 1, 2008.

Singh, Anne-Marie., "Private Security and Crime Control," Theoretical Criminology, 9(2), 2005.

Tillman, Norma Mott, Private Investigation 101. Nashville, TN: Consultations, Speaking Engagement, and Seminar Training Programs, 2006.

Travers, Joseph A., Introduction to Private Investigation, Illinois: Charles C. Thomas, 2005.

金澤秀則, 「こんなにおもしろい調査業の仕事」, 2018.

狩集紘一, 「暴力相談」, 中松新書, 2001.

日本探偵協會 編著, 「探偵調査 完全マニュアル」, 日本文藝社, 2004.

葉梨康弘, 「探偵業法」, 立花書房, 2006.

第一東京辯護士會, 「照會の手引」(5訂版), 2012.

저자 약력

강 동 욱
법학박사
전) 관동대학교 교수
전) 동국대학교 법무대학원 원장/법과대학 학장
동국대학교 법무대학원 탐정법무전공 교수
동국대학교 법과대학 교수
한국법학교수회 부회장
한국탐정학회 회장
대한공인탐정연구원/한국법정책학회/한국아동보호학회 고문
동국대학교 법무대학원 PIA(사설탐정사) 최고위과정 지도교수
일반사단법인 일본조사사업협회(JISA) 특별탐정업무종사자 자격취득
필리핀 전문탐정협회(PSPI) 특별회원
세계공인탐정연맹(World Federation Private Detectives : WFED) 정회원

윤 현 종
부동산학박사
동국대학교 법무대학원 탐정법무전공 겸임교수
동국대학교 법무대학원 부동산 탐정 & 경매 실전 최고위과정 주임교수
전라북도인재개발원 강사
경찰중앙학교 특강강사
한국부동산탐정협회 회장
한국탐정학회 부회장
세계공인탐정연맹(World Federation Private Detectives : WFED) 정회원
㈜부동산거래안전연구소 대표

탐정학 시리즈 2
제2판
탐정학개론

| 초판 발행 | 2019년 3월 29일 |
| 제2판 발행 | 2021년 8월 20일 |

| 지은이 | 강동욱·윤현종 |
| 펴낸이 | 안종만·안상준 |

편 집	우석진
기획/마케팅	이영조
표지디자인	박현정
제 작	고철민·조영환

펴낸곳	(주) **박영사**
	서울특별시 금천구 가산디지털2로 53, 210호(가산동, 한라시그마밸리)
	등록 1959. 3. 11. 제300−1959−1호(倫)
전 화	02)733−6771
f a x	02)736−4818
e−mail	pys@pybook.co.kr
homepage	www.pybook.co.kr
ISBN	979−11−303−1376−4 94350
	979−11−303−1375−7 (세트)

copyright©강동욱·윤현종, 2021, Printed in Korea

정 가   23,000원